당률소의역주 I

김 택 민 주편

경인문화사

주편자가 공부를 시작할 무렵 주변의 연구 환경은 열악했고, 본인 스스로도 전혀 준비가 갖추어지지 못한 상태였다. 박사학위 청구 논문을 쓸 때도 외국의 논문을 읽고 거기서 인용한 자료를 이용해서 논리를 맞추어나가는 정도에 불과했으니 돌이켜 보면 연구라고 할 수도 없었다. 다행히 교육부의 지원을 받아 1988년 9월부터 1년간 일본 도쿄대학 동양문화연구소에서 연수할 기회가 있었는데, 이 때 이께다 온[池田溫] 교수의 〈당률과 일본율령〉 연구회와 대학원 수업을 참관하면서, 기초자료부터 읽어나가는 일본 연구자들의 자세를 보고 배운 것이 많았다. 그 때 경북대학교의 임대희 교수도 도쿄대학에 유학하고 있던 때라, 같이 연구회에 참석하고 난 뒤 우리 연구 환경에 대해서 많은 의견을 나누었다.

그 뒤 주편자는 1993년 봄부터 고려대학교에 부임하여 원전의 독회를 모색하고 있었는데, 임 교수가 한국법제연구원으로부터 약간의 연구비를 지원받아 주편자의 연구실과 임 교수의 연구실이 공동으로 『당률소의唐律疏議』의 역주 작업을 시작하게 되었다. 역주는 두 연구실에서 초역한 뒤 서로 교환하여 읽고 문제점을 지적해 가면서 진행하였으나, 스스로는 말할 것도 없고 참여자들 대부분이 고전 한문에 대한 이해가 그다지 깊지 않고 중국의 법과 법사상에 대한 지식이 충분치 않은 터라, 작업은 더디게 진행되었고 내용도 불충분했다. 그렇지만 약속한 기한을 맞추기 위해, 1994년에 『역주당률소의』 명례편, 1997년에 각칙(상), 1998년에 각칙(하)를 출간하는 만용을 부렸다. 이렇게 졸속으로 출간한 결과 오역이 적지 않고 각주도 부실하여 다시 번역하지 않으면 안 된다는 생각을 금할 수 없었다.

그렇지만『역주당률소의』의 개역은 후일을 기약하고, 1998년부터 곧바로『당육전唐六典』역주를 시작하였다.『당육전』은 당대사뿐만 아니라 중국 고중세사를 이해하기 위한 필독서여서, 주편자의 독회에 참여한 연구자들 모두 이 책은 반드시 읽어야 한다고 생각하고 있었기 때문이었다. 다행히 몇 년 동안 한국학술진흥재단(현 한국연구재단)의 지원을 받을 수 있게 되고, 참여자들 모두 열심히 노력해서, 2003년에『역주당육전』(상), 2005년에『역주당육전』(중), 2008년에『역주당육전』(하)를 출간하였다. 이 책은 오역한 부분이나 매끄럽지 못한 번역이 더러 보이지만, 그런대로 이용할 만하다고 생각한다.

『당육전』역주를 마친 뒤 2009년부터 중국 닝보[寧波]의 천일각天一閣 박물관에서 발견된 북송의 천성령天聖令에 대한 역주를 시작하고 5년여의 작업 끝에 2013년『천성령역주』를 출간하였다. 명대의 초본으로 전해진 천성령은 원래 30권이었으나 그간 일부가 유실되어 10권 12편만 남아 있다. 그렇지만 당·송령의 원래 모습을 가지고 있으므로 동양 삼국의 연구자들에게 큰 관심의 대상이었다. 때문에 우리 연구팀도 한국연구재단의 지원을 받아 이 책을 같이 읽고 역주서를 출간한 것이다.

『역주당률소의』역주부터『천성령역주』까지 20여 년 동안, 수십 명이 모여 꾸준히 독회를 진행하고 7권의 역주서를 출간했다. 학문에 대한 뜨거운 열정이 없다면 어찌 이것이 가능했겠는가? 생각만 해도 가슴이 뭉클함을 느낀다. 그 동안 꾸준히 독회와 역주에 참여해 주신 역주자 여러분과 주위에서 물심양면으로 많은 도움을 주신 동학 여러분에게 이 자리를 빌려 진심으로 감사의 말씀을 전한다.

2014년 봄 학기를 마지막으로 정년퇴임하고 시간적인 여유를 갖
게 되어, 오랫동안의 염원이었던 『당률소의』 개역 작업을 시작하였
다. 그러다가 2015년 한국재단에서 〈당률각칙연구〉로 연구비를 받
게 된 것을 계기로, 동학 네 사람과 함께 역주 작업을 시작하여 6년
의 작업 끝에 『당률소의역주』4권을 출간하게 되었다. 역주는 공역자
5인이 격주로 모여, 분담하여 준비한 번역과 주석에 대해 3~4시간
동안 토론해서 수정하는 과정을 거쳤다. 이 같은 독회를 5년 동안
100회 이상 진행하여 『당률소의』를 재독하였다. 마지막 1년 동안에
는 각자 맡은 부분을 정리해서 서로 교환하여 읽고 수정하는 작업을
진행하였다. 그러는 사이에 서로 주고받은 이메일이 수백 회 이상일
것이다. 역주 작업을 진행하는 동안 동학들은 끝없이 요구하는 주편
자의 주문을 말없이 따라주었다. 그동안의 수고에 대해 무한한 감사
를 표한다.

　　경인문화사는 지난 9월에 상업성이 없는 주편자의 『당률총론』1권과
『당률각론』2권을 출간해 주셨는데, 이번에 다시 본 『당률소의역주』4
권을 출간해 주셨다. 손익을 고려하지 않고 학술서적을 헌신적으로
출간해주시는 한정희 사장님과 최선의 편집을 위해 수고를 아끼지 않
으신 박지현님 등 편집인 여러분에게 진심으로 감사의 말씀을 드린다.

2021년 12월

김 택 민

　『당률소의』는 당의 율과 그 해석인 소疏를 결합한 형법전으로, 현
존하는 중국의 법전 중 가장 오래된 것이다. 이 법전의 율은 651년
(고종 영휘2년)에 반포되었고, 율을 해석한 소는 653년 11월에 『율소律
疏』라는 책으로 반행되었다. 여기서 소는 율의 해석이라는 뜻이다.
원래 율과 소는 별도의 책으로 반포되었는데, 후대에 율과 소를 하
나의 책으로 결합하면서 『당률소의唐律疏議』라고 칭하였다. 단 판본
에 따라서는 간혹 『당률소의唐律疏義』라고 칭한 것이 있는데, 당률과
그 뜻[義]을 결합한 책이라는 의미이다.

Ⅰ. 당률의 연혁

　사서나 유교 경전에는 하·은·주 시대에도 법이 제정된 것으로 기
록되어 있으나, 구체적인 내용을 알 수 없고 신뢰하기도 어렵다. 대
개 춘추시대 후기부터는 성문법이 출현한 것으로 보이지만, 보다 체
계적인 법은 전국시대 위의 이회李悝가 정한 법경法經 6편이다. 6편
은 도盜·적賊·수囚·포捕·잡雜·구법具法이다. 상앙이 이 법을 진에 전
하면서 명칭을 율로 바꿨고, 이후 청 말까지 그대로 율로 불렸다.
　1975년 중국 호북성 운몽현 수호지에서 출토된 간독으로 진율의
존재가 확인되고, 2001년에 장가산에서 발견된 한대 묘에서 나온 간
독을 통해 비교적 완정한 법전형태를 갖춘 B.C.186(여후 2년)의 율령
이 세상에 알려지게 되었다. 이 법전 자료들에 대해서는 이미 많은
연구 성과들이 나오고 있어, 점차 전모가 밝혀지고 있다. 그러나 현

존 사서에는 진말 한초에 제정된 형률에 대해서는 일체 언급이 없고, 단지 전한의 소하蕭何가 상앙의 율 6편에 사율事律 3편을 더하여 구장율九章律을 정했다고만 기록되어 있다.

전한과 후한에서는 법의 수요가 급증함에 따라 부율副律·방장율傍章律 등이 더해져 율이 수십 편에 이르고 조문 수가 수만에 이르렀으나, 양한 400년 동안 법전으로 편찬되지는 못했다. 후한 말 조조가 비로소 율령을 정리하기 시작하여 그의 아들 위 문제 조비가 위율 18편을 제정하였다. 이어 진晉에서 진율 20편을 제정하였다. 이 두 율에는 유가사상이 적극적으로 반영되기 시작하였다. 이른바 "예를 법에 들였다以禮入法"고 하는 당률의 특질이 나타나기 시작한 것은 이 때부터이다. 또한 진에서는 율과 별도로 국가 행정에 관한 규범들을 모아 영令이나 고사故事 등으로 정리했다. 이 때부터 형률과 행정에 관한 법을 나누어 편찬하는 관행이 나타났다.

이후 남조의 왕조들은 진율을 계승하고 북조의 왕조들은 한률의 회복을 꾀하여, 왕조마다 율의 조문과 내용이 들쑥날쑥하였다. 남북조를 통일한 수는 대개 북제의 율을 기본으로 하고 남조의 율을 참작하여 새로운 율 500조를 정했는데, 이는 이전 율의 형을 경감하고 조문을 대대적으로 정리한 것으로 전대의 율들에 비하여 마땅함을 얻은 바가 많다는 평이 있다.

당은 수의 율을 계승하면서도 다시 형을 경감하고 조문을 정리하여 몇 차에 걸쳐 율을 반포하였다. 또한 고종 영휘4년(653)에는 황제의 명으로 율을 해석한 소를 정했는데, 현종 개원 연간에는 개정된 율에 따라서 소를 수정하였다. 율소의 소는 '조목별로 기록하다' 혹은 '어려운 말을 풀다'의 뜻으로 법해석이다. 여기에는 이전 시대 율학자들과 유학자들의 법사상과 법 이론이 녹아들어 있다.『당률소의』는 내용이 풍부하고 해석이 매우 합리적이어서 오늘날의 법해석에 비하여 그다지 손색이 없는 것으로, 이후 법 해석은 대부분 이를 기준으로 삼았다.

II. 당률의 계승과 전파

이전의 율과 법 이론의 총결산이라 할 수 있는 『당률소의』는 이후 중국의 역대 왕조들은 물론 주변의 한반도, 일본, 베트남 왕조들의 법 성립에 지대한 영향을 미쳤다.

1. 당률의 계승

당 이후 송에서는 『당률소의』에 제·칙을 더한 『송형통宋刑統』을 반포하였다. 원에서는 당률과 같은 형법전이 편찬되지 않았다. 명은 『대명률』을 제정해서 시행했다. 이는 당률의 조문을 일부 삭감하고 내용을 보완한 것이다. 『대명률』은 당률을 계승한 것이 많으나 당률의 12편 체제를 취하지 않고, 명례율과 이·호·예·병·형·공률의 7편으로 개편하였으며, 오직 율의 조문만을 채택하고 그 해석인 소는 전혀 취하지 않았다. 대신 판례를 첨부하여 『대명률부례大明律附例』라는 법전으로 전한다. 청은 『대청률』을 제정해서 시행했다. 이는 명률을 거의 그대로 계승한 것이다. 청률은 근대 형법이 제정되는 1928년까지 대부분 효력이 유지되었다.

2. 당률의 전파와 제한적인 보편성

(1) 한반도로의 전파

신라가 당률을 직접 수용했는지 여부는 확인할 만한 자료가 많지 않다. 다만 문무왕 때 이부방격吏部方格 60조를 반포한 것을 보면 그 영향이 있었다는 것을 짐작할 수 있다. 고려는 『고려사』 형법지에 "고려 일대의 제도는 대개 당을 모방하였으며, 형법은 당률을 채택하되 때의 마땅함을 참작하여 썼다."라고 되어 있으므로 당률의 영향이 컸다는 것을 알 수 있다. 조선은 『경국대전』 형전에 "율은 『대명률』을 쓴다."고 명기해 둔 바와 같이 율을 별도로 제정하지 않고 『대명률』을 형법으로 사용했다. 『대명률』은 당률을 계승한 것이 많으나 오직 율의 조문만을 채택하고, 그 해석인 소는 전혀 취하지 않았다. 그 때문에 율의 해석이 어려웠으므로, 조선에서는 국초에 이두로 율 해석서인 『대명률직해大明律直解』를 간행하기도 했다. 그러나 이두로 번역했다고는 하지만 약간 덧붙인 해석만으로는 여전히 율문을 이해하기 어려웠다. 그래서 지신사知申事 안숭선安崇善 등이 율문의 인용·적용 및 형벌의 경중과 관련하여 실수가 있으니, 『당률소의』와 『의형이람議刑易覽』 등의 형서刑書를 참고해서 『대명률』을 다시 번역하고 풀이하자고 건의하였고, 세종도 이에 동의하여 그 작업이 추진되었으나 흐지부지되어 완성되지는 못했던 같다. 이후 조선에서는 많은 법이 제정되었지만, 형률로서의 『대명률』은 1905년 『형법대전』이 반포될 때까지 시행되었다.

(2) 일본으로의 전파

일본은 7세기 후반부터 당률을 받아들이기 시작하여 701년과 717년에 율령을 반포하였는데, 일본의 연호에 따라 각각 통칭해서 『다이

호율령[大寶律令],『요로율령[養老律令]』이라 한다. 지금『요로율령』의 일부가 전해지고 있다. 이 율령은 중세 이후 적용되지 않다가 1868년 메이지유신 이후부터 서양의 형법을 도입하기까지 잠시 사용한 적이 있다.

(3) 베트남으로의 전파

베트남은 11세기와 13세기에 형서를 제정했다는 기록이 있으나 내용은 알 수 없다. 15세기 중엽 레조[黎朝]는 당률을 근간으로 하여 『국조형률』을 제정하였는데, 일명 『레조형률[黎朝刑律]』이라고도 한다. 이 법은 중국의 법을 참조하였지만 베트남의 관습이 많이 반영되어 있다. 1815년에는 『대청률』을 모방하여 『황월율례[皇越律例]』를 제정하여 반포했으나, 현실에서는 적용되지 못했다.

(4) 제한적인 보편성

이상으로 보듯이 당의 율령은 주로 동아시아의 농경지역에 영향을 미쳤다. 그렇지만 일본의 경우 고대에 일시 적극적으로 수용하는듯 하다가 중세 이후에는 적용하지 않았고, 베트남의 경우는 후대에 와서 비로소 중국법을 참조해서 제정했지만, 관습법을 많이 반영했다. 따라서 중국의 율령을 장기간 중단 없이, 그리고 후대로 내려올수록 더욱 적극적으로 수용한 지역은 한반도뿐이다. 이들 지역 외에 몽골 초원과 만주의 대부분, 티베트 고원, 아시아 서남부 지역 등 중국과 접하고 있는 주변 여러 민족에게는 중국의 율령이 전파되지 못했다.

이렇듯 다수의 주변 민족들이 중국의 율령을 수용하지 않은 이유는, 유교의 예와 그것을 바탕으로 정한 형법, 상장례, 형식화된 효 등을 중심으로 하는 중국문화의 가치를 공유할 수 없기 때문일 것이다. 달리 말하면 중국의 문화에 기초한 율령은 극히 일부 지역을 제외하고 다른 지역에서는 수용할 수 없을 만큼 보편성이 불충분한 법이라고 말할 수 있다.

III. 당률의 내용

1. 명례율

명례율 57개 조항을 현행 형법 총칙의 체제에 대입해 보면 다음과 같이 다섯 부분으로 분류할 수 있다.

첫째는 형벌과 형의 시행 원칙을 규정한 조문들이다. 5형 20등(명1~5), 유형의 집행 및 유·도형의 대체 집행(명24, 25, 27, 28), 장물의 몰수와 추징(명32, 33), 형의 갱정 및 보구(명44)에 관한 조문들을 여기에 포함시킬 수 있다.

둘째는 감면할 수 없고 사면의 대상에서 제외되는 죄 열 가지 십악(명6)이다.

셋째는 감면 대상과 감면의 방법을 정한 조문들이다. 황제의 친속과 관인 및 관인의 친속에 대한 형사상 특전(명7~14), 관인 처벌의 특례(명15~23), 사·유형의 집행 유예(명26), 노·소·장애인에 대한 형의 감면(명30, 31), 사면의 조건(명35, 36), 자수 감면(명37~39), 공무죄 처벌원칙과 자수 감면(명40, 41), 친속을 숨겨준 죄의 면제(명46)에 관한 조문들을 여기에 포함시킬 수 있다.

넷째는 공범과 갱범·경합범의 처벌원칙에 관한 조문들이다. 공범의 처벌원칙(명42, 43), 갱범 및 경합범의 처벌 원칙(명29, 45)에 관한 조문들이 여기에 속한다.

다섯째는 형법의 적용범위 및 법률 용어를 정의한 조문들이다. 형법의 적용범위를 정한 것에는 천인의 범죄(명47)와 외국인의 범죄(명48), 법조의 경합(명49), 유추해석(명50)에 관한 조문이 있다. 법률 용어를 정의한 것에는 장물의 평가(명34), 법률 용어의 해석(명51~57)에 관한 조문이 있다.

2. 각칙

당률 12편 중 제1편 명례율은 총칙이고, 제2편 위금률부터 제12편 단옥률까지 11편은 각칙이다. 각칙은 사율事律과 죄율罪律로 구분된다.

사율은, 2편 위금율(2권), 3편 직제율(3권), 4편 호혼율(3권), 5편 구고율(1권), 6편 천흥률(1권), 11편 포망률(1권), 12편 단옥률(2권)로 모두 13권 242조이며, 주로 국가의 행정과 관련이 있는 조문들로 구성되어 있다. 내용은 궁궐 등의 숙위(위금), 관리들의 직무 수행(직제), 호구·세역 및 혼인과 양자(호혼), 창고와 가축의 관리(구고), 군사와 토목·건축(천흥), 체포와 도망(포망), 죄수 관리와 판결(단옥) 등에 관한 죄를 규정한 조문들로 구성되어 있으며, 혼인과 양자를 제외하면 대부분 국가적 법익 침해의 죄에 해당한다.

죄율은, 7편 적도율(4권), 8편 투송률(4권), 9편 사위율(1권), 10편 잡률(2권)로 모두 11권 203조이며, 대부분 사회적 또는 개인적 법익 침해의 죄로 구성되어 있다. 적도율은 주로 비윤리적인 살상죄와 강도·절도죄에 관한 규정들이다. 투송률은 상해죄와 고소·고발에 관한 규정들이다. 사위율은 위조와 사기 행위를 처벌하는 규정들이다. 잡률은 이상의 각칙에 포함되지 않은 잡다한 죄에 관한 규정들이다.

IV. 판본과 역주서

1. 판본

류쥔원[劉俊文]의 『당률소의』 점교 설명에 따르면, 현재 전하는 판본은 대개 세 가지 계통이 있다.

① 송대 간본이라고도 하고, 송간본은 아니라고 할지라도 원의 태정본泰正本보다 고본古本일 것으로 추정되는 방희재滂喜齋 소장의 『고당률소의故唐律疏議』를 저본으로 하는 사부총간본四部叢刊本.

② 원 태정泰定4년(1327)에 간행된 것을 원 지정至正11년(1351)에 판각한 판본을 저본으로 하는 대남각총서본岱南閣叢書本과 이것의 중간본 및 심가본沈家本이 정정을 가한 간본刊本, 또 이것을 영인한 상해 상무인서관의 만유문고본萬有文庫本 및 국학기본총서본國學基本叢書本.

③ 원 태정4년의 간본 계통이라고 생각되는 것으로 1805년에 판각된 일본의 관판본官版本.

이 외에도 상당수의 잔권殘卷과 필사본이 있다. 또 20세기 초 이래 돈황과 투르판에서 발견된 율소 잔권 6건과 율문 잔권 8건이 있다. 이것들은 최근 중국에서 『돈황사회경제문헌진적석록敦煌社會經濟文獻眞蹟釋錄』 제2집에 일관적으로 정리해 놓아 이용이 편리하다.

이상의 여러 판본은 판각 또는 필사되는 과정에서 비롯되었을 것으로 생각되는 오탈자가 많고, 또 판각 시의 황제의 이름을 피하는 기휘忌諱로 인하여 글자를 바꾼 것이 적지 않다. 이 때문에 일찍부터 우선 교감을 한 뒤에 판각하였으며, 아울러 정확성과 이용의 편의를 위하여 용어의 뜻을 풀이한 〈율음의律音義〉와 〈당률석문唐律釋文〉 및 율례를 도표로 그린 〈찬례도纂例圖〉를 작성하여 첨부하기도 하였다.

현재는 중국의 류쥔원[劉俊文]의 점교본이 통행되고 있다. 그는 방희재본을 저본으로 하고 여러 판본과 돈황발견 잔권 및 〈율음의〉와 〈석문〉을 비교하여 점교본 『당률소의』를 간행하고, 그 뒤 다시 수정을 가하여 재판하였다. 간혹 탈자와 오자가 보이지 않는 것은 아니지만, 현재까지는 가장 믿을 만한 교감본이다.

2. 역주서

(1) 영어 역

『당률소의』 역주서는 영어 번역서가 먼저 나온 셈이다. 1979년 월러스 존슨(Wallace Johnson)이 명례율을 번역하여 'The T'ang Code'라는 제목으로 출판한 것이 그것이다. 그는 20년 뒤인 1997년에 각률을 'The T'ang Code, Volume Ⅱ'로 출판하였다. 뒤의 책은 번역하지 않은 부분이 있어 완역이라고 보기는 어렵다. 아마도 난해한 문구는 생략한 것 같다.

(2) 일본어 역

1979년 일본에서도 『당률소의』 역주 4권 중 첫 권을 출판하였는데, 마지막 4권은 1998년에야 마무리되었다. 이 역주서는 조문과 소문을 일본어로 번역하고 주석을 다는 데 그치지 않고, 개별 조문에 해설을 더하여 당률의 내용과 성격을 이해하는 데 도움이 된다.

(3) 중국어 역

1989년 차오만즈[曹漫之]의 『당률소의역주唐律疏議譯註』, 2007년 첸따췬[錢大群]의 『당률소의신주唐律疏議新注』 등의 역주서가 출간되었다.

(4) 한국어 역

1994~1998년 김택민·임대희의 『역주당률소의』(명례편, 각칙편상·하)가 있다. 이 역주서는 오역도 많고 각주도 부실하여 참고할 때 주의를 요한다.

(5) 통론과 각론

현대 형법학적 관점에서 당률을 분석 정리한 통론과 각론은 1963~1964년 타이완의 다이옌후이[戴炎輝]가 쓴 『당률통론唐律通論』과 『당률각론唐律各論』이 거의 유일하다고 할 수 있다. 『당률통론』은 현대 형법학의 이론을 적용하여 각칙편에 산재되어 있는 총칙 규정들을 정리해서 서술하고 명례율을 조항별로 순서에 따라 서술하였다. 『당률각론』은 위금율 이하 각칙을 사항별로 묶어서 각 조항마다 죄의 의의와 구성요건들을 밝혀 두었다. 이 두 책은 뛰어난 연구서로 당률의 이해에 많은 도움이 된다. 1996년 출간된 류쥔원의 『당률소의전해唐律疏議箋解』는 각 조문의 연원과 전거를 밝혀 두고 있어 참고가 된다. 김택민은 2002년 다이옌후이의 『당률통론』을 번안하여 『중국고대형법』을 출간하였다. 이 책은 이용 가치가 크지 않다. 김택민은 2021년 『당률총론』과 『당률각론』을 집필하여 본 역주서와 함께 출간하였다.

| 역주 범례 |

1. 역주의 저본

○ 중화서국에서 1983년에 초판하고 1986년에 재판한 류쥔원 점
교『당률소의唐律疏議』

○ 중화서국에서 1996년에 출판한 류쥔원 찬『당률소의전해唐律疏
議箋解』

2. 원문의 표점과 조항

○ 원문의 표점은 류쥔원의『당률소의전해』에 따르되, 의문이 있
는 경우 점교본을 참조하여 수정했다.

○ 원문의 조항 및 세목의 구분은 월러스 존슨의 'The T'ang Code'
와 'The T'ang Code, Volume Ⅱ'에 따르되, 각률은 다이옌후이
[戴炎輝]의『당률각론』을 참조하였다. 단 존슨의 책과 다이옌후
이의 책에서는 율주律注를 하나의 항으로 구분한 경우도 있으
나, 본 역주에서는 일괄해서 율문에 부기하였다.

3. 역문의 작성 원칙

○ 원문의 의미가 손상되지 않도록 직역을 원칙으로 하였다.

○ 내용의 이해와 문맥의 순조로운 연결을 위해 필요한 말은 '( )'
에 넣어 보충하였다.

○ 한자를 밝히지 않으면 이해할 수 없는 어휘만 한자를 병기하였다.

○ 원문을 밝힐 필요가 있는 경우 '[ ]' 안에 넣어서 제시하였다.

○ 연호의 경우 '( )' 안에 서력 연도를 병기하였다.

○ 각주에서 이용한 자료 및 문헌의 서지 사항은 참고문헌에서 일괄 정리하였다.

4. 참고문헌의 작성 원칙

○ 참고문헌은 ①『당률소의』 판본, ②『당률소의』 역주서, ③ 율령에 관한 문헌 및 율령의 집일서, ④ 경전과 사서, ⑤ 당률 및 중국법 연구서의 순서로 나누고, 국적은 한국, 중국·대만, 일본, 구미의 순서로 정리했다. 한국, 중국·대만, 일본 저자의 이름은 한국식 독음 가나다 순서, 구미 저자의 이름은 알파벳 순서에 따랐다.

| 목차 |

부록

『율소』를 바치는 표 및 명례율 편목의 소

번역 김택민

『율소』를 바치는 표[進律疏表]

[表文] 臣無忌等言:

臣聞三才既分, 法星著於玄象; 六位斯列, 習坎彰於易經. 故知出震乘時, 開物成務, 莫不作訓以臨函夏, 垂教以牧黎元. 昔周后登極, 呂侯闡其茂範; 虞帝納麓, 皐陶創其彝章. 大夫之述三言, 金篆騰其高軌; 安衆之陳九法, 玉牒播其弘規. 前哲比之以隄防, 往賢譬之以銜勒. 輕重失序, 則繫之以存亡; 寬猛乖方, 則階之以得喪. 泣辜愼罰, 文命所以會昌; 斮脛剖心, 獨夫於是盪覆. 三族之刑設, 禍起於望夷; 五虐之制興, 師亡於涿鹿. 齊景網峻, 時英有「踊貴」之談; 周幽獄繁, 詩人致菀柳之刺. 所以當塗撫運, 樂平除慘酷之刑; 金行提象, 鎭南削煩苛之法.

而體國經野, 御辨登樞, 莫不崇寬簡以弘風, 樹仁惠以裁化. 景胄以之碩茂, 寶祚於是克崇; 徽猷列於緗圖, 鴻名勒於靑史. 暨炎靈委御, 人物道銷, 霧翳三光, 塵驚九服. 秋卿司於邦典, 高下在心; 獄吏傳於爰書, 出沒由己. 內史溺灰然而被辱, 丞相見瀆背而行賕, 戮逮棄灰, 誅及偶語, 長平痛積冤之氣, 司敗切瘝死之魂. 遂使五樓之群, 爭迴地軸; 十角之旅, 競入天田. 國步於是艱難, 刑政於焉弛紊.

殷憂俟來蘇之后, 多難佇撥亂之君. 大唐握乾符以應期, 得天統而御歷. 誅阪泉之巨猾, 勦丹浦之凶渠, 掃旬始而靜天綱, 廓妖氛而淸地紀. 朱旗乃擧東城, 高滅楚之功; 黃鉞裁麾西土, 建翦商之業. 總六合而光宅, 包四大以凝旒. 異域於是來庭, 殊方所以受職, 航少海以朝絳闕, 梯崑山以謁紫宸, 椎髻之酋, 加之以文冕; 窮髮之長, 寵之以徽章: 王會之所不書, 塗山之所莫紀. 歌九功以恊金奏, 運七政以齊玉衡, 律增甲乙之科, 以正澆俗; 禮崇升降之制, 以拯頹風. 蕩蕩巍巍, 信無得而稱也!

伏惟 皇帝陛下, 體元纂業, 則天臨人, 覆載並於乾坤, 照臨運於日月, 坐靑蒲而化光四表, 負丹扆而德被九圍. 日旰忘餐, 心存於哀矜; 宵分不寐, 志在於明威. 一夫向隅而責躬, 萬方有犯而罪己. 仍慮三辟攸斁, 八刑尙密. 平反之吏, 從寬而失情; 次骨之人, 舞智而陷網. 刑靡定法, 律無正條, 徽纆妄施, 手足安措! 乃制太尉·揚州都督·監修國史·上柱國·趙國公無忌, 司空·上柱國·英國公勣, 尙書左僕射兼太子少師·監修國史·上柱國·燕國公志寧, 尙書右僕射·監修國史·上柱國·開國公遂良, 銀靑光祿大夫·守中書令·監修國史·上騎都尉柳奭, 銀靑光祿大夫·守刑部尙書·上輕車都尉唐臨, 太中大夫·守大理卿·輕車都尉段寶玄, 太中大夫·守黃門侍郎·護軍·潁川縣開國公韓瑗, 太中大夫·守中書侍郎·監修國史·驍騎尉來濟, 朝議大夫·守中書侍郎辛茂將, 朝議大夫·守尙書右丞·輕騎都尉劉燕客, 朝請大夫·使持節潁州諸軍事·守潁州刺史·輕車都尉裴弘獻, 朝議大夫·守御史中丞·上柱國賈敏行, 朝議郎·守刑部郎中·輕車都尉王懷恪, 前雍州盩厔縣令·雲騎尉董雄, 朝議郎·行大理丞·護軍路立, 承奉郎·守雍州始平縣丞·驍騎尉石士達, 大理評事·雲騎尉曹惠果, 儒林郎·守律學博士·飛騎尉司馬銳等, 摭金匱之故事, 採石室之逸書, 捐彼凝脂, 敦茲簡要. 網羅訓誥, 硏覈丘墳, 撰律疏三十卷, 筆削已了. 實三典之隱括, 信百代之準繩. 銘之景鍾, 將二儀而並久; 布之象魏, 與七曜而長懸. 庶一面之祝, 遠超於殷簡; 十失之歎, 永弭於漢圖. 謹詣朝堂, 奉表以聞. 臣無忌等誠惶誠恐, 頓首頓首. 永徽四年十一月十九日進.

『율소』를 바치는 「표」:

신 무기 등은 말씀드립니다.

신은 들었습니다. 삼재가 이미 나누어지니 법성이 천체의 형상[玄象]에 드러나고, 육위가 여기에 배열되니 습감이 『역경』에 환히 드러났습니다. 그러므로 제가 출현하여 천하를 통어하고 뜻을 통달하여 천하의 임무를 이룸에, 교훈을 지어 중국[函夏]에 임하고 가르침을 지어 민을 기르지 않음이 없었음을 알 수 있습니다. 옛날 주후가 등극하자 여후가 그 큰 법을 펼쳤고, 순이 섭정이 되자 고요는 그 변치 않는 법을 창제하였습니다. 대부가 세 가지 말을 진술한 것은 그 높은 행적을 청동기에 뚜렷하게 새길 만하고, 대중을 안정시키는 구법을 편 것은 옥첩에 써서 그 큰 법을 펼칠 만한 것이었습니다. 예전의 철인은 이를 제방에 비유하고, 선현은 이를 재갈과 굴레에 비유하였습니다. 경법·중법이 순서를 잃으면 민의 존망이 걸리고, 너그러움과 엄함이 마땅함을 잃으면 정치의 득실이 있게 되는 것입니다. 죄인을 불쌍히 여겨 눈물을 흘리며 형벌을 신중히 한 것은 위[文命]가 성세를 이룩한 까닭이고, 정강이를 베고 가슴을 가르니 주[獨夫]는 이에 멸망하였습니다. 삼족을 멸하는 형벌을 제정하니 화가 망이궁에서 일어났고, 오학의 제도를 제정하니 군대는 탁록에서 망하였습니다. 제 경공의 법망이 준엄하니 그 때의 빼어난 사람은 의족이 비싸다는 말을 하였고, 주[周]가 형옥을 번다하게 시행하자 시인은 울류의 시로 풍자하기에 이르렀습니다. 그러므로 조비가 고라는 참위에 응하여[當塗] 위를 세우자 왕랑[樂羽]이 참혹한 형을 삭제하였고, 사마염이 금행으로 제위에 오르니 두예가 번다하고 가혹한 법을 삭제하였습니다.

성 안을 구분하고 성 밖을 구획하며, 방위를 변별해서 군신의 지위를 바로 하여[御辨] 군주의 지위에 오르면[登樞], 너그러움과 간략함을 숭상하여 좋은 풍속을 넓히고, 어짊과 은혜를 세워 단속하되 교화로 하지 않음이 없었습니다. 훌륭한 장자는 그로써 크고 무성하게 되고, 보위와 조명은 이에 매우 높아질 것이며, 아름다운 정치는 담황색 책에 열거되고, 큰 이름은 청사에 새겨질 것입니다. 한의 영제가 통치권을 위임함에 이르러 사람과 문물의 도가 사라졌으며, 안개가 삼광을 가리고 병란의 먼지가 천하를 놀라게 하였습니다. 추경은 나라의 법을 관장하면서 형벌을 마음대로 높이고 낮추고, 옥리는 원서[爰書]를 전하면서 빼고 더하는 것을 마음대로 하였습니다. 내사는 재가 다시 피어나면 오줌을 누어 끄겠다는 욕을 당하였고, 승상도 독배[牘背]를 보고 뇌물을 주었습니다. 형벌이 재를 버린 자에까지 미치고, 형벌이 만나서 이야기하는 자에까지 이르렀으며, 장평에서는 쌓인 원기를 애통해 하였고, 사패는 옥중에서 병들어 죽은 혼을 절통해 했습니다. 마침내 오루의 무리로 하여금 지축을 다투어 돌게 하고, 십각의 군사들이 다투어 천자의 지경에 들어가게 되니, 나라의 정치가 이에 어려워지고, 형법이 어느덧 해이하고 문란해졌습니다.

깊은 근심이 있어 오셔서 소생시켜줄 임금을 기다렸고, 어려움이 많아 난을 평정할 임금을 기다렸습니다. 대당은 하늘의 부서를 쥐고 기운에 응답해서 하늘의 정통을 얻어 운수를 다스리고, 판천의 힘세고 교활한 자를 주멸하고, 단포의 흉악한 거수를 죽였으며, 하늘의 요성을 일소하여 하늘의 기강을 안정시키고 요사스런 기운을 제거하여 지기를 맑게 하였습니다. 붉은 기를 내거니 동성에서 초를 멸한 공이 높고, 황월을 짚고 서토의 사람들을 지휘하여 상을 멸한 업적을 세웠으며, 육합을 아울러 빛난 덕으로 덮고 사대를 포괄하여 면류관을 똑바로 썼습니다. 이에 외국에서 조정에 찾아오고, 먼 나라들이 관직을 받고, 큰 배를 타고 소해를 건너와 진홍빛 대궐에 조공하고, 곤산을 타고 넘어와 천자의 궁궐에 배알하였으며, 상투 트는 추장에게 예관을 씌우고, 북방 불모지의 추장을 총애하여 휘장을 주었으니, 「왕회」에 실리지 않는 바이며, 도산에 기록되지 않은 바입니다. 구공을 노래함에 금속악기로 협주하고, 일·월·오성의 칠정의 운행에 따라 옥형을 갖추었으며, 율은 갑·을의 법령을 더하여 경박한 풍속을 바로잡고, 예는 오르고 내리는 제도를 숭상하여 퇴폐풍조를 구제하시니, 넓고 크며 높고 높아서 참으로 칭찬할 수도 없습니다.

엎드려 생각하건대, 황제폐하께서는 선을 대본으로 하시어 제업을 이으시고, 하늘을 본떠 인민에 임하시며, 하늘이 덮고 땅이 싣는 것처럼 하시고, 해와 달이 빛을 비추는 것처럼 하시며, 청포에 앉으셨어도 교화는 사방에 빛나고, 붉은 병풍을 뒤로 하고 앉으셨어도 덕은 천하를 덮었습니다. 해가 지도록[日昳] 식사를 잊으심은 마음에 불쌍히 여기심[哀矜]이 있으시기 때문이고, 밤이 깊도록 잠자지 않으심은 뜻이 위엄을 밝히시려는 데에 있으시며, 한 사내가 구석을 향하면 자신을 책망하시었고, 만방이 법을 범하면 자신에게 죄가 있는 것으로 하셨습니다. 나아가 세 가지 형법으로 윤상이 무너질 것과, 여덟 가지 형법조문이 너무 조밀해질 것과, 억울함을 펴주려 하는 관리는 관대함에 따르다가 죄의 실정을 잃을 것과, 각박한 관리는 재주를 부려 법망에 빠뜨릴 것을 염려하시면서, 형에 일정한 법이 없고 율에 해당하는 조문이 없는데 함부로 죄주어 잡아 가두면 민들이 수족을 어디에 두겠는가 하시고, 마침내 태위 양주도독 감수국사 상주국 조국공 장손무기, 사공 상주국 영국공 이적, 상서좌복야 겸 태자소사 감수국사 상주국 연국공 우지녕, 상서우복야 감수국사 상주국 개국공 저수량, 은청광록대부 수중서령 감수국사 상기도위 류석, 은청광록대부 수형부상서 상경거도위 당림, 태중대부 수대리경 경거도위 단보현, 태중대부 수황문시랑 호군 영천현개국공 한원, 태중대부 수중서시랑 효기위 래제, 조의대부 수중서시랑 신무장, 조의대부 수상서우승 경기도위 류연객, 조청대부 사지절영주제군사 수영주자사 경거도위 배홍헌, 조의대부 수어사중승 상주국 가민행, 조의랑 수형부낭중 경거도위 왕회각, 전옹주주질현령 운기위 동웅, 조의랑 행대리승 호군 로립, 승봉랑 수옹주시평현승 효기위 석사규, 대리평사 운기위 조혜과, 유림랑 수 율학박사 비기위 사마예 등에게 명하여, 금궤의 고사를 모으고 석실의 일서를 채택해서, 저 엉긴 기름덩어리[凝脂]와 같은 조밀한 법은 버리고 이 간략하고 요체가 되는 법은 돈독히 하며, 훈과 고를 망라하고, 구와 분을 구고하여, 『율소』30권을 편찬하여 가필·삭제하시니, 진실로 세 가지 형법의 준칙이자, 진실로 백대의 표준이 될 것입니다. 큰 종에 새기시면 천지와 함께 구원할 것이고, 상위象魏에 내걸면 칠요와 더불어 길이 걸릴 것이며, 거의 한 면을 축원하는 덕과 같아 은의 간책에 기록된 덕을 훨씬 초과해서, 열 가지 실정으로 인한 탄식을 한의 판도에서 영원히 사라지게 할 것입니다. 삼가 조당에 나아가 표를 받들어 아룁니다.

신 무기 등은 참으로 황공하여 머리를 조아리고 조아립니다. 영휘4년(654) 11月 19日.[1]

---

1) 〈進律疏表〉에 대한 釋文의 원문과 번역문을 명례율의 맨 뒤에 첨부하니, 난해한 부분은 참고하시기 바람.

명례율 편목의 소

[疏] 議曰；夫三才肇位, 萬象斯分. 稟氣含靈, 人爲稱首. 莫不憑黎元而樹司宰, 因政敎而施刑法. 其有情恣庸愚, 識沈愆戾, 大則亂其區宇, 小則睽其品式, 不立制度, 則未之前聞. 故曰：「以刑止刑, 以殺止殺.」刑罰不可弛於國, 笞捶不得廢於家. 時遇澆淳, 用有衆寡. 於是結繩啟路, 盈坎疏源, 輕刑明威, 大禮崇敬. 易曰：「天垂象, 聖人則之.」觀雷電而制威刑, 覩秋霜而有肅殺, 懲其未犯而防其未然, 平其徽纆而存乎博愛, 蓋聖王不獲已而用之.

古者大刑用甲兵, 其次用斧鉞; 中刑用刀鋸, 其次用鑽笮; 薄刑用鞭扑. 其所由來, 亦已尙矣. 昔白龍、白雲, 則伏犧軒轅之代; 西火、西水, 則炎帝共工之年. 鶊鳩筮賓於少皡, 金政策名於顓頊. 咸有天秩, 典司刑憲. 大道之化, 擊壤無違. 逮乎唐虞, 化行事簡, 議刑以定其罪, 畫象以媿其心, 所有條貫, 良多簡略, 年代浸遠, 不可得而詳焉. 堯舜時, 理官則謂之爲「士」, 而皐陶爲之, 其法略存, 而往往槪見. 則風俗通所云「皐陶謨：虞造律」是也. 律者, 訓銓, 訓法也. 易曰：「理財正辭, 禁人爲非曰義.」故銓量輕重, 依義制律. 尙書大傳曰：「丕天之大律.」注云：「奉天之大法.」法亦律也, 故謂之爲律.

昔者, 聖人制作謂之爲經, 傳師所說則謂之爲傳, 此則丘明、子夏於春秋、禮經作傳是也. 近代以來, 兼經注而明之, 則謂之爲義疏. 疏之爲字, 本以疏闊、疏遠立名. 又, 廣雅云：「疏者, 識也.」案疏訓識, 則書疏記識之道存焉. 史記云：「前主所是著爲律, 後主所是疏爲令.」漢書云：「削牘爲疏.」故云疏也.

昔者, 三王始用肉刑. 赭衣亂嗣, 皇風更遠, 樸散淳離, 傷肌犯骨. 尙書大傳曰：「夏刑三千條.」周禮：「司刑掌五刑」, 其屬二千五百. 穆王度時制法, 五刑之屬三千. 周衰刑重, 戰國異制, 魏文侯師於里悝, 集諸國刑典, 造法經六篇：一、盜法; 二、賊法; 三、囚法; 四、捕法; 五、雜法; 六、具法. 商鞅傳授, 改法爲律. 漢相蕭何更加悝所造戶、興、廐三篇, 謂九章之律. 魏因漢律爲一十八篇, 改漢具律爲刑名第一. 晉命賈充等, 增損漢、魏律爲二十篇, 於魏刑名律中分爲法例律. 宋齊梁及後魏, 因而不改. 爰至北齊, 併刑名、法例爲名例. 後周復爲刑名. 隋因北齊,更爲名例. 唐因於隋, 相承不改.

名者, 五刑之罪名; 例者, 五刑之體例. 名訓爲命, 例訓爲比, 命諸篇之刑名, 比諸篇之法例. 但名因罪立, 事由犯生, 命名卽刑應, 比例卽事表, 故以名例爲首篇. 第者, 訓居, 訓次, 則次第之義, 可得言矣. 一者, 太極之氣, 函三爲一, 黃鍾之一, 數所生焉. 名例冠十二篇之首, 故云名例第一.

大唐皇帝以上聖凝圖, 英聲嗣武, 潤春雲於品物, 緩秋官於黎庶. 今之典憲, 前聖規模, 章程靡失, 鴻纖備擧, 而刑憲之司執行殊異: 大理當其死坐, 刑部處以流刑; 一州斷以徒年, 一縣將爲杖罰. 不有解釋, 觸塗睽誤. 皇帝彝憲在懷, 納隍興軫.

德禮爲政教之本, 刑罰爲政教之用, 猶昏曉陽秋相須而成者也. 是以降綸言於台鉉, 揮折簡於旄彦, 爰造律疏, 大明典式. 遠則皇王妙旨, 近則蕭·賈遺文, 沿波討源, 自枝窮葉, 甄表寬大, 裁成簡久. 譬權衡之知輕重, 若規矩之得方圓. 邁彼三章, 同符畫一者矣.

[소의 역문] 대저 삼재가 처음 위치하니 만상이 이로부터 나누어졌다. 기를 받아 영을 머금은 것은 사람이 우두머리라 칭하니, 인민들의 뜻에 따라 사재를 세우고, 정치와 교화를 먼저 한 뒤에 형법을 시행하지 않음이 없다. 다만 그 중에는 정이 방자하여 무능하고 어리석으며 견식이 낮아 죄악에 빠지는 자도 있는데, 크면 천하를 어지럽게 하고 작으면 그 법도를 어기게 되므로, 제도를 세우지 아니하였다는 것은 전에 듣지 못하였다. 그러므로 "형벌로 형벌을 그치게 하고, 사형으로 사형을 그치게 한다."고 한 것이다. 형벌은 국가에서 폐지할 수 없고, 회초리는 가정에서 없앨 수 없는데, 때의 풍속은 경박하기도 하고 순후하기도 하며, 형벌의 사용은 많을 수도 적을 수도 있다. 이에 새끼를 묶어 계도하기도 하고, 율법을 정하여 사회를 정돈하기도 하였으며, 가벼운 형벌로 위엄을 밝히고, 대례로 공경을 높이게 하기도 하였다. 『주역』에, "하늘이 상을 드리우니 성인이 그것을 본받았다."라고 하였으니, 우레와 번개를 보고 위엄 있는 형벌을 제정하고, 가을 서리를 보고 엄숙하게 처형하였지만, 죄를 범

하기 전에 징계하여 그렇게 되기 전에 방지하며, 죄를 다스리는 것을 공정히 하고 박애하는 마음을 가지니, 대개 성왕은 부득이 해서 그것을 사용한 것이다.

옛날, 대형에는 무장한 군대를 사용하고, 그 다음은 도끼를 사용하며, 중형에는 칼과 톱을 사용하고, 그 다음은 끌[鑽]이나 대나무 끌[笞]을 사용하며, 가벼운 형벌에는 채찍과 매를 사용하였으니, 그 유래가 오래되었다. 옛 백룡과 백운은 복희와 황제 시대의 형관刑官들이고, 서화와 서수는 염제와 공공 시대의 형관이다. 상구는 소호에게 빈을 점쳤고, 금정은 전욱의 신하로 이름을 올렸는데 모두 천자의 녹을 먹으며 형법을 주관하였다. 대도에 의해 교화되면 격양 놀이를 하며 법을 위반함이 없게 되니, 당·우 때에 이르러서는 교화가 행해지고 일이 간소해져, 형을 의하여 그 죄를 정하고 형의 상을 그려 그 마음을 부끄럽게 하였으며, 모든 조항은 대부분 간략하였는데, 연대가 점차 멀어져 자세히 알 수 없게 되었다. 요·순 시대에는 이관을 사라 하였고 고요가 이를 맡았는데, 그 법이 약간 남아 있어 이따금 그 대략을 볼 수 있다. 즉『풍속통』에서 "고요가 우에게 계책[謨]을 내서 율을 제정하였다."라고 한 것이 바로 이것이다.

율이란 저울로 풀이되고 법으로 풀이된다. 『주역』에 "재물을 절도 있게 관리하고 호령의 사를 바르게 하며, 사람이 그릇된 행위를 하지 못하게 금하는 것이 의이다."라고 하였다. 그러므로 시속의 경중을 고루 헤아려 마땅함[義]에 따라 율을 제정한다. 『상서대전』(권2, 「周傳」)에 "하늘의 대율大律을 받든다."라고 하였고, 그 주에 "하늘의 대법을 받든다."라고 하였으니, 법도 역시 율이다. 그러므로 율이라 한 것이다.

옛날 성인이 만든 것을 경經이라 하고, 스승이 말씀한 바를 전하는 것을 전이라 한다. 이는 곧 좌구명과 자하가 『춘추』와 『예경』에 전을 지은 것과 같은 것이다. 근대 이래 경과 주를 겸해서 밝힌 것을 의소義疏라 한다. 소라는 글자를 쓴 것은 본디 넓고 깊게 풀이했다는 것으로 이름을 정했다는 것이다. 또『광아』에 "소疏는 식識의 뜻이다."라고 하였다. 소가 식의 뜻임을 생각하면, 소를 쓰는 것은 식을 기록하는 도리가 있다는 것이다. 『사기』에 "전주가 옳다고 한 것을 드러내어 율로 삼고, 후주가 옳다고 한 것을 새겨서 영으로 삼았다."라고 하였고, 『한서』(권92, 3716쪽)에 "독牘을 깎아 소를 만들었다. 그러므로 소라 한다."라고 하였다.

옛날에 삼왕이 육형을 시행하기 시작했으나, 자의緇衣로는 뒤를 잇기 어려워 황풍은 더욱 멀어졌으며, 질박순후한 풍속이 흩어지고 살과 뼈가 상했다. 『상서대전』(권3)에 "하의 형법은 3,000조이다."라고 하였고, 『주례』에 "사형司刑이 오형을 관장하니 그 적용할 조항이 2,500조이다."라고 하였다. 주 목왕은 시대를 참작하여 법을 제정하니, 오형을 적용할 조항이 3,000조였다. 주가 쇠약해지자 형벌이 무거워졌으며, 전국시대 각국은 제도가 달랐다. 위문후가 이회에 사사하여, 여러 나라의 형전을 모아 법경 육편을 지으니, 1 도법, 2 적법, 3 수법, 4 포법, 5 잡법, 6 구법이었으며, 상앙이 전해 받아 법을 율이라 개칭하였다. 한의 승상 소하는 이회가 지은 것에 다시 호·흥·구 3편을 추가하니, 이른바 구장율이다. 위는 한의 율을 바탕으로 하여 18편을 제정하였는데, 한의 구율을 형명이라 고치고 순서를 제일로 하였다. 진은 가충 등에게 명하여 한과 위의 율을 가감하여 20편을 제정하고, 위의 형명률 중에서 일부를 나누어 법례율로 하였다. 송·제·양 및 북위는 이를 그대로 이어 개정하지 않았으나, 북제에 이르러 형명과 법례를 합하여 명례라 하였고, 북주에서는 다시 형명이라 하였다. 수는 북제의 제도에 따라 다시 명례라 하였고, 당은 수의 제도를 그대로 이어 고치지 않았다.

명이란 형벌의 종류와 등급이요, 예란 모든 범죄에 적용할 통례이다. 명의 훈은 부여한다는 것이고 예의 훈은 견준다는 것이니, 명은 모든 편에 부여할 형의 종류와 등급이며, 예는 모든 편의 형법에 견줄 통례이다. 다만 형의 등급은 죄에 따라 성립하고, 사건은 범행으로 발생한다. 형의 등급을 부여하면 곧 형이 따르고, 예例를 견주면 사안이 드러나게 된다. 그러므로 명례를 맨 앞 편으로 삼은 것이다. 제란 거居라 훈하고 차次라 훈하므로, 차례의 뜻이라고 할 수 있다. 일은 태극의 기이니 삼을 포용하여 일이 되며, 황종의 일은 수가 생기는 바이다. 명례를 12편의 처음에 놓았기 때문에 명례 제일이라 한 것이다.

　대당황제는 상성上聖으로 국기를 굳히시고 영웅의 명성을 계속 이으시어, 만물을 윤택하게 하는 봄 구름처럼, 백성에게 형법 시행을 관대하게 하였다. 지금의 법은 옛날 훌륭한 군주의 규모와 같아서 규정이 빠진 것이 없이 크고 작은 것이 잘 갖추어져 있으나, 사법 담당자마다 집행이 서로 달라서, 대리시는 사형에 처해야 한다고 하는데 형부에서는 유형에 처하고, 어떤 주에서는 도형에 처단하는데 어떤 현에서는 장벌에 처하기도 한다. 그러므로 해석이 없으면 법 적용에 잘못을 범하거나 착오하게 된다. 황제께서는 항상된 법을 염두에 두시고, 법 적용이 한결같지 않으면 인민이 구렁텅이에 빠지게 될 것을 걱정하시었다.

　덕과 예는 정치와 교화의 근본이요, 형과 벌은 정치와 교화의 수단이니, 황혼과 새벽, 봄과 가을이 서로 번갈아서 와야만 1년을 이루는 것과 같다. 이에 황제의 명령을 재상에게 내리고 책서를 뛰어난 인재들에게 주어, 이에 율소를 지어 법식을 크게 밝게 하니, 멀리는 황왕의 오묘한 뜻이요, 가까이는 소하와 가충의 유문이다. 물결을 거슬러 근원을 찾고, 가지로부터 시작하여 잎까지 추구하여, 관대함을 밝게 드러내서 간략하고 영구한 법을 재단하여 완성하였다. 비유하면 저울로 경중을 알 수 있는 것과 같고, 그림쇠로 방方과 원을 그을 수 있는 것과 같으니, 저 삼장三章을 넘어 일자一字를 그은 것에 부합하는 것이다.[2]

---

2) 〈名例律疏〉에 대한 釋文의 원문과 번역문을 명례편의 맨 뒤에 첨부하니, 난해한 부분은 참고하시기 바람.

당률소의 권 제1 명례율 모두 7조

역주 이준형

제1조 명례 1. 태형 5등급(笞刑五)

[律文] **笞刑五**: **笞一十**. 贖銅一斤. **笞二十**. 贖銅二斤. **笞三十**. 贖銅三斤. **笞四十**. 贖銅四斤. **笞五十**. 贖銅五斤.

[律文의 疏] 議曰: 笞者, 擊也, 又訓爲恥. 言人有小愆, 法須懲誡, 故加捶撻以恥之. 漢時笞則用竹, 今時則用楚. 故『書』云: "扑作敎刑," 卽其義也. 漢文帝十三年, 太倉令淳于意女緹縈上書, 願沒入爲官婢, 以贖父刑. 帝悲其意, 遂改肉刑, 當黥者髡鉗爲城奴令春, 當劓者笞三百. 此卽笞、杖之目, 未有區分. 笞擊之刑, 刑之薄者也. 隨時沿革, 輕重不同, 俱期無刑, 義唯必措. 『孝經援神契』云: "聖人制五刑, 以法五行." 『禮』云: "刑者, 侀也, 成也. 一成而不可變, 故君子盡心焉." 『孝經鉤命決』云: "刑者, 侀也, 質罪示終." 然殺人者死, 傷人者刑, 百王之所同, 其所由來尙矣. 從笞十至五十, 其數有五, 故曰笞刑五. 徒、杖之數, 亦準此.

[율문] **태형 5등급**[1]: **태10**. 속(금)은 동 1근[2]이다. **태20**. 속(금)은 동 2근이다. **태30**. 속(금)은 동 3근이다. **태40**. 속(금)은 동 4근이다. **태50**. 속(금)은 동 5근이다.

[율문의 소] 의하여 말한다: 태란 (매를) 치는 것이다.[3] 또한 (율학자들은 태를)[4] 부끄럽게 한다는 뜻으로도 해석한다. 사람에게 작

---

1) 율문에는 '笞刑五'로 되어 있으나, 이를 전하는 『구당서』(권50, 2136~2137쪽)의 기사는 "有笞、杖、徒、流、死, 爲五刑. 笞刑五條, … 大凡二十等."이라고 되어 있으니, 더하여 '등급'이라고 번역해도 무방할 듯하다.

2) 당대의 무게 단위는 銖・兩・斤이 있는데, 1수는 북방의 검은 기장[黍] 중간 것 100개의 무게, 1량은 24수, 1근은 16량이다(『당육전』권3, 81쪽; 『역주당육전』상, 351~352쪽). 1근은 670g 가량이다.

3) 『설문해자주』, 竹部, 196쪽下.

은 허물이라도 있다면 법은 반드시 징계해야 하므로, 매를 쳐서 그
에게 치욕을 준다는 것을 말한다. 한대에 태는 대나무를 사용하였
으나 지금은 가시나무를 사용한다. 『상서』(권3, 77쪽)에 이르기를
"회초리로 치는 것을 교육을 위한 형으로 삼았다."고 한 것은 바로
이 뜻이다. 한 문제13년(B.C.167)에 태창령5) 순우의의 딸 제영이
글을 올려, (자신을) 관에 몰수해서 관비로 삼는 것으로 아비의 형
을 면해주기를[贖] 원하였다. 황제가 그 뜻을 가련하게 여겨 마침
내 육형[肉刑]을 고쳐서, 얼굴에 먹물을 새기는 형[黥]에 해당하는 자
는 머리를 깎고 목에 칼을 씌워 (남자는) 성을 쌓고 (여자는) 방아
를 찧게 하고[城奴舂春],6) 코를 베는 형[劓]에 해당하는 자는 태300
에 처하는 것으로 정하였다.7) 이것이 곧 태·장형의 명목(의 유래
인데, 아직 태와 장)의 구분은 없었다. 매를 치는 형벌은 형벌 가
운데 가벼운 것으로, 시대에 따라 변천이 있어 무겁고 가벼움은 같
지 않으나, 모두 형벌이 없어지기를 기대하며, 반드시 (형구를 사
용하지 않고) 놓아두게 한다[措]는 데 뜻이 있다(『상서』권4, 109쪽).8)

---

4) 『송형통』권1, 1쪽에는 "而律學者云"이 보충되어 있다.
5) 太倉令은 治粟內史(大農令 또는 大司農)의 속관으로 곡식창고를 관할하였다
(『한서』권19상, 731쪽). 순우의는 당시 齊의 태창령이었다(『한서』권23, 1097쪽).
6) 『한서』(권23, 1097~1098쪽)에는 "當黥者髡鉗爲城奴舂春"이 "當黥者髡鉗爲城
旦春"으로 되어 있다. 『漢舊儀』에 따르면 城旦春은 한대 형벌의 하나인데, 남
자죄수는 성을 쌓고[城旦] 여자죄수는 방아를 찧는[城春] 노동형이다(『한관육
종』, 漢舊儀卷下, 85쪽). 소에서 '城奴舂春'이라 한 것은 唐 睿宗의 이름 '李
旦'을 피휘하여 단을 노로 고친 것이다.
7) '한 문제13년' 이하의 기사는 육형을 태장형과 노동형으로 개혁한 것을 요약한
것이다. 문제가 육형을 대체할 방법을 강구하라는 명을 내리자, 승상 張蒼과
어사대부 馮敬이 논의를 거쳐 黥刑에 해당하는 자는 髡鉗城旦春에, 劓刑에 해당
하는 자는 태300에, 斬左趾에 해당하는 자는 태500에 처하고, 斬右趾에 해당하는
자는 棄市에 처하도록 상주하여 이를 시행하였다(『한서』권23, 1097~1099쪽).
8) 이처럼 종국에는 형이 시행되지 않도록 하는 것이 고대 중국의 형법사상의 근

『효경원신계孝經援神契』[9]에 "성인이 오형[10]을 정한 것은 오행을 본뜬 것이다."라고 하였고, 『예기』(권13, 482쪽)에 "형이란 형태를 갖춘 것[侀]이요, 이루어진 것[成]이다. 일단 이루어지면 고칠 수 없으므로 군자는 성심을 다한다."고 하였다. 『효경구명결孝經鉤銘決』에 "형이란 형태를 갖춘 것이다. 죄에 합당한 (형을 주어) 사안이 종결된 것을 보여주는 것이다."[11]라고 하였다. 그러하니 살인한 자를 사형에 처하고 사람을 상하게 한 자를 형벌에 처하는 것은 역대의 왕[百王]이 다 같이 시행한 원칙으로, 그 유래가 아주 오래되었다(『순자』권12, 347쪽). 태10에서 태50까지 그 수는 다섯이다. 그래서 태형 5등급이라고 한 것이다. 도(형)과 장(형)의 수도 또한 이에 따른다.

간이라고 할 수 있다. 이와 유사한 내용은 『荀子』(권8, 234쪽, "상을 내리지 않고도 백성을 권면하며, 벌을 쓰지 않고도 백성을 복속시킨다[賞不用而民勸, 罰不用而民服].")나 『한서』(권23, 1109~1112쪽) 등에서도 볼 수 있다.

9) 『孝經援神契』와 바로 뒤에 나오는 『孝經鉤命決』은 모두 한대 緯書의 일종으로 亡佚되어 전해지지 않는다. 단 그 佚文을 모은 것으로 明 孫瑴이 편집한 『古微書』 등이 있다.

10) 『주례주소』(권36, 1107~1109쪽)와 『상서정의』(권19, 643쪽)의 기사에 따르면 오형은 신체를 훼손하는 다섯 가지 육형, 즉 墨刑·劓刑·宮刑·刖刑·大辟(死刑)을 말한다. 묵형은 黥刑이라고도 하였으며, 월형은 臏刑 또는 剕刑이라고도 하였다. 한대에 이르러 원칙적으로 육형이 폐지되고 대신 태장형과 노동형 및 사형으로 대체되었으나, 이후 시대에 따라 들쑥날쑥하였다가 수·당률에 이르러 태·장·도·유·사의 5등형으로 정착되었다.

11) 『北堂書鈔』권43, 刑法部, 刑法總一에는 "刑者, 教也. 質罪示終."이라 되어 있다.

제2조 명례 2. 장형 5등급(杖刑五)

[律文] **杖刑五: 杖六十.** 贖銅六斤. **杖七十.** 贖銅七斤. **杖八十.** 贖銅八斤. **杖九十.** 贖銅九斤. **杖一百.** 贖銅十斤.

[律文의 疏] 議曰: 『說文』云: "杖者持也." 而可以擊人者歟? 『家語』云: 舜之事父, 小杖則受, 大杖則走. 『國語』云: "薄刑用鞭扑." 『書』云: "鞭作官刑." 猶今之杖刑者也. 又蚩尤作五虐之刑, 亦用鞭扑. 源其濫觴, 所從來遠矣. 漢景帝以笞者已死而笞未畢, 改三百曰二百, 二百曰一百. 奕代沿流, 曾微增損. 爰洎隋12)室, 以杖易鞭. 今律云: "累決笞、杖者, 不得過二百," 蓋循漢制也.

[율문] **장형 5등급:** **장60.** 속(금)은 동 6근이다. **장70.** 속(금)은 동 7근이다. **장80.** 속(금)은 동 8근이다. **장90.** 속(금)은 동 9근이다. **장100.** 속(금)은 동 10근이다.

[율문의 소] 의하여 말한다: 『설문해자』(목부, 263쪽하)에 "장은 (손으로) 잡는 것(持)이다."라고 하였으니, 또한 사람을 칠 수 있는 것이 아니겠는가. 『공자가어』에 순이 아버지를 섬김에 작은 매는 맞고 큰 매는 피하였다고13) 하였고, 『국어』(권4, 노어상)에 "가벼운 형벌

---

12) 劉俊文 점교본에는 "隨"로 되어 있으나 官版本에 따라 "隋"로 고친다.

13) 증삼이 아비 증석과 함께 참외밭에서 김매다가 증삼이 부주의해서 참외 그루를 밟으니 증석이 화가 나 몽둥이로 등을 쳐서 증삼이 기절했다. 증삼이 깨어나 증석에게 사죄하고 일이 끝난 뒤에는 방에 들어가 거문고를 타서 몸에 이상이 없음을 알렸다. 공자가 이 말을 듣고 앞으로 증삼을 집에 들이지 말라고 하였다. 그 까닭은 瞽叟의 아들 舜은 아버지를 모시면서 작은 매는 맞고 큰 매는 피함으로써 고수가 아들을 포학하게 하여 자칫 아비의 도리를 어길 수도 있는 죄를 짓지 않게 하였는데, 증삼은 그러지 못했기 때문이다(『孔子家語』권 4, 101~102쪽).

에는 채찍이나 회초리를 사용하였다."고 하였다. 『상서』(권3, 77쪽)에 "채찍을 관리를 다스리는 형벌[官刑]로 삼았다."고 하였으니 지금의 장형과 같은 것이다. 또 치우가 오학의 형벌을 제정함에 역시 채찍과 매를 사용하였다[14]고 하므로, 그 기원[濫觴]을 찾아보면 유래가 오래되었다. 한 경제는, 태형을 마치지도 않았는데 태형을 받는 자가 이미 죽으므로, 태300을 태200으로, 태200을 태100으로 고쳤다(『한서』권23, 1100쪽). 이후 대대로 이를 따라 (수를) 증감한 것이 거의 없었다. 수에 이르러 채찍을 장으로 바꾸었다.[15] 지금의 율에 "누계해서 태·장을 치는 것은 200을 초과할 수 없다."(명 29.4b)고 규정하였는데, 이는 대체로 한의 제도를 따른 것이다.[16]

----

14) 치우는 黃帝와 대결하다가 패했다고 하는 전설상의 군주이다(『사기』권1, 3쪽). 오학은 치우가 제정하였다고 하는 다섯 가지 혹형인데, 이를 전하는 『상서』에는 劓·刵·椓·黥에 殺戮無辜를 더해 오학이라 하였으며, 鞭扑은 보이지 않는다(『상서정의』권19, 630쪽).

15) 수 이전 남북조시대에는 鞭이 正刑이었다. 남조 梁에서는 鞭杖 200·100·50·30·20·10의 형이 율에 규정되어 있었다. 北齊律에서는 오형 중 네 번째가 편형으로 100·80·60·50·40의 5등으로 구분하였다. 北周律에서는 오형 중 두 번째를 편형으로 하고 60부터 100까지의 등차를 두었으며, 徒刑에도 편60·태10부터 편100·태50을 차등적으로 부가하였다. 이후 수 개황률에서 이전의 편형을 없애고 장60~100의 다섯 등급을 두었다(『수서』권25, 698·705·707·711쪽).

16) 태형과 장형에 사용하는 형구인 杖은 그 종류와 규격이 규정되어 있었다. 장은 신수장·상행장·태장으로 구분되는데, 각 장의 길이는 모두 3척 5촌(약 105cm)이며 마디를 깎아 매끈하게 한다. 신수장은 拷訊에 사용하며 굵은 쪽의 직경은 3분 2리(약 9.6mm), 가는 쪽의 직경은 2분 2리(약 6.6mm)이다. 상행장은 일반 장형에 사용하며 굵은 쪽의 직경은 2분 7리(약 8.1mm), 가는 쪽의 직경은 1분 7리(약 5.1mm)이다. 태장은 태형에 사용하며 굵은 쪽의 직경은 2분(약 6mm), 가는 쪽의 직경은 1분반(약 4.5mm)이다. 태형은 장딴지와 볼기에 나누어 집행하고 장형은 등·장딴지·볼기에 나누어 집행하는데, 각 부위에 나누어 때리는 매의 수가 같아야 한다(『당육전』권6, 191쪽 및 『역주당육전』상, 611~612쪽). 또한 규격 외의 장을 사용하거나 집행 방법에 잘못이 있는 경우 집행자를 처벌한다(482, 단14.2). 태형과 장형은 모두 신체형으로 죄의 경

제3조 명례 3. 도형 5등급(徒刑五)

[律文] 徒刑五: 一年. 贖銅二十斤. 一年半. 贖銅三十斤. 二年. 贖銅四十斤.
二年半. 贖銅五十斤. 三年. 贖銅六十斤.

  [律文의 疏] 議曰: 徒者, 奴也, 蓋奴辱之. 『周禮』云: "其奴男子入于罪隷,"
  又 "任之以事, 寘以圜土而收教之. 上罪三年而捨, 中罪二年而捨, 下罪一年
  而捨," 此並徒刑也. 蓋始於周.

[율문] 도형 5등급: 1년. 속(금)은 동 20근이다. 1년반. 속(금)은 동
30근이다. 2년. 속(금)은 동 40근이다. 2년반. 속(금)은 동 50근이다.
3년. 속(금)은 동 60근이다.

  [율문의 소] 의하여 말한다: 도는 노이니, 대개 노(예)로 삼아 치욕을
  주자는 것이다. 『주례』(권36, 1120쪽)에 "(대죄로 처단된 자에 연좌되
  어 몰관된) 그 노 가운데 남자는 죄예罪隷로 들인다."[17]라고 하였고,
  또 "(사람을 해한 사람은) 노역을 시키고, 감옥[圜土]에 가두어 교화
  시킨다. 상죄는 3년이 되면 석방하고, 중죄는 2년이 되면 석방하며,

중에 따라 매의 대수와 장의 크기에 차이가 있기는 하지만 질적으로 같다고
볼 수 있다. 그러나 형사행정 절차상 태죄의 용의자는 구금하지 않지만 장죄
이상의 용의자는 구금하는 차이가 있다(469, 단1a의 소).

17) 죄예는 국내[中國]의 예를 지칭하지만 이들을 관장하는 職人을 의미하기도 한
다. 즉 秋官司寇 司隷는 五隷(罪隷, 蠻隷, 閩隷, 夷隷, 貉隷)를 관장하는데 휘
하의 죄예는 죄인의 가인 가운데 120명을 선발하여 役員으로 삼아 衆隷를 관
리하고 모든 관부의 소소한 노역이나 우차로 운반하는 일을 담당한다(『주례
주소』권34, 1046~1047쪽; 권36, 1129~1130쪽). 참고로 죄인의 여자 가인으로
충당하는 舂人은 도정한 곡식[米]를 공급하는 일을 관장하는데 地官司徒 예하
의 직인이며, 槀人은 관인이나 숙위인에게 음식을 공급하는 일을 관장하는 지
관사도의 직인과 職金으로부터 재물을 받아 공인에게 지급하는 일을 관장하
는 夏官司馬의 직인(『주례주소』권16, 506~507쪽)이 있다.

하죄는 1년이 되면 석방한다."(『주례』권36, 1122~1123쪽)고 하였으니,[18] 이는 모두 도형이다. (도형은) 대개 주에서 시작되었다.

제4조 명례 4. 유형 3등급(流刑三)

[律文] **流刑三: 二千里. 贖銅八十斤. 二千五百里. 贖銅九十斤. 三千里. 贖銅一百斤.**

  [律文의 疏] 議曰: 『書』云: "流宥五刑." 謂不忍刑殺, 宥之于遠也. 又曰: "五流有宅, 五宅三居." 大罪投之四裔, 或流之于海外, 次九州之外, 次中國之外. 蓋始於唐虞. 今之三流, 卽其義也.

[율문] **유형 3등급: 2000리.** 속(금)은 동 80근이다. **2500리.** 속(금)은 동 90근이다. **3000리.** 속(금)은 동 100근이다.

---

18) 이러한 定型의 형기는 도식적인 느낌을 준다. 진의 도형은 城旦春·鬼薪白粲·隸臣妾·司寇·髡爲候侯 5종으로 무기형이었다. 이후 한 초의 도역은 髡鉗城旦春·完城旦春·鬼薪白粲·司寇·罰作(復作)의 5종으로 각기 기한이 있었다(『한관육종』, 85~86쪽). 진율에는 髡鉗五歲刑笞二百·四歲刑·三歲刑·二歲刑의 4종류가 있었고(『태평어람』권642, 刑法部八, 徒作年數), 양에서는 2년 이상의 노역형을 耐罪라 하였으며 그 구체적인 내용은 진율과 동일하였다. 이 외에 一歲刑, 半歲刑, 百日刑의 노역형을 더하여 7종류가 있었다(『수서』권25, 698쪽). 북위는 世祖 즉위 후 5세형·4세형을 없애고 1년형을 추가하였으며, 高祖 太和11년 8월의 조에 따르면 율문에서 도형의 기한은 3년으로 하고 있어, 2년·3년형도 있었을 것으로 보인다. 그러나 이후 神龜 연간의 鬪律에서는 다시 5세형과 4세형이 보인다(『위서』권111, 2874·2878·2886쪽). 북제율에서는 5세·4세·3세·2세·1세의 다섯 등급을 정하고 각기 鞭·笞를 부가하였다. 북주율에서 비로소 徒刑이라는 명칭을 사용하였고 1년부터 5년까지의 다섯 등급이 있었다(『수서』권25, 705·707쪽).

[율문의 소] 의하여 말한다: 『상서』(권3, 77쪽)에 "유형으로 오형[19]을 관용한다."고 한 것은, 차마 육형이나 사형에 처하지 못하고 먼 곳으로 (유배하여) 관용함을 말한 것이다. 또 "다섯 가지 유형을 받은 자에게는 각각 거처할 곳[宅]을 주며, 그 거처할 곳은 세 등급이 있다."(『상서』권3, 90쪽)라고 하였다. 대죄를 범한 자는 가장 멀고 황량한 곳[四裔]으로 보내거나 해외로 유배하고, 다음은 구주의 밖, 그 다음은 경사[中國] 밖으로 유배한다. 이는 대체로 (요의) 당, (순의) 우 때부터 비롯된 것으로, 지금의 세 등급의 유형[20]은 곧 그 뜻이다.

제5조 명례 5. 사형 2등급(死刑二)

[律文] 死刑二: 絞. 斬. 贖銅一百二十斤.

[律文의 疏] 議曰: 古先哲王, 則天垂法, 輔政助化, 禁暴防姦, 本欲生之, 義期止殺. 絞斬之坐, 刑之極也. 死者魂氣歸於天, 形魄歸於地, 與萬化冥然, 故鄭注『禮』云: "死者, 澌也. 消盡爲澌." 『春秋元命包』云: "黃帝斬蚩尤於涿鹿之野." 『禮』云: "公族有死罪. 磬之于甸人." 故知斬自軒轅, 絞興周代. 二者法陰數也, 陰主殺罰, 因而則之, 卽古大辟之刑是也.

---

19) 여기서 오형은 육형, 즉 墨·劓·荆·宮·大辟의 형을 말한다(『상서정의』권3, 89쪽).

20) 진대에는 유형과 유사한 遷刑이 있었으며, 한·위·진에서도 유형과 유사한 徙刑 내지 徙邊之刑이 있었다. 그러나 그 사례들은 사형을 감형하여 취하는 처분으로 正刑은 아니다. 북위에서 비로소 유사한 형이 나오고(『위서』권111, 2882쪽), 북주에 이르러 비교적 체계적인 유형이 나온다. 북주율의 유형은 경기[皇畿]와의 거리에 따라 등급을 두었으며, 流衛服(2500리)·流要服(3000리)·流荒服(3500리)·流鎭服(4000리)·流蕃服(4500리)의 5종이 있었다(『수서』권25, 707~708쪽).

[율문] 사형 2등급: 교형. 참형. 속(금)은 동 120근이다.

[율문의 소] 의하여 말한다: 옛 철왕이 하늘을 본떠 법을 제정하여, 정치와 교화를 보조하고 횡포와 간사를 금하고 막았으니, 이는 본래 민을 살리려는 것으로 뜻은 (사형으로) 살인을 그치게 하려는 것이다. 교형과 참형은 형벌 가운데 가장 무거운 것이다. 죽은 자의 혼과 기는 하늘로 돌아가고 육체[形]와 넋[魄]은 땅으로 돌아가 대자연으로 스며든다. 그러므로 정현은 『예기』(권7, 230쪽)에 주석하여 이르기를 "사는 시이다. 소진되는 것이 시이다."라고 하였다. 『춘추원명포春秋元命包』에 "황제가 탁록의 광야에서 치우를 참하였다."[21]라고 하였다. 『예기』(권20, 752쪽)에 "공족이 사죄를 범하면 전인[22]에게 맡겨 목을 매달게 한다."고 하였다. 그러므로 참형은 황제[軒轅] 때부터, 교형은 주대부터 있었음을 알 수 있다.[23] (사형

---

21) 『春秋元命包』는 한대 緯書의 일종으로 당 초기에 이미 亡佚되었다(『수서』권 32, 940쪽). 같은 내용이 『사기』(권1, 3쪽)에 전한다.

22) 甸人은 周官 天官의 職人인 甸師를 가리킨다(『주례주소』권4, 118쪽).

23) 당률에서 사형은 교와 참 두 종류뿐이다. 교는 『예기』의 내용만 보면 목을 매다는 것으로 보이지만, 실제로 그 구체적인 행형 방법은 새끼줄 등으로 목을 졸라 죽이는 형벌이다. 居延漢簡 등에 기록된 교는 새끼줄의 의미이며, 『설문해자』(交部, 495쪽)에서도 "絞, 縊也."라고 해석하고 있다. 목을 매다는 현재의 교수형은 오히려 북주 시기 교형과 병존했던 罄(磬)과 그 형태가 유사하다. 참은 목을 베어 죽이는 형벌이다. 교는 신체를 온전히 하여 죽이는 것이고 참은 신체를 분리하여 죽이는 것이므로 교보다 참이 무겁다. 진한 이래 사형은 梟首·腰斬·棄市 등이 있었으며, 위·진도 이를 계승하여 효수·요참·기시 3종의 사형을 두었다. 이후 남북조 시기에는 사형 제도에 일정한 변화가 있었는데, 남조의 梁·陳에는 효수와 기시 2종의 사형만 있었으며(『수서』권25, 698쪽), 북위는 轘(車裂)·요참·殊死·기시의 4종을 두었는데, 이후 효수를 최고형으로 하고 처음으로 교를 시행하였다(『위서』권111, 2874쪽·2876~2877쪽). 북제는 환·효수·참·교의 4종을, 북주는 경·교·참·효·열의 5종을 두었다(『수서』권25, 705쪽·708쪽). 수 개황율에 이르러 당률과 같이 참·교의 2등으로 정해지게 되었다. 이전 시대에는 거열이나 요참이 있었고, 이후 명청대에는 陵遲處死 등이 있었지만, 당률에서는 참형이 개인에게 과해지는 최고형이었다. 사

이) 두 가지인 것은 음의 수를 본뜬 것이다. 음은 살육의 형벌을
주관하므로[24] 이로 인하여 본뜬 것이니, 곧 옛날 대벽의 형(『예기』
권20, 753쪽)이 이것이다.

[律文의 問] 曰: 笞以上, 死以下, 皆有贖法. 未知贖刑起自何代?

[律文의 答] 曰:『書』云: "金作贖刑." 注云: "誤而入罪, 出金以贖之." 甫侯
訓夏贖刑云: 墨辟疑赦, 其罰百鍰, 劓辟疑赦, 其罰唯倍, 剕辟疑赦, 其罰倍
差, 宮辟疑赦, 其罰六百鍰, 大辟疑赦, 其罰千鍰. 注云: 六兩曰鍰. 鍰, 黃鐵
也. 晉律應八議以上, 皆留官收贖, 勿髡鉗笞也. 今古贖刑, 輕重異制, 品目
區別, 備有章程, 不假勝條, 無煩縷說.

[율문의 문] 묻습니다: 태형 이상 사형 이하는 모두 속하는 법이 있
습니다. 형을 속하는 것은 어느 시대부터 생겼습니까.[25]

형은 생명형으로 양형과 시행에 있어 신중을 기할 것이 요구되었다. 우선 사
형은 율문에 해당 범죄행위가 사죄에 해당한다고 명기되어 있는 경우에만 부
과되며, 가형하여 사형에 이른다는 명문이 있지 않는 한 단순한 죄의 누계·병
합으로 사형을 과할 수 없었다. 또한 사형으로 판결된 경우에도 그 집행 이전
에 여러 차례 황제에게 복주하게 하였으며, 사형을 집행할 수 없는 시기 및
대상 등이 규정되어 있었다(494·496·497, 단26·28·29). 또한 사형은 공개 장
소에서 집행하는 것을 원칙으로 하되 고위관인이나 부인 등에 대해서는 예외
가 인정되었다.

24) 陽은 기르고 북돋우며 상주는 기운이며, 陰은 죽이고 시들게 하며 벌주는 기
운이라는 시각은 이미 고대부터 정립되어 있었다. 이러한 관점에 따르면 양은
德으로 生育을 주관하고 음은 刑으로 誅殺을 주관하는 것이며, 이는 곧 四時
와도 연관되어 형은 음의 계절인 가을과 겨울에 시행해야 하는 것이었다(『한
서』권56, 2502쪽 및 『후한서』志15, 3309쪽).

25) 속이란 형벌의 경중에 대응하여 소정의 재화를 징수하고 실형을 면제하는 제
도를 말한다. 이는 동을 징수하는 것으로 본형을 대체한다는 측면에서 易刑의
성질을 갖는 동시에, 죄인에게서 동을 징수함으로써 그 재산을 몰수한다는 재
산형적인 성질도 갖고 있다고 할 수 있다. 속형이 가능한 대상자는 ①관품이
나 음에 의한 특권을 가진 경우(명11.1a; 명22), ②老·小·廢疾·篤疾者(명30),

[율문의 답] 답한다: 『상서』(권3, 77쪽)에 "(벌)금으로 (육)형을 속하게 한다."고 하였고, 그 주에 "과오로 죄를 범하면 금을 내어 그것을 속하게 한다."26)라고 하였다. 보후27)가 하의 형을 속하는 (법을) 해석하여 "먹물을 들이는 형에 의심이 있으면 사면하되 그 벌금은 100환이고, 코를 베는 형에 의심이 있으면 사면하되 그 벌금은 배(200환)이며, 발목을 자르는 형에 의심이 있으면 사면하되 그 벌금은 1배 반(500환)이고, 거세하는 형에 의심이 있으면 사면하되 그 벌금은 600환이며, 죽이는 형에 의심이 있으면 사면하되 그 벌금은 1,000환이다."라고 하였다. 그 주에 "6냥을 환이라 한다. 환은 황철이다."(『상서』권19, 627쪽·642~643쪽)라고 하였다. 진율에 "팔의에 해당하는 자 이상은 모두 관품을 그대로 두고 속(금)을 거두며, 머리를 깎거나 칼을 채우거나 매를 치지 아니한다."28)고 하였다. 현재와 옛날의 형을 속하는 (법은) 가볍고 무거움의 제도가 다른데, (각각) 등급과 명목을 구별하여 규정을 갖추어 두고 있어, 조문을 다 들 수 없으므로 번거롭게 자세히 설명하지 않는다.

---

③과실로 사람을 살상한 경우(339, 투38), ④범죄 혐의는 농후하나 확증이 없는 경우[疑罪](502, 단34.1)로, 신분·연령·신체상태·사건정황 등이 특수한 경우에 한하여 시행함을 알 수 있다. 또한 사형을 비롯한 중형의 속형은 대단히 제약되어 있으며, 관인 범죄의 경우 일반적으로 속동 징수보다 관품으로 죄를 당하므로(명22) 실제로 속면할 수 있는 범위는 그다지 넓지 않았을 것이다. 한편 당률에서는 일반적으로 가치의 평가는 견의 疋·尺을 단위로 하고 있는데 비해, 속금만은 동을 단위로 하고 있어 주목된다.

26) 금은 황철, 즉 동이다. 이처럼 과실로 범한 죄를 속하는 제도는 일찍이 진한 시기부터 있었지만 常法은 아니었다. 명문화한 규정은 진율에서 처음 보인다 (『진서』권30, 929쪽).

27) 甫侯는 周 穆王의 司寇 呂侯이다(『상서정의』권19, 628쪽).

28) 진의 팔의에 관한 율문은 전하지 않으나 『진서』(권34, 1027쪽 ; 권49, 1383쪽)에서 시행사례를 확인할 수 있다.

제6조 명례 6. 감면할 수 없는 죄 열 가지(十惡)

[條目의 疏] 議曰: 五刑之中, 十惡尤切, 虧損名敎, 毀裂冠冕, 特標篇首, 以爲明誡. 其數甚惡者, 事類有十, 故稱十惡. 然漢制九章, 雖並湮沒, 其不道不敬之目見存, 原夫厥初, 蓋起諸漢. 案梁陳已往, 略有其條. 周齊雖具十條之名, 而無十惡之目. 開皇創制, 始備此科. 酌於舊章, 數存於十. 大業有造, 復更刊除, 十條之內, 唯存其八. 自武德以來, 仍遵開皇, 無所損益.

[조목의 소] 의하여 말한다: 오형을 적용하는 것 중에 십악이 가장 나쁘다. 명교를 훼손하고 국가의 기강을 무너뜨린 것이므로,[29] 특별히 (명례)편의 앞에 두어 명확한 경계로 삼은 것이다. 특히 악한 것을 열거해 보면 사항의 종류가 10개이므로 '십악'이라고 한다.[30]

---

29) 『좌전』과 『후한서』·『진서』 등의 사료에서 '裂冠毀冕'이라는 표현이 산견되는데, 대개 '국가의 기강이 무너져 나라가 위태로워지다'라는 뜻으로 사용되고 있으며(『후한서』권83, 2756쪽 ; 『진서』권59, 1627쪽), 錢大群도 '冠冕'을 이와 유사하게 '국가의 가장 중요한 기강'으로 번역하고 있다(錢大群, 『唐律疏議新注』, 19~20쪽).

30) 이 조에서 십악으로 열거하는 항목 중 1항에서 3항까지, 즉 모반·모대역·모반은 그것 자체가 하나의 죄명이며, 각 항목에 대한 주가 곧 그 죄목의 구성요건이 된다. 4항의 악역부터 10항의 내란까지는 여러 개의 죄명을 묶어 하나의 항목으로 하였다. 십악에 해당하는 죄에 대한 형벌은 다양하며 결코 사형에 국한되지 않는다. 십악으로 지목된 특정의 죄는 형의 경중에 대한 규정과는 다른 가치기준에 따라 지정되었는데, 황제에 대해 위해를 가한 죄(모반·모대역·모반·대불경), 친속존장 및 관장을 침범한 죄(악역·불효·불목·불의·내란)와 매우 잔인한 죄(부도)가 십악으로 지정되었다는 점으로 보면 그 가치기준이란 다름 아닌 유교윤리임을 알 수 있다. 즉 어떠한 범죄가 어느 만큼의 실해를 끼치는가라는 현실적인 고려와는 달리 이른바 名敎에 대한 위배 정도가 현저하다고 간주되는 죄가 특별히 십악으로 지정된 것이다. 이는 당률이 유교적 綱常倫理를 중시하였으며, 예교 질서의 위반을 엄격히 금지하고자 하였음을 보여주며, 환언하면 십악을 지정함으로써 법률의 예교화를 체현하려 하였

그런데, 한에서 제정한 구장률은 비록 모두 없어졌으나 '부도', '불경' 죄목은 지금 남아 있어, 그 기원을 더듬어 보면 대체로 한에서 비롯되었음을 알 수 있다. (남조의) 양·진 이후를 살펴보면 대략 그 조항이 있다.[31] 북주·북제에는 비록 (중죄) 10조의 (죄)명은 있었으나 '십악'의 명목은 없었다.[32] (수 문제) 개황 연간(581~600)에 처음 (율을) 제정하면서 비로소 이 조항을 갖추게 되었는데, 옛 법전을 참작하여 (조항) 수를 10으로 한 것이다.[33] (수 양제) 대업 연간(605~618)에 개정하고, 그 뒤 다시 삭제하여 10조 가운데 8조만 남게 되었다.[34] 무덕(618~626) 이후에는 개황(률)을 준수하여 가감

다고도 할 수 있을 것이다. 또한 십악을 범함으로써 박탈되는 처벌상의 특권 및 집행 과정의 특례를 살펴보면 십악은 주로 관·작을 가진 특권계급과 관련된 것임을 알 수 있는데, 사실 그들은 명교의 유지가 특히 강하게 기대되는 계급이기도 하였기 때문이다.

31) 위진 및 남조 시기의 여러 율에서는 비록 '십악'이라는 명칭은 없으나 당률의 십악에 해당하는 모반·대역·부도·불경·불효·악역·내란 등의 죄명이 빈번히 등장한다.

32) 북주율에서는 악역·부도·대불경·불효·불의·내란을 중하게 처벌하도록 규정되었다(『수서』권25, 708쪽). 북제율에서는 중죄 10조를 두었는데 그 구체적 내용은 알 수 없으나 각각의 죄명이 당률의 그것과 매우 흡사하고, 또한 처벌시의 특전이 적용되지 않는다는 점에서 당률의 십악에 보다 근접한 것으로 생각된다(『수서』권25, 706쪽).

33) 수 문제 楊堅은 개황원년(581) 高潁 등에게 명하여 新律을 제정하고, 다시 개황3년(583) 蕭威·牛弘 등에게 명하여 신율을 정비하였는데, 이때 많은 조목을 삭제하고 오직 500조만을 남겨두었다. 이것이 바로 개황률이다(『수서』권25, 710~712쪽). 개황률에 십악의 죄목을 두었는데, 그 수를 10으로 한 것은 북제 武成帝 때의 율에 중죄 10조를 둔 것을 따른 것이지만(『수서』권25, 711쪽;『당육전』권6, 183쪽 ;『역주당육전』상, 567쪽), 북제의 중죄 10조와 수의 십악은 구체적인 죄명이 약간 다르며 십악이라는 명칭 역시 개황률에서 처음 등장하였다.

34) 양제 대업3년(607)에 개황률을 수정하여 신율을 제정하였는데 단지 편목상에 약간의 增添이 있을 뿐이다(『수서』권2, 67쪽;『당육전』권6, 183쪽 ;『역주당육전』상, 567~568쪽). '십악'에 대해서는 북주의 제도를 모방하여 별도로 '십악의

한 것이 없었다.35)

[律文1] 一曰, 謀反. 謂謀危社稷.

　[律文1의 疏] 議曰: 案『公羊傳』云: "君親無將, 將而必誅." 謂將有逆心, 而
害於君父者, 則必誅之. 『左傳』云: 天反時爲災, 人反德爲亂. 然王者居宸極
之至尊, 奉上天之寶命, 同二儀之覆載, 作兆庶之父母. 爲子爲臣, 惟忠惟孝.
乃敢包藏凶慝, 將起逆心, 規反天常, 悖逆人理, 故曰謀反.

[율문1] 첫째, 모반(적1)이다. 황제[社稷]를 위해하려고 모의한 것을 말
한다.

　[율문1의 소] 의하여 말한다: 살펴보건대 『춘추공양전』(권9, 217쪽)에
"군과 친은 도모해서는 안 되니, 도모하면 반드시 주멸한다."고 하
였는데, (이는) 장차 역심을 품고 군과 부를 해하려 하는 자는 반드
시 주멸한다는 것이다. 『좌전』(권24, 770쪽)에 "하늘이 때를 어기면
재앙이 되고, 인(군)이 덕을 어기면 난이 된다."고 하였으니, 왕이란
하늘 같이 높은 곳[宸極]36)에 사는 지존으로 하늘의 보명을 받들어
천지[二儀]가 (백성을) 덮고 싣듯이 모든 백성의 부모가 되는 것이
다. (이러하니 황제의) 자식이 되고 신하가 되는 (모든 사람은) 오
직 충성하고 오직 효도하여야 한다. 이러함에도 사악한 마음을 품
고 반역할 마음을 가졌다면, 하늘의 항상된 법[天常]을 어길 것을 꾀
하고 사람의 도리를 어긴 것이므로, 모반이라고 한다.

　　항목을 두지 않고 각조 아래에 분속시켰으며, 10조 가운데 2조를 삭제하여 8
　　조로 하였다(程樹德, 『九朝律考』, 444쪽).

35) 당 고조 이연은 裴寂·蕭禹·崔善爲·王敬業 등에게 명하여 唐初의 사회실정에
　　의거하여 율 12편을 제정하게 하고 무덕7년(624) 5월에 이를 반포하였다(『구
　　당서』권50, 2134~2135쪽).

36) 宸極은 북극성으로 제왕에 비유된다. 여기서는 궁궐을 의미한다.

[律文1의 注] 謂謀危社稷.

　[律文1의 注의 疏] 議曰: 社爲五土之神, 稷爲田正也, 所以神地道, 主司嗇. 君爲神主, 食乃人天, 主泰卽神安, 神寧卽時稔. 臣下將圖逆節, 而有無君之心, 君位若危, 神將安恃. 不敢指斥尊號, 故託云社稷. 『周禮』云: "左祖右社," 人君所尊也.

[율문1의 주] 황제[社稷]37)를 위해하려고 모의한 것을 말한다.38)

　[율문1의 주의 소] 의하여 말한다: 사39)는 오토의 신이고40) 직은 전

---

37) 소에서 설명하는 대로 여기서 社稷은 황제의 별칭이다. 황제의 별칭은 이 밖에도 '乘輿'·'御'·'車駕'(명6.6의 주1 및 소; 명51.1의 소) 등이 있다. 이 밖에 율에서 쓴 것은 아니지만 至尊, 宸極, 上 등의 별칭이 있다.

38) 황제에게 위해를 가하려고 모의하는 것이 모반죄의 구성요건이다. 황제의 폐위·시해를 직접 행하거나 궁극적으로 그것으로 이어지는 성질의 폭력을 행사하는 것, 다시 말해 현 왕조의 전복을 의도하는 행위가 '反'이고, 그것을 목적으로 한 '謀' 즉 예비행위 및 음모가 모반인 것이다. 따라서 모반은 반의 실행 여부에 관계없이 모의한 것만으로 죄가 구성된다. 모반죄를 범한 경우 수범·종범의 구분 없이 모두 참형에 처하고 父와 16세 이상의 子는 모두 교형에 처한다. 15세 이하의 子 및 모·녀·처·첩, 자의 처·첩, 조·손, 자매, 部曲·資財·田宅은 모두 관에 몰수한다. 다만 남성으로 80세 이상이거나 독질인 자, 여성으로 60세 이상이거나 폐질인 자는 연좌를 면한다. 백숙부와 형제의 자는 호적의 같고 다름에 관계없이 유3000리에 처한다(248, 적1.1). 모반 이하로 등장하는 '謀'라는 개념은 원칙상 2인 이상이 함께 모의한 것을 말하지만, 모의의 정상이 명백하다면 한 사람이라도 2인이 모의한 것과 처벌이 같다(명55.5). 또한 범죄의 음모 또는 예비행위가 실행의 착수에 이르지 않은 경우 법률에 특별한 규정이 없는 한 이를 처벌하지 않는 것을 원칙으로 하는 현행 형법과는 달리, 당률은 음모와 예비 또한 범죄의 구성요건으로 처벌을 규정하고 있다(253, 적6.1; 254, 적7.1). 이는 완전히 실현·종료된[旣遂] 범죄 행위를 처벌 대상으로 하는 근대형법과는 달리, 당률은 '罪情', 즉 범죄를 일으킬 의사를 처벌 대상으로 하고 있기 때문이다.

39) 社는 周의 조상인 后土를 가리키는 동시에 토지신을 가리키며, 또한 그 사당을 의미하기도 한다(『예기정의』권46, 1524쪽).

40) 五土는 산림, 천택, 구릉, 수변평지[墳衍], 원습지로 토지의 총칭이며, 따라서 五土之神은 토지신을 가리킨다. 또한 東(靑), 西(白), 南(赤), 北(黑), 中(黃)의

관의 장이니,41) 토지의 이치[道]에 신명한 까닭에 농사를 주관한다
(『예기』권25, 917~919쪽). 임금은 신의 주(재자)이고42) 식은 사람에게
하늘이니(『사기』권97, 2694쪽), 신의 주(재자)가 편안하면 곧 신이 안
녕하고 신이 안녕하면 곧 풍년이 든다. 신하가 장차 반역을 모의
하고 임금에게 신복하지 않는 마음을 가져 군주의 지위가 위태로
워진다면 신이 장차 어디에 의지하겠는가? 감히 존호를 가리켜 말
할 수 없으므로 가탁하여 '사직'이라고 말한 것이다. 『주례』(권41,
1346쪽)에, "왼쪽에 종묘, 오른쪽에 사직"이라고 하였다. 이는 임금
이 높이 받드는 것이다.

[律文2] 二曰, 謀大逆. 謂謀毀宗廟、山陵及宮闕.

　[律文2의 疏] 議曰: 此條之人, 干紀犯順, 違道悖德, 逆莫大焉, 故曰大逆.

[율문2] 둘째, 모대역(적1)이다. 종묘·산릉 및 궁궐을 훼손하려고 모
의한 것을 말한다.

　[율문2의 소] 의하여 말한다: 이 조항의 (죄)인은 기강을 거스르고
순리에 따르지 않으며, 도리를 어기고 덕을 배반하여, 패역이 이보

　　오방·오색의 土를 가리킨다. 『예기』 郊特牲에 "家主는 中霤에서 또 國主는
　　社에서 그 근본을 보인다."라 하고, 그 소에 "중류는 토신이며, 경·대부의 가
　　주는 중류에서 토신을 제사지냄을 말한다. …천자·제후의 국은 사에서 토신에
　　대한 제사를 주재함을 말한다."라 하였다. 또 같은 책에 "사는 토신을 제사지
　　내며 음기를 주관한다."라 하고, 그 소에 "土는 五土 즉 산림·천택·구릉·분
　　연·원습을 말한다."라 하였다(『예기정의』권25, 917~919쪽).
41) 稷은 주의 선조인 후직이자 곡식신이다(『춘추좌전정의』권53, 1739쪽).
42) 神主는 사·직의 주인이자 그 제사를 주재하는 자를 의미한다(『춘추좌전정의』
　　권32, 1063쪽). 또 『唐律釋文』에 "大祀: 예에 따르면 王者는 百神에 대한 (제
　　사를) 주재하므로, 동지에는 북교 원구에서 천에 제사지내고, 하지에는 남교
　　방구에서 지에 제사지내며, 또 계절마다 종묘에 제사지낸다."라 하였다(劉俊
　　文, 『唐律疏議』, 632쪽).

다 큰 것이 없으므로 대역이라고 한다.

[律文2의 注] 謂謀毀宗廟、山陵及宮闕.

[律文2의 注의 疏] 議曰: 有人獲罪於天, 不知紀極, 潛思釋憾, 將圖不遜, 遂起惡心, 謀毀宗廟、山陵及宮闕. 宗者, 尊也. 廟者, 貌也. 刻木爲主, 敬象尊容, 置之宮室, 以時祭享, 故曰宗廟. 山陵者, 古先帝王因山而葬, 黃帝葬橋山卽其事也. 或云, 帝王之葬, 如山如陵, 故曰山陵. 宮者, 天有紫微宮, 人君則之, 所居之處故曰宮. 其闕者, 『爾雅』「釋宮」云: "觀謂之闕." 郭璞云: "宮門雙闕也." 『周禮』「秋官」: 正月之吉日, 懸刑象之法於象魏, 使人觀之, 故謂之觀.

[율문2의 주] 종묘·산릉 및 궁궐을 훼손하려고 모의한 것을 말한다.[43]

[율문2의 주의 소] 의하여 말한다: 어떤 사람이 하늘에 죄를 짓게 되면 끝 가는 데를 모르게 되니, 몰래 원한을 풀려는 생각으로 반란[不遜]을 도모하고 마침내 악한 마음을 일으켜 종묘·산릉 및 궁궐을 훼손할 것을 모의한다. 종이란 존이고, 묘는 그 형상이다. 나무를 깎아 (신)주를 만들어 공경하는 (선조의) 존용으로 삼아 궁실에 모시고 절기에 따라 제향을 지내니 이를 종묘라 한다. 산릉이란, 옛날에 제왕은 산에 장사지냈고, 황제는 교산에 장사지냈으니(『사기』권1, 10쪽), 곧 그 일이다. 혹자는 제왕의 무덤은 산이나 언덕과

---

43) 일반적으로 대역이라는 말에서 황제의 인신에 대한 공격을 연상하기 쉬우나 당률에서 대역이란 황제의 권위를 상징하는 중요한 영조물, 즉 종묘·산릉·궁궐을 파괴하고 그로써 황제의 권위에 중대한 모욕을 가한 행위를 의미한다. 대역을 이미 실행한 경우는 모반과 마찬가지로 공범자는 참형에 처하고 그 친속에게는 연좌죄가 적용되지만, 모의만 하고 실행하지 않은 경우에는 교형에 처하며(248, 적1.3 및 소), 따라서 연좌도 적용하지 않는다고 해석된다. 즉 실행과 예비행위의 처벌에 차등을 둔다는 점에서 모대역은 예비행위 및 모의만으로 실제 행위와 동등하게 처벌하는 모반과 차이가 있다.

같게 하므로 산릉이라 한다고 하였다. 궁이란, 하늘에 자미궁이라
는 별자리가 있는데,[44] 인군이 이를 본떠 거주하는 곳을 궁이라
한 것이다. 궐이란, 『이아』「석궁」에 "관은 궐이다."라고 하였다.
곽박은 "궁문은 쌍궐이다."라고 하였다(『이아』권5, 143쪽). 『주례』「추
관」에 "정월 길일에 형벌을 그려놓은 법을 궁문[象魏]에 걸어 놓고
사람들로 하여금 보게 한다."(『주례』권34, 1066쪽 ; 권2, 49~50쪽)고 하
였다. 그러므로 이를 관이라 한다.

[律文3] 三曰, 謀叛. 謂謀背國從僞.

　[律文3의 疏] 議曰: 有人謀背本朝, 將投蕃國, 或欲瓛城從僞, 或欲以地外奔,
　卽如莒牟夷以牟婁來奔, 公山弗擾以費叛之類.

[율문3] **셋째, 모반**(적4)**이다.** 나라를 배반하고 적국을 따르려고 모의
함을 말한다.[45]

　[율문3의 소] 의하여 말한다: 어떤 사람이 나라를 배반하고 장차 외
　국[蕃國]에 투항하려고 하거나, 혹은 성을 가지고 적대정권에 항복
　하려 하거나, 혹은 땅을 가지고 밖으로 달아나려 했다면, 바로 거
　국의 모이가 모루를 가지고 (노국에) 투항한 것이나,[46] 공산불요

---

44) 자미궁은 자미원, 또는 자궁이라고도 한다. 북극성 동북쪽에 있는 별자리이다
　　(『진서』권11, 290쪽).

45) 국이란 소에서 본조라고 한 바에서 알 수 있듯이 정통의 현 왕조를 의미한다.
　　이 정통의 현 왕조에서 이탈하여 외국 또는 僞政權에 붙는 것이 叛이다. 反과
　　叛의 차이는 조정을 향해 정면으로 공격하는가, 조정에 등을 돌리고 이탈하는
　　가의 차이라고 할 수 있으며, 이점에서 叛과 亡(도망) 사이에는 근사성이 있다.
　　만약 한곳을 점거하여 관군에 철저히 항전한다면 그것은 叛이 아니라 反이 된
　　다. 모반에 대한 형은 교이며, 그것을 실행에 옮기면 참하고 그 처자는 유2000리
　　에 처한다. 만약 무리의 수가 100인 이상이면 부모와 처자도 연좌되며, 100인
　　미만이라도 해악이 큰 경우 100인 이상의 경우와 같이 논한다(251, 적4).

46) 牟夷는 춘추시대 莒國의 대부로 牟婁의 邑宰가 되었는데, 모루를 가지고 魯

가 비성을 가지고 배반한 것47) 따위와 같은 것이다.

[律文4] 四曰, 惡逆. 謂毆及謀殺祖父母·父母, 殺伯叔父母·姑·兄姊·外祖父母·夫·夫之祖父母·父母.

　[律文4의 疏] 議曰: 父母之恩, 昊天罔極. 嗣續妣祖, 承奉不輕. 梟鏡其心, 愛敬同盡, 五服至親, 自相屠戮, 窮惡盡逆, 絶棄人理, 故曰惡逆.

[율문4] 넷째, 악역이다. 조부모·부모를 구타한 것, 살해하려고 모의한 것, 백숙부모·고모·형·누나·외조부모·남편·남편의 조부모·부모를 살해한 것을 말한다.

　[율문4의 소] 의하여 말한다: 부모의 은혜는 넓고 넓은 하늘처럼 끝이 없고, 선조를 잇고 (제사를) 받드는 일은 가볍지 않다. (자손의 마음이) 어미를 잡아먹는 올빼미[梟]나 아비를 잡아먹는 짐승[鏡]48) 같다면 사랑하고 공경하는 마음이 모두 없어진 것이며, 다섯 등급의 상복[五服]을 입는 가까운 친속49)이 서로 살육한 것은 지극한

　　國에 투항하였다(『춘추좌전정의』권43, 1392쪽).

47) 公山弗擾는 춘추시대 魯國 季桓子의 가신으로 費城의 宰가 되었는데, 陽虎와 함께 계환자를 붙잡고 비성을 점거하여 반란을 일으켰다(『논어주소』권17, 266쪽).

48) 효는 어미를 잡아먹는 올빼미를 말하며, 경은 아비를 잡아먹는 파경이라는 전설상의 짐승을 말한다(『사기』권12, 456쪽; 『한서』권25상, 1218~1219쪽).

49) 상복제도는 친소에 따라 다섯 등급의 차등을 두는데, 斬衰·齊衰·大功·小功·緦麻가 그것이다. 참최는 상복을 가장 조잡한 백마포로 만들되 단을 잇지 않으며[不緝](『의례주소』권28, 627쪽), 복상 기간은 3년(정확히는 27개월)이다. 자최는 상복을 조잡한 마포로 만들되 단을 이으며[緝](『의례주소』권30, 652쪽), 복상 기간은 3년·期年(1년장기, 부장기)·5개월·3개월로 대상에 따라 차이가 있다. 대공은 상복을 약간 다듬은 마포로 만들며 복상 기간은 9개월이다. 소공은 상복을 조금 다듬은 마포로 만들며 복상 기간은 5개월이다. 시마는 상복을 조금 가느다란 마포로 만들며, 복상 기간은 3개월이다. 친속의 등급과 명칭은 상복으로 부르는데, 다만 율에서 부모·자녀와 부·처첩은 복으로 칭하지

악행이고 더없는 패역으로 사람의 도리를 완전히 끊어버린 것이므로 악역이라 한다.

[律文4의 注] 謂毆及謀殺祖父母·父母, 殺伯叔父母·姑·兄姉·外祖父母·夫·夫之祖父母·父母.

[律文4의 注의 疏] 議曰: 毆謂毆擊, 謀謂謀計. 自伯叔以下, 卽據殺訖, 若謀而未殺, 自當不睦之條. 惡逆者, 常赦不免, 決不待時, 不睦者, 會赦合原, 惟止除名而已. 以此爲別, 故立制不同. 其夫之祖父母者. 夫之曾高祖亦同. 案喪服制, 爲夫曾高服緦麻, 若夫承重, 其妻於曾高祖, 亦如夫之父母服期. 故知稱夫之祖父母, 曾高亦同也.

[율문4의 주] 조부모·부모를 구타한 것(투28.1), 살해하려고 모의한 것(적6.1), 백숙부모·고모·형·누나·외조부모·남편·남편의 조부모와 부모를 살해한 것(투27·29)을 말한다.[50]

[율문4의 주의 소] 의하여 말한다: 구는 (손발이나 다른 물건으로) 때리고 치는 것을 말하고(투1.1), 모는 모의하여 계획하는 것을 말한다(명55.5). 백숙부모 이하는 곧 살해한 것에 의거한다. 모의하였으나 살해하지 못했다면 당연히 불목의 조항(명6.8)을 적용한다. 악역(을 범한) 자는 상사로 (사형을) 면하지 않으며(단21.1)[51] (형의)

않는다. 또한 율에서 대개 부와 모는 구분하지 않으며, 조부모와 증·고조부모는 원칙적으로 부모와 동일하다(명52).

50) 조부모·부모를 구타한 죄는 참형에 해당하며(329, 투28.1a) 조부모·부모의 살해 모의죄 역시 참형에 해당한다(253, 적6.1). 백숙부모·고모·외조부모를 살해한 죄는 직접 이를 규정한 율문이 없으나 역시 참형에 해당한다. 백숙부모·고모·외조부모를 범한 죄는 형·누나를 범한 죄에서 1등을 더하여 처벌하는데, 형·누나를 살해한 죄가 참형에 해당하기 때문이다(328, 투27.1~2). 처·첩이 남편·남편의 조부모와 부모를 살해한 죄는 율문에 규정이 없으나, 이들을 구타한 죄는 교형에 해당하고 상해한 죄는 참형에 해당하므로(330, 투29.1a) 살해했다면 당연히 참형에 해당한다.

집행은 때를 기다리지 않지만,[52] 불목(을 범한) 자는 은사령이 내리면 용서하고 단지 제명할 뿐이다.[53] (악역과 불목은) 이처럼 구별해서 제도를 정해 같지 않게 한 것이다. 남편의 조부모라 (칭한 경우) 남편의 증조·고조도 또한 같다. 상복제도를 살펴보면 남편의 증조·고조를 위해서는 시마복을 입지만, 남편이 조부모의 상주가 된 경우(承重)[54] 그 아내는 남편의 증조·고조에 대하여 (남편의)

51) 황제는 초법적인 권한을 행사하여 죄를 면제하거나 감해 줄 수 있다. 이를 은사라고 하는데, 사면하는 죄명의 범위에 따라 대사, 상사, 곡사, 덕음으로 나눈다. 대체로 일반 범죄는 상사로 면제되지만 죄에 따라서는 상사로 면제되지 않는 것들이 있다. 예를 들면 모반·대역은 사면령이 내리더라도 유2000리에 처하는데, 이를 '통상적인 은사로 면할 수 없는 죄'라고 한다(488, 단20.2 및 소).

52) 입춘부터 추분까지의 시기에는 사형 집행을 상주할 수 없으며, 이를 위반한 자는 도1년에 처한다. 그러나 악역 이상의 죄(모반·모대역·모반·악역)를 범하거나 노비·부곡이 주인을 살해한 경우에는 집행 시기를 기다리지 않는다. 다만 때를 기다리지 않고 사형을 집행하거나 사형이 허용된 추분 이후부터 입춘 이전까지라도 사형을 집행할 수 없는 기간이 있는데, 대제사 및 치재·삭망·상하현·24절기·雨未晴·夜未明·가일·단도월 및 금살일이 그것이다. 단도월은 정월·5월·9월이며, 금살일은 매월 1일·8일·14일·15일·18일·23일·24일·28일·29일·30일이다. 이를 어기고 사형을 집행한 경우 장60에 처하고, 고의로 사형 집행 시기를 어긴 경우 장80에 처한다(496, 단28 및 소).

53) 제명이란 초임 이래의 일체의 관직과 작위를 삭제하고 출신 자격으로 되돌리는 것을 말한다. 제명된 자는 蔭이 있는 경우를 제외하고는 일반 서인과 마찬가지로 과역을 부담하며, 6년이 지난 후에야 선거령의 규정에 따라 각각 관계를 깎아 서임한다. 불목을 포함하여 십악을 범한 자는 모두 제명에 처한다(명18.1a).

54) 承重이란 제사를 받드는 중임을 이어받는다는 뜻이다. 여기에서 승중이란 고조에 앞서 증조·조·부가, 증조에 앞서 조·부가, 조에 앞서 부가 각각 먼저 작고하였을 경우에 적현손·적증손·적손이 고조·증조·조를 위해 부에 대해서와 마찬가지로 참최복(3년복)을 입는 것을 말한다. 적손으로서 부가 먼저 작고하여 부를 대신해서 조부의 상제를 받들 경우 이를 승중손이라고 하고, 부와 조부가 먼저 작고하여 증조부의 상제를 받들 경우 이를 승중증손이라고 한다(『통전』권134, 3436쪽·3441쪽).

부모에 대한 상복과 같이 기복을 입어야 한다. 그러므로 남편의
조부모라고 칭한 경우 증조·고조도 또한 같다는 것을 알 수 있다.

[律文4의 問] 曰: 外祖父母及夫, 據禮有等數不同, 具爲分析.

[律文4의 答] 曰: 外祖父母, 但生母身, 有服·無服, 並同外祖父母, 所以如此
者, 律云不以尊壓及出降故也. 若不生母身者, 有服同外祖父母, 無服同凡人.
依『禮』, 嫡子爲父後及不爲父後者, 並不爲出母之黨服, 卽爲繼母之黨服, 此
兩黨俱是外祖父母; 若親母死於室, 爲親母之黨服, 不爲繼母之黨服, 此繼
母之黨無服, 卽同凡人. 又, 妾子爲父後及不爲父後者, 嫡母存, 爲其黨服,
嫡母亡, 不爲其黨服. 『禮』云: "所從亡, 則已." 此旣從嫡母而服, 故嫡母
亡, 其黨則已. 夫者, 依『禮』, 有三月廟見, 有未廟見, 或就婚等三種之夫,
並同夫法. 其有克吉日及定婚夫等, 唯不得違約改嫁, 自餘相犯, 並同凡人.

[율문4의 문] 묻습니다: 외조부모 및 남편은 예제에 의하면 (친속)
등급이 같지 않습니다. 구체적으로 분석해 주십시오.

[율문4의 답] 답한다: 외조부모는 일단 생모를 낳았다면 복의 유무
에 관계없이 모두 한가지로 외조부모이다. 이와 같이 되는 이유는
율(명52.6)에 "존압55) 및 출강56)으로 하지 않는다."57)고 규정한 때

---

55) 원문의 존압이라는 말이 『당률소의』 이외에도 나타나는지 알 수 없다. 그러나
『의례』 상복편의 전이나 주소에 보이는 존압과 기본적으로 같은 의미이다. 『의
례』의 상복은 천자·제후·경(대부)·사·서인으로 구성되는 주대의 봉건제도를
전제로 하고, 사의 복제를 기본으로 하면서 대부 이상의 고위자에 대해서는
고위라는 이유로 특별규정을 두어 수정을 가하고 있기 때문에 그 구조가 매우
복잡하다. 일반적으로 다음과 같은 원칙이 있다. ① 천자·제후(公·君·國君
등)는 본종직계존속, 정처(后·夫人), 장자, 장자의 처(장자가 먼저 사망한 때
에는 적손·적손부)를 위해서는 원칙대로 상에 복이 있지만 그 외 친속을 위해
서는 일체 복이 없다. ② 대부는 천자·제후라면 복을 절하는 서자나 방계친을
위해서 원칙보다 1등 감한 상복이 있다. 다만 서자나 방계친 자신이 대부이며
또는 대부에게 시집간 때에는 감하지 않는다. ③ 천자·제후·대부의 자는 자

문이다. 생모를 낳지 않은 경우에는 복이 있으면 외조부모와 같고, 복이 없으면 남과 같다. 『의례』(권30, 659~660쪽)에 의하면 "적자는 부의 대를 이었거나 잇지 않았거나, 모두 출척된 모친[58]의 친속을 위해서는 복을 입지 않고, 계모의 친속을 위해서는 복을 입는다." 고 하였는데, 이 두 경우 모두 외조부모이다. 만약 친모가 (출척되지 않고) 집안에서 사망하였다면, 친모의 친속을 위해서는 복을 입고 계모의 친속을 위해서는 복을 입지 않는다. 이 경우 계모의 친속은 복이 없으므로 곧 남과 같은 것이다. 또 첩의 자식으로 아비의 대를 이었거나 대를 잇지 않았거나, 적모[59]가 살아있으면 그 친속을 위해 복을 입지만, 적모가 사망하였다면 복을 입지 않는다.

기 부의 생존 중에는 부가 복을 입는 곳에는 자기도 복을 입고, 부가 절한 곳에는 자기도 절하며, 부가 감한 곳에 자기도 1등을 감한다. ④ 천자·제후의 사망 후 그 서자(新君의 형제)는 부가 절한 곳에 1등을 감한 상복을 입는다. 대부의 자는 대부 사망 후에는 어떠한 제약이 없다. 이 가운데 ①·②는 자기 자신이 고위라는 이유로 수정하고 있기 때문에 이것을 존강이라 하고, ③·④는 부가 고위라는 이유로 수정된 것이기 때문에 압강이라고 한다(일본역『唐律疏議』1, 310쪽, 주7).

56) 부녀가 출가한 경우, 남자가 양자로 들어간 경우, 부친이 사망하고 모친이 개가한 경우 및 모친이 출척된 경우 모두 원래의 상복보다 한 등급 내리는 것을 말한다.

57) 율문에서 단문 이상의 친이라 한 경우는 각기 본래의 복에 따라 논하고, 존압 및 출강으로 인한 가벼운 복에 따르지 않는다. 또한 양자나 혼인 등 법률상 혹은 예제상의 친속 관계로 인한 복으로 義服이 있는데, 예컨대 처첩이 남편을 위해, 첩이 남편의 장자를 위해 입는 경우 등이 있다. 이러한 의복 역시 정복과 같다.

58) 出母는 부로부터 이혼 당했거나 축출된 모이다. 부인에게 칠출(합당한 7가지 사유)의 정황이 있는 경우 남편이 임의로 출처할 수 있으나, 칠출의 사유가 있더라도 삼불거의 사유가 있는 경우 출처할 수 없으며 이를 어겼을 때는 처벌된다(189, 호40). 의절에 상당하는 죄행을 범한 경우 법에 따라 강제 이혼하며, 부부 간 합의에 따라 이혼하는 것도 가능하다(189~190, 호40~41).

59) 부의 정처는 서자에게 적모가 된다.

『예기』(권32, 1127쪽)에 "따를 바가 없어지면 그만이다."라고 하였으니, 이는 원래 적모를 따라 복을 입었으므로, 적모가 사망하였다면 그 친속은 (복이) 그치는 것이다.[60] 남편이란 『예기』에 의하면, (결혼하고) 3개월 후 묘현을 거친 남편[61]과 아직 묘현을 거치지 않은 남편, 또 친영 도중[就婚]의 남편[62] 등 3종의 남편이 있는데,

60) 『의례주소』권33, 720쪽에서는 "君母의 부모와 종모를 위해 입는다. 傳: 어째서 소공복을 입는가? 군모가 계시면 복에 따르지 않을 수 없고, 군모가 없다면 복을 입지 않는다."라고 하였고, 『대당개원례』권132, 흉례2, 오복제도에는 "(소공의복) 적모의 부모·형제, 종모를 위해 입는다. [첩의 자식이 적모의 부모와 형제자매를 위해 입음을 말한다. 적모가 졸했다면 입지 않는다.]"라고 하였다. 위의 사료와 본 조항 문답의 내용을 정리하면, ①율에서는 자신을 낳아준 모친, 즉 친모의 부모는 모친의 처·첩 여부, 이혼·개가·사망했는지의 여부에 관계없이(이들 사유가 복제상에는 영향을 미치는 경우도 있다) 절대적으로 외조부모이다. ②적모·계모 등 의리의 모친의 부모로서 복제상 외조부모가 된 자는 율에서도 외조부모가 된다. 이를 구체적으로 살펴보면 ㉠의리의 모친이 생존해 있는 한 의리의 자는 그 모친의 부모를 위해 복을 입는다. 그러나 의리의 모친이 이혼·개가·사망하면 그 모친의 부모에 대해 복이 없고 율에서도 외조부모로 인정하지 않는다. ㉡전처의 자로서 생모가 이혼당한 후 계모가 들어왔으면 계모의 부모를 위해 복을 입지만, 생모가 사망한 후에 계모가 들어왔으면 계모의 부모에 대해 처음부터 복이 없다. 그리고 후자의 경우는 율에서도 외조부모로 인정하지 않는다(일본역『唐律疏議』1, 39쪽, 주13).

61) 묘현이란 신부가 남편의 가묘에 배알하는 의식으로 결혼 후 3개월이 지나 행하며 이후 처로서의 지위가 확정된다(『의례주소』권6, 106~108쪽; 『예기정의』권18, 683쪽).

62) 就婚에 대하여 『당률석문』은 데릴사위[贅夫]라 해석하였고, 중국역도 모두 석문을 따르고 있다(曹漫之, 『唐律疏議譯註』38~39쪽; 錢大群, 『唐律疏議新注』25~27쪽). 그러나 일본역에서는 이를 따르지 않고, 就婚은 신부의 가마 행렬이 친정을 떠나 시가에 도착하기까지의 도중에 있는 상태를 말하는 것으로 짐작하였다. 그리고 그 근거로 『예기정의』(권18, 681쪽)에 "증자가 묻기를, 여자가 친영 도중에 있는데 남편[壻]의 부모가 죽었다면 어찌해야 합니까?"라 한 것과 같이 예에서도 혼인 절차의 진행 도중의 처를 문제로 삼고 있으므로 율소가 이를 문제로 삼은 것은 이상한 일이 아니라고 보았다(일본역『唐律疏議』1, 39~40쪽, 주15). 또한 『예기정의』(권18, 681쪽)에서 "여자가 오는 도중에

모두 같이 남편의 법을 의거한다. 단 (혼인할) 길일을 정한 남편 및
정혼한 남편 등은 혼약을 어기고 개가할 수 없을 뿐이고,(63) 그 밖
에 서로 죄를 범한 경우는 모두 남과 같다.

[律文5] 五曰, 不道. 謂殺一家非死罪三人, 支解人, 造畜蠱毒, 厭魅.
　[律文5의 疏] 議曰: 安忍殘賊, 背違正道, 故曰不道.

[율문5] 다섯째, 부도이다. 1가 내 사죄에 해당하지 않는 3인을 살해
한 것, 사람을 절단[支解]한 것, 고독을 조합하거나 소지한 것, 염매를
(만든) 것을 말한다.
　[율문5의 소] 의하여 말한다: 잔혹한 살인을 태연히 범하여 바른 도
리를 위배하였으므로 부도라고 한다.

[律文5의 注1] 謂殺一家非死罪三人, 支解人,

여자의 부모가 죽으면 여자는 돌아간다.[분상하여 기년복을 입는다.]"라고 하
여, 미혼[在室] 여성이 부모상에 참최복을 입는 것과 달리 친영 도중의 여자는
기복을 입는다는 점을 명확히 하고 있다. 따라서 친영 도중의 신부는 출가녀
로 간주되며, 친영 도중의 남편 역시 남편으로 간주됨은 분명하다.

63) 딸의 출가를 허락하고 이미 혼서에 회답하였거나 사약이 있는데도 함부로 파
기한 자는 장60에 처한다. 약은 먼저 남편될 자의 老·幼, 疾·殘, 養·庶와 같
은 신상을 알리어 혼인을 약속한 것을 말한다. 남자 집에서 스스로 파기한 경
우에는 처벌하지 않으나 빙재를 회수할 수 없다. 비록 혼인을 허락한 문서는
보내지 않았더라도 단지 빙재만 받았다면 역시 혼인을 약속한 것과 같다. 빙
재는 많고 적음의 제한이 없고, 술과 음식은 빙재가 아니다. 재물로 술과 음식
을 마련한 경우에는 또한 빙재로 간주한다. 만약 다시 다른 사람에게 혼인을
허락한 자는 장100에 처한다. 성혼된 경우에는 도1년반에 처한다. 뒤에 혼인
한 자는 사정을 알았다면 1등을 감한다. 여자는 앞서 혼약했던 남자에게 되돌
려지는데, 앞서 혼약한 남자가 그녀와 혼인하지 않겠다면 여자 집[女家]에서는
빙재를 돌려주고, 뒤에 혼약한 남자와의 혼인은 법에 따라 혼인한 것으로 인
정한다(175, 호26).

[律文5의 注1의 疏] 議曰: 謂一家之中, 三人被殺, 俱無死罪者. 若三人之內, 有一人合死及於數家各殺二人, 唯合死刑, 不入十惡. 或殺一家三人, 本條罪不至死, 亦不入十惡. 支解人者, 謂殺人而支解, 亦據本罪合死者.

[율문5의 주1] 1가 내 사죄에 해당하지 않는 3인을 살해한 것, 사람을 절단[支解]한 것(적12),[64]

[율문5의 주1의 소] 의하여 말한다: 1가에서 3인이 피살되었는데, 모두 사죄가 없는 경우를 말한다. 만약 3인 가운데 1인이 사죄에 해당하거나, 몇 집에 걸쳐 각각 2인씩 살해하였다면, 오직 마땅히 사형에 처하되 십악을 적용하지는 않는다. 또는 1가의 3인을 살해하였으나 본조(투19)에서 (피살자를 살해한) 죄가 사형에 이르지 않는 경우[65]에도 역시 십악을 적용하지 않는다. 사람을 절단하였다는 것은 사람을 살해하여 절단한 것을 말하며, 역시 본(조의) 죄가 사형에 해당하는 경우를 말한다.

[律文5의 注2] 造畜蠱毒, 厭魅.

[律文5의 注2의 疏] 議曰: 謂造合成蠱, 雖非造合, 乃傳畜, 堪以害人者, 皆是. 即未成者, 不入十惡. 厭魅者, 其事多端, 不可具述, 皆謂邪俗陰行不軌, 欲令前人疾苦及死者.

[율문5의 주2] 고독을 조합하거나 소지한 것(적15.1),[66] 염매[67]를 (만

---

64) 1가 내 사죄에 해당하지 않는 3인을 살해하거나 사람을 살해하여 절단한 자는 모두 참형에 처하고, 처·자는 유2000리에 처한다(259, 적12).

65) 양인이 타인의 부곡을 구타·살상한 경우 양인을 살상한 죄에서 1등을 감하며, 노비인 경우 또 1등을 감한다. 따라서 타인의 부곡을 毆殺하였다면 유3000리, 노비라면 도3년에 처한다(320, 투19.2 및 소).

66) 고독이란 비전의 邪法에 의해 여러 종류의 蠱을 합성하여 제조한 독으로, 사람을 해치는 힘이 있다고 믿어졌다. 그러나 그 실체는 불분명한데, 현대에도 후난성 일부 지역에는 이와 관련된 미신이 남아 있었다. 그에 따르면 고독이

든) 것(적17.1)을 말한다.

　[율문5의 주2의 소] 의하여 말한다: 조합해서 고를 완성한 것을 말하며, 비록 (스스로) 조합한 것이 아니라 전수받아 소지했더라도 사람을 해칠 만한 경우는 모두 이에 해당한다. 그러나 독이 되지 못한 경우에는 십악을 적용하지 않는다. 염매란 그 일이 여러 가지여서 일일이 서술할 수 없으나 모두 사악한 풍속으로 몰래 상궤에 어긋나는 행위를 하여 상대를 병들고 고통스럽게 하려거나 죽게 하려는 것을 말한다.[68]

　란 모종의 독충을 검게 태워 가루로 만든 것으로, 이것을 먹으면 2~3일 혹은 2~3개월 후에 또는 수년 후에 신경쇠약, 발열, 호흡곤란, 설사 등의 증세를 보이며 죽게 된다고 하였다. 이러한 미신으로 인해 많은 부녀자들이 고독을 기른다는 혐의로 핍박받았다고 한다(일본역『唐律疏議』1, 41쪽, 주3). 당률은 고독을 조합하거나 소지하거나, 이를 조합하거나 입수하는 법을 가르친 경우 교형에 처한다(262, 적15.1 및 소).

67) 염매란 나무나 종이에 사람의 형상을 새기거나 그려놓고 그것을 바늘로 찌르거나 그 수족을 묶는 등의 주술적 행위를 행함으로써 타인의 운명이나 행동을 자신의 의지대로 움직이게 하려는 것을 말한다. 증오하는 바가 있어 염매를 만들거나 符書를 만들어 저주해서 사람을 살해하려고 한 경우 모살죄에서 2등을 감한다. 단 기친존장·외조부모·남편·남편의 조부모와 부모는 감하지 않는다(264, 적17.1a 및 주). 또한 주술에 의해 타인의 생명이나 건강을 해치려고 하는 경우에 한하여 십악의 부도를 적용하며, 조부모나 부모에게 사랑을 받고자 하여 염매한 경우에는 십악의 불효를 적용한다.

68) 인간성에 반하는 잔학하고 사악한 요소를 포함한 특정 범죄가 부도가 된다. 그에 대한 형은 다음과 같다. 1가 내의 3인을 살해하거나 사람을 절단한[支解] 경우 공범자는 참형, 그 처자는 유2000리에 처한다(258, 적12). 고독을 조합하거나 소지한 경우 본인 및 기술지도자는 교형, 본인의 동거가구는 유3000리에 처하고, 은사가 내려도 본인 및 가구는 유3000리에 처하며(262, 적15.1~3), 부인 단독범이라도 유형을 집행하고 절대로 귀향을 허락하지 않는다(명28.3a). 염매로 죽으라고 기도한 경우는 살해 모의죄에서 2등을 감하고(일반인의 경우 도2년), 염매에 의해 사람을 죽게 한 경우는 모의하여 살해한 경우와 같이 참형에 처한다. 병들고 고통을 당하도록 기도한 경우는 4등 감한다(도1년). 단 기친존장의 죽음을 기도하거나 조부모·부모의 病苦를 기도하면 감형되지 않

[律文6] **六曰, 大不敬.** 謂盜大祀神御之物, 乘輿服御物, 盜及僞造御寶, 合和御藥, 誤不如本方及封題誤, 若造御膳, 誤犯食禁, 御幸舟船, 誤不牢固, 指斥乘輿, 情理切害, 及對捍制使, 而無人臣之禮.

　[律文6의 疏] 議曰: 禮者, 敬之本, 敬者, 禮之輿. 故「禮運」云: 禮者君之柄, 所以別嫌明微, 考制度, 別仁義. 責其所犯既大, 皆無肅敬之心, 故曰大不敬.

[율문6] **여섯째, 대불경이다.** 대사의 신이 쓰는 물품과 황제[乘輿]가 입고 쓰는 물품을 절도한 것, 어보를 절도한 것 및 위조한 것, 황제의 약을 조제하는데 착오로 본방과 같지 않게 한 것 및 봉제를 착오한 것, 황제의 음식을 조리하는데 착오로 식금을 범한 것, 황제가 타는 선박을 착오로 견고하게 (건조)하지 않은 것, 황제를 비판[指斥]하는데 정·리가 매우 위해한 것, 황제의 명을 받든 사인[制使]에게 저항하여 신하의 예를 갖추지 않은 것을 말한다.

　[율문6의 소] 의하여 말한다: 예는 경의 근본이며, 경은 예의 탈것이다. 그러므로 『예기』(권21, 795쪽)「예운」에 "예란 군주의 (정치를 위한) 도구로, 혐의를 분별하고 은미한 것을 밝히며 제도를 살피고 인의를 변별하기 위한 것"이라고 하였다. 그 범한 바가 원래 중대한 일이고, 모두 엄숙하고 공경하는 마음이 없는 것을 문책하는 것이므로 대불경이라 한다.

[律文6의 注1] 謂盜大祀神御之物, 乘輿服御物,

　[律文6의 注1의 疏] 議曰: 大祀者, 依祠令, 昊天上帝, 五方上帝, 皇地祇, 神州, 宗廟等爲大祀. 職制律又云, 凡言祀者, 祭, 享同. 若大祭, 大享竝同大祀. 神御之物者, 謂神祇所御之物. 本條注云, 謂供神御者, 帷帳几杖亦同. 造成未供而盜, 亦是. 酒醴饌具及籩, 豆, 簠, 簋之屬, 在神前而盜者, 亦入大不敬;

──────────

　고 모살과 같이 처벌한다(264, 적17).

不在神所盜者, 非也. 乘輿服御物者, 謂主上服御之物. 人主以天下爲家, 乘

輿巡幸, 不敢指斥尊號, 故託乘輿以言之. 本條注云, 服通衾茵之屬, 具·副

等. 皆須監當之官部分擬進, 乃爲御物.

[율문6의 주1] 대사의 신이 쓰는 물품(적23.1)과 황제[乘輿]가 입고 쓰
는 물품을 절도한 것(적24.2a),[69]

[율문6의 주1의 소] 의하여 말한다: 대사는 사령(습유159쪽)에 의하면,
"호천상제·오방상제·황지기·신주·종묘[70] 등을 대사로 한다." 직제
율(직8.4의 주)에 또 "사라고 말한 것은 제·향도 같다."라고 하였으
니, 또한 대제나 대향도 모두 대사와 같다. 신이 쓰는 물품은 천
신·지지에게 소용되는 물품으로 본조(적23.1)의 주에 "신이 쓰도록
바친 것을 말하며, 유장·궤장[71] 역시 같다."고 하였다. 만들어진
물품으로 아직 제사에 쓰지 않은 것을 절도한 경우도 같다. 주례와
찬구 및 변·두·보·궤[72] 등 신 앞에 놓은 것을 절도한 경우도 대불

---

69) 대사의 신이 쓰는 물품이나, 황제가 입고 쓰는 물품을 절도한 죄는 유2500리
에 해당한다(270~271, 적23~24).

70) 당대의 제사는 祀·祭·享·釋奠의 네 종류가 있다. 사는 천에 지내는 제사, 제
는 지에 지내는 제사, 향은 종묘 즉 사람에 지내는 제사이며, 석전은 선성·선
사에 대한 제사이다. 또한 제사는 대사(호천상제·오방제·황지기·신주·종묘)·
중사(일·월·성·신·사직·선대제왕·악·진·해·독·제사·선잠·공선부·제태공·제
태자묘)·소사(사중·사명·풍사·우사·중성·산림·천택·오룡사 등·주현사직·석
전)의 3등급이 있다(『당육전』권4, 120쪽 ; 『역주당육전』상, 431쪽). 호천상제
는 최고지위의 천제로 오방상제와는 구별되며, 오방제는 동·남·중·서·북 오
방의 천제를 말한다. 황지기는 대지신이고, 신주는 대지의 별명이며 일설에
의하면 곤륜산을 가리킨다고 한다. 여기에서 호천상제·오방상제는 천이고, 황
지기·신주는 지이며, 종묘는 인이다.

71) 유장은 휘장, 궤는 안석, 장은 지팡이이다.

72) 주례는 술을 담는 그릇, 찬구는 음식을 담는 그릇, 변은 과실을 담는 대나무로
만든 제기, 두는 고기를 담는 목제 혹은 금속제의 제기, 보·궤는 모두 곡물을
담는 목제 혹은 금속제의 그릇으로 보는 안이 둥글고 바깥이 네모지며 궤는

경을 적용하나, 신의 장소[神所][73])에 있지 않은 것을 절도한 경우는 그렇지 않다. 황제[乘輿]가 입고 쓰는 물품이란 주상이 입거나 쓰는 물건을 말한다. 군주는 천하를 집으로 삼으며 수레를 타고 순행하므로 감히 존호를 들어서 말할 수 없어 승여를 빌어 말한 것이다. 본조(적24)의 주에 "입는 것은 이불·자리 따위도 포함되며, 현용[眞]이나 예비용[副]이나 같다. 모두 반드시 감독·담당하는 관이 선별해서 올리려고 예정한 것이어야 비로소 황제의 물품[御物]이 된다."고 하였다.

[律文6의 注2] 盜及僞造御寶,

[律文6의 注2의 疏] 議曰: 『說文』云: "璽者, 印也." 古者尊卑共之, 『左傳』云: "襄公自楚還, 及方城, 季武子取卞, 使公治問, 璽書, 追而予之." 是其義也. 秦漢以來, 天子曰璽, 諸侯曰印, 開元歲中, 改璽曰寶. 本條云僞造皇帝八寶, 此言御寶者, 爲攝三后寶竝入十惡故也.

[율문6의 주2] 어보를 절도한 것(적24.1) 및 위조한 것(사1),[74]

[율문6의 주2의 소] 의하여 말한다: 『설문해자』(토부, 688쪽상)에 "새

바깥이 둥글고 안이 네모진 것이다.

73) 대사에서 주신과 배신은 제단 가장 위부터 각기 정해진 위치에 따라 신좌가 설치된다. 신좌 앞에는 궤장을 놓고 이들을 휘장으로 둘러친다. 또한 각 신좌의 앞에는 정해진 수의 제기들이 진설된다. 소에서의 '神所'는 그 범위가 분명하지 않으나, 제단과 신좌가 설치된 곳이 신소임은 분명해 보인다.

74) 어보는 황제의 인장을 가리킨다. '御'자는 황제를 의미하며, 아래의 御藥·御膳의 '어'자도 마찬가지이다. 어보를 절도한 자는 교형에 처한다. 율에서 어보라한 경우 삼후(태황태후·황태후·황후)의 보도 같다. 황태자의 보는 1등을 감한다(271, 적24.1의 소). 황제팔보를 위조한 자는 참형에 처한다. 삼후와 황태자의 보를 위조한 자는 교형에 처한다. 황태자비의 보를 위조한 자는 유3000리에 처한다. 위조하여 사용하지 않았더라도 단지 만들었으면 처벌한다(362, 사1 및 주).

는 도장이다."라고 하였다. 옛날에는 신분이 높거나 낮거나 (새라
는 명칭을) 함께 썼다. 『좌전』(권39, 1252쪽)에 "양공이 초에서 돌아
오다가 방성에 도착하니 계무자75)가 변을 차지하고 공야로 하여
금 문안을 드리게 하고 뒤이어 새서를 바쳤다."고 하였는데, 이것
이 그 뜻이다. 진한 이후로 천자의 것은 새라 하고, 제후의 것은
인이라 하였다.76) 개원 연간(713~741)에 새를 보라 고쳐 불렀다.77)
본조(사1)에서는 "황제의 팔보78)를 위조하면"이라고 하였는데 이
조문에서는 '어보'라 한 것은, 삼후의 보까지 모두 십악을 적용하기
때문이다.

[律文6의 注3] 合和御藥, 誤不如本方及封題誤,

  [律文6의 注3의 疏] 議曰: 合和御藥, 雖憑正方, 中間錯謬, 誤違本法. 封題誤
  者, 謂依方合訖, 封題有誤, 若以丸爲散, 應冷言熱之類.

[율문6의 주3] 황제의 약을 조제하는데 착오로 본방79)과 같지 않게

---

75) 춘추시대 노국의 대부로 성은 계손, 이름은 숙이며, 계문자의 아들이다.

76) 진 이전에는 민들도 금이나 옥으로 인을 만들 수 있었는데, 다만 옥을 더 좋아
했다. 진 이래 천자의 인을 홀로 새라 칭하고 옥으로 만든 이후 군신이 감히
새라는 칭호와 옥을 사용할 수 없었다(『춘추좌전정의』권39, 1252쪽).

77) 당대에 새를 보로 고친 것은 무후 연재 원년(694)과 현종 개원 원년(713)의 두
차례 있었다(『당육전』권8, 251쪽; 『역주당육전』중, 64쪽; 『신당서』권47, 1209쪽).

78) 황제의 옥새에는 전국신보·수명보·황제삼보·천자삼보가 있는데, 이를 '팔보'
라고 한다. 전국신보는 보이기는 하나 사용하지는 않는다. 수명보는 봉선할
때에 사용한다. 황제행보는 왕·공 이하에게 회신하는 문서에 사용하고, 황제
지보는 왕·공 이하를 위로하는 문서에 사용하며, 황제신보는 왕·공 이하를 징
소하는 문서에 사용한다. 천자행보는 번국에 회신하는 문서에 사용하고, 천자
지보는 번국을 위로하는 문서에 사용하며, 천자신보는 번국의 병마를 징집하
는 문서에 사용한다. 모두 백옥으로 만든다(362, 사1a의 소).

79) 本方이란 각 병증에 따라 의서에 기록된 그대로의 약방문을 말한다. 본방과
같지 않게 했다는 것은 임의로 약재를 가감하여 본래의 처방과 같지 않은 것

한 것 및 봉제를 착오한 것(직12.1),[80]

[율문6의 주3의 소] 의하여 말한다: 황제의 약을 조제하는데 비록 바른 처방에 의거했으나, 중간에 착오로 잘못하여 본(방)의 법을 어긴 것이다. "봉제를 착오했다."는 것은 처방에 의거하여 조제하였으나 봉제에 오류가 있는 경우로, 예를 들면 알약을 가루약으로 (기록하거나), 차게 할 것을 뜨겁게 하도록 (기록한 것) 따위를 말한다.

[律文6의 注4] 若造御膳, 誤犯食禁,

　　[律文6의 注4의 疏] 議曰: 『周禮』: 食醫掌王之八珍. 所司特宜敬愼. 營造御膳, 須憑食經, 誤不依經, 卽是不敬.

[율문6의 주4] 황제의 음식을 조리하는데 착오로 식금을 범한 것(직13.1),[81]

　　[율문6의 주4의 소] 의하여 말한다: 『주례』에 "식의는 왕의 음식[八珍]을 관장한다."[82]고 하였다. 담당 관사는 특히 경건하고 신중하

　　등을 말한다(102, 직12.1의 소). 또한 의사가 일반인을 치료할 때도 임의로 약재를 가감하여 재물을 취득하면 이를 절도로 논하여 처벌한다(382, 사21).

80) 황제의 약을 조제하다가 착오로 본방과 같지 않게 하거나 봉제에 오류가 있는 경우 의관은 교형에 처한다(102, 직12.1). 이는 고의가 아닌 경우를 말한다. 고의라면 당연히 모반죄를 적용한다.

81) 황제의 음식을 요리하는데 착오로 식금을 범한 경우 조리 담당자인 주식은 교형에 처한다(103, 직제13.1)

82) 食醫는 天官冢宰의 職人으로 왕의 음식을 담당한다(『주례주소』권5, 129쪽). 팔진은 8가지 특별한 음식으로, 淳熬·淳毋·炮豚·炮牂·擣珍·漬·熬·肝膋를 말한다(『주례주소』권4, 94쪽). 『예기』에 따르면 순오는 조린 육즙을 얹은 쌀밥, 순무는 조린 육즙을 얹은 기장밥, 포돈과 포장은 대추로 속을 채우고 구운 뒤, 다시 쌀가루를 발라 끓여 양념을 곁들인 돼지와 양, 도진은 소·양·사슴·노루 등의 등심살을 두드린 후 힘줄을 제거한 뒤 푹 삶은 것이다. 지는 갓 잡은 소고기를 얇게 썰어 술에 절인 후 식초와 梅醬으로 양념한 것이다. 오는 소·양·

게 왕의 음식을 조리하되, 반드시 『식경』83)에 따라야 한다. 착오로 『식경』에 의거하지 않았다면 곧 이것이 (대)불경이다.

[律文6의 注5] 御幸舟船, 誤不牢固,

　[律文6의 注5의 疏] 議曰: 帝王所之, 莫不慶幸, 舟船旣擬供御, 故曰御幸舟船. 工匠造船, 備盡心力, 誤不牢固, 卽入此條. 但御幸舟船以上三事, 皆爲因誤得罪, 設未進御, 亦同十惡, 如其故爲, 卽從謀反科罪, 其監當官司, 準法減科, 不入不敬.

[율문6의 주5] 황제가 타는 선박을 착오로 견고하게 (건조)하지 않은 것(직14.1),84)

　[율문6의 주5의 소] 의하여 말한다: 제왕이 가는 곳마다 경하하고 행복해 하지 않음이 없고, 그 선박은 원래 황제에게 바치도록 되어 있으므로 황제가 타는 선박이라 한 것이다. 공장은 선박을 건조하는데 마음과 몸을 다하여야 하는데, 착오로 견고하게 (건조)하지 않았다면 곧 이 조항을 적용한다. 단 '황제가 타는 선박' 이상의 세 가지 사안85)은 모두 착오로 말미암아 죄를 받는 경우로, 설령 아직 황제에게 바치지 않았더라도 십악을 적용하며, 만약 그 행위가 고의라면 곧 모반에 따라 죄준다. 단 감독과 책임을 맡은 관사는 법에 따라 죄를 감하고 (대)불경을 적용하지는 않는다.

　사슴·노루 등의 고기를 두드려 피막을 제거한 뒤 계피와 생강을 뿌려 말린 일종의 포이다. 간료는 개의 간을 구운 요리이다(『예기정의』권28, 996~999쪽).

83) 음식·요리에 관한 서적이다. 『구당서』권47, 2048~2049쪽과 『신당서』권59, 1569쪽에 8종의 『食經』이 채록되어 있다.

84) 황제가 타는 선박을 착오로 견고하게 제작하지 않은 경우 공장은 교형에 처한다(104, 직14.1).

85) 세 가지 사안은 御藥, 御膳, 御幸船舟을 말한다.

[律文6의 注6] 指斥乘輿, 情理切害,

　[律文6의 注6의 疏] 議曰: 此謂情有觖望, 發言謗毀, 指斥乘輿, 情理切害
者. 若使無心怨天, 唯欲誣搆人罪, 自依反坐之法, 不入十惡之條. 舊律云言
理切害, 今改爲情理切害者, 蓋欲原其本情, 廣恩愼罰故也.

[율문6의 주6] 황제를 비판[指斥]하는데 정·리가 매우 위해한 것(직32.1),

　[율문6의 주6의 소] 의하여 말한다: 이는 정서에 원망함을 띠고 비방
하는 말을 하며 황제를 비판하는데, 정·리가 매우 위해한 경우를
말한다. 만약 황제[天]를 원망할 마음은 없고 오직 다른 사람을 무
고하여 죄에 얽어 넣으려고 한 경우에는 반좌[86]의 법에 따르고, 십
악을 적용하지 않는다. 구율에서 "말의 표현과 이치가 매우 위해하
다."고 한 것을 지금 "정·리가 매우 위해하다."라고 고친 것은, 본래
의 정을 살펴 은전을 넓히고 형벌을 신중히 하려는 까닭이다.[87]

---

86) 反坐란 무고한 바의 죄를 고발자에게 되갚아 과하는 것이다. 다만 무고한 것
　이 死罪에 해당하는 경우 무고당한 사람의 형이 아직 집행되지 않았다면 1등
　을 감하여 무고한 자를 처벌하는 것을 허락한다(342, 투41.1).

87) 황제를 비판[指斥]하는데 정·리가 매우 위해한 경우 참형에 처한다. 그다지 위
　해하지는 않은 경우는 도2년에 처한다(122, 직32.1). 소의 '言理切害'란 표현이
　위해스러움을 의미하고, '情理切害'란 실제 행동의 상태가 위해스러움을 의미
　한다. 이는 한 글자의 차이지만 설령 불령한 모습을 보였다 할지라도 그 경우
　를 참작하여 처벌의 정도를 완화한 것이다. 여기서의 '구율'에 대해, 劉俊文과
　錢大群은 정관율로 보아야 한다고 주장하였다. 먼저 劉俊文은, 고종이 영휘
　원년(649)에 태위 장손무기 등에게 명하여 '구제의 불편한 것'을 고치게 하여
　이듬해인 영휘2년(650)에 신율을 반포하였으며, 또한 곧바로 율소의 편찬에
　착수하여 영휘4년에 율소의 편찬을 완료하였기 때문에, 소에서 '언리절해'라고
　한 구율의 조문이 바로 '구제의 불편한 조문' 중의 하나로 생각된다고 하였다
　(劉俊文, 『唐律疏議箋解』, 77쪽). 錢大群 역시 같은 맥락에서 구율은 정관율이
　며, '언리절해'를 '정리절해'로 바꿈으로써 범죄 구성요건을 보다 엄격하게 명
　시하여 결과적으로 寬刑을 도모하였다고 주장했다(錢大群, 『唐律疏議新注』,
　33쪽). 그러나 일본역에서는 위의 조문이 刑制 개혁의 대세에서 보아 정관율
　에서 개정되었을 가능성이 가장 크며, '금율'을 반드시 영휘율로 볼 필요는 없

[律文6의 注7] 及對捍制使, 而無人臣之禮.

　[律文6의 注7의 疏] 議曰: 奉制出使, 宣布四方, 有人對捍, 不敬制命, 而無人臣之禮者. 制使者, 謂奉勅定名及令所司差遣者是也.

[율문6의 주7] 황제의 명을 받든 사인[制使]에게 저항하여 신하의 예를 갖추지 않은 것(적32.2)[88])을 말한다.

　[율문6의 주7의 소] 의하여 말한다: 황제의 명[制][89])을 받들어 사인으로 나가 사방에 선포함에 누구라도 저항하면 황제의 명에 불경한 것이며 신하의 예를 갖추지 않은 것이다. 황제의 명을 받든 사인[制使]이란 칙을 받든 특정 명칭의 사신 및 담당 관리 가운데에서 뽑아 사신으로 파견한 자이다.[90])

　　다는 견해를 보였다(일본역『唐律疏議』1, 46~47쪽, 주10).

88) 황제의 명을 받든 사인에 저항하여 신하의 예를 갖추지 않은 자는 교형에 처한다(122, 적32.2).

89) 制는 왕명을 선포하는 몇 가지 서식 가운데 하나를 지칭하기도 하지만, 여기서는 왕명을 총칭하는 의미로 사용되었다. 당초에는 조라고 하였는데 무후 천수 원년(690) 무측천의 휘를 피하여 제라고 개칭하였다(『당육전』권9, 274쪽; 및 『역주당육전』중, 99쪽). 劉俊文은 당률소의 점교본은 남송 후기에 관각된 방희재본을 저본으로 하고 기타 판본을 참고하였는데, 방희재본은 대개 당 개원 필사본을 연원으로 하고 있다고 추정된다. 따라서 점교본에서 보이는 '제'는 개원 연간 율령의 수정 및 반포 시에 피휘한 것일 가능성이 크다.

90) 이상에서 열거한 대불경을 범한 경우 처해지는 형을 정리해보면 다음과 같다. 대사의 신이 쓰는 물품을 절도한 경우 유2500리(270, 적23.1), 황제가 입고 쓰는 물품을 절도한 경우 유2500리(271, 적24.2a), 어보를 절도한 경우 교형(271, 적24.1), 어보를 위조한 경우 참형(362, 사1.1a), 황제의 약을 조제하다가 실수한 경우 교형(102, 직12.1), 황제의 음식을 조리하는데 실수로 식금을 어긴 경우 교형(103, 직13.1), 황제의 순행을 위한 선박을 실수로 견고하게 만들지 않은 경우 교형(104, 직14.1), 황제를 비판하는데 정·리가 매우 위해스러운 경우 참형(122, 적32.1), 황명을 받은 사신에게 항거하여 신하의 예를 행하지 않은 경우 교형(122, 적32.2)이다.

[律文7] 七曰, 不孝. 謂告言·詛詈祖父母父母, 及祖父母父母在, 別籍異財, 若供養有闕, 居父母喪, 身自嫁娶, 若作樂, 釋服從吉, 聞祖父母父母喪, 匿不擧哀, 詐稱祖父母父母死.

[律文7의 疏] 議曰: 善事父母曰孝. 旣有違犯, 是名不孝.

[율문7] **일곱째, 불효이다.** 조부모·부모를 (관에) 고언한 것, 저주한 것, 욕한 것, 조부모·부모가 생존해 있는데 호적을 따로 하고 재산을 달리 한 것, 공양함에 모자람이 있는 것, 부모 상중에 몸소 시집가고 장가든 것, 악을 감상한 것, 상복을 벗고 평복으로 갈아입은 것, 조부모·부모의 상을 듣고도 숨기고 거애하지 않은 것, 조부모·부모의 사망을 사칭한 것을 말한다.

[율문7의 소] 의하여 말한다: 부모를 잘 섬김을 효라 한다. 이미 어기고 범함이 있다면, 이를 (정)명하여 불효라고 한다.

[律文7의 注1] 謂告言,詛詈祖父母父母,

[律文7의 注1의 疏] 議曰: 本條直云告祖父母父母, 此注兼云告言者, 文雖不同, 其義一也. 詛猶呪也, 詈猶罵也. 依本條詛欲令死及疾苦者, 皆以謀殺論, 自當惡逆. 唯詛求愛媚, 始入此條.

[율문7의 주1] 조부모·부모를 (관에) 고언한 것(투44.1), 저주한 것(적17.3), 욕한 것(투28.1a),[91]

[율문7의 주1의 소] 의하여 말한다: 본조(투44)에서는 다만 "조부모·부모를 고하였다."고 하였고, 이 주에서는 또 "고언하였다."라 하였는데 글은 비록 다르나 뜻은 같다.[92] 저는 주와 같고, 리는 매와 같

---

91) 조부모·부모를 고한 자는 교형(345, 투44.1), 총애를 구하려고 조부모·부모를 저주한 자는 유2000리(264, 적17.3), 조부모·부모를 욕한 자는 교형에 처한다 (329, 투28.1a).

다.93) 본조(적17)에 의하면, 저주로 죽게 한 것이나 병들게 하거나 고통을 주려고 한 것은 모두 모살로 논하므로 당연히 악역에 해당한다. 오직 저주로 총애를 구하려고 한 것만 이 조항을 적용한다.

[律文7의 問] 曰: 依賊盜律, 子孫於祖父母父母求愛媚而厭、呪者, 流二千里. 然厭魅呪詛, 罪無輕重, 今詛爲不孝, 未知厭入何條?
[律文7의 答] 曰: 厭、呪雖復同文, 理乃詛輕厭重. 但厭魅凡人, 則入不道; 若呪詛者, 不入十惡. 名例云, 其應入罪者. 則擧輕以明重. 然呪詛是輕, 尙入不孝; 明知厭魅是重, 理入此條.

[율문7의 문] 묻습니다: 적도율(적17.3)에 의하면 "자·손이 조부모·부모에 대해서 총애를 구하려고 염매·저주한 때에는 유2000리에 처한다."고 하였습니다. 그러하니 염매와 저주에는 죄의 경중이 없는 셈입니다. 여기서 저주는 불효가 되는데, (그렇다면) 염매는 (십악의) 어떤 조항에 넣어야 합니까?
[율문7의 답] 답한다: 염매와 저주는 비록 조문이 같으나 이치로 볼

---

92) 고·고언이란 관에 고한다는 의미이다. 그런데 당 율령에는 고 이외에 訴·訴訟·辭訴·訴理·理訴 등 '訴'자를 사용한 표현이 보이고 있다. 양자를 비교하면 고란 타인이 죄를 범한 사실을 관에 고발하는 것이고, 소란 자기가 타인으로부터 받은 침해나 억압에 대해 구제해 줄 것을 관에 신청하는 것으로, 양자는 의미를 분명히 달리 한다. 그러나 양자의 구별이 법개념으로까지 발전한 것은 아니다. 자신이 직접 피해를 받은 것이 아니라 타인이 저지른 범죄를 고소하는 것, 즉 현대법에서 말하는 고발은 고라고 하지 소라고는 하지 않는다는 정도의 차이는 분명히 있었지만, 현대법의 형사와 민사에 상당하는 고와 소에 기초하는 두 종류의 수속이 제도적으로 확연히 구분되어 있었던 것은 아니다 (일본역『唐律疏議』1, 49쪽, 주1).

93) 詈와 罵는 다 같이 얼굴을 맞대고 하는 통상의 대화에서는 결코 쓰지 않는 어휘를 내뱉으면서 욕설을 퍼붓는 것으로 극히 구체적인 행위를 가리킨다. 단지 사람을 나쁘게 말하는 정도의 어휘 일반을 가리키는 것이 아니다. 詛와 呪는 통상 합해서 저주로 쓴다.

때 저주는 가볍고 염매는 무겁다. 단 일반인이라도 염매한 것은 (십악의) 부도를 적용하지만, 저주한 것은 십악(의 부도)를 적용하지 않는다. 명례에 "(단죄하는데 바로 해당하는 조문이 없으나) 그것이 죄를 더해야 할 것이면 곧 가벼운 것(이 무겁게 처벌된 것)을 들어 (그보다 무거우니 처벌이) 무겁다는 것을 밝힌다."(명50.2)고 하였다. 그렇다면 저주는 가벼운데도 오히려 불효에 넣는데 염매는 (이보다) 무거우니, 이치상 이 조항에 넣어야 한다는 것을 분명히 알 수 있다.

[律文7의 注2] 及祖父母父母在, 別籍‧異財,

　　[律文7의 注2의 疏] 議曰: 祖父母‧父母在, 子孫就養無方, 出告反面, 無自專之道. 而有異財‧別籍, 情無至孝之心, 名義以之俱淪, 情節於玆竝棄, 稽之典禮, 罪惡難容. 二事旣不相須, 違者竝當十惡.

[율문7의 주2] 조부모‧부모가 생존해 있는데 호적을 따로 하고 재산을 달리 한 것(호6.1),[94]

　　[율문7의 주2의 소] 의하여 말한다: 조부모‧부모가 살아 계시면 자손은 정성을 다하여 봉양하여야 하고(『예기』권6, 196쪽), 외출할 때는 고하고 돌아와서는 뵙고 안부를 여쭈며(『예기』권1, 32쪽), (가사를) 마음대로 하는 일이 없어야 한다. 그런데도 재산을 달리 하고 호적을 따로 하였다면 정에 지극한 효심이 없는 것이니, 이로써 명분과 도의가 모두 무너지게 되며 인정과 예절이 여기에서 모두 폐기되는 것이므로, 전례에 비추어 보면 이 죄악은 용서할 수 없다. 이 두 가지 일은 둘 다일 필요 없이 하나라도 위반하였다면 모두

---

94) 조부모‧부모가 살아있음에도 호적을 따로 하고 재산을 달리 한 자는 도3년에 처한다(155, 호6.1). 別籍이란 호적상 독립호가 되는 것이고, 異財란 실생활에서 가산을 분할하여 독립 가계를 꾸리는 것이다.

십악에 해당한다.

[律文7의 注3] 若供養有闕,

　[律文7의 注3의 疏] 議曰: 『禮』云: 孝子之養親也, 樂其心, 不違其志, 以其飲食而忠養之. 其有堪供而闕者, 祖父母, 父母告乃坐.

[율문7의 주3] 공양함에 모자람이 있는 것(투47),[95]

　[율문7의 주3의 소] 의하여 말한다: 『예기』(권28, 995쪽)에, "효자의 어버이 봉양하는 것은 그 마음을 즐겁게 하고, 그 뜻을 어기지 않으며, 먹고 마실 것을 정성껏 공양하는 것이다."라고 하였다. 다만 공양을 감당할 수 있는데 모자람이 있는 경우이며, 조부모·부모가 고해야 처벌한다.

[律文7의 注4] 居父母喪, 身自嫁娶, 若作樂, 釋服從吉,

　[律文7의 注4의 疏] 議曰: 居父母喪, 身自嫁娶, 皆謂首從得罪者. 若其獨坐主婚, 男女卽非不孝. 所以稱身自嫁娶, 以明主婚不同十惡故也. 其男夫居喪娶妾, 合免所居之一官; 女子居喪爲妾, 得減妻罪三等: 竝不入不孝. 若作樂者, 自作、遣人等. 樂, 謂擊鍾、鼓, 奏絲、竹、匏、磬、塤、箎, 歌舞、散樂之類. 釋服從吉, 謂喪制未終, 而在二十七月之內, 釋去衰裳而著吉服者.

[율문7의 주4] 부모 상중에 몸소 시집가고 장가든 것(호30.1), 악을 감상한 것, 상복을 벗고 평복으로 갈아입은 것(직30.1b),[96]

---

95) 자손이 부모의 공양에 모자람이 있으면 도2년에 처한다. 단 공양을 감당할 수 있는데 모자라게 한 경우이며, 조부모·부모가 고해야 처벌한다(348, 투47).

96) 부모 상중에 몸소 시집가고 장가든 자와 부모 상중에 樂을 감상하거나, 상복을 벗고 평복으로 갈아입은 자는 모두 도3년에 처한다(179, 호30.1; 120, 직 30.1b).

[율문7의 주4의 소] 의하여 말한다: 부모 상중에 몸소 시집가고 장가든 것은, 모두 (혼인한 남녀가) 수범·종범으로 죄를 얻는 경우를 말한다. 만약 단지 주혼만을 처벌할 것이라면 (혼인한) 남녀는 (십악의) 불효(를 적용하지) 않는다.[97] "몸소 시집가고 장가들었다." 라고 한 까닭은, 주혼은 같이 십악의 (불효를 적용하지) 않는다는 것을 밝히려고 한 때문이다. 단 남자가 상중에 첩을 얻으면 면소거관해야 하고(명20.3),[98] 여자가 상중에 첩이 되면 처로 된 죄에서 3등을 감하며(호30.1b), 모두 (십악의) 불효를 적용하지 않는다. 악을 감상하는 것은 직접 한 것이나 다른 사람에게 시킨 것이나 같다. 악은 종·고를 치거나 사·죽·포·경·훈·호를 연주하거나 노래하고 춤추거나 잡극(散樂)을 한 것을 말한다. 상복을 벗고 평복으로 갈아입은 것은, 복상기간(喪制)이 끝나지 않은 27개월[99] 안에 상복을 벗고 평복으로 갈아입은 것을 말한다(직30.1b의 소).

[律文7의 注5] 聞祖父母父母喪, 匿不擧哀及詐稱祖父母父母死.

　[律文7의 注5의 疏] 議曰: 依『禮』聞親喪, 以哭答使者, 盡哀而問故. 父母

---

97) 율을 위반하고 혼인하였더라도 조부모·부모가 주혼한 경우 주혼만 처벌하며, 혼인한 남녀는 이들의 명에 따랐으므로 무죄이다(195, 호46.1 및 소). 남녀가 위력에 의해 강제로 혼인한 경우 및 18세 이하 남성과 미혼 여성의 혼인(195, 호46.3) 또한 이에 해당된다.

98) 남자가 부모 상중에 장가들면 이 조항에 따라 십악에 해당하므로 반드시 제명해야 한다. 그러나 첩을 취한 행위는 처를 취한 행위보다 죄가 가벼우므로 제명보다 가벼운 면소거관의 대상이 된다(명20.3). 면소거관 처분을 하는 경우 가지고 있는 관 가운데 1관을 면하고 훈관을 아울러 가지고 있으면 먼저 직사관을 면하며(명20.5의 주1), 만 1년 뒤에 원래의 관품에서 1등을 강등하여 서임한다(명21.3a).

99) 당의 상제에서 아들과 출가하지 않은 딸이 부친을 위해 입는 참최복과 모친을 위해 입는 자최복, 처가 남편을 위해 입는 참최복의 복상 기간은 27개월이다 (『신당서』권20, 443쪽).

之喪, 創巨尤切, 聞卽崩殞, 擗踊號天. 今乃匿不擧哀, 或揀擇時日者, 竝是.
其詐稱祖父母父母死, 謂祖父母, 父母見在而詐稱死者. 若先死而詐稱始死
者, 非.

[율문7의 주5] 조부모·부모의 상을 듣고도 숨기고 거애하지 않은 것(직
30.1a), 조부모·부모의 사망을 사칭한 것(사22.2a)을 말한다.[100]

[율문7의 주5의 소] 의하여 말한다: 『예기』(권56, 1775쪽)에 의하면 "어
버이의 상을 들으면 부고하러 온 사람에게 곡으로 답하며, 슬픔이
다한 후에 까닭을 묻는다."고 하였다. 부모의 상은 그 상처가 크고
매우 절실하다. 들으면 곧 혼절하고 (깨어나면) 가슴을 치고 뛰면서
하늘을 우러러 울부짖는다. 그럼에도 도리어 숨기고 거애하지 않거
나, (거애의) 시일을 가려 택한 경우 모두 (십악의 불효)이다. 조부
모·부모의 사망을 사칭한 것은, 조부모·부모가 살아있음에도 사망
하였다고 사칭한 것을 말한다. 먼저 사망하였는데 지금 사망하였다
고 사칭한 경우(사22.3)는 아니다.[101]

[律文8] 八曰, 不睦. 謂謀殺及賣緦麻以上親, 毆告夫及大功以上尊長·小功尊屬.
[律文8의 疏] 議曰:『禮』云: 講信修睦.『孝經』云: 民用和睦. 睦者, 親也.
此條之內, 皆是親族相犯, 爲九族不相叶睦, 故曰不睦.

---

100) 조부모·부모의 상을 듣고도 숨기고 곡하며 상복 입는 것[擧哀]을 하지 않았다
면 유2000리(120, 직30.1a), 조부모·부모의 사망을 사칭한 경우 도3년에 처한
다(383, 사22.2a).

101) 불효죄에 대한 처벌을 정리해보면 다음과 같다. 조부모·부모를 관에 고한 것
은 교형(345, 투44.1), 총애를 구하기 위한 저주는 유2000리(264, 적17.3), 욕한
것은 교형(329, 투28.1a), 別籍異財한 것은 도3년(155, 호6.1), 공양에 모자람이
있는 것은 도2년(348, 투47), 상중에 시집·장가든 것은 도3년(179, 호30.1), 상
중에 악을 감상하고 상복을 벗은 것은 도3년, 상을 숨긴 것은 유2000리(이상
120, 직30.1), 사망을 사칭한 것은 도3년(383, 사22.2a)이다.

[율문8] **여덟째, 불목이다.** 시마 이상 친속을 살해하려고 모의한 것 및 판 것, 남편 및 대공 이상 존장과 소공 존속을 구타하거나 고한 것을 말한다.

[율문8의 소] 의하여 말한다: 『예기』(권22, 802쪽)에 "믿음을 두터이 하고 친목을 돈독히 한다."고 하였고, 『효경』(권1, 3쪽)에 "백성이 이로써 화목하다."라고 하였다. 목이란 친의 뜻이다. 이 조문 내의 (죄행은) 모두 친속 간에 서로 범하여 구족[102]이 화합·친목하지 못한 것이므로 불목이라고 한다.

[律文8의 注1] 謂謀殺及賣緦麻以上親,

[律文8의 注1의 疏] 議曰: 但有謀殺及賣緦麻以上親, 無問尊卑長幼, 總入此條. 若謀殺期親尊長等, 殺訖即入惡逆. 今直言謀殺, 不言故鬪, 若故鬪殺訖, 亦入不睦. 擧謀殺未傷是輕, 明故鬪已殺是重, 輕重相明, 理同十惡. 賣緦麻以上親者, 無問强和, 俱入不睦. 賣未售者, 非.

[율문8의 주1] 시마 이상 친속을 살해하려고 모의한 것(적6.2~3) 및 판 것(적47),[103]

[율문8의 주1의 소] 의하여 말한다: 존비장유를 불문하고 일단 시마 이상 친속을 살해하려고 모의하거나 팔았다면 모두 이 조항을 적

---

102) 동성직계인 구족은 고조·증조·조·부·본인·자·손·증손·현손이라는 설과 異姓이 포함된 父族 4, 母族 3, 妻族 2라는 설이 있다(『상서정의』권2, 31쪽).

103) 시마친 이상 존장을 살해하려고 모의하였다면 유2000리에 처하고, 존장이 비유를 살해하려고 모의하였다면 각각 고살죄에서 2등을 감한다(253, 적6.2~3). 기친 이하의 비유를 노비로 약매한 경우 鬪毆殺한 것과 같이 처벌한다. 예를 들면 弟·妹를 투구살한 경우 도3년인데 만약 제·매를 약매했다면 도3년, 자·손을 투구살한 경우 도1년반인데 만약 자·손을 약매했다면 마찬가지로 도1년반에 처하는 것과 같은 것이다. 합의해서 판 경우는 1등을 감한다(294, 적47.1 및 소).

용한다. 만약 기친 존장 등을 살해할 것을 모의하여 살해했다면 곧 악역을 적용한다. 지금 모살만 말하고 고(살)과 투(살)은 말하지 않았는데, 고의든 투구든 살해했다면 불목을 적용한다. 살해하려고 모의하였으나 상해하지 못한 것은 (죄가) 가벼운데도 (불목을 적용하는) 점을 들어보면, 고의나 투구로 살해한 죄는 그보다 무겁다는 것이 분명하여 가볍고 무거움이 서로 명확하니(명50.2)[104] 이치상 같이 십악의 (불목을 적용해야 한다). 시마 이상 친속을 판 경우는 강제거나 동의하였거나 묻지 않고, 모두 불목을 적용한다. 팔려다가 팔지 못한 경우는 아니다.

[律文8의 注2] 毆告夫及大功以上尊長、小功尊屬.

[律文8의 注2의 疏] 議曰: 依『禮』: "夫者, 妻之天." 又云: "妻者, 齊也." 恐不同尊長, 故別言夫號. 大功尊長者, 依禮, 男子無大功尊, 唯婦人於夫之祖父母及夫之伯叔父母是大功尊. 大功長者, 謂從父兄姉是也. 以上者, 伯叔父母、姑、兄姉之類. 小功尊屬者, 謂從祖父母、姑, 從祖伯叔父母、姑, 外祖父母, 舅、姨之類.

[율문8의 주2] 남편 및 대공 이상 존장과 소공 존속을 구타하거나(투 25.1, 투26.1) 고한 것(투45.1)을 말한다.[105]

---

104) 해당하는 조문은 없으나 죄를 무겁게 적용해야 할 경우 그보다 가벼운 죄의 형이 더 무겁다는 점을 들어 무겁게 적용해야 함을 밝히는 것이다(명50.2). 시마 이상의 존장을 살해하려고 모의했으나 상해하지 않은 경우 유2000리에 처하는데(253, 적6.2) 반해, 시마 이상 존속을 투구살한 경우는 참형에 처한다 (327, 투26.1).

105) 처가 남편을 구타하면 도1년에 처한다(326, 투25.1a). 대공장친, 즉 사촌형·누나를 구타한 경우 도1년반, 소공존속을 구타한 경우 도1년반에 처한다(327, 투 26.1). 처가 남편을 고하면 고한 내용이 사실이라도 도2년에 처하고, 고발한 것이 중죄인 경우 그 죄에서 1등을 감하고 중죄를 무고하였다면 무고한 죄에 3등을 더한다. 대공존장을 고한 경우 도1년반, 소공존속을 고한 경우 도1년에

[율문8의 주2의 소] 의하여 말한다: 『의례』(권30, 671쪽)에 의하면, "남편은 아내의 하늘이다."라고 하고, 또 "처는 (남편과) 대등하다."(『의례』권29, 642~643쪽)라고 하니, (남편은) 존장과 같지 않다고 할까 염려하여 따로 남편을 언급한 것이다. 대공존장의 경우 예제에 의하면 남자는 대공존친이 없으나,[106] 오직 부인에게는 남편의 조부모 및 남편의 백숙부모가 곧 대공존친이다. 대공장친이란 사촌형·누나를 말한다. (대공) 이상 (존장)이란 백숙부모·고모·형·누나 따위이며, 소공존속이란 종조부모·종조고모와, 종조백숙부모·종조백숙고와, 외조부모·외숙·이모 따위를 말한다.[107]

[律文9] 九曰, 不義. 謂殺本屬府主, 刺史, 縣令, 見受業師, 吏, 卒殺本部五品以上官長; 及聞夫喪匿不擧哀, 若作樂, 釋服從吉及改嫁.

[律文9의 疏] 議曰: 禮之所尊, 尊其義也. 此條元非血屬, 本止以義相從, 背義乖仁, 故曰不義.

[율문9] **아홉째, 불의이다.** 본인이 속한 부주와 (주)자사·현령 및 현

처한다(346, 투45.1~2).

106) 남자에게는 대공복을 입는 존친이 없다. 즉 남자는 고조를 위해 시마복, 증조를 위해 소공복, 조부모를 위해 자최복, 부모를 위해 참최복, 백·숙부를 위해 자최복을 각각 입으므로 대공복이 없는 것이다.

107) 불목죄에 대한 형은 다음과 같다. 모살죄는 도1년(조부모·부모의 자·손 모살)부터 참형(기친존장 모살)까지 차등이 있다(253, 적6; 329, 투28). 사람을 팔아넘긴 죄도 도1년반(조부모·부모가 자손을 팔아넘긴 경우)에서 교형(약매하여 노비로 한 경우)까지 차등이 있다(294, 적47; 292, 적45). 구타죄는 소공존친·대공장친을 구타한 경우 도1년반, 대공존친은 도2년, 기친장친은 도2년반, 기친존장·외조부모(소공)는 도3년(327~328, 투26~27)이고, 처가 남편을 구타한 경우는 도1년, 첩이 남편을 구타한 경우는 도1년반이다(326, 투25). 고언은 남편·기친존장·외조부모의 경우는 도2년, 대공존장은 도1년반, 소공존장은 도1년(346, 투45)이다. 이상 불목에 해당하는 행위 가운데 소공존속·대공장친 이상을 살해한 자는 사면령이 내려도 그대로 유2000리에 처한다(489, 단21.2).

재 학업을 받고 있는 스승을 살해한 것, 이·졸이 소속 관부 5품 이상의 관장을 살해한 것, 남편의 상을 듣고도 숨기고 거애하지 않은 것, 또는 (남편 상중에) 악을 감상한 것, (남편을 위한) 상복을 벗고 평복으로 갈아입은 것, (남편 상중에) 개가한 것을 말한다.

[율문9의 소] 의하여 말한다: 예에서 높이는 것은 그 (관계의) 도리를 존숭하는 것이다(『예기』권26, 946쪽). 이 조항은, 원래 혈속이 아니고 본래 단지 서로 의리로 따르는 (관계의) 사람이 그) 도리를 저버려 인에 어긋났으므로, 불의라고 한다.

[律文9의 注1] 謂殺本屬府主、刺史、縣令、見受業師,

[律文9의 注1의 疏] 議曰: 府主者, 依令職事官五品以上, 帶勳官三品以上, 得親事帳內, 於所事之主, 名爲府主. 國官邑官於其所屬之主, 亦與府主同. 其都督刺史, 皆據制書出日, 六品以下, 皆據畫訖始是. 見受業師, 謂伏膺儒業, 而非私學者. 若殺訖, 入不義, 謀而未殺, 自從雜犯.

[율문9의 주1] 본인이 속한 부주와 (주)자사·현령(적5.2b) 및 현재 학업을 받고 있는 스승을 살해한 것(투32.3),[108]

[율문9의 주1의 소] 의하여 말한다: 부주란 영(군방령, 습유382~384쪽)에 의하면 "직사관 5품 이상이 훈관 3품 이상을 겸대하면 (부의 속료로) 친사와 장내를 둔다."[109]고 하였으니, (친사와 장내가) 섬기

---

108) 본인이 속한 부주와 (주)자사·현령에 대한 살해를 모의했다면 유2000리, 상해했다면 교형, 살해했다면 참형에 처하며(252, 적5), 현재 학업을 받고 있는 스승을 살해한 경우도 참형에 처한다(333, 투32.3).

109) 親事는 6·7품의 자에서, 帳內는 8·9품의 자에서 선발한다. 그런데 이 소 외에 『당육전』(권5, 156쪽; 『역주당육전』상, 496~497쪽), 『통전』(권35, 965쪽), 『송형통』(권1, 13쪽, 十惡 본조항)에는 모두 직사관 3품이라고 되어 있다. 따라서 이 소에서 말하는 직사관 5품은 오기일 가능성이 있다. 하지만 당 초에는 직사관 5품이 친사·장내의 지급 기준이었다가 개원 시기 직사관 3품으로 기준이 강화되었을 가능성도 배제할 수 없으므로, 이를 확언할 수는 없다.

는 바의 (부의) 주관을 (정)명하여 부주라고 한다.[110) (친왕의) 봉국의 관리[國官]와 (공주의) 봉읍의 관리[邑官][111)가 소속된 바의 친왕·공주에 대해 (범한) 경우도 또한 부주와 같다. 단 도독·자사는 모두 제서가 나온 날에 의거하고, 6품 이하는 모두 재가를 받은 때에 의거하여 (이 조항이 적용)된다.[112) 현재 학업을 받고 있는 스승이란 유학을 배우되 사학이 아닌 경우를 말한다. 스승을[113) 살해하였다면 불의를 적용하지만, 모의하여 (살해하려 했으나) 살해하지 못했다면 당연히 일반범죄[雜犯]의 (법례에) 따른다.

[律文9의 注2] 吏, 卒殺本部五品以上官長;

[律文9의 注2의 疏] 議曰: 吏, 謂流外官以下. 卒, 謂庶士衛士之類. 此等色

---

110) 府란 원래 장군의 막부이다. 남북조시대에 자사는 대부분 장군호를 가지고 별도로 부를 열고 막료를 두었다. 그 흔적으로 당대에도 실제 정치적 의미는 적지만 일종의 대우로서 왕공·고관을 위해 부를 열고 속료를 배치하였는데 친사나 장내가 바로 그것이다.

111) 國公 이상의 작에 봉해진 자의 家를 국이라고 하고, 공주 등 작에 봉해진 여자의 家를 읍이라고 한다. 단 율에서 국관은 친왕 봉국의 관리이고, 읍관은 공주 봉읍의 관리이다.

112) 황제가 관직을 임명하는 데에는 制書와 奏抄의 두 방법이 있다. 5품 이상의 관은 제서로써 행하며 그 고신을 제수고신이라고 하고, 6품 이하 9품 이상의 관은 주초로써 행하며 그 고신을 주수고신이라고 한다(일본역『唐律疏議』1, 54~55쪽, 주4).

113) 당대의 학교는 중앙에 국자감 아래에 국자·태학·사문의 삼학이 있고 각각 박사·조교·학생의 정원이 있었다(『당육전』권21, 559~561쪽; 『역주당육전』하, 35~47쪽). 또 문하성 아래에 홍문관(『당육전』권8, 254~255쪽; 『역주당육전』중, 80~84쪽), 동궁 아래에 숭문관(『당육전』권26, 665쪽; 『역주당육전』하, 279~280쪽)이 있으며 각각의 학사 아래에 일정수의 학생을 수용한다. 지방에는 주에 경학박사·조교, 현에 박사·조교가 있고(『당육전』권30, 742~747·752~753쪽; 『역주당육전』하, 411·418·421·423·429~432·461·464~467쪽), 그 아래에 학생의 정원이 정해져 있다. 소에서는 이러한 공적 시설에서의 사제 관계만이 이 조항에 해당한다는 것을 말한 것이다.

人, 類例不少, 有殺本部五品以上官長, 竝入不義. 官長者, 依令, 諸司尙書,
同長官之例.

[율문9의 주2] 이·졸이 소속 관부 5품 이상의 관장을 살해한 것(적
5.2b),114)

　[율문9의 주2의 소] 의하여 말한다: 이는 유외관115) 이하를 말하고,
졸은 서사·위사116) 등을 말한다. 이 같은 직인들은 종류가 적지 않
은데, (이들이) 본부의 5품 이상 관장을 살해한 것은 모두 불의를
적용한다. 관장이라 한 경우, 영(옥관령, 습유774쪽)에 따라 상서성 6
부의 상서도 장관의 예와 같게 한다.

---

114) 이·졸이 소속 관청의 5품 이상 관장을 구타한 경우 도3년에 처하고, 상해한
　　때에는 유2000리에 처하며, 골절상을 입힌 때에는 교형에 처한다(312, 투
　　11.1a). 살해를 모의한 경우는 유2000리에 처하며, 살해를 모의하여 상해를 입
　　힌 때에는 교형에 처하고, 살해한 때에는 참형에 처한다(252, 적5).

115) 관품 9품 이상의 관을 유내관이라고 한다. 관품이 없는 하급 서리를 유외관이
　　라고 하는데 엄밀히 구분하면 유외관과 잡임으로 나뉜다. 유내관은 황제가 재
　　가하는 주수로 임명되지만, 유외·잡임은 장관의 判補에 의해 임명된다. 유외
　　관은 별도로 유외 9계의 품이 정해져 있고 고신이 발급되지만, 잡임에는 고신
　　이 없다. 유외·잡임은 영에 의해 정원이 있고 式에 따라 복무하지만, 율에 규
　　정된 관인의 특전 대상은 아니며 관인의 범주에 들어가지 못하였다. 유외관은
　　반드시 考選을 거쳐야 유내관으로 될 수 있었는데, 이것을 '入流'라 했다.

116) 전국 절충부의 병사로 수도에 상번하여 각 위에 소속된 자를 위사라고 한
　　다(『당육전』권5, 156쪽; 『역주당육전』상, 498쪽). 서사는 『서경』·『시경』·『주
　　례』 등에 많이 보이고 『주례』의 주에 "卿·大夫의 아들로 종군하는 자를 庶士
　　라 한다."고 하였으나 『당육전』에는 보이지 않는다. 『천성령』 잡령의 구령은
　　"習馭·掌閑·翼馭·執馭·馭士·駕士·幕士·稱長·門僕·主膳·供膳·典食·主酪·
　　獸醫·典鐘·典鼓·價人·大理問事를 총칭하여 서사라고 한다."고 명시하고
　　있다(『천성령역주』, 718쪽). 서사로 지칭된 이 하급 吏들의 공통된 특징은 분
　　명하지 않으며, 그 성격에도 약간의 이견이 있으나 색역 또는 직역으로 추측
　　된다.

[律文9의 注3] 及聞夫喪匿不擧哀, 若作樂, 釋服從吉及改嫁.

　[律文9의 注3의 疏] 議曰: 夫者, 妻之天也. 移父之服而服, 爲夫斬衰, 恩義旣崇, 聞喪卽須號慟. 而有匿哀不擧, 居喪作樂, 釋服從吉, 改嫁忘憂, 皆是背禮違義, 故俱爲十惡. 其改嫁爲妾者, 非.

[율문9의 주3] 남편의 상을 듣고도 숨기고 거애하지 않은 것, 또는 (남편 상중에) 악을 감상한 것, (남편을 위한) 상복을 벗고 평복으로 갈아입은 것(직30.1), (남편 상중에) 개가한 것(호30.1a)을 말한다.

　[율문9의 주3의 소] 의하여 말한다: 남편은 아내의 하늘이다. 부친에 대한 복을 옮겨서 복을 입으니[117] 남편을 위한 복은 참최이다. (남편은) 은의가 원래 높아 상을 들으면 곧 통곡할 수밖에 없는 것이다. 그런데도 슬픔을 숨기고 (상례를) 거행하지 않거나, 상중에 악을 감상하거나, 상복을 벗고 평복을 입거나, 개가하여 시름을 잊어버린다면, 모두가 예를 저버리고 의를 어긴 것이므로 다 같이 십악이 되는 것이다. 개가하여 첩이 된 경우는 그렇지 않다.[118]

[律文10] 十曰, 內亂. 謂姦小功以上親, 父祖妾及與和者.

　[律文10의 疏] 議曰: 『左傳』云: "女有家, 男有室, 相無瀆. 易此則亂." 若有禽獸其行, 朋淫於家, 紊亂禮經, 故曰內亂.

[율문10] 열째, 내란이다. 소공 이상 친속을 간한 것, 부·조부의 첩을

---

117) '移父之服'이라는 표현은 당률 외에 다른 사료에서 보이지 않는다. "부인은 세 가지 따라야 할 의가 있으며 자기 마음대로 할 수 있는 도는 없다. 그러므로 시집가기 전에는 아버지를 따르고, 시집을 간 후에는 지아비를 따르고, 지아비가 죽으면 아들을 따라야 한다."는 『의례주소』(권30, 671쪽)의 내용을 바탕으로 만든 어구라고 생각된다.

118) 남편의 상을 숨긴 죄는 유2000리에 해당하며, 상중에 악을 감상하거나 평복으로 갈아입거나 개가한 죄는 도3년에 해당한다(120, 직30.1 및 179, 호30.1a).

간한 것 및 (간한 자와) 더불어 화간한 것을 말한다.

[율문10의 소] 의하여 말한다: 『좌전』(권7, 243쪽)에 "여자에게는 남편이 있고 남자에게는 아내가 있으니 서로 더럽힘이 없어야 한다. 이 원칙을 바꾸면 어지럽게 된다."고 하였다. 만약 그 행동을 금수같이 하여 집 안에서 친속 사이[於家]에 서로 간음하는 것은 예의 대원칙을 문란케 하는 것이다. 그러므로 내란이라고 한다.

[律文10의 注1] 謂姦小功以上親,

[律文10의 注1의 疏] 議曰: 姦小功以上親者, 謂據禮, 男子爲婦人著小功服而姦者. 若婦人爲男夫雖有小功之服, 男子爲報服總麻者, 非. 謂外孫女於外祖父及外甥於舅之類.

[율문10의 주1] 소공 이상 친속을 간한 것(잡24),[119]

[율문10의 주1의 소] 의하여 말한다: 소공 이상 친속을 간하였다는 것은, 예에 의거해서 남자가 소공복을 입어야 할 부인을 간한 경우를 말한다. 만약 부인이 남자에 대하여 비록 소공복이 있으나 남자는 시마복으로 보복해야[120] 하는 경우는 (내란을) 적용하지 않는데, 외조부에 대한 외손녀 또는 외숙에 대한 생질녀의 경우 등을 말한다.

[律文10의 注2] 父祖妾及與和者.

[律文10의 注2의 疏] 議曰: 父祖妾者, 有子無子竝同, 媵亦是; 及與和者, 謂

---

119) 조부의 형제의 처, 조부의 자매, 부의 사촌형제의 처 및 부의 사촌자매 등의 소공친 여성과 자신의 사촌자매 등의 대공친 여성을 간한 경우 유2000리에 처하며, 강간한 경우 교형에 처한다(412, 잡24).

120) 報服은 본래 복을 강등하지 않고 동등한 복으로 보답한다는 의미인데, 은의가 있는 관계에서 그에 상당하는 보답으로 입는 것 역시 報라고 한다. 예컨대 부친이 죽고 계모가 개가할 때 자식이 그를 따라가 양육을 받았다면 그 은혜를 위해 복을 입는다(『의례주소』권30, 660~661쪽).

婦人共男子和姦者, 竝入內亂. 若被强姦, 後逐和可者, 亦是.

[율문10의 주2] 부·조부의 첩을 간한 것(잡25.1) 및 (간한 자와) 더불어 화간한 것을 말한다(잡27.1).[121]

[율문10의 주2의 소] 의하여 말한다: 부·조부의 첩은 자식이 있든 없든 모두 같다. 잉[122]도 역시 그렇다. (간한 자와) 더불어 화간한 것은, 부인이 남자와 화간한 경우를 말하는 것으로 모두 (십악의) 내란을 적용한다. 또한 강간당했다가 뒤에 마침내 화응하여 허락한 경우 역시 그렇다.

제7조 명례 7. 사죄를 의할 자격(八議)

[條目의 疏] 議曰:『周禮』云: "八辟麗邦法.", 今之八議, 周之八辟也.『禮』云: "刑不上大夫.", "犯法則在八議, 輕重不在刑書也." 其應議之人, 或分液天潢, 或宿侍旒扆, 或多才多藝, 或立事立功, 簡在帝心, 勳書王府. 若犯死罪, 議定奏裁, 皆須取決宸衷, 曹司不敢與奪. 此謂重親賢, 敦故舊, 尊賓貴, 尙功能也. 以此八議之人犯死罪, 皆先奏請, 議其所犯, 故曰八議.

[조목의 소] 의하여 말한다:『주례』(권35, 1073~1075쪽)에 "팔벽을 나라의 법에 붙인다."고 하였는데, 지금의 팔의는 주의 팔벽이다.『예기』

---

121) 부·조부의 첩을 간한 자는 교형에 처한다. 단 이는 첩에게 자식이 있는 경우이며, 자식이 없는 첩을 간하면 유3000리에 처한다. 부·조가 총애한 婢를 간한 경우 도3년에 처한다(413, 잡25).

122) 잉의 지위는 처의 아래, 첩의 위로, 당제에서는 5품관 이상의 경우 각각의 관계에 따라 일정 수의 잉을 둘 수 있도록 규정하고 있으며, 이들은 읍호는 없으나 관품이 수여된다(명12.1의 소).

(권3, 91~92쪽)에 "형은 대부에게는 미치지 않는다."고 하였는데, (그
주에 "대부가) 법을 범한 것에 대한 (규정은) 팔의에 있으므로 (그에
대한 형벌의) 경중이 형서에는 없는 것이다."라고 하였다. 이렇게
의할 수 있는 사람은 황제의 친속이거나[分液天潢], 황제를 오랫동안
가까이 모셨거나[宿侍旒扆], 다재다예하거나, 공업을 세워 황제의 마
음에 새겨지고 훈공이 왕실 맹부123)에 기록되어 있다. 만약 (이들
이) 사죄를 범하면 의하여 (처단방법을) 정해서 재가를 주청하여 모
두 반드시 황제의 결정[宸衷]에 따라야 하며, 사법 관사[曹司]가 감히
사형에 처하고 안하고를 결정할 수 없다. 이는 황제의 친속과 현인
을 중히 여기고, (황제의) 고구를 돈독히 하며, 국빈과 고귀한 자를
존중하고 공능을 숭상한다는 뜻이다. 이처럼 팔의에 해당하는 사람
이 사죄를 범하면 모두 먼저 주청하여 그 범한 바를 의하므로 팔의
라고 한다.124)

[律文1] 一曰, 議親. 謂皇帝袒免以上親及太皇太后, 皇太后緦麻以上親, 皇后小

---

123) 맹부는 왕실에 공을 세운 사람의 공적을 기록한 문서를 보관하는 관부이며,
공을 기록하여 맹부에 두는 것은 태사의 직임이라고 하였다(『춘추좌전정의』
권12, 393쪽; 권16, 496쪽).

124) 본조는 사죄를 범한 경우 의하여 집행여부를 정하는 특전을 향유하는 8종류의
자격요건에 대한 규정이다. 8항목의 명칭은 『주례』에 보이는 팔벽과 완전히
일치한다. 팔의 가운데 실제로 중요한 것은 의친과 의귀이다. 의친은 황제의
친속이고 의귀는 고위 관작자이다. 또한 의빈은 전대 왕조의 후예에게 작위를
수여한 것이다. 나머지는 자격요건의 충족 여부를 어떻게 인정하는지, 그리고
그것이 어떻게 처리되는지에 대해 전혀 알 수 없다. 아마 『주례』를 모방하여
기록하였을 뿐으로 실무상에서는 具文에 지나지 않았을 것으로 생각된다. 팔
의자는 다음 조문 이하에서 규정한 특전을 향유하며, 이들을 구타·상해한 자
는 형벌이 가중된다(316~317, 투15~16). 또 팔의자는 고문을 받지 않는 소송절
차상의 특권이 있다(474, 단6.1a). 일찍이 전한 시기에 황제의 친속이나 고위
관료가 범한 죄에 대해 특별 처분한 사례를 확인할 수 있다. 또한 위진 이후
에 팔의가 시행되었다(『당육전』권6, 187쪽; 『역주당육전』상, 584쪽).

功以上親.

([律文1의 注1] 謂皇帝袒免以上親)[125]

　[律文1의 注1의 疏] 議曰: 義取內睦九族, 外叶萬邦, 布雨露之恩, 篤親親之
　理, 故曰議親. 袒免者, 據禮有五, 高祖兄弟, 曾祖從父兄弟, 祖再從兄弟, 父
　三從兄弟, 身之四從兄弟是也.

[율문1] **첫째, 의친이다.** 황제의 단문 이상 친속 및 태황태후·황태후의
시마 이상 친속과 황후의 소공 이상 친속을 말한다.

([율문1의 주1] 황제의 단문 이상 친속)

　[율문1의 주1의 소] 의하여 말한다: 뜻은 안으로 구족을 화목하게 하
　고 밖으로 만방을 화합하게 하여 비와 이슬 같은 은혜를 펴고, 친
　속을 사랑하는 도리를 돈독히 한다는 데서 취하였으므로 의친이라
　고 한 것이다. 단문친[126]은 예에 따르면 다섯 가지가 있는데 고조
　부의 형제, 증조부의 종부형제, 조부의 재종형제, 부의 삼종형제,
　자신의 사종형제가 그것이다.

[律文1의 注2] 及太皇太后,皇太后緦麻以上親,

　[律文1의 注2의 疏] 議曰: 太皇太后者, 皇帝祖母也. 皇太后者, 皇帝母也.
　加太者, 太之言大也, 易稱太極, 蓋取尊大之義. 稱皇者, 因子以明母也. 其
　二后蔭及緦麻以上親, 緦麻之親有四: 曾祖兄弟、祖從父兄弟、父再從兄弟、身

---

125) 저본에는 이 주가 없다. 그러나 전체 문맥으로 볼 때 이 주가 있어야 옳다.
126) 袒免服은 고대의 가장 가벼운 상복으로 오복 이외의 복이다. 袒은 상의 왼쪽
　　소매를 벗어 어깨를 드러내는 것, 免은 관을 벗고 머리를 묶는 것이다.『의례』
　　에 따르면 붕우가 타국에서 죽었는데 복을 입을 친속이 없어 자신이 상주가
　　되어야 하는 경우, 袒免하고 상을 주관한다. 그러나 영구가 귀국하여 상주가
　　될 복친이 있게 되면 곧바로 그치고 단문하지 않는다. 한편 본래 붕우가 죽은
　　경우 그를 위해서 시마복의 經帶 차림을 하는 것이 예의인데, 이는 붕우가 친속
　　은 아니지만 도를 함께한 은의가 있기 때문이다(『의례주소』권34, 738~739쪽).

之三從兄弟是也.

[율문1의 주2] 및 태황태후·황태후의 시마 이상 친속과

　[율문1의 주2의 소] 의하여 말한다: 태황태후는 황제의 조모이다. 황태후는 황제의 모이다. 태를 덧붙인 것은, 태가 크다는 뜻이고, 『주역』(권7, 340쪽)에 "태극"이라 하였으니, 대체로 존대하다는 뜻을 취한 것이다. '황'이라 한 것은 (황제인) 아들로 어머니를 드러내려함이다. 이 두 태후의 음127)은 시마 이상 친속까지 미친다. 시마친에는 네 가지가 있는데, 증조의 형제, 조의 종부형제, 부의 재종형제, 자신의 삼종형제가 그것이다.

[律文1의 注3] 皇后小功以上親.

　[律文1의 注3의 疏] 議曰: 皇后蔭小功以上親者, 降姑之義. 小功之親有三: 祖之兄弟, 父之從父兄弟, 身之再從兄弟是也. 此數之外, 據禮內外諸親有服同者, 竝準此.

[율문1의 주3] 황후의 소공 이상 친속을 말한다.

　[율문1의 주3의 소] 의하여 말한다: 황후는 소공 이상 친속을 음한다는 것은 시어머니보다 낮춘다는 뜻이다. 소공친에는 세 가지가 있는데 조의 형제, 부의 종부형제, 자신의 재종형제가 그것이다. 이 친속 외에, 예에 의거해서 친가와 외가의 여러 친속 가운데 복이 같은 경우는 모두 이에 따른다.

---

127) 蔭이란 그늘로 덮는다[庇]는 의미이다. 당대 귀족이나 고위 관인은 각기 그 품급에 따라 일정 정도의 친속을 음할 수 있었다. 음의 특권은 크게 세 가지인데, 첫째는 蔭敍로 음을 통해 입사가 가능하였다. 둘째는 과역의 면제이다. 셋째는 형사상 감형 및 속형이 가능한 특권이다.

[律文2] 二曰, 議故. 謂故舊.

　[律文2의 疏] 議曰: 謂宿得侍見, 特蒙接遇歷久者.

[율문2] 둘째, 의고이다. 고구를 말한다.

　[율문2의 소] 의하여 말한다: 오랫동안 (황제를) 모셨거나, (황제의) 특별한 대우를 오랫동안 받은 사람을 말한다.

[律文3] 三曰, 議賢. 謂有大德行.

　[律文3의 疏] 議曰: 謂賢人君子, 言行可爲法則者.

[율문3] 셋째, 의현이다. 큰 덕행이 있는 사람을 말한다.

　[율문3의 소] 의하여 말한다: 현인·군자로 그 언행이 법칙으로 삼을 만한 사람을 말한다.

[律文4] 四曰, 議能. 謂有大才藝.

　[律文4의 疏] 議曰: 謂能整軍旅, 莅政事, 鹽梅帝道, 師範人倫者.

[율문4] 넷째, 의능이다. 큰 재예가 있는 사람을 말한다.

　[율문4의 소] 의하여 말한다: 군대의 지휘에 능하고 정사에 뛰어나, 황제의 통치를 보좌하고 모든 사람에게 사표가 되는 사람을 말한다.

[律文5] 五曰, 議功. 謂有大功勳.

　[律文5의 疏] 議曰: 謂能斬將搴旗, 摧鋒萬里, 或率衆歸化, 寧濟一時, 匡救艱難, 銘功太常者.

[율문5] 다섯째, 의공이다. 큰 공훈이 있는 사람을 말한다.

　[율문5의 소] 의하여 말한다: 적장을 베고 적기를 빼앗거나, 만리까지

원정하여 (적의) 예봉을 꺾거나, 무리를 이끌고 귀화하거나, 한 시기의 위급을 안정시키거나, 간난을 바로잡아 구함으로써 큰 기[太常]128)에 공이 기록된 사람을 말한다.

[律文6] 六曰, 議貴. 謂職事官三品以上, 散官二品以上及爵一品者.
　[律文6의 疏] 議曰: 依令, 有執掌者爲職事官, 無執掌者爲散官. 爵, 謂國公以上.

[율문6] **여섯째, 의귀이다.** 직사관 3품 이상, 산관 2품 이상과 작 1품인 사람을 말한다.
　[율문6의 소] 의하여 말한다: 영(공식령, 습유590쪽)에 의거하면, "관장하는 업무가 있는 관을 직사관이라 하고, 관장하는 업무가 없는 관을 산관이라 한다. 작은 국공 이상을 말한다."129)

[律文7] 七曰, 議勤. 謂有大勤勞.
　[律文7의 疏] 議曰: 謂大將吏恪居官次, 夙夜在公, 若遠使絶域, 經涉險難者.

---

128) 太常은 일월성신이 그려진 큰 깃발로, 공을 세운 자는 왕의 태상에 그 내용을 적어 현창한다고 하였다(『주례주소』권30, 926쪽 및 권27, 859~860쪽).

129) 직사관은 30계(1~3품은 정종, 4~9품은 정종상하로 구분), 산관은 29계(종1~3품은 정종, 4~9품은 정종상하로 구분)가 있다. 산관은 문산과 무산이 있다. 문산관 종1품은 개부의동삼사, 정2품은 특진, 종2품은 광록대부, 이하 종5품하까지는 ○○대부이고, 정6품상 이하는 ○○랑이다(『당육전』권2, 29~31쪽; 『역주당육전』상, 171~185쪽). 무산관 종1품은 표기대장군, 정2품은 보국대장군, 종2품은 진군대장군, 이하 정3품까지는 ○○대장군이고, 종3품 이하 종5품하 이상은 ○○장군이며, 정6품상 이하는 ○○교위/부위이다(『당육전』권5, 152~153쪽; 『역주당육전』상, 477~482쪽). 작은 정1품 王, 종1품 郡王, 정1품 國公, 정2품 郡公, 종2품 縣公, 종3품 縣侯, 정4품 縣伯, 정5품 縣子, 종5품 縣男이 있다(『당육전』권2, 37쪽; 『역주당육전』상, 219~220쪽).

[율문7] **일곱째, 의근이다.** (공무에) 노고가 큰 사람을 말한다.

　[율문7의 소] 의하여 말한다: 고위 문무관리[大將吏]로서 성심껏 직무에 임하여[130) 이른 새벽부터 늦은 밤까지 공무를 수행하거나, 또는 극히 먼 지역에 사자로 나가 위험과 간난을 겪은 사람을 말한다.

[律文8] 八曰, **議賓.** 謂承先代之後爲國賓者.

　[律文8의 疏] 議曰:『書』云: "虞賓在位, 群后德讓." 『詩』曰: "有客有客, 亦白其馬." 『禮』云: "天子存二代之後, 猶尊賢也." 昔武王克商, 封夏后氏之後於杞, 封殷氏之後於宋, 若今周後介公, 隋後酅公, 竝爲國賓者.

[율문8] **여덟째, 의빈이다.** 전왕조의 후손으로 국가의 빈객이 된 사람을 말한다.

　[율문8의 소] 의하여 말한다:『상서』(권5, 152쪽)에 "(요의 아들 단주를) 우(순)의 빈으로 (제사를 돕는) 자리에 서게 하니, 여러 제후들이 그 덕에 감복하여 겸양하였다."고 하였고, 『시경』(권19, 1574쪽)에 "손[客]이여 손이여, 역시 희구나, 그 말들이여!"[131)고 하였으며, 『예기』(권25, 913쪽)에 "천자는 (전대) 두 왕조의 후예를 존속시켜서 여전히 (그 선조의) 현능을 존중하였다."고 하였다. 옛날 무왕이 상을 멸하고 하후氏의 후예를 기에 봉하고, 은씨의 후예를 송에 봉한 것은(『사기』권4, 126~127·132쪽), 지금 북주의 후예를 개공으로 봉하고 수의 후예를 휴공으로 봉해서(『당회요』권24, 539쪽) 모두 국빈[132)으로 삼은 것과 같은 것이다.

---

130) 官次는 관리의 직위를 가리키며, 恪居는 근면하게 직무에 임하는 것을 뜻한다 (『주례주소』권3, 72;『모시정의』권18지3, 1434쪽).

131) 주공이 미자를 송의 제후로 봉해 은의 종사를 잇도록 하고, 은에서 숭상하던 백색을 사용할 수 있게 한 것을 말한다.

132) 국빈의 국은 현 왕조의 황제를 의미한다. 이미 망한 선대의 두 왕조의 후예는 신하로 하지 않고 빈객으로 대우한다는 의미이다.

당률소의 권 제2 명례율 모두 11조

역주 이준형

제8조 명례 8. 사죄를 의하는 절차와 특전(議章)

[律文1a] 諸八議者, 犯死罪, 皆條所坐及應議之狀, 先奏請議, 議定奏裁;
議者, 原情議罪, 稱定刑之律而不正決之.
　[律文1a의 疏] 議曰: 此名「議章」. 八議人犯死罪者, 皆條錄所犯應死之坐及
錄親·故·賢·能·功·勤·賓·貴等應議之狀, 先奏請議. 依令都堂集議, 議定奏裁.

[율문1a] 무릇 팔의에 해당하는 자가 사죄를 범하면 모두 적용할
바 및 의해야 할 정상을 조목별로 갖추어 먼저 상주하여 의할 것
을 청하고, (죄와 형에 대한) 의가 정해지면 재가를 주청한다. 의
는 원정의죄하여 형을 정할 율을 말하되 바로 (형을) 결정하지는 않는
것이다.
　[율문1a의 소] 의하여 말한다: 이는 의장이라 (정)명한다. 팔의에 해
당하는 자가 사죄를 범하면, 모두 범한 바가 응당 사형에 처해야 할
죄라는 것과 의친·의고·의현·의능·의공·의근·의빈·의귀 등 의해
야 할 정상을 조목별로 기록하여, 먼저 상주하여 의할 것을 청한다.
(황제가 이를 재가하면) 영(옥관령, 습유782쪽)에 의거하여 도당1)에
모여 (죄와 형에 대한) 의를 모으고, (그 결과) 의가 정해지면 재가
를 주청한다.2)

---

1) 都堂이란 상서성 청사를 가리킨다. 상서성의 정식명칭은 상서도성으로, 도당
　이 한가운데 위치하고, 당의 동쪽에 이·호·예부를 두고 좌사라 하고 서쪽에
　병·형·공부를 두고 우사라고 하였다(『통전』권22, 590쪽).
2) 集議하게 되면 諸司의 7품관 이상이 도당에 모여 의견을 모으는데, 衆議와 다
　른 견해[別議]가 있을 경우 이를 함께 정리하여 문서로 상주한다(『당육전』권6,
　191쪽; 『역주당육전』상, 608~611쪽). 집의의 구체적인 실례는 『당회요』권39,
　825~836쪽에서 확인할 수 있다. 집의를 시작하기 위해, 그리고 의가 효력을
　가지기 위해서는 황제의 재가가 필요하다. 즉 의장은 팔의에 해당하는 자들에

[律文1a의 注] 議者, 原情議罪, 稱定刑之律而不正決之.

[律文1a의 注의 疏] 議曰: 議者, 原情議罪者, 謂原其本情, 議其犯罪. 稱定
刑之律而不正決之者, 謂奏狀之內, 唯云準犯依律合死, 不敢正言絞,斬, 故
云「不正決之」.

[율문1a의 주] 의는 원정의죄하여 형을 정할 율을 말하되 바로 (형
을) 결정하지는 않는 것이다.

[율문1a의 주의 소] 의하여 말한다: "의는 원정의죄하여"라 함은, 그
본래의 정상[本情]을 따져서 그 범한 죄에 대해 의론한다는 것이
다.3) "형을 정할 율을 말하되 바로 (형을) 결정하지는 않는 것이
다."라는 것은, 상주하는 서장 안에 다만 "범한 바에 준해서 율에 의
거하면 사형에 해당합니다."라고 말할 뿐, 감히 곧바로 교형에 처해
야 한다거나 참형에 처해야 한다고 언급하지 않는 것을 말한다. 그
러므로 "바로 (형을) 결정하지는 않는 것이다."라고 한 것이다.

[律文1b] 流罪以下, 減一等.
[律文2] 其犯十惡者, 不用此律.

[律文1b의 疏] 議曰: 流罪以下, 犯狀旣輕, 所司減訖, 自依常斷.
[律文2의 疏] 其犯十惡者, 死罪不得上請, 流罪以下不得減罪, 故云「不用
此律」.

대해 황제가 부여하는 法外의 특전이다. 이는 律外의 처벌권을 행사하는 황
제 고유의 권능이다(일본역『唐律疏議』1, 71쪽, 주2; 劉俊文, 『唐律疏議箋解』,
117쪽).
3) 본래의 정상[本情]이란 범행의 동기와 정황 및 그 결과 모두를 말한다. 原情은
일의 실정을 규명하는 것이며, 여기서는 범행의 동기와 정황 등을 밝히는 것
을 의미한다. 이러한 의미로 이용된 사례가 사료에서 산견된다.

[율문1b] 유죄 이하는 1등을 감한다.

[율문2] 단 십악(명6)을 범한 때에는 이 율을 적용하지 않는다.

[율문1b의 소] 의하여 말한다: 유죄 이하로 범행의 정상이 원래 경미하면 담당 관사에서 (1등을) 감경한 후 자체적으로 상례에 의거하여 단(죄)한다.[4]

[율문2의 소] 단 십악을 범한 때에는 사죄는 (의할 것을) 상주하여 청할 수 없고, 유죄 이하하는 죄를 감할 수 없기 때문에 "이 율을 적용하지 않는다."고 한 것이다.

제9조 명례 9. 사죄의 형에 대한 재가를 청할 자격(請章)

[律文1a①] 諸皇太子妃大功以上親,

[律文1a①의 疏] 議曰: 此名「請章」. 皇后蔭小功以上親入議, 皇太子妃蔭大功以上親入請者, 尊卑降殺也.

[율문1a①] 무릇 황태자비의 대공 이상 친속,

[율문1a①의 소] 의하여 말한다: 이는 청장이라 (정)명한다. 황후는 소공 이상 친속을 음하여 의(장)을 적용하고, 황태자비는 대공 이상 친속을 음하여 청(장)을 적용하는 것은, 존비에 따라 (특전의 등급을) 낮춘 것이다.

[律文1a②] 應議者期以上親及孫,

---

4) 상례에 의거하여 단죄한다는 것은 아마도 속장(명11.1)의 규정에 의거하여 속하는 것을 의미한다고 생각된다.

[律文1a②의 疏] 議曰: 八議之人, 蔭及期以上親及孫, 入請. 期親者, 謂伯叔
父母、姑、兄弟、姊妹、妻、子及兄弟子之類. 又例云, 稱期親者, 曾、高同. 及孫者,
謂嫡孫衆孫皆是, 曾、玄亦同. 其子孫之婦, 服雖輕而義重, 亦同期親之例. 曾、
玄之婦者, 非.

[율문1a②] 의할 수 있는 자의 기친 이상 친속 및 손자,

[율문1a②의 소] 의하여 말한다: 팔의에 해당하는 자는 음이 기친 이
상 친속 및 손자까지 미쳐 청(장)을 적용한다. 기친은 백숙부모·고
모·형제·자매·처·자 및 형제의 자 따위를 말한다. 또 명례율(명52.1)
에 "기친이라고 칭한 것은 증조·고조도 같다."고 하였다. "및 손자"
라 함은 적손이나 중손5) 모두 그렇다는 것이며, 증손과 현손의 경우
도 역시 같음을 말한다. 단 자부나 손부는 복은 비록 가벼우나 정의
가 두터우므로 역시 기친의 예와 같게 한다.6) 증손부와 현손부는 그
렇지 않다.

[律文1a③] **若官爵五品以上, 犯死罪者, 上請;** 請, 謂條其所犯及應請之狀,
正其刑名, 別奏請.

[律文1a③의 疏] 議曰: 官爵五品以上者, 謂文武職事四品以下、散官三品以
下、勳官及爵二品以下, 五品以上. 此等之人, 犯死罪者, 竝爲上請.

[율문1a③] 또는 관·작 5품 이상인 자가 사죄를 범하면 (형에 대한

---

5) 적손은 적자의 정처가 낳은 손자이며, 적손 이외의 손자가 중손이다.

6) 적자부는 기복, 중자부는 대공복, 적손부는 소공복, 서손부는 시마복으로 대개
복이 가볍다(『통전』권134, 3340~3448쪽). 따라서 자부나 손부를 기친의 예와
같게 한다는 것은 율에 근거가 없는 소 독자적인 의견으로, 본 조항에 한한
해석이지 일반적인 원칙을 말한 것은 아니라고 이해해야 한다(일본역『唐律疏
議』1, 71쪽, 주1).

재가를) 상주하여 청한다. 청은 그 범한 바 및 청할 수 있는 정상을 조목별로 갖추고, 그 형명을 지정하여 별도로 주청하는 것을 말한다.

[율문1a③의 소] 의하여 말한다: 관·작 5품 이상인 자는 문무 직사관 4품 이하 (5품 이상), 산관 3품 이하 (5품 이상), 훈관 및 작 2품 이하 5품 이상을 말한다. 이들이 사죄를 범하면 모두 (형에 대한 재가를) 상주하여 청한다.

[律文1a③의 注] 請, 謂條其所犯及應請之狀, 正其刑名, 別奏請.

[律文1a③의 注의 疏] 議曰: 條其所犯者, 謂條錄請人所犯應死之坐. 應請之狀者, 謂皇太子妃大功以上親, 應議者期以上親及孫, 若官爵五品以上應請之狀. 正其刑名者, 謂錄請人所犯, 準律合絞,合斬. 別奏者, 不緣門下, 別錄奏請, 聽勅.

[율문1a③의 주] 청은 그 범한 바 및 청할 수 있는 정상을 조목별로 갖추고, 그 형명을 지정하여 별도로 주청하는 것을 말한다.

[율문1a③의 주의 소] 의하여 말한다: "범한 바를 조목별로 갖추다." 라는 것은, 청할 수 있는 자의 범한 바가 사형에 처해야 할 죄라는 점을 조목별로 기록하는 것을 말한다. "청할 수 있는 정상"이라 함은, 황태자비의 대공 이상 친속, 의할 수 있는 자의 기친 이상 친속 및 손자, 관·작 5품 이상인 자 등 청장을 적용할 수 있는 정상을 말한다. "그 형명을 지정한다."는 것은, 청할 수 있는 사람이 범한 바가 율에 준하여 교형 또는 참형에 해당한다고 기록하는 것을 말한다. "별도로 주청한다."는 것은 문하성을 거치지 않고 따로 기록해서 주청하고 황제의 칙을 기다린다는 것이다.[7]

---

7) 유죄 이상과 제명·면관·관당의 처벌은 황제의 재가를 필요로 하는데, 일반적으로는 奏抄에 의한다. 주초는 상서성 咎司에서 기안하여 문하성에서 심사한 후 황제의 재가를 청하는 서식(『당육전』권8, 241~242쪽; 『역주당육전』중,

[律文1b] 流罪以下, 減一等.

[律文2] 其犯十惡, 反逆緣坐, 殺人, 監守內姦、盜、略人、受財枉法者, 不用此律.

[律文1b의 疏] 議曰: 流罪以下, 減一等者, 減訖各依本法.

[律文2의 疏] 若犯十惡; 反逆緣坐; 及殺人者, 謂故殺、鬪殺、謀殺等殺訖, 不問首從; 其於監守內姦、盜、略人、受財枉法者: 此等請人, 死罪不合上請, 流罪已下不合減罪, 故云「不用此律」. 其盜不得財及姦、略人未得, 竝從減法.

[율문1b] 유죄 이하는 1등을 감한다.

[율문2] 단 십악(명6), 반역연좌(적1), 살인(적9, 투5), 감림·주수[監守]가 (관할구역) 안에서 간(잡28.1)·도(적36)·약인(적45, 46)·수재왕법(직48.1a)을 범한 경우는 이 율을 적용하지 않는다.

[율문1b의 소] 의하여 말한다: 유죄 이하로 1등을 감하는 경우, 감하고 (남은 형은) 각각 본(조의) 법에 의거한다.

[율문2의 소] 만약 십악, 반역연좌,8) 살인-고살·투살·모살9) 등은 살

21~23쪽)을 말한다. 여기서는 그와 같은 일상적 경로가 아닌 별도의 상주를 통해 처분을 황제의 판단에 맡기는 것이다(일본역『唐律疏議』1, 71쪽, 주2). 이처럼 문하성을 거치지 않는다는 점, 다시 말해 일반적인 문서 행정의 절차에 따르지 않는다는 점에서도 청장이 갖는 특권적 성격을 확인할 수 있다.

8) 반역연좌라는 것은 모반·대역에 연좌된 것을 말한다. 모반·대역을 범한 자의 부나 16세 이상의 자는 모두 교형에 처한다. 15세 이하의 자나 모·녀·처·첩, 자의 처·첩, 조·손·형제·자매 혹은 부곡·자재·전택은 모두 관에 몰수한다. 남자[男夫] 나이 80세 이상 및 독질, 여자[婦人] 나이 60세 이상 및 폐질인 경우에는 모두 연좌를 면제한다. 백숙부·형제의 자는 모두 유3000리에 처한다. 호적이 같은가 다른가를 구분하지 않는다(248, 적1.1). 이와 같이 한 사람의 행위에 따라 그 친속에게 죄를 지우는 것을 '緣坐'라 하며, 상사나 동직을 연대하여 처벌하는 '連坐'(명40)와는 구분된다.

9) 고살은 싸움으로 인하지 않고 까닭 없이 사람을 살해한 것이다. 단 싸움으로 인해서 살해했더라도 한 쪽만이 무기를 사용하였다면 고살이 된다(306, 투5.1b~c 및 소). 투살은 싸우다 상대방을 상해하여 사망에 이르게 한 것이며,

해하였으면 수범·종범을 구분하지 않는다.-, 또는 감림·주수가[10] (관할구역) 안에서 간·도·약인[11]·수재왕법[12]을 범한 경우는, 이들이 청(장을 적용할 수 있는) 사람이라도 사죄(를 범한 경우 재가)를 황제에게 청할 수 없고, 유죄 이하는 죄를 감할 수 없다. 그러므로 "이 율을 적용하지 않는다."고 한 것이다. 단 (관할구역 안에서) 절도하였으나 재물을 얻지 못한 경우 및 간·약인의 미수는 모두 감하는 법[13]에 따른다.[14]

모살은 사전에 예비·음모한 살인이다. 고살에는 미수나 공범의 개념이 포함되지 않으나 모살은 '모의'라는 점에서 공범이 존재할 수 있으며 예비 또는 미수만으로도 죄가 성립한다. 살인을 모의하여 살해한 때의 형량은 고살과 동일하다(256, 적9.3a; 253, 적6; 명18.1a의 소). 소에서는 '고살·투살·모살 등'이라고만 하였으므로 '以鬪殺傷論. 至死者減一等'이라고 규정된 오살(336, 투35)은 여기에 포함되고, '減鬪殺傷二等'이라고 규정된 희살(338, 투37)과 '減鬪殺傷一等'이라고 규정된 거마살인 등(392~4, 잡4~6)은 여기에 포함되지 않는다고 해석할 수 있다(명53; 일본역『唐律疏議』1, 71쪽, 주7).

10) 감수라 함은 감림·주수의 약칭이다. 감림이란 통섭·안험하는 것을 말하는데, 통섭이란 내외 모든 관서의 장관이 소속 부서를 통제하는 것이며, 안험이란 모든 관서의 판관이 특정 사안을 재량해서 판단하는 것을 말한다. 주·현·진·수·절충부 등의 판관 이상은 관할구역[所部] 내에서는 모두 감림관이 된다. 주수란 몸소 친히 보전하는 것으로, 보전이란 공문의 시행·담당·유지 보관의 책임을 말한다. 즉 주수는 문서의 담당관으로 그 사무를 전담하거나 창고·獄囚·雜物 등을 지키거나 담당하는 자를 말한다(명54).

11) 약인은 방책을 써서 사람을 약취하는 것이다. 이 점에서 대상과의 합의나 승인 하에 이루어지는 '和誘'와는 다르며, 화유한 경우 약인한 죄에서 1등을 감한다(292, 적45.2).

12) 수재왕법은 관리가 재물을 받고 법을 왜곡하여 판결한 것이다(138, 직48.1a 및 소).

13) 절도했으나 재물을 얻지 못했다면 태50에 처하고(282, 적35.1), 약취 미수의 경우 강도했으나 재물을 얻지 못한 것과 동일하게 간주하여 도2년에 처한다(292, 적45.1의 소)는 규정을 그대로 따른다는 의미이다. 간죄 미수는 율에 처벌 규정이 없다.

14) 이상의 규정에서 보면 의장과 청장은 각기 다음과 같은 공통점과 차이점을 가

제10조 명례 10. 죄를 감할 자격(減章)

[律文] 諸七品以上之官及官爵得請者之祖父母、父母、兄弟、姊妹、妻、子孫, 犯流罪已下, 各從減一等之例.

[律文의 疏] 議曰: 此名「減章」. 「七品以上」, 謂六品、七品文武職事、散官、衛官、勳官等身;「官爵得請者」, 謂五品以上官爵, 蔭及祖父母、父母、兄弟、姊妹、妻、子孫: 犯流罪以下, 各得減一等. 若上章請人得減, 此章亦得減; 請人不得減, 此章亦不得減. 故云「各從減一等之例」.

[율문] 무릇 7품 이상 관인 및 관품이나 작위로 청장을 적용받을 수 있는 자의 조부모·부모·형제·자매·처·자·손이 유죄 이하를 범하면 각각 1등을 감하는 예에 따른다.

[율문의 소] 의하여 말한다: 이는 감장이라 (정)명한다. "7품 이상"이란 6·7품의 문무직사관·산관·위관[15]·훈관 등을 가진 본인을 말한

진다고 할 수 있다. 양자는 그 구체적인 절차에서 약간의 차이를 보이기는 하지만 실질적으로는 모두 황제 개인의 판단에 따라 처벌이 결정된다는 점에서 공통점을 갖는다. 양자의 차이점은 다음 두 가지이다. 첫째, 특권의 적용 범위이다. 의장은 그 법률적 특권의 적용범위가 넓어, 십악 외의 사죄는 모두 의할 수 있다. 그러나 청장은 특권의 적용범위가 보다 좁아, 의장이 갖는 위의 제한 외에 고살·모살·투살과 감림·주수관의 중대 범죄시에 상청과 감죄가 불가능하다. 둘째, 음의 적용 범위이다. 의장은 음이 미치는 친속의 범위가 대단히 넓어 고조·증조·조부모·부모·백숙부모·고모·형제자매·처·형제의 자·자손·자손부·증손·현손에까지 미치는데 반해, 청장은 조부모·부모·형제자매·처·자·손만 음할 수 있다(일본역『唐律疏議』1, 80~82쪽; 劉俊文,『唐律疏議箋解』, 150~151쪽).

15) 위관은 『구당서』(권42, 1791~1803쪽)에 수록된 개원 시기의 직관표에 나타나 있다. 군부의 교위·여수·대정·대부 등 군 지휘관이 포함되고 또 중앙의 친·훈·익부 소속 병사 즉 삼위까지도 위관으로서 관품이 수여된다. 후자의 경우는 출사를 준비하는 단계의 성격도 있다. 위관의 관품은 모두 6품 이하이고,

다. "관품이나 작위로 청장을 적용받을 수 있는 자"란, 5품 이상 관 및 작(을 가진 사람을 말하며, 그들)의 음은 조부모·부모·형제·자매·처·자·손에 미친다. (이들이) 유죄 이하를 범하면 각각 1등을 감할 수 있다. 또한 위 규정(명9)의 청장을 적용받을 수 있는 자가 감할 수 있는 (죄는) 이 규정에 의해서도 감할 수 있고, 청장을 적용받을 수 있는 자가 감할 수 없는 (죄는) 이 규정에 의거해서도 감할 수 없다. 그러므로 "각각 1등을 감하는 예에 따른다."고 한 것이다.

제11조 명례 11. 죄를 속할 자격(贖章)

[律文1a] 諸應議、請、減及九品以上之官, 若官品得減者之祖父母、父母、妻、子孫, 犯流罪以下, 聽贖;

  [律文1a의 疏] 議曰: 此名「贖章」. 應議、請、減者, 謂議、請、減三章內人, 亦有無官而入議、請、減者, 故不云官也; 及九品已上官者, 謂身有八品、九品之官; 「若官品得減者」, 謂七品已上之官, 蔭及祖父母、父母、妻、子孫: 犯流罪以下, 竝聽贖.

[율문1a] 의·청·감할 수 있는 자 및 9품 이상의 관, 또는 관품으로 감할 수 있는 자의 조부모·부모·처·자·손이 유죄 이하를 범하면 속을 허용하며,

---

4등관의 반열에는 들지 않지만 소에 있는 것처럼 형법상의 특전에 대해서는 관으로 취급되어 넓은 의미의 무직사관 안에 포함된다고 할 수 있다(『통전』권 40, 1093~1102쪽).

[율문1a의 소] 의하여 말한다: 이는 속장이라 (정)명한다. "의·청·감할 수 있는 자"라고만 하였는데, 의장·청장·감장의 세 규정을 적용받을 수 있는 사람 중에는 관은 없지만 역시 의·청·감장을 적용받을 수 있는 자가 있기 때문에 관이라고 말하지 않은 것이다. "및 9품 이상의 관"이란 본인이 8·9품 관인 것을 말한다. "또는 관품으로 감할 수 있는 자"란 7품 이상 (6품 이하의) 관인을 말하며, (그들의) 음은 조부모·부모·처·자·손에 미친다. (이들이) 유죄 이하를 범하면 모두 속을 허용한다.

[律文1b] 若應以官當者，自從官當法.

[律文1b의 疏] 議曰: 議,請,減以下人, 身有官者, 自從官當,除,免, 不合留官取蔭收贖.

[율문1b] 만약 관당해야 할 자는 당연히 관당법에 따른다.

[율문1b의 소] 의하여 말한다: 의·청·감할 수 있는 사람과 그 이하 (속장을 적용받을 수 있는) 사람 자신이 관이 있는 경우에는 당연히 관당(명17)·제명(명18)·면관하는(명19) (법에) 따라야 하며, 관을 남겨두고 음으로 속해서는 안 된다.

[律文2a] 其加役流、

[律文2a의 疏] 議曰: 加役流者, 舊是死刑, 武德年中改爲斷趾. 國家惟刑是恤, 恩弘博愛, 以刑者不可復屬, 死者務欲生之, 情軫向隅, 恩覃祝網, 以貞觀六年奉制改爲加役流.

[율문2a] 단 (범한 죄가) 가역류，

[율문2a의 소] 의하여 말한다: 가역류16)(에 처하는 죄)는 구(법)에 사형(에 처하는 죄)를 무덕 연간(618~626)에 단지형(에 처하는 것)

으로 고쳤다.[17] 황제[國家]께서는 형(을 받은 자)를 오직 가엾게 여겨야 하는 것이라 생각하고 은혜를 널리 베풀고 사랑을 넓히고자 하시며, (육)형을 받은 자는 (잘린 것을) 다시 이을 수 없고 사형을 받는 자는 더욱 살고자 한다는 점을 고려하시고, 억울하게 형을 받는 자[向隅][18]를 동정하여 (탕왕이) 들에 한 면의 그물만을 치고 축원한 것처럼 은택을 베풀고자 하시므로,[19] 정관6년(632) 제를 받들어 가역류로 바꾼 것이다.

---

16) 加役流란 유3000리에 처하고 배소에서 3년간 노역케 하는 형벌로, 본래 죄가 무거우므로 유형이 1년의 노역을 부가하는 것에 비해 3년의 노역을 부가하는 것이다(명24.1의 소). 이는 이 소에서 언급한 바와 같이 수 개황률에서 사형이던 죄 가운데 비교적 가벼운 것을 무덕 연간에 발목을 자르는 형[斷趾]으로 고치고 이것을 다시 정관 연간에 가역류로 한 것이다. 이는 사형 감형을 목적으로, 사형에 준하는 중벌로서 새롭게 설치한 규정 외의 형벌로 5형 20등에 포함되지 않는다. 즉 사형에서 1등을 감하면 유3000리가 되어 가역류에 처하지 않고(명56.2b의 소), 가형되는 때에도 반드시 가역류라고 명기된 경우에 한하여 가역류에 처할 수 있다. 한편 가역류에서 1등을 감하면 도3년이 되어(명56.2b의 소) 속금으로 동100근이 되는 것은 일반 유죄와 같다(명30.1의 주의 소). 관당법을 적용할 때 일반 유죄는 도4년으로 환산하고(명17.2), 가역류는 관당법이 적용되지 않기 때문에 환산 규정이 설치되어 있지 않다. 그렇지만 관사가 사람의 죄를 더하고 던 죄(487, 단19)나 타인을 무고한 반좌(342, 투41), 자수가 부실하거나 부진한 때(명37.4) 등의 경우에 가역류와 도형·유형 간의 차이를 계산할 필요가 발생한다. 이 때 가역류와 도3년의 격차는 도3년이므로 결국 가역류는 도6년으로 간주된다(487, 단19.7의 문답; 일본역『唐律疏議』1, 77쪽, 주1).

17) 이는 무덕9년(626)의 일로, 태종 즉위 직후에 변경된 것이다(『신당서』권56, 1409쪽).

18) 한 명이라도 부당한 형벌을 받게 되면 천하가 슬퍼하게 됨을 비유한 것이다(『한서』권23, 1108~1109쪽).

19) 탕왕이 한쪽 면에만 그물을 치고 그에 걸리는 짐승만을 잡겠다고 한 고사로, 황제가 엄혹하게 법을 적용하지 않고 관용을 베풂을 비유한 것이다(『사기』권3, 95쪽).

[律文2b] 反逆緣坐流、

　[律文2b의 疏] 議曰: 謂緣坐反、逆得流罪者. 其婦人, 有官者比徒四年, 依官當之法, 亦除名; 無官者, 依留住法, 加杖、配役.

[율문2b] 모반·대역에 연좌된 유죄,

　[율문2b의 소] 의하여 말한다: 모반·대역에 연좌되어 유죄를 받은 경우(적1)를 말한다. 다만 부인은 관품이 있는 경우 (유형을) 도4년에 견주어 관당의 법에 의거하되, 역시 제명한다. 관품이 없는 자는 유주법에 의거하여 (유형 대신) 장을 치고 노역을 과한다.[20]

[律文2c] 子孫犯過失流、

　[律文2c의 疏] 議曰: 謂耳目所不及, 思慮所不到之類, 而殺祖父母、父母者.

[율문2c] 자손이 과실로 범한 유죄,

　[율문2c의 소] 의하여 말한다: 이목이 미치지 못하거나 생각이 미치지 못한 것(투38의 주) 따위로 조부모나 부모를 살해한 경우[21]를 말한다.

[律文2d] 不孝流、

　[律文2d의 疏] 議曰: 不孝流者, 謂聞父母喪, 匿不擧哀流; 告祖父母、父母者

---

20) 反을 모의했다면 비록 말의 이치가 군중을 선동할만하지 못하거나 위협과 폭력이 사람을 이끌어내지 못한 경우라도, 죄인은 참형에 처하고 그 부자·모녀·처첩은 모두 유3000리에 처한다(248, 적1.2). 留住란 죄인이 현재 거주하고 있는 곳에서 장형에 처하고 노역을 과하는 것을 말한다. 부인이 유죄를 범하면 유주하는데, 유2000리는 장60에 처하고 1등마다 20대를 더하며, 세 등급의 유형 모두 노역 3년을 과한다(명28.3).

21) 자·손이 조부모·부모에게 욕하면 교형에 처하고, 구타하면 참형에 처하지만, 과실로 살해했다면 유3000리에 처하고, 과실로 상해했다면 도3년에 처한다(329, 투28.1).

絞, 從者流; 呪詛祖父母、父母者流; 厭魅求愛媚者流.

[율문2d] 불효로 인한 유죄

[율문2d의 소] 의하여 말한다: 불효로 인한 유죄[22]라 함은, 부모상을 듣고도 숨기고 거애하지 않은 경우의 유죄(직30.1a),[23] 조부모·부모를 관에 고한 경우 교형에 해당하는데(투44.1) 그 종범이 된 경우의 유죄(명42.1),[24] 조부모·부모를 저주한 경우의 유죄, 염매로써 조부모·부모의 총애를 구한 경우의 유죄(적17.3)를 말한다.[25]

[律文2d의 問] 曰: 居喪嫁娶, 合徒三年; 或恐喝或强, 各合加至流罪. 得入不孝流以否?

[律文2d의 答] 曰: 恐喝及强, 元非不孝, 加至流坐, 非是正刑. 律貴原情, 據理不合.

[율문2d의 문] 묻습니다: 상중에 결혼한 것은 도3년에 해당하는데

---

22) 불효류는 십악의 불효에 포함되는 유죄이다. 십악의 불효에는 소에서 열거한 것 외에 조부모·부모에게 욕한 죄(329, 투28.1a), 조부모·부모 생존 시 호적을 따로 하고 재산을 달리 한 죄(155, 호6.1), 공양을 모자라게 한 죄(348, 투47), 부·모의 상중에 결혼하거나(179, 호30.1), 악을 감상하거나 상복을 벗고 평상복으로 갈아입은 죄(120, 직30.1b), 조부모·부모의 사망을 사칭한 죄(383, 사22.2a)가 있는데 이들은 교형(조부모·부모에게 욕한 죄) 또는 도형에 해당하기 때문에 여기서는 언급하지 않은 것이다.

23) 부모의 상을 듣고도 숨기고 거애하지 않은 자는 유2000리에 처한다(120, 직30.1a).

24) 조부모나 부모를 고한 죄는 교형에 해당하는데(345, 투44.1), 종범인 경우는 1등을 감하므로(명42.1) 유3000리에 처한다.

25) 이 소에서는 저주와 염매를 구분하여 열거하고 있으나, 본조에서는 하나로 묶어 규정하고 있다(264, 적17.3). 본래 조부모·부모를 살해하기 위한 저주는 조부모·부모 모살과 동일하게 예비음모만으로 참형에 해당하며, 이는 또한 불효가 아니라 악역에 해당하므로 이 소에서 말하는 저주는 염매와 동일하게 총애를 구하기 위한 목적에 한정된다(명6.7의 주 및 소).

(호30.1a), 혹 공갈·강박한 것으로 가중하면 각각 유죄에 해당하게 됩니다.[26] (이것은) 불효로 인한 유죄에 포함됩니까?

[율문2d의 답] 답한다: 공갈·강박하여 (상중 혼인)한 것은 본래의 (십악의) 불효는 아니고, 가중하여 유죄에 이른 것은 정형[27]이 아니다. 율은 원래의 정상을 귀중하게 여기니 (공갈·강박하여 상중 혼인한 경우의 유죄를 불효로 인한 유죄에 포함하는 것은) 이치에 비추어 합당하지 않다.

[律文2e] 及會赦猶流者,

[律文2e의 疏] 議曰: 案賊盜律云:「造畜蠱毒, 雖會赦, 竝同居家口及教令人亦流三千里.」 斷獄律云:「殺小功尊屬, 從父兄姊及謀反大逆者, 身雖會赦, 猶流二千里.」 此等竝是會赦猶流. 其造畜蠱毒, 婦人有官無官, 竝依下文配流如法. 有官者, 仍除名, 至配所免居作.

[율문2e] 및 은사령[赦]이 내려도 여전히 유형에 처해야 하는 죄이면,

[율문2e의 소] 의하여 말한다: 적도율(적15.3)을 살펴보면 "고독을 조합하거나 소지한 자는 비록 은사령이 내리더라도 동거가족 및 교령인과 함께 역시 유3000리에 처한다."고 하였다. 단옥률(단21.2)에는 "소공존속, 사촌형·누나를 살해하거나 모반·대역한 자 자신은 비록 은사령이 내리더라도 여전히 유2000리에 처한다."고 하였

---

26) 율을 위반한 혼인의 경우 비록 중매가 있더라도 공갈로 혼인한 경우 본죄에 1등을 더하고, 강제로 혼인한 경우 또 1등을 더하도록 규정하고 있는데(193, 호44.1), 위의 문답에서는 본죄인 상중에 혼인한 것이 도3년에 해당하므로 이를 더하면 각각 유2000리, 유2500리가 된다.

27) 일반적으로 율에서 正刑은 閏刑의 상대어이다. 즉 정형은 기준이 되는, 또는 기본이 되는 5형 20등을 가리키고, 윤형은 속이나 관당 또는 가장과 같이 형을 대체하는 처분을 가리킨다. 그러나 이 문답에서 정형은 본죄 즉 불효죄의 본형을 가리킨다(曹漫之, 『唐律疏議譯註』, 80쪽, 주2).

다. 이러한 것 등이 모두 은사령이 내리더라도 여전히 유형에 처한다는 것이다.[28] 단 고독을 조합하거나 소지한 부인은 관이 있든 없든 모두 아래 조문(명28.3의 주 및 소)에 의거하여 법대로 유형에 처하되, 관이 있는 자는 그대로 제명하고 유배지에 도착하면 노역을 면제한다.

[律文2f] 各不得減贖, 除名, 配流如法. 除名者, 免居作. 即本罪不應流配而特配者, 雖無官品, 亦免居作.

[律文2f의 疏] 議曰: 男夫犯此五流, 假有一品已下及取蔭者, 竝不得減贖, 除名, 配流如法. 三流俱役一年, 稱加役流者役三年. 家無兼丁者, 依下條加杖、免役, 故云「如法」.

[율문2f] 각각 감하거나 속할 수 없고, (관품이 있는 자는) 제명하되, 유형에 처하는 것은 법대로 한다. 제명된 자는 노역[居作]을 면제한다. 만약 본죄가 유형에 해당하지 않지만 특별히 유배된 자는 비록 관품이 없어도 역시 노역을 면제한다.

[율문2f의 소] 의하여 말한다: 남자[29]가 이 다섯 가지 유죄[30]를 범한 경우, 가령 1품 이하 (모든 관인) 및 음을 받을 수 있는 자라도 결코 감하거나 속할 수 없고, (관품이 있는 자는) 제명하되, 유형에 처하는 것은 법대로 한다. 세 가지의 유형은 모두 역1년을 부과

---

28) 會赦猶流는 은사령이 내려도 사면 대상에 포함되지 않는 것으로 규정된 유죄를 말한다. 구체적으로는 소에 열거된 두 조항(262, 적15.3; 489, 단21.2)뿐이다.

29) 소에서 특별히 남자[男夫]를 지칭한 까닭은 노역을 부과하기 때문이다. 다시 말하면 三疾(잔질, 폐질, 독질)이 아닌 21~59세의 양인 남자는 유배지에서 역을 부담해야 한다. 또한 부인은 五流에 해당하더라도 유주하기 때문에(명28.3) 남자만을 대상으로 말한 것이다.

30) 가역류·반역연좌류·자손범과실류·불효류·회사유류를 총칭하여 五流라 한다. 三流는 유2000리·유2500리·유3000리의 세 가지 일반적인 유형을 말한다.

하고, 가역류라고 칭한 경우 역3년을 부과하지만, 집안에 겸정이 없는 경우에는 아래 조항(명27.1 및 주와 소)에 의거하여 장(형)으로 대체하고 역은 면제하기31) 때문에 "법대로 한다."고 한 것이다.

[律文2f의 注] 除名者, 免居作. 卽本罪不應流配而特配者, 雖無官品, 亦免居作.

　[律文2f의 注의 疏] 議曰: 犯五流之人, 有官爵者, 除名, 流配, 免居作. 「卽本罪不應流配而特流配者, 雖無官品, 亦免居作」, 謂有人本犯徒以下, 及有蔭之人本法不合流配, 而責情特流配者, 雖是無官之人, 亦免居作.

[율문2f의 주] 제명된 자는 노역[居作]을 면제한다. 만약 본죄가 유형에 해당하지 않지만 특별히 유배된 자는 비록 관품이 없어도 역시 노역을 면제한다.

　[율문2f의 주의 소] 의하여 말한다: 위의 다섯 가지 유죄를 범한 사람이 관·작을 가진 경우 제명하여 유배하고 노역을 면제한다. "만약 본죄가 유형에 해당하지 않지만 특별히 유배된 자는 비록 관품이 없어도 역시 노역을 면제한다."는 것은, 어떤 사람이 본래 범한 바가 도죄 이하이거나 음이 있는 사람이어서 본래 형[法]이 유배에 해당하지 않는데 정상을 책하여 특별히 유배한 경우, 비록 관이 없는 사람이라도 노역을 면제함을 말한다.

[律文3] 其於期以上尊長及外祖父母、夫、夫之祖父母, 犯過失殺傷, 應徒; 若故毆人至廢疾, 應流; 男夫犯盜謂徒以上. 及婦人犯姦者: 亦不得減贖. 有官爵者, 各從除、免、當、贖法.

　[律文3의 疏] 議曰: 過失殺祖父母、父母, 已入五流; 若傷, 卽合徒罪. 故云

---

31) 겸정은 본인 외의 역을 부담할 수 있는 21~59세의 남자를 말한다. 단 처의 나이가 21세 이상이면 겸정의 범위 내에 포함된다(명27.1a의 주와 소).

「期以上」, 其於期親尊長及外祖父母、夫、夫之祖父母, 犯過失殺及傷, 應合徒者; 「故毆人至廢疾應流」, 謂恃蔭合贖, 故毆人至廢疾, 準犯應流者; 「男夫犯盜徒以上」, 謂計盜罪至徒以上, 強盜不得財亦同; 及婦人犯姦者: 竝亦不得減贖. 言「亦」者, 亦如五流不得減贖之義.

[율문3] (또한) 만약 기친 이상 존장 및 외조부모·남편·남편의 조부모를 과실로 살상하여 도형에 처해야 하거나, 또한 고의로 사람을 구타하여 폐질에 이르게 하여 유형에 처해야 하거나, 남자가 절도를 범하거나, 도죄 이상을 말한다. 부인이 간을 범한 때에도 역시 감하거나 속할 수 없다. 관·작이 있는 자는 각각 제명·면관·관당·속하는 법에 따른다.

[율문3의 소] 의하여 말한다: 조부모·부모를 과실로 살해한 것은 (속이 허용되지 않는) 다섯 가지 유죄에 포함되지만, 만약 (조부모·부모를 과실로) 상해했다면 (역시 속할 수 없는) 도형에 해당하기 때문에 '기친 이상'이라고 말한 것이다.32) 만약 기친존장 및 외조부모·남편·남편의 조부모를 과실로 살해하거나 상해하여 도죄에 해당하거나(투25.1c·27.3·29.1b), 고의로 사람을 구타하여 폐질에 이르게 하여 유죄에 해당하거나 -음으로 속할 수 있음을 믿고 고의로 사람을 구타하여 폐질에 이르게 하여 범한 행위에 준하여 유죄에 해당하는 경우33)를 말한다.-, 남자가 도죄 이상의 절도를 범한 경우- 절도한 장물을 계산하여[計盜]34) 죄가 도죄 이상인 경우

---

32) 조부모·부모를 과실로 살해한 것은 속이 허용되지 않는 五流에 포함되는데, 조부모·부모를 과실로 상해한 것에 대해서는 본조에 규정이 없기 때문에 이 조문에서 '기친 이상'이라고 명기하여 속이 허용되지 않는 도형에 해당한다는 뜻을 밝힌 것이다.

33) 일반인끼리 싸우다가 구타하여 상대를 폐질에 이르게 한 죄는 도3년에 해당하나 고의로 구타한 경우 1등을 더하므로 유2000리가 된다(305·306, 투4.1a·5.2).

(적35.2)를 말하며, 강도하였으나 재물을 얻지 못한 것(적34.1a)도 같다.-, 부인35)이 간음을 범한 경우는(잡22~27) 역시 모두 감하거나 속할 수 없다. '역시'라고 한 것은 역시 위의 다섯 가지 유죄의 경우와 같이 감하거나 속할 수 없다는 뜻이다.

[律文3의 注] 有官爵者, 各從除、免、當、贖法.

[律文3의 注의 疏] 議曰: 謂故毆小功尊屬至廢疾, 及男夫於監守內犯十惡及盜, 婦人姦入「內亂」者, 並合除名. 若男夫犯盜斷徒以上, 及婦人犯姦者, 並合免官. 其於期親以上尊長犯過失殺傷應徒, 及故毆凡人至廢疾應流, 並合官當. 犯除名者, 爵亦除; 本犯免官、免所居官及官當者, 留爵收贖. 縱有官爵合減, 亦不得減. 故云「各從除、免、當、贖法」.

[율문3의 주] 관·작이 있는 자는 각각 제명·면관·관당·속하는 법에 따른다.

[율문3의 주의 소] 의하여 말한다: (예를 들면 관·작이 있는 자가) 고의로 소공존속을 구타하여 폐질에 이르게 하거나,36) (관·작이 있는) 남자가 관할구역 안에서 십악 및 절도를 범하거나, (관·작이 있는) 부인이 간하여 (십악의) 내란에 해당하는 경우 모두 제명해야 한다. (관·작이 있는) 남자가 절도를 범하여 도형 이상으로 단죄되거나 (관·작이 있는) 부인이 간을 범하면 모두 면관해야 한다. 그들이 기친 이상의 존장을 과실 살상하여 도죄에 해당

---

34) 율문의 '計盜'라는 표현은 율에서 사용된 예를 찾기 어렵다. 도죄는 본래 장을 계산하여 죄의 등급이 정해지기 때문에(282, 적35) 통상적으로 '계장'이라 표현하기 때문이다. 따라서 도는 장의 오기일 가능성이 있다.

35) 원문의 婦人은, 남성을 男夫라고 하는 것에 대하여 여성 일반을 지칭하는 말로 혼인 여부를 가리지 않는다.

36) 십악 중에 불목에 해당한다(명6.8의 주).

하거나, 고의로 사람을 구타하여 폐질에 이르게 하여 유죄에 해당하는 것이면 모두 마땅히 관당해야 한다. (죄를) 범하여 제명하는 경우 작 또한 삭제하며, 본래 면관이나 면소거관 및 관당에 (해당하는 죄를) 범한 경우 작은 남겨두고 속동을 징수한다. 설령 관·작이 있어 (죄를) 감해야 하더라도 감할 수 없다. 그러므로 "각각 제명·면관·관당·속하는 법에 따른다."고 한 것이다.

[律文3의 問] 曰: 五流不得減、贖. 若會降, 合減贖以否?
[律文3의 答] 曰: 五流, 除名、配流, 會降至徒以下, 有蔭、應贖之色, 更無配役之文, 即有聽贖者, 有不聽贖者. 止如加役流、反逆緣坐流、不孝流, 此三流會降, 竝聽收贖. 其子孫犯過失流, 雖會降, 亦不得贖. 何者? 文云, 於期以上尊長犯過失殺傷應徒, 不得減贖. 此雖會降, 猶是過失應徒, 故不合贖. 其有官者, 自準除、免、當、贖之例. 本法旣不合例減, 降後亦不得減科. 其會赦猶流者, 會降灼然不免.

[율문3의 문] 묻습니다: (위의) 다섯 가지 유죄는 감하거나 속할 수 없습니다. 만약 은강령37)이 내려도 감하거나 속할 수 없습니까?
[율문3의 답] 답한다: 다섯 가지 유죄는 제명하고 유배하는데, 은강령이 내려 도죄 이하로 감형되는 경우 음이 있거나 속할 수 있는 부류에 대하여 다시 복역시킨다는 조문은 없으니, 속을 허용하는 경우도 있고 허용하지 않는 경우도 있다. 다만 가역류·반역연좌

---

37) 은강령[降]이란 慶賀·상서·역병·재이 등이 있을 때 제왕의 은혜로 형벌을 감하는 것이다. 赦와 降은 모두 일반적으로 포고되는 은사이며 그 중 사는 완전한 사면을, 강은 감형하는 것을 말한다. 대사라고 해도 의미·내용은 사와 동일하다. 다만 『당률소의』에서 보이지는 않지만 특정지역에 포고된 사를 '曲赦'라고 하며, 이와 반대로 전국에 포고되는 사를 '大赦'라고 하는 경우가 있다. 한편 특정 개인에 대한 사면은 '勅放'·'特放' 등으로 표현하며 감형은 '慮'라고 한다(명18.3b의 문답1).

류·불효류 등 이 세 가지 유죄는 은강령이 내리면 모두 속동을 징수하는 것을 허용한다. 그러나 자손이 과실로 (부모·조부모를 사망하게 한 경우의) 유죄를 범한 것은 비록 은강령이 내리더라도 속할 수 없다. 왜 그러한가? 율문에서 기친 이상 존장을 과실로 살상하여 도죄에 해당하면 감하거나 속할 수 없다고 규정하고 있는데, 이는 비록 은강령이 내리더라도 과실로 인한 (부모·조부모 살상은) 그대로 도형에 처한다는 뜻이므로 속할 수 없는 것이다. 단 관을 가진 자는 당연히 제명·면관·관당·속하는 예에 준한다.38) (이처럼) 본법이 원래 예감39)에 해당하지 않는 경우는 은강령이 내린 후에도 역시 감해서 처단할 수 없다. 만약 (범한 죄가) 은사령이 내려도 여전히 유형에 처해야 하는 것이면 은강령이 내리더라도 속할 수 없음은 자명하다.

제12조 명례 12. 관품·읍호가 있는 부인에 대한 특전(婦人有官品邑號)

[律文1] 諸婦人有官品及邑號犯罪者, 各依其品, 從議、請、減、贖、當、免之律, 不得蔭親屬.

---

38) 자세한 것은 명18.3b의 문답2에 있다. 문답은 관품이 있는 자가 五流를 범하여 제명 처분을 받아야 하는데 은사령·은강령이 내린 경우, 각각 어떤 처분을 받는지를 설명하고 있다.

39) 본법이 예감에 해당하지 않는 경우란, 의장·청장·감장의 자격이 있더라도 유죄 이하의 1등을 감하는 특전을 받을 수 없는 경우를 말하며, 의장은 십악을 범한 경우, 청장은 십악·반역연좌·살인·관할구역 안에서·도·약인·수재왕법을 범한 경우, 감장은 그에 더해 五流 및 존장 과실살상, 구타하여 폐질에 이른 경우, 남자가 도죄를 범한 경우 및 부인이 간음을 범한 경우가 이에 해당한다.

[律文1의 疏] 議曰: 婦人有官品者, 依令, 妃及夫人, 郡、縣、鄉君等是也. 邑號者, 國、郡、縣、鄉等名號是也. 婦人六品以下無邑號, 直有官品, 卽媵是也. 依『禮』:「凡婦人, 從其夫之爵位.」注云:「生禮死事, 以夫爲尊卑.」故犯罪應議、請、減、贖者, 各依其夫品, 從議、請、減、贖之法. 若犯除、免、官當者, 亦準男夫之例. 故云「各從議、請、減、贖、當、免之律」. 婦人品命旣因夫、子而授, 故不得蔭親屬.

[율문1] 무릇 관품 및 읍호가 있는 부인이 죄를 범하면, 각각 그 품에 의거하여 의·청·감·속·관당·면관의 율에 따르되, 친속을 음하지는 못한다.

[율문1의 소] 의하여 말한다: "관품이 있는 부인"이라 함은, 영에 의거하면 비와 부인·군군·현군·향군 등이 그것이다. "읍호"는 국부인·군부인·군군·현군·향군 등의 명호가 그것이다.[40] 부인이 6품 이하로 읍호는 없고 관품만 있는 경우가 있는데 잉[41]이 그것이다.

---

40) 고관의 母나 妻에게 특정 지명을 취하여 '某某國夫人'·'某某縣太君' 등의 칭호를 수여하는데 이것을 읍호라 한다. 이 읍호는 관과 같은 형상의 특전을 받으며 그 품은 남편이나 아들의 관품에 따른다. 왕의 모와 처를 비라 하고 1품관과 국공의 모·처를 國夫人이라 한다. 3품관 이상의 모·처를 郡夫人이라 하고 4품관 또는 훈관 2품의 모·처는 郡君이라 한다. 5품관이나 훈관 3품의 모·처는 縣君이라 한다. 산관은 모두 직사관과 같다. 훈관 4품으로 봉작이 있는 자의 모·처는 鄉君이라 한다. 그 모의 읍호는 모두 '태'자를 더한다. 각각 그 남편이나 아들의 관품과 같다. 만약 남편과 아들이 모두 관·작을 가지고 있을 경우 높은 쪽을 따른다(『당육전』권2, 39쪽;『역주당육전』상, 231~233쪽;『당령습유』, 316~318쪽).

41) 5품관 이상은 관계에 따라 다음과 같이 정해진 수의 잉을 둘 수 있다. 친왕의 孺人은 2인으로 정5품에 비하고, 잉은 10인으로 정6품에 비한다. 사왕·군왕 및 1품관의 잉은 10인으로 종6품에 비하고, 2품관의 잉은 8인으로 정7품에 비하며, 3품관 및 국공의 잉은 6인으로 종7품에 비하고, 4품관의 잉은 4인으로 정8품에 비하며, 5품관의 잉은 3인으로 종8품에 비한다. 이 아래로는 모두 첩이 된다(『당육전』권2, 39~40쪽;『역주당육전』상, 235쪽).

『예기』(권41, 1378쪽)에 의거하면 "부인은 그 남편의 작위에 따른
다."고 하였고, 그 주에 "살아있을 때의 예와 죽은 뒤의 일은 남편
의 존비에 따른다."고 하였다. 그러므로 범한 죄를 의·청·감·속해
야 할 경우 각각 그 남편의 관품에 의거하여 의·청·감·속하는 법
에 따른다. 또한 제명·면관·관당해야 할 경우에도 남자의 법례에
준한다.42) 그러므로 "각각 의·청·감·속·관당·면관의 율에 따른
다."고 한 것이다. 부인의 관품과 읍호[命]는 남편과 아들로 인하여
수여되는 것이므로 친속을 음하지는 못한다.

[律文2] 若不因夫、子, 別加邑號者, 同封爵之例.

[律文2의 疏] 議曰: 別加邑號者, 犯罪一與男子封爵同: 除名者, 爵亦除; 免
官以下, 並從議、請、減、贖之例, 留官收贖.

[율문2] 만약 남편이나 아들에 의한 것이 아니고 특별히 읍호가 더해진
경우는 봉작의 예와 같다.

[율문2의 소] 의하여 말한다: 특별히 읍호가 더해진 자43)가 죄를 범
하면 남자의 봉작과 같게 하며, 제명할 경우 작위도 역시 제명한
다. 면관 이하는 모두 의·청·감·속하는 예에 따라 관품은 남겨두

---

42) 부인의 관품과 읍호는 남편이나 아들에 의해 얻어지는 것이므로, 관품·읍호에
   의한 효력은 남편이나 아들의 지위에 의해 받을 수 있는 음의 효력과 경합이
   발생할 수 있다. 이 경우 남성의 일반원칙(명11.1)과 같이 먼저 관품·읍호를
   제명·면관·관당하는 예에 따른다는 것이다. 이처럼 부인이 관품·읍호를 얻었
   다가 제명되는 경우, 제명 기한이 만료되면 남편이나 아들의 관작이 있는 경
   우 재서품 받을 수 있다(명21.1의 주, 소 및 문답).

43) 부인이 남편 및 아들의 관품에 따르지 않고 별도로 읍호를 받았을 경우, 그
   호칭은 각각 某品夫人·某品郡君·某品縣君·某品鄕君이 되어 모두 관품이 지
   정된다(『당육전』권2, 39쪽; 『역주당육전』상, 231~233쪽). 『구당서』권193, 열녀
   전에 魏衡의 처 王氏, 鄒保英의 처 奚氏 등 부인이 자신의 충절로 읍호를 받
   은 실례가 보인다.

고 속동을 징수한다.[44]

제13조 명례 13. 5품 이상 관인의 첩에 대한 특전(五品以上妾)

[律文] 諸五品以上妾, 犯非十惡者, 流罪以下, 聽以贖論.

  [律文의 疏] 議曰: 五品以上之官, 是爲「通貴」. 妾之犯罪, 不可配決. 若犯非十惡, 流罪以下, 聽用贖論; 其贖條內不合贖者, 亦不在贖限. 若妾自有子孫及取餘親蔭者, 假犯十惡, 聽依贖例.

[율문] 5품 이상 (관인의) 첩은 범한 죄가 십악이 아닌 경우 유죄 이하면 속으로 논하는 것을 허용한다.

  [율문의 소] 의하여 말한다: 5품 이상의 관은 "통귀"라고 한다. (통귀의) 첩이 죄를 범한 경우 실형에 처할(決配) 수 없다. (그러므로) 만약 십악이 아닌 유죄 이하를 범했다면 속으로 논하는 것을 허용한다. 단 속장의 조항에서 속할 수 없는 경우[45]는 역시 속의 범위에 포함되지 않는다. (또한) 만약 첩 자신에게 자·손이 있어 (음을 받을 수 있거나) 다른 친속의 음을 받을 수 있는 경우에는 가령 십악(에 해당하는 유죄 이하를) 범하더라도[46] 속하는 예에 의거하는

---

44) 스스로 읍호를 받은 경우는 남자의 봉작과 같게 취급하므로, 죄가 제명에 해당하는 경우 읍호 또한 삭제하며, 면관·관당에 해당하는 죄를 범한 경우 작은 남겨두고 속동을 징수한다는 원칙(명11.3의 주 및 소)에 따르는 것이다.

45) 五流에 해당하는 죄를 범했거나, 기친 이상의 존장 및 외조부모·남편·남편의 조부모를 과실 살상하여 도형에 해당하거나, 고의로 사람을 구타하여 폐질에 이르게 하여 유형에 해당하거나, 간음한 경우이다(명11.2).

46) 岱南閣本과 滂喜齋本에는 원문이 "假非十惡"이라 되어 있으나, 官版本을 비롯한 여러 판본에는 "假犯十惡"으로 되어 있다. 어느 쪽 원문이 당률 본래의

것을 허용한다.

제14조 명례 14. 특전의 경합(兼有議請減)

[律文1] 諸一人兼有議、請、減, 各應得減者, 唯得以一高者減之, 不得累減.

[律文1의 疏] 議曰: 假有一人, 身是皇后小功親, 合議減; 又父有三品之官, 合請減; 又身有七品官, 合例減. 此雖三處俱合減罪, 唯得以一議親高者減之, 不得累減.

[율문1] 무릇 한 사람이 의·청·감할 수 있는 (자격을) 겸하여 가지고 있어 각각 (죄를) 감할 수 있는 경우, 오직 한 가지 가장

율문인가에 따라 이 조항의 의미는 완전히 달라지므로, 이에 대한 선택과 해석은 연구자에 따라 조금씩 다르다. 예컨대 戴炎輝와 滋賀秀三의 경우 관관본에 따라 "가범십악"으로 보고 있으며(戴炎輝, 『唐律通論』, 222쪽; 일본역『唐律疏議』1, 85쪽) 曹漫之는 "가비십악"을 채택(曹漫之, 『唐律疏議譯註』, 87쪽)하였으나 모두 명확한 이유를 설명하고 있지는 않다. 한편 劉俊文과 錢大群은 첩이 친생 자손이나 다른 친속의 음을 받아 속하게 되면 이는 5품관의 첩이 아니라 의·청·감할 수 있는 자의 친속이라는 법률적 신분으로서 가능한 것이므로, 일반적인 속장의 규정에 따라 오류 등 속할 수 없도록 규정된 범죄가 아니라면 설령 십악에 해당하는 유죄이더라도 속할 수 있는 것으로 보았으며(劉俊文, 『唐律疏議箋解』, 158쪽; 錢大群, 『唐律疏議新注』, 62쪽), 岳純之역시 이러한 이유에서 "가범십악"으로 교감하였다(岳純之, 『唐律疏議』, 26쪽). 그 입법 취지를 고려해 보면, 첩은 본래 음의 대상이 되지 않으나 5품 이상관인의 첩에 한해 속의 특권을 허용하려는 의도에서 본 조항이 율에 두어졌을 것으로 짐작된다. 다만 소에서 설명한 바와 같이 첩이 남편 외에 친생 자손혹은 다른 친속의 음을 받아 속할 수 있다면 이를 허용하였으며, 이 경우에는 劉俊文 등의 의견과 같이 속장에서 규정한 대로 오류 및 존장 과실살상, 간음 등을 제외하면 십악에 해당하는 유죄 이하의 범죄라도 속을 허용한다고 보는 것이 타당할 것이다.

유리한[高] 것만으로 감하고 거듭 감할 수 없다.

[율문1의 소] 의하여 말한다: 가령 한 사람이 있는데, 자신이 황후의 소공친으로 의장에 따라 감할 수 있고, 또 아버지에게 (직사) 3품관이 있어 청장에 따라 감할 수 있으며, 또 자신에게 7품관이 있어 감장에 따라 감할 수 있는 경우, 이 사람은 비록 세 가지 자격으로 모두 죄를 감할 수 있지만 오직 한 가지 가장 유리한 의친만으로 감하고 거듭 감할 수 없다.

[律文2] 若從坐減、自首減、故失減、公坐相承減, 又以議、請、減之類, 得累減.

[律文2의 疏] 議曰: 從坐減者, 謂共犯罪, 造意者爲首, 隨從者減一等. 自首減者, 謂犯法, 知人欲告而自首者, 聽減二等. 故失減者, 謂判官故出人罪, 放而還獲, 減一等; 通判之官不知情, 以失論, 失出減判官之罪五等. 又, 斷獄律云, 斷罪應決配之而聽收贖, 應收贖而決配之, 各減故、失一等. 謂故減故一等, 失減失一等, 是名「故失減」. 公坐相承減者, 謂同職犯公坐, 假由判官斷罪失出, 法減五等, 放而還獲, 又減一等; 通判之官減七等, 長官減八等, 主典減九等. 若有議、請、減之類, 各又更減一等, 是名「得累減」.

[율문2] 만약 종좌감·자수감·고실감·공좌상승감이라면 또 의장·청장·감장 따위로 거듭 감할 수 있다.

[율문2의 소] 의하여 말한다: 종좌감은 공동으로 죄를 범한 경우 조의자를 수범으로 하고 수종자는 1등을 감함(명42.1)을 말한다. 자수감은 법을 범하고 다른 사람이 고하려는 것을 알고 자수한 경우 2등의 감죄를 허용함(명37.5a)을 말한다. 고실감은 판관이 고의로 사람의 죄를 무죄로 해 주고 석방했다가 다시 붙잡은 경우 (고의로 사람의 죄를 무죄로 한 죄에서) 1등을 감하는데, 통판관이 그 정을 알지 못했으면 과실로 논하고(명40.2), 과실로 무죄로 한 것이니 판

관의 죄에서 5등을 감한다는 것(단19.4b)을 말한다.47) 또 단옥률에
"죄를 판결하고 (형을) 집행해야 하는데 속동 징수를 허락하거나,
속동을 징수해야 하는데 (형을) 집행한 경우 각각 고의·과실로 (죄
를 덜거나 더한 죄(단19)에서) 1등을 감한다."(단30.1)고 하였으니,
고감은 고의로 (죄를 덜거나 더한 죄에서) 1등을 (감하고) 실감은
과실로 (죄를 덜거나 더한 죄에서) 1등을 (감함을) 말하는 것으로,
이를 (정)명하여 고실감이라 한다(단30.1의 소). 공좌상승감은 동직이
공죄를 범한 경우에 (이어서 죄를 감하는 것을 말하는 것으로),48) 가
령 판관이 죄를 처단함에 과실로 덜었다면 법에 따라 (던 죄에서)
5등을 감하는데, 석방했다가 다시 붙잡았으면 또 1등을 감하도록
규정되어 있으므로(단19.5), 통판관은 7등을 감하고, 장관은 8등을
감하며, 주전은 9등을 감한다(명40.1a). (이상 네 가지 감경 사유의
경우) 만약 의장·청장·감장 따위의 자격이 있다면 각각 또 다시 1
등을 감하므로, 이를 "거듭 감할 수 있다."고 하는 것이다.49)

---

47) 판관이 다른 사람의 죄를 고의로 증감한 경우, 죄 없는 사람에게 죄를 씌운
   것은 全罪로 논하고, 더한 경우 더한 만큼으로 논하며, 있는 죄를 무죄로 하거
   나 던 경우도 같다. 과실로 더한 경우는 고의로 더한 죄에서 3등을 감하고,
   던 경우는 고의로 던 죄에서 5등을 감한다. 소에서 든 예에서 판관은 죄인을
   고의로 면죄하고 석방했다가 다시 수감했으므로 1등을 감하지만, 통판관은 과
   실이므로 판관의 죄에서 다시 5등을 감하는 것이다(487, 단19.4~5).

48) 동직은 한 사안에 연대하여 判하고 서명하는 일련의 직사관을 말하며, 장관,
   통판관, 판관, 주전을 각각 1등으로 하고 이를 통칭하여 4등관이라 한다. 동직
   은 죄의 원인을 제공한 자를 수범으로 하고, 나머지는 종범으로 하여 차례로
   1등씩 감한다. 즉 주전으로 말미암아 발생한 사안이면 주전이 수범이 되고,
   판관은 제2종범, 통판관은 제3종범, 장관은 제4종범이 된다. 예를 들어 대리시
   에서 사건의 판결에 있어 주전이 과실이 있다면 대리시승이 제2종범, 대리소
   경과 대리정이 제3종범이 되며, 대리경은 제4종범이 된다(명40.1a 및 소).

49) 의·청·감은 신분으로 인한 감면 특전이라고 할 수 있다. 당률은 이러한 신분
   적 감면 특전의 중복 적용은 금지하고 있지만, 위에 보이는 종좌감, 자수감,
   고실감, 공좌상승감 등은 특정 사례에 대한 법정 감형 규정이며 그 성격이 신

제15조 명례 15. 관·음의 정명과 음에 관한 통칙(以理去官)

[律文1] **諸以理去官, 與見任同.** 解雖非理, 告身應留者, 亦同.

  [律文1의 疏] 議曰: 謂不因犯罪而解者, 若致仕、得替、省員、廢州縣之類, 應入議、請、減、贖及蔭親屬者, 並與見任同.

[율문1] **무릇 정상적인 사유가 있어 해임된 관[以理去官]은 현임관과 같다.** 비록 해관이 정상적인 사유에 의한 것이 아니라도 고신을 보유하는 경우는 역시 같다.

  [율문1의 소] 의하여 말한다: 범죄로 인해 해관된 것이 아닌 경우, 예컨대 치사·교체·감원·주현 폐지 따위로 (해관된) 경우50)에는 의장·청장·감장·속장을 적용받거나 친속을 음하는 것은 모두 현임관과 같음을 말한다.

[律文1의 注] 解雖非理, 告身應留者, 亦同.

  [律文1의 注의 疏] 議曰: 解雖非理者, 謂責情及下考解官者. 或雖經當、免降所不至者, 亦是告身應留者: 並同見任官法.

[율문1의 주] 비록 해관이 정상적인 사유에 의한 것이 아니라도 고신51)

    분적 특전과는 다르므로 감형의 중복 적용을 허용한 것이라고 볼 수 있다.

50) 致仕는 70세 이상의 노년이나 질병으로 인한 퇴임이다(『통전』권33, 925쪽). 得替는 후임자의 부임으로 교체된 경우를 가리키는 것으로 생각된다(『당회요』권69, 1432~1434쪽). 省員은 정원의 삭감으로 인한 해관을 말하고, 廢州縣은 주·현 등의 폐지·병합으로 인해 주현관이 해관된 것을 말한다.

51) 告身은 직사관·산관·훈관·봉작 등을 새로 수여할 때 관이 소정의 수속에 따라 공식령에 규정된 일정한 서식을 갖추어 당해자에게 급부하는 문서이다. 문관은 이부에서, 무관은 병부에서 발급한다(『통전』권15, 360쪽). 고신은 각각

을 보유하는 경우는 역시 같다.

[율문1의 주의 소] 의하여 말한다: "비록 해관이 정상적인 사유에 의한 것이 아니라도"라 함은 정황에 대한 책임을 묻거나 고과가 낮아서 해관된 경우52)를 말하며, (이를 포함하여) 혹은 비록 관당(명17)이나 면관·면소거관(명20) 처분하고 (서용될 때) 강등되지 않은 역임관의 고신을 보유하는 (관은) 모두 현임관의 법과 같다.

[律文2] 贈官及視品官, 與正官同. 視六品以下, 不在蔭親之例.

[律文2의 疏] 議曰: 贈官者, 死而加贈也. 令云:「養素丘園, 徵聘不赴, 子孫得以徵官爲蔭.」竝同正官.「視品官」, 依官品令:「薩寶府薩寶、祆正等, 皆視

符로써 지급하고 그 위에 날인하는데, 부는 단순한 문서가 아니라 황제가 관직을 수여한다는 것을 나타내는 신표라고 할 수 있으며, 따라서 고신은 임명장에 상당한다. 고신을 追毀할 때에는 본인에게서 고신 실물을 회수하여 불태움과 동시에 고신 발급대장에 '毁'자를 주기함으로써 고신을 삭제한다. 또한 관인이 여러 관직을 역임할 때마다 고신이 매번 발행되므로, 관당·면관 처분으로 추탈된 고신 외에 이전에 역임했던 관직의 고신은 여전히 남아있게 된다.

52) 下考는 고과(근무평정)에서 하등의 성적을 받은 것이다. 당대 내외 백관은 모두 고과를 받는데, 上上에서 下下까지의 9등급이 있다. 고과의 준거로는 윤리적·도덕적 기준인 4善과 업무와 관련된 기준인 27最가 있다. 관인이 私罪를 범한 경우 속동1근(공죄는 2근)당 1負, 10근(공죄는 20근)당 1殿의 비율로 고과점수가 감점되며, 1전은 고과 등급이 한 단계 낮추어지는 요인이 된다. 중상 이상의 등급을 받을 때마다 1등을 올려주고 1季의 녹을 더해주며, 중하 이하의 등급을 받을 때마다 1등을 깎고 1계의 녹을 감한다. 사죄로 인해 하중 이하, 공죄로 인해 하하의 고과를 받으면 모두 현임을 해임하고 그 해의 녹을 회수하되 고신은 회수하지 아니한다. 1년 후에 본래의 관품에 따라 서용하는 것을 허용한다(『당육전』권2, 42~44쪽; 『역주당육전』상, 246~253쪽; 『당령습유』, 343~344쪽). 여기에서 사죄·공죄라 함은 태·장형에 해당하거나 관당법이 적용되지 않고 속동을 징수하는 가벼운 도죄를 가리킨다(명22.1a). 해관이라는 것은 현직에서 떠나는 것일 뿐[停職]으로 관품을 상실하는 것은 아니며, 고신은 그대로 보유할 수 있다. 따라서 고신이 있는 한 형법상의 특전(자신의 관작에 의한 특전과 친속에 대한 음)을 받는 것은 현임관과 같다.

流內品.」若以視品官當罪,減,贖,皆與正官同.

[율문2] 증관과 시품관은 정관과 같다. 시6품 이하는 친속을 음하는 범위에 들어가지 않는다.

[율문2의 소] 의하여 말한다: 증관은 죽은 뒤에 벼슬을 추중해 주는 것이다. 영(선거령, 습유302쪽)에 "본성을 수양하며 초야에 은거하여 예로써 (관에) 초빙했으나 부임하지 않았다면 자손은 징소할 때의 관으로 음을 받을 수 있다."고 하였으니, 모두 정관과 같다. 관품령에 의거하면 시품관53)인 살보부의 살보·천정 등은 모두 유내품관으로 간주한다.54) 시품관으로 죄를 당하거나 형을 감하거나 속하는 것은 모두 정관과 같다.

[律文2의 注] 視六品以下, 不在蔭親之例.

[律文2의 注의 疏] 議曰: 視品稍異正官, 故不許蔭其親屬. 其薩寶旣視五品, 聽蔭親屬.

[율문2의 주] 시6품 이하는 친속을 음하는 범위에 들어가지 않는다.
[율문2의 주의 소] 의하여 말한다: 시품관은 정관과 조금 다르므로 그

---

53) 視品의 시는 '比'의 뜻으로 시유내관 외에 시유외관도 있었으나 일반적으로 시품관이라고 하면 시유내관을 의미한다. 당초에는 친왕국관, 공주읍관과 제부관, 일부 훈관 등 다양한 시품관이 존재하였으나 개원 연간에 이르러 조로아스터교[祆敎]의 薩寶·祆正 두 관만 남고 모두 폐지되었다(『구당서』권42, 1803쪽).

54) 薩寶府는 조로아스터교를 관할하는 국가기관이다. 조로아스터 교도의 자치조직을 국가기관으로 편입한 것이다. 수의 관제에는 薩保라 하였으며 살보 또는 薩簿는 북위 이래 사료에 산견된다. 조로아스터 교도는 대개 상인으로서 중국에 와서 각지에 작은 단위로 그들만의 사회를 형성하였으며, 살보는 그 사회의 장이고 천정은 교무 책임자였다. 이러한 까닭에 살보는 상단의 우두머리를 뜻하는 sarthavaha를 음역한 것이라는 설도 있으나, 자세한 것은 분명치 않다. 살보는 정5품, 천정은 종7품으로 간주된다(『통전』권40, 1103쪽).

친속에 대한 음을 허용하지 않는 것이다. 그러나 살보는 원래 시5
품이므로 친속의 음을 허용한다.

[律文3] 用蔭者, 存亡同.

[律文3의 疏] 議曰: 應取議、請、減蔭親屬者, 親雖死亡, 皆同存日, 故曰「存亡同」.

[율문3] 음할 수 있는 것은 생존 시나 사망 시나 같다.

[율문3의 소] 의하여 말한다: 의장·청장·감장의 (특전을) 받아 친속을 음할 수 있는 것은, (특전을 받는) 당사자[親]가 사망하였어도 모두 살아있을 때와 같으므로 "생존 시나 사망 시나 같다."고 한 것이다.

[律文4a] 若藉尊長蔭而犯所蔭尊長,

[律文4a의 疏] 議曰: 「尊長」, 謂祖父母、父母、伯叔父母、姑、兄姊是也.

[율문4a] 존장의 음을 받으면서 음하는 바의 존장을 범하거나,

[율문4a의 소] 의하여 말한다: 존장이라 함은 조부모·부모·백숙부모·고모·형·누나를 말한다.

[律文4b] 及藉所親蔭而犯所親祖父母、父母者, 竝不得爲蔭.

[律文4b의 疏] 議曰: 「所親」, 謂旁親, 非祖父母、父母及子孫, 但旁蔭已身者, 尊長、卑幼皆是. 假如藉伯叔母蔭而犯伯叔母之祖父母、父母, 藉姪蔭而犯姪之父母之類, 竝不得以蔭論. 文稱犯夫及義絶者, 得以子蔭, 婦犯夫既得用子蔭, 明夫犯婦亦取子蔭可知. 其子孫例別生文, 不入所親之限. 即取子孫蔭者, 違犯父、祖教令及供養有闕, 亦得以蔭贖論. 若取父蔭而犯祖者, 不得爲蔭. 若犯父者, 得以祖蔭.

[율문4b] 소친의 음을 받으면서 소친의 조부모·부모를 범한 경우는 모두 음을 받을 수 없다.

[율문4b의 소] 의하여 말한다: "소친"이라 함은 방계친속을 말하며, 조부모·부모 및 자·손은 아니다. 단 방계친속이 자신을 음하는 경우 존장·비유 모두에 적용된다. 이를테면 백·숙모의 음을 받으면서 백·숙모의 조부모·부모를 범하거나 조카의 음을 받으면서 조카의 부모를 범한 죄 따위는 모두 음으로 논하지 못한다. (아래의) 율문(율문6)에 "부인이 남편을 범한 경우 및 의절된 경우는 아들의 음을 받을 수 있다."고 하여, 부인이 남편을 범한 경우 원래 아들의 음을 이용할 수 있으므로, 남편이 부인을 범한 경우에도 역시 아들의 음을 받을 수 있다는 것을 분명히 알 수 있다. 그러나 자·손에 대한 예는 별도로 율문에 정해져 있으므로 소친의 범위에 포함되지 않는다. 곧 (자신의) 자·손의 음을 받는 자가 부·조의 가르침을 어기거나 공양을 거름이 있다면 (자·손의) 음을 받아 속으로 논할 수 있다. 만약 아버지의 음을 받으면서 할아버지를 범한 경우 음을 받을 수 없다. 만약 아버지를 범한 경우에는 할아버지의 음을 받을 수 있다.

[律文5] 卽毆告大功尊長、小功尊屬者, 亦不得以蔭論.

[律文5의 疏] 議曰:「大功尊長、小功尊屬」,「不睦」條中已具釋訖. 若其毆告, 亦不得蔭贖.

[율문5] 또한 대공존장이나 소공존속을 구타하거나 고한 경우 역시 음으로 논할 수 없다.

[율문5의 소] 의하여 말한다: 대공존장·소공존속에 대한 것은 (십악의) "불목" 조항(명6,8의 주2)에 자세히 해석되어 있다. 만약 그들을

구타하거나 고했다면 역시 (그들의) 음으로 속할 수 없다.

[律文6] **其婦人犯夫及義絶者, 得以子蔭. 雖出, 亦同.**

[律文6의 疏] 議曰: 婦人犯夫, 及與夫家義絶, 竝夫在被出, 竝得以子蔭者, 爲「母子無絶道」故也.

[율문6] 단 부인이 남편을 범한 경우 및 의절된 경우는 아들의 음을 받을 수 있다. 쫓겨난 경우도 역시 같다.

[율문6의 소] 의하여 말한다: 부인이 남편을 범한 경우 및 남편 집 [夫家]과 의절55)된 경우와 아울러 남편에게 쫓겨난 경우 모두 아들의 음을 받을 수 있는 것은, 모자 사이의 도리를 끊을 수 없기 때문이다.

[律文7] **其假版官犯流罪以下, 聽以贖論.**

[律文7의 疏] 議曰: 假版授官, 不著令·式, 事關恩澤, 不要耆年, 聽以贖論, 不以假版官當罪. 其準律不合贖者, 處徒以上, 版亦除削.

[율문7] 만약 가판관이 유죄 이하를 범했다면 속으로 논하는 것을 허용한다.

[율문7의 소] 의하여 말한다: 가판관56)의 수여는 영이나 식에 규정

---

55) 의절에 해당하는 정상은 남편이 처의 조부모·부모를 구타하거나 처의 외조부모·백숙부모·형제·고모·자매 등을 살해하거나, 또는 부·처 쌍방의 조부모·부모·외조부모·백숙부모·형제·고모·자매가 스스로 서로 살해하거나, 처가 남편의 조부모·부모를 구타하거나 욕하거나, 남편의 외조부모·백숙부모·형제·고모·자매를 살상하거나, 처가 남편의 시마 이상 친속과 간음하거나 또는 남편이 장모와 간음하거나, 처가 남편을 해치고자 한 것 등이다(189, 호40.1의 소).

56) 가판관은 국가에 경사가 있을 때에 백성들에게 베푸는 은혜의 일종으로 고령자 등에게 명목뿐인 자사·현령 등의 관을 수여하는 것이다. 북주 이후 시행된

되어 있지 않으나, 일이 (황제의) 은택과 관련되어 있으므로 반드시 70세 이상[耆年]이 아니더라도 속으로 논하는 것57)을 허용하지만, 가판관으로 죄를 당하지는 못한다. 만약 율에 비추어 속할 수 없는 것으로58) 도죄 이상으로 처단되었다면 가판관도 삭제한다.

제16조 명례 16. 관·음의 시제와 효력(無官犯罪)

[律文1] 諸無官犯罪, 有官事發, 流罪以下以贖論. 謂從流外及庶人而任流內者, 不以官當、除、免. 犯十惡及五流者, 不用此律.

[律文1의 疏] 議曰: 無官犯罪, 有官事發, 流罪以下, 皆依贖法, 謂從流外及庶人而任流內者. 其除名及當、免, 在身見無流內告身者, 亦同無官例. 其於「贖章」內合除、免、官當者, 亦聽收贖. 故云不以官當、除、免. 若犯十惡、五流, 各依本犯除名及配流, 不用此條贖法, 故云「不用此律」.

[율문1] 관이 없을 때 범한 죄가 관이 있을 때 발각되면 유죄 이

일종의 관행으로 보인다(『주서』권4, 55쪽; 『수서』권3, 76쪽 등 참조). 당시 이 관의 경우 임명하는 글을 종이가 아니라 판에 썼기 때문에 板授(版授)라고 칭하였다. 당 중엽 이후로는 번진에서 중앙 정부와 무관하게 벽소하여 수여한 관을 가판관이라고도 하였으나 이는 이 율소가 제정된 이후의 일이다(일본역『唐律疏議』1, 91쪽, 주11).

57) 본래 70세 이상의 고령자가 유죄 이하를 범한 경우 속동을 징수한다(명30.1). 여기서는 가판관의 연령이 70세가 되지 않더라도 속으로 논하는 것을 허용한다는 것이다.

58) 율에 비추어 속할 수 없는 죄는 오류에 해당하는 경우(명11.2), 기친 이상 존장 및 외조부모·남편·남편의 조부모를 과실 살상하여 도죄에 해당하는 경우, 고의로 사람을 구타하여 폐질에 이르게 하여 유죄에 해당하는 경우, 남자가 도죄 이상의 절도를 범한 경우, 부인이 간음한 경우 등이다(명11.3).

하는 속으로 논한다. 유외관 및 서인에서 유내관으로 서임된 경우 관당·제명·면관하지 않(고 속동을 징수한다)는 것을 말한다. 십악 및 오류를 범한 경우는 이 율을 적용하지 않는다.

[율문1의 소] 의하여 말한다: 관이 없을 때 범한 죄가 관이 있을 때 발각되면 유죄 이하는 모두 속하는 법에 의거한다는 것은, 유외 관[59] 및 서인에서 유내관으로 임명된 경우- 만약 제명·관당·면관 되어 본인에게 현재 유내관의 고신이 없는 경우는 무관의 예와 같 다.- 그것이 "속장"의 규정상으로 (속할 수 없고 반드시) 제명·면 관·관당해야 하는 것일지라도 역시 속동의 징수를 허용하므로, "관당·제명·면관하지 않는다."고 한 것이다. 만약 범한 것이 십악 (명6)이나 오류(명11.2)라면 각각 본래 범한 죄에 의거해 제명하고 유배하며 이 조항의 속법을 적용하지 않으므로, "이 율을 적용하지 않는다."고 한 것이다.

[律文1의 問] 曰:「無官犯罪, 有官事發, 流罪以下以贖論.」雖稱以贖, 如有 七品以上官, 合減以否?

[律文1의 答] 曰: 旣稱「流罪以下以贖論」, 據贖條內不得減者, 此條亦不合 減. 自餘雜犯應減者, 竝從減例. 據下文「無蔭犯罪, 有蔭事發, 竝從官蔭之法」, 故知得依減之例.

[율문1의 문] 묻습니다: "관이 없을 때 범한 죄가 관이 있을 때 발각

---

59) 관품 9품 이상의 관을 유내관이라고 하며, 그 아래의 하급직을 유외관이라고 한다. 유내관은 황제의 재가를 통해 임명되는데 반해 유외·잡임은 해당 장관 의 판보에 의해 임명된다(91, 직1.1의 소). 유외관에는 별도로 유외 9품이 정 해져 있고 고신이 발급되지만 잡임은 고신도 없다(143, 직53.2a의 소). 유외관 은 영으로 정원이 정해지고(91, 직1.1의 소) 공무상의 규율에 따라 복무하지 만, 관인에게 주어지는 형사상의 특전은 허용되지 않기 때문에 관인의 범주에 들어가지 않는다.

되면 유죄 이하는 속으로 논한다."고 하였습니다. 비록 속이라고 하였지만 만약 7품 이상 관이 있으면 감할 수 있습니까?

[율문1의 답] 답한다: 원래 "유죄 이하는 속으로 논한다."고 하였으나, 속장의 조항에 의거하여 감할 수 없는 죄는 이 조항에 의해서도 역시 감할 수 없다. 그 밖에 잡범60)으로 감할 수 있는 경우는 모두 감하는 예에 따른다. 아래 조문(명16.3)에 "음이 없을 때 죄를 범하고 음이 생긴 뒤에 발각되면 모두 관·음의 법에 따른다."고 한 것에 의하면, 감하는 예에 의거한다는 것을 알 수 있다.

[律文2] 卑官犯罪, 遷官事發; 在官犯罪, 去官事發; 或事發去官: 犯公罪流以下各勿論, 餘罪論如律.

[律文2의 疏] 議曰: 卑官犯罪, 遷官事發者, 謂任九品時犯罪, 得八品以上事發之類. 在官犯罪, 去官事發者, 謂在任時犯罪, 去任後事發. 或事發去官者, 謂事發勾問未斷, 便卽去職. 此等三事, 犯公罪流以下, 各勿論. 遷官者, 但改官者卽是, 非獨進品始名遷官. 餘罪論如律者, 並謂私罪及公坐死罪, 皆據律科, 雖復遷官去任, 並不免罪.

[율문2] 관품이 낮을 때 죄를 범하고 천관된 뒤에 발각되거나, 관직에 있을 때 죄를 범하고 관직을 그만두었을 때 발각되거나, 혹은 사건이 발각되어 관직을 그만둔 경우, 범한 것이 유죄 이하의 공죄라면 모두 논하지 않는다. 다른 죄는 율에 따라 논한다.

[율문2의 소] 의하여 말한다: 관품이 낮을 때 죄를 범하고 천관된

---

60) 雜犯이란 특수한 처분을 받는 범죄 외의 일반적인 범죄를 말하는 것으로, 그 구체적인 내용은 무엇을 특수한 범죄로 규정하느냐에 따라 그때그때 다르다. 여기에서는 속법의 조문에 의하여 감할 수 없는 십악·오류·기친 이상 존장의 과실 살상·고의로 사람을 구타해 폐질에 이르게 한 죄·남자의 도죄 이상 절도죄·부인의 간음죄 등의 죄(명11.2~3) 이외의 죄를 가리키는 것으로 생각된다.

뒤에 발각되었다는 것은 9품관에 재임할 때 죄를 범하였는데 8품 이상이 된 뒤 발각된 경우 따위를 말한다. 관직에 있을 때 죄를 범하고 관직을 그만두었을 때 발각되었다는 것은, 재임 중에 범한 죄가 관직을 떠난 뒤에 발각된 것을 말한다. 혹은 사건이 발각되어 관직을 그만둔 경우라 함은, 사건이 발각되어 신문을 받고 있으나 단죄되지 않았는데 편의로 사직한 것을 말한다. 이들 세 가지 사안은 범한 것이 유죄 이하의 공죄라면 각각 논하지 않는다. 천관은 단지 관직이 바뀐 것도 또한 그러하니, 오직 관품이 오른 것만을 천관이라고 하지는 않는다. 다른 죄는 율에 따라 논한다는 것은, 사죄 및 공죄로 사죄를 범하였으면 모두 율에 따라 죄준다는 것이며, 다시 천관되거나 사임해도 모두 죄를 면하지 못한다는 것을 말한다.

[律文2의 問] 曰: 依令「內外官勅令攝他司事者, 皆爲檢校. 若比司, 卽爲攝判.」 未審此等犯公坐, 去官免罪以否?

[律文2의 答] 曰: 律云「在官犯罪, 去官事發; 或事發去官: 犯公罪流以下各勿論」, 但檢校·攝判之處, 卽是監臨, 若有愆違, 罪無減降. 其有勅符差遣及比司攝判, 攝時旣同正職, 停攝理是去官, 公坐流罪亦從免法. 若事關宿衞, 情狀重者, 錄奏聽勅. 其寺丞·縣尉之類, 本非別司而權判者, 不同去官之例. 諸司依令當直之官, 旣非攝判之色, 不在去官之限.

[율문2의 문] 묻습니다: 영(공식령, 습유594쪽)에 의거하면 "내·외관이 칙으로 다른 관부의 일을 대행하는 경우 모두 검교관이 된다. 만약 (같은 관부 내) 다른 부서의 (업무를 대행하는 경우는) 곧 섭판관이 된다."라고 하였습니다. 이들 (검교관이나 섭판관이) 공죄를 범하고 관직을 그만두면 죄를 면할 수 있는지 알기 어렵습니다.

[율문2의 답] 답한다: 율에 "관직에 있을 때 죄를 범하고 관직을 그

만두었을 때 발각되거나, 혹은 사건이 발각되어 관직을 그만둔 경우, 범한 것이 유죄 이하의 공죄라면 모두 논하지 않는다."라고 하였다. 다만 (검교관·섭판관은) 검교하거나 섭판하는 부서에서도 곧 감림관이 되므로, 만약 허물과 위법이 있다면 죄를 감하여 형의 등급을 내릴 수 없다. 그러나 칙·부가 내려 파견되거나 (같은 관부 내의) 다른 부서를 섭판하게 되는 경우, 섭판할 당시는 원래 정식 관직과 같고 섭판이 정지되면 이치상 관직을 그만 둔 것이니, (이 경우) 공죄의 유죄는 역시 죄를 면하는 법에 따른다. 만약 사안이 숙위에 관련된 것이고 죄상이 무거운 경우에는 (그 경위를) 기록하여 아뢰고 칙을 듣는다. 그러나 시승이나 현위 따위는 본래 다른 관부에서 임시로 업무를 처리하는 것이 아니므로 관직을 그만 둔 경우의 예와 같지 않다.61) 모든 관부에서 영에 의거하여 당직62)하는 관인은 섭판하는 부류가 아니므로 거관의 (예를 적용하는) 범위에 포함되지 않는다.

[律文3] **其有官犯罪, 無官事發; 有蔭犯罪, 無蔭事發; 無蔭犯罪, 有蔭事發: 竝從官蔭之法.**

　　[律文3의 疏] **議曰:「有官犯罪, 無官事發」, 謂若有九品官犯流罪, 合除名.**

---

61) 시승은 寺의 4등관제 중 판관에 해당한다. 대리시를 예로 들면, 대리경은 장관이고, 대리소경 및 대리정은 통판관이며, 대리승은 그 아래의 지위로 대리시의 판관이다. 현위는 현령의 속관으로 현의 치안책임자이며 현의 판관이다. 시승이나 현위는 복수의 인원이 있을 경우 자연히 사무를 분담하게 되지만 제도적으로 나뉘어져 있는 것은 아니다. 여기에서 임시로 동료의 사무를 대행하게 되어도 이것은 섭판이 아니라는 의미이다.

62) 당직은 정규 집무 시간 외에 보안과 긴급 사안에 대비하여 남아서 당번하는 것으로, 상서성 관사의 경우 매일 1인의 숙직관을 두었으며, 도사에서 숙직 명부를 관리하였다(『당회요』권82, 1795쪽). 또한 중앙과 지방의 관원은 번갈아 일직과 숙직을 해야 했으며, 이를 어기면 처벌받았다(94, 직4.1).

其事未發, 又犯徒一年, 亦合除名, 斷一年徒, 以九品官當, 并除名訖; 其流罪後發, 以官當流, 比徒四年, 前已當徒一年, 猶有三年徒在, 聽從官蔭之律, 徵銅六十斤放免. 其官高應得議、請、減亦準此. 「有蔭犯罪, 無蔭事發」, 謂父祖有七品官時, 子孫犯罪, 父祖除名之後事發, 亦得依七品子聽贖. 其父祖或五品以上, 當時準蔭得議、請、減, 父祖除免之後事發, 亦依議、請、減法. 「無蔭犯罪, 有蔭事發」, 謂父祖無官時子孫犯罪, 父祖得七品官事發, 聽贖; 若得五品官, 子孫聽減; 得職事三品官, 聽請; 蔭更高, 聽議. 此等四事, 各得從寬, 故云「竝從官蔭之法」.

[율문3] 단 관이 있을 때 죄를 범하고 관이 없을 때 발각되거나, 음이 있을 때 죄를 범하고 음이 없을 때에 발각되거나, 음이 없을 때 죄를 범하고 음이 생긴 뒤에 발각되면, 모두 관·음의 법에 따른다.

[율문3의 소] 의하여 말한다: "관이 있을 때 죄를 범하고 관이 없을 때 발각되었다."라 함은, 만약 9품관이 있을 때 범한 유죄가 제명에 해당하는데 그 사건이 발각되지 않은 상태에서 또 도1년에 해당하는 죄를 범하여 (발각되고) 역시 제명에 해당하여 도1년으로 단죄되어 9품의 관으로 관당하고 제명 처분되어 (관이 없을 때) 그 (앞서 범한) 유죄가 발각되면, 유죄는 관으로 당하면 도4년에 견주는데(명17.2) 전에 이미 도1년을 관당하여 3년의 도죄가 남아 있으므로 관·음의 율에 따라 속동 60근을 징수하고 방면하는 것을 허용함을 말한다.[63] 관품이 높아서 의하고 청하고 감할 자격이 있는

---

63) 하나의 죄가 먼저 발각되어 논하여 형을 집행하였는데 다른 죄가 뒤에 발각되었다면, 먼저 발각된 죄보다 가볍거나 같은 경우는 논하지 않고 무거운 경우에는 다시 논하되 앞의 죄를 통산하여 뒤의 형량에 충당한다(명45.1b). 여기에서는 먼저 발각되어 처벌된 도죄를 나중에 발각된 유죄(도4년)에 통산하여 남은 도3년에 대한 속동 60근(명3)만을 징수하는 것이다.

자도 이에 준한다. "음이 있을 때 죄를 범하고 음이 없을 때에 발각되었다."라 함은, 부·조에게 7품의 관이 있을 때 자·손이 죄를 범하고 부·조가 제명된 뒤에 발각되었다면 7품의 관품에 의거하여 자·손의 속을 허용한다는 것을 말한다. 그 부·조가 5품 이상이라면 당시에 음에 준해서 의하고 청하고 감할 수 있으며,[64] 부·조가 제명·면관된 뒤에 사건이 발각되어도 역시 의하고 청하고 감하는 법에 의거한다. "음이 없을 때 죄를 범하고 음이 생긴 뒤에 발각되었다."라 함은, 부·조에게 관직이 없을 때 자·손이 죄를 범하고 부·조가 7품의 관품을 얻은 때에 발각되면 속을 허용하며, 만약 5품의 관품을 얻으면 자·손에게 감장 (적용을) 허용하고, 직사 3품의 관을 얻으면 청장 (적용을) 허용하며, 음의 자격이 다시 더 높아지면 의장 (적용을) 허용하는 것을 말한다. 이들 네 가지 사안[65]은 각각 관용을 따를 수 있으므로, "모두 관·음의 법에 따른다."고 한 것이다.

---

[64] 부·조의 관직이 5품 이상이라면 유죄 이하를 범한 경우 1등을 감형할 수 있다(명10의 소). 부·조의 관직이 3품 이상이라면 팔의 가운데 의귀에 해당하므로 사죄를 범한 경우 청장을 적용한다(명9,2의 소). 음에 의해 죄를 의할 수 있는 것은 본인이 황제의 단문 이상, 태황태후·황태후의 시마 이상, 황후의 소공 이상 친속인 경우에 한한다(명7~8).

[65] 율문3에서는 관이 있을 때 죄를 범하고 관이 없을 때 발각된 경우, 음이 있을 때 죄를 범하고 음이 없을 때 발각된 경우, 음이 없을 때 죄를 범하고 음이 생긴 뒤에 발각된 경우의 세 가지 사안만 들었지만 율문1의 관이 없을 때 죄를 범하고 관이 있을 때 발각된 경우까지 셈한 듯하다.

제17조 명례 17. 관으로 도·유죄를 당하는 법(官當)

[律文1a①] 諸犯私罪, 以官當徒者, 私罪, 謂私自犯及對制詐不以實、受請枉法之類.

[律文1a①의 疏] 議曰: 「私罪」, 謂不緣公事, 私自犯者; 雖緣公事, 意涉阿曲, 亦同私罪. 對制詐不以實者, 對制雖緣公事, 方便不吐實情, 心挾隱欺, 故同私罪. 受請枉法之類者, 謂受人囑請, 屈法申情, 縱不得財, 亦爲枉法. 此例旣多, 故云「之類」也.

[율문1a①] 무릇 사죄를 범하여 관으로 도죄를 당하는 것은, 사죄는 사사롭게 자신이 범한 것 및 대제를 속이고 사실대로 하지 않은 것과 청탁을 받고 법을 왜곡한 것 따위를 말한다.

[율문1a①의 소] 의하여 말한다: 사죄는 공무(公事)로 말미암은 것이 아니라 사사롭게 자신이 범한 것을 말하며, 비록 공무로 말미암은 것이더라도 고의로 사욕을 품고 정직하지 않게 했다면 역시 사죄와 같다. "대제를 속이고 사실대로 하지 않은 것"[66]이란, 대제는 비록 공무로 말미암은 것이지만 편의에 따르고 실정을 밝히지 아니하면 마음에 숨기고 속임이 있는 것이므로 사죄와 같다는 것이다. 청탁을 받고 법을 왜곡한 것 따위란 다른 사람의 청탁을 받고 법을 굽히고 사정에 따르는 것[67]을 말하는데, (이 경우) 설사 재물

---

66) 對制는 황제로부터 친히 질문을 받고 답하는 것을 말한다. 대제에 답을 사실대로 하지 않은 경우 도2년에 처하며, 기밀이 아닌데 망령되이 기밀이라고 한 경우는 1등을 더한다(368, 사7.1).

67) 주사가 청탁을 허락한 경우 청탁한 자와 주사는 동일하게 태50으로 처벌하며, 주사가 허락하지 않은 경우 모두 처벌하지 않는다. 이미 법을 왜곡하여 판결한 경우, 주사 및 청탁한 자는 모두 장100으로 처벌한다(135, 직45.1). 감림·주

을 얻지 못했더라도 역시 법을 왜곡한 것이 된다. 이러한 예가 원래 많으므로 "따위[之類]"라고 한 것이다.

[律文1a②] 五品以上, 一官當徒二年; 九品以上, 一官當徒一年.
　[律文1a②의 疏] 議曰: 九品以上官卑, 故一官當徒一年. 五品以上官貴, 故一官當徒二年.

[율문1a②] 5품 이상은 1관으로 도죄 2년을 당하게 하고, 9품 이상은 1관으로 도죄 1년을 당하게 한다.
　[율문1a②의 소] 의하여 말한다: 9품 이상은 관이 낮으므로 1관으로 도죄 1년을 당하게 하는 것이고, 5품 이상은 관이 높으므로 1관으로 도죄 2년을 당하게 하는 것이다.

[律文1b] 若犯公罪者, 公罪, 謂緣公事致罪而無私、曲者. 各加一年當.
　[律文1b의 疏] 議曰: 私、曲相須. 公事與奪, 情無私、曲, 雖違法式, 是爲「公坐」. 各加一年當者, 五品以上, 一官當徒三年; 九品以上, 一官當徒二年.

[율문1b] 만약 범한 바가 공죄라면 공죄는 공무로 말미암아 죄를 지었는데, 사사로움과 왜곡이 없는 것이다. 각각 1년을 더하여 당하게 한다.
　[율문1b의 소] 의하여 말한다: (사죄는) 사사로움과 왜곡이 다 있는 것이다. 공무를 처리[與奪]하는데 정에 사사로움과 왜곡이 없다면 비록 법식을 어겼을지라도 이는 "공죄"가 된다. 각각 1년을 더하여 당하게 한다는 것은, 5품 이상은 1관으로 도죄 3년을, 9품 이상은 1관으로 도죄 2년을 당하게 한다는 것이다.

―――――――

사가 재물을 받고 枉法한 경우의 처벌은 더욱 엄중하다(136~138, 직46~48).

[律文1b의 問] 曰: 勅、制施行而違者, 有公坐以否?

[律文1b의 答] 曰: 譬如制、勅施行, 不曉勅意而違者, 爲失旨. 雖違勅意, 情不涉私, 亦皆爲公坐.

[율문1b의 문] 묻습니다: 칙·제[68]를 시행함에 위반함이 있을 경우 (직22) 공죄가 됩니까?

[율문1b의 답] 답한다: 예를 들면 제·칙을 시행함에 칙의 뜻을 잘 깨닫지 못해서 어긴 경우가 황제의 본뜻을 잃어버린 것[失旨][69]이 되는데, 비록 칙의 뜻을 위반하였으나 정이 사사로움과 관련 없으면 또한 모두 공죄가 된다.

[律文2] 以官當流者, 三流同比徒四年.

[律文2의 疏] 議曰: 品官犯流, 不合眞配, 旣須當、贖, 所以比徒四年. 假有八品、九品官, 犯私罪流, 皆以四官當之; 無四官者, 準徒年當、贖. 故云「三流同比徒四年」.

[율문2] 관으로 유죄를 당하는 경우 세 가지 유죄는 동일하게 도4년에 견준다.

[율문2의 소] 의하여 말한다: 품관이 유죄를 범하면 실제로 유배해서는 안 되고 원래 반드시 관당하거나 속해야 하기 때문에 (유형을) 도4년에 견주는 것이다. 가령 8·9품관이 유죄에 (해당하는) 사죄를 범하면 모두 4관[70]으로 당하게 하는데, 4관이 없는 경우는

---

68) 칙과 제는 모두 황제가 명령을 내리는 문서이다. 당대 王言은 책서·제서·위로제서·발일칙·칙지·논사칙서·칙첩의 7종이 있다(『당육전』권9, 273~274쪽; 『역주당육전』중, 94~96쪽). 이들의 형식은 각기 다르지만, 그 효력이나 경중에 차이가 있는 것은 아니다(112, 직22.2의 문답).

69) 失旨는 '失錯旨意' 즉 과실로 제·칙의 의미를 잘못 이해하여 황제의 뜻과 달리 시행한 것을 의미한다고 할 수 있다(112, 직22.2 및 소).

도죄의 연수에 준하여 (먼저) 관당하고 (나머지는) 속한다. 그러므로 "세 가지 유죄는 동일하게 도4년에 견준다."고 한 것이다.

[律文3a] 其有二官, 謂職事官、散官、衛官同爲一官, 勳官爲一官.

　[律文3a의 疏] 議曰: 謂職事、散官、衛官計階等者, 旣相因而得, 故同爲一官. 其勳官, 從勳加授, 故別爲一官. 是爲「二官」. 若用官當徒者, 職事每階各爲一官, 勳官卽正從各爲一官.

[율문3a] 단 (관당할 자가) 2관이 있으면, 직사관·산관·위관은 같이 1관이 되고, 훈관은 (별도로) 1관이 됨을 말한다.

　[율문3a의 소] 의하여 말한다: 직사관·산관·위관[71]을 위계가 같은 것으로 셈하는 것은 원래 서로 말미암아 얻는 것이기 때문이며, 그러므로 다같이 1관이 된다는 것을 말한다. 단 훈관은 공훈에 따라 수여되는 것이므로 따로 1관이 된다. 이것이 2관이다. 만약 도죄를 관당할 경우, 직사관은 품과 계[72]를 각각 1관으로 하고, 훈관은 정·종을 각각 1관으로 한다.[73]

---

70) 아래 율문3a의 소와 같이 직사관·산관·위관은 같이 1관이 되고, 훈관은 별도로 1관이 되므로, 4관은 고신이 있는 직사관(산관·위관)의 역임관과 현임관, 훈관의 역임관과 현임관의 4개 官次를 말한다. 6품 이하는 1관으로 도1년의 사죄를 당할 수 있으므로 도4년으로 환산되는 유죄를 당하기 위해서는 4개의 관차가 필요한 것이다.

71) 위관은 군부의 교위·여수·대정·대부 등 군 지휘관과 중앙의 친·훈·익부 소속 병사에게 수여되는 관품으로, 모두 6품 이하이고 4등관의 반열에는 들지 않지만 넓은 의미의 무직사관이라고 할 수 있다(『통전』권40, 1093~1102쪽).

72) 직사관은 정1품에서 종9품하까지, 1~3품은 정·종만 있고, 4~9품은 정·종과 상·하가 있어 30품계가 있고, 산관도 직사관과 같으나 다만 정1품이 없어 모두 29품계이다(『당육전』권2, 29~31쪽; 『역주당육전』상, 171~185쪽; 『당육전』권5, 152~153쪽; 『역주당육전』상, 477~482쪽). 위관은 확인할 자료가 없다. 모두 1계를 1관으로 한다.

[律文3b] **先以高者當,** 若去官未敍, 亦準此.

　[律文3b의 疏] 議曰:「先以高者當」, 謂職事等三官內, 取最高者當之. 若去官未敍者, 謂以理去任及雖不以理去任, 告身不追者, 亦同. 竝準上例, 先以高者當.

[율문3b] **먼저 높은 것으로 당하고,** 또한 해임된 뒤에 아직 서용되지 않았어도 이에 준한다.

　[율문3b의 소] 의하여 말한다: "먼저 높은 것으로 당한다."는 것은, 직사관·산관·위관의 3관 가운데 가장 높은 것을 취하여 당하는 것을 말한다. 또한 해임된 뒤에 아직 서용되지 않았다는 것은, 정상적인 사유가 있어 해임되거나[以理去任] 비록 정상적인 사유가 있어 해임된 것이 아니더라도 고신을 추탈당하지 않은 경우 역시 (현임관과) 같음74)을 말한다. 모두 위의 예에 준하여 먼저 높은 것으로 당한다.

　[律文3b의 問] 曰: 律云:「若去官未敍, 亦準此.」 或有去官未敍之人而有事發, 或罪應官當以上, 或不至官當, 別勅令解, 其官當敍法若爲處分?
　[律文3b의 答] 曰: 若本罪官當以上, 別條云「以理去官與見任同」, 卽依以官當徒之法: 用官不盡, 一年聽敍, 降先品一等, 若用官盡者, 三載聽敍, 降先品二等. 若犯罪未至官當, 不追告身, 敍法依考解例, 期年聽敍, 不降其品. 從見任解者, 敍法在獄官令. 先已去任, 本罪不至解官, 奉勅解者, 依刑部式,

---

73) 훈관은 정2품 상주국부터 종7품 무기위까지 12등급이 있다(『당육전』권2, 40~41쪽;『역주당육전』상, 237~241쪽).

74) '정상적인 사유가 있어 관직을 떠난 것이 아니다[不以理去官]'라는 것은 혹은 政情에 대한 책임을 묻거나 고과가 낮아 관직이 해면된 경우를 말하며, 관당·면관·면소거관 처분하고 재서용될 때 강등되지 않아 고신을 추탈당하지 않은 관[降所不至官]도 현임관과 동일하게 간주한다(명15.1).

紋限同考解例. 本犯應合官當者, 追毀告身.

[율문3b의 문] 묻습니다: 율에 "또한 해임된 뒤에 아직 서용되지 않았어도 이에 준한다."고 하였습니다. 혹 해임된 뒤에 아직 서용되지 않은 사람의 사건이 발각되든가, 혹은 죄가 관당 이상에 해당하거나 혹은 관당에 이르지 않는데 별도의 칙령으로 관직이 해면된 경우, 관당하고 서용하는 법은 어떻게 처분합니까?

[율문3b의 답] 답한다: 만약 본죄가 관당 이상에 해당하면, 다른 조항(명15.1)에 "정상적인 사유가 있어 해임된 관[以理去官]은 현임관과 같다."고 하였으니, 곧 도죄를 관당하는 법에 의거한다. (관당에) 관을 다 쓰지 않았으면 1년 뒤에 서용을 허용하되 원래의 관품에서 1등을 강등하고, 관을 다 썼으면 3재 뒤에 서용을 허용하되 원래의 관품에서 2등을 강등한다. 범한 죄가 관당에는 이르지 않아 고신을 추탈당하지 않았으면, 서용하는 법은 고해례75)에 의거하여 1년 뒤에 서용을 허용하고 그 관품은 강등하지 않는다. 현임에서 해면된 자를 서용하는 법은 옥관령(습유771쪽)76)에 있다. 앞서 관직을 그만두었으나 본죄가 관직의 해면에 이르지 않는 것인데 칙령을 받들어 해면된 경우는 형부식77)에 의거하여 서용하는 기

---

75) 考解例란 고과에 의한 관인의 해면과 서용의 방식이다. 즉 "사죄로 인해 하중 이하, 공죄로 인해 하하의 고과를 받으면 모두 현임을 해임하고 그 해의 녹을 회수하되 고신은 회수하지 아니한다. 1년 후에 본래의 관품에 따라 서용하는 것을 허용한다(『당육전』권2, 42~44쪽; 『역주당육전』상, 246~253쪽; 『당령습유』, 343~344쪽)."는 규정이다.

76) 유배나 이향 처분된 자는 배소에 이르러 6재 뒤에 입사를 허용한다. 다만 반역에 연좌되어 유배된 자나 사형을 면하고 유형 처분을 받은 자는 이 예를 적용하지 않는다. 본래 범한 죄가 유형에 해당하지 않는데 특별히 유배된 자는 3재 뒤에 입사를 허용한다. 현임관에서 해임되었거나 제명·이향 처분이 아닌 경우의 입사 연한과 서용은 모두 고해례에 준한다(『당육전』권6, 190쪽; 『역주당육전』상, 602~604쪽; 『천성령역주』, 495~496쪽).

한이 고해례와 같다. 본래 범한 죄가 마땅히 관당에 해당하는 것은 고신을 추탈하여 말소한다.

[律文3c] 次以勳官當.

[律文3c의 疏] 議曰: 假有六品職事官, 兼帶勳官柱國以上, 犯私罪流, 例減一等, 合徒三年. 以六品職事當徒一年, 次以柱國當徒二年之類.

[율문3c] 다음은 훈관으로 당한다.

[율문3c의 소] 의하여 말한다: 가령 6품 직사관이 훈관 주국 이상을 아울러 가지고 있는데 유죄에 해당하는 사죄를 범한 경우 예에 따라 1등을 감하면 도3년에 해당한다.[78] (따라서) 6품의 직사관으로 도1년을 당하고, 다음은 (종2품의) 주국으로 도2년을 당하는 것 따위이다.

[律文3c의 問] 曰: 假有人任三品、四品職事, 又帶六品以下勳官, 犯罪應官當者, 用三品職事當訖, 次以何官當?

[律文3c의 答] 曰: 律云「先以高者當」, 卽是職事、散官、衛官中, 取最高品當訖. 「次以勳官當」, 卽須用六品勳官當罪, 不得復用四品職事當之.

[율문3c의 문] 묻습니다: 가령 어떤 사람이 3품과 4품의 직사관에 임직하고 있고 또 6품 이하의 훈관을 가지고 있으면, 죄를 범하여 관당하는 것은 3품 직사관으로 당하고 난 다음 어떤 관으로 당합니까?

---

77) 당대 형부식은 현재 전하지 않으므로 그 내용은 알 수 없다. 다만 이 경우는 고해례와 동일하다고 했으므로 1년 후에 서용하고 본래의 관품은 강등하지 않음을 알 수 있다.

78) 형을 감하는 경우 교·참의 두 사죄와 세 가지 유죄는 각각 하나로 해서 감한다. 즉 참형에 해당하는 죄에서 1등을 감하면 유3000리가 되고, 유3000리에 해당하는 죄에서 1등을 감하면 도3년이 된다(명56.2b).

[율문3c의 답] 답한다: 율에 "먼저 높은 것으로 당한다."고 하였으니, 곧 직사관, 산관, 위관 가운데 가장 높은 것으로 당하며, "다음은 훈관으로 당한다."고 하였으니 곧 6품의 훈관으로 죄를 당해야 하며, 다시 4품 직사관으로 죄를 당하게 해서는 안 된다.

[律文4] 行、守者, 各以本品當, 仍各解見任.

[律文4의 疏] 議曰: 假有從五品, 下行正六品, 犯徒二年半私罪, 例減一等, 猶徒二年, 以本階從五品官當徒二年, 仍解六品見任. 其有六品散官, 守五品職事, 亦犯私罪徒二年半者, 亦用本品官當徒一年, 餘徒收贖, 解五品職事之類.

[율문4] 행(직)과 수(직)은 각각 본품으로 당하고, 그대로 각각 현임관을 해면한다.

[율문4의 소] 의하여 말한다: 가령 종5품의 (산관이) 아래로 정6품의 (직사관직을) 행79)하고 있다가 도2년반의 사죄를 범하면, 예에 따라 1등을 감하여 도2년이 되므로(명9.1), 본품인 종5품관으로 도2년을 당하고, 아울러 6품 현임관을 해면한다. 그런데 6품의 산관이 (위로) 5품의 직사관직을 수하고 있다가 역시 도2년반의 사죄를 범하면, 역시 (예에 따라 1등을 감하여 도2년이 되므로(명10),) 본품의 관으로 도1년을 당하고, 나머지 (1년의) 도죄는 속동을 징수하며 5품 직사관은 해면하는 것 따위이다.80)

---

79) 행(직)은 자신의 본품, 즉 산관계보다 낮은 관직에 보임됨을 말하고, 수(직)은 자신의 산관계보다 높은 관직에 보임됨을 말한다(『당육전』권2, 28쪽; 『역주당육전』상, 161~164쪽).

80) 앞의 경우는 본품이 종5품이므로 청장의 특전에 따라 1등을 감하여(명9.1) 도2년이 되며, 뒤의 경우는 본품이 6품이므로 감장의 특전에 따라 1등을 감하여 (명10) 도2년이 되는 것이다.

[律文4의 問] 曰: 先有正六品上散官, 上守職事五品, 或有從五品官, 下行正
六品上, 犯徒當罪, 若爲追毀告身?

[律文4의 答] 曰: 律云:「行,守者, 各以本品當, 仍各解見任.」其正六品上散
官守五品者, 五品所守, 別無告身, 旣用六品官當, 卽與守官俱奪. 若五品行
六品者, 以五品當罪, 直解六品職事, 其應當罪告身同階者, 悉合追毀.

[율문4의 문] 묻습니다: 먼저 정6품상의 산관이 위로 5품의 직사관
직을 수하거나, 혹은 종5품관의 (산관이) 아래로 정6품상의 직사관
직을 행하다가 도죄를 범하여 관당하면, 고신의 추탈과 말소는 어
떻게 처리합니까?

[율문4의 답] 답한다: 율에 "행(직)과 수(직)은 각각 본품으로 당하
고, 그대로 각각 현임관을 해면한다."고 하였다. 그런데 정6품상의
산관이 5품의 (직사관직을) 수하는 경우는 별도의 고신이 없으니,
이미 6품으로 관당하였으면 곧 수하는 관도 함께 추탈한다. 또한
5품의 (산관이) 6품을 행하는 경우는 5품으로 죄를 당하고 곧바로
6품의 직사관을 해면하는데, 죄를 당해야 하는 (관의) 고신과 같은
품계의 (고신은) 모두 추탈하여 말소해야 한다.

[律文5] **若有餘罪及更犯者, 聽以歷任之官當.** 歷任, 謂降所不至者.

[律文5의 疏] 議曰: 若有餘罪者, 謂二官當罪之外, 仍有餘徒; 或當罪雖盡而
更犯法, 未經科斷者: 聽以歷任降所不至告身, 以次當之.

[율문5] **만약 여죄가 있거나 갱범한 경우는 역임한 관으로 당함
을 허용한다.** 역임은 강등이 미치지 않은 바의 (관을) 말한다.

[율문5의 소] 의하여 말한다: "만약 여죄가 있다."는 것은, 2관으로
죄를 당한 외에 또 남은 도죄가 있다는 것을 말한다. 혹은 죄를 당
하여 비록 (죄가) 소진되었으나 다시 법을 범하고 아직 판결이 나

지 않은 경우81) 강등이 미치지 않은 바의 역임한82) 고신을 가지고 차례로 죄를 당하는 것을 허용한다.

[律文6] 其流內官而任流外職, 犯罪以流內官當及贖徒年者, 各解流外任.

[律文6의 疏] 議曰: 假有勳官任流外職者, 犯徒以上罪, 以勳官當之; 或犯徒用官不盡, 而贖一年徒以上者: 各解流外任.

[율문6] 단 유내관으로 유외직에 임명되었다가 죄를 범해서 유내관으로 도죄의 연수를 관당하거나 속한 때에는 각각 유외직을 해임한다.

[율문6의 소] 의하여 말한다: 가령 훈관을 가지고 유외직에 임명된

---

81) 당률에서는 두 가지 이상의 죄가 함께 발각된 경우 더 무거운 쪽에 따라 처벌하도록 규정하고 있다(명45.1a①). 이처럼 경합범의 처벌에서 흡수주의를 취하는 것이 당률의 일반적인 원칙이지만, 위와 같이 죄가 발각되었거나 이미 집행된 뒤 다시 다른 죄를 범했다면 병과주의를 채택하여 각각의 죄를 처벌한다. 다만 유형·도형의 역은 4년으로, 태·장의 집행은 200대로 제한을 두고 있다(명29).

82) 역임관은 글자 그대로 과거 역임한 관이라는 의미이지만 한번 수여된 고신은 범죄로 인하여 추탈되지 않는 한 영구히 관을 표시하는 효과가 있으므로 관당법에서도 과거에 받은 고신 하나하나가 모두 1관의 값을 한다. 다만 동급의 직사관·산관·위관을 소유한 경우 이 모두가 1관으로 간주되므로 동시에 삭탈한다. 제명·면관·면소거관·관당된 자를 다시 서용할 때는 예전의 관품에서 몇 등급 내리는가에 대한 규정이 있으며(명21), 이 때 재서용할 관품보다 높은 역임관을 본인이 소유하고 있다면 제명·관당할 때 그 고신마저 추탈하는데 이것이 강등이 미치는[降至者] 고신이다. 재서용 관품과 동등한 관품이나 그 이하의 역임관은 강등이 미치지 않은 것[降所不至者]으로 이 고신은 유보되며 관으로서의 효력을 유지한다. 다만 관당이나 면소거관의 경우 재서용은 예전 관품에서 1등을 내리기 때문에 모든 역임관이 강소부지가 되고, 제명의 경우 모든 역임관이 삭탈되기 때문에 강소부지는 존재하지 않는다. 따라서 이 강소부지는 실제로는 예전 관품에서 2등을 내리는 면관의 경우에만 문제가 되는 개념이다(일본역『唐律疏議』1, 105쪽, 주17).

자가 도죄 이상의 죄를 범하여 훈관으로 죄를 당하거나, 혹은 범한
도죄가 관으로 당하고도 소진되지 않아 1년 이상의 도죄를 속한
때에는 각각 유외 직임을 해면한다.

제18조 명례 18. 제명하는 죄(除名)

[律文1a] **諸犯十惡、故殺人、反逆緣坐，** 本應緣坐, 老、疾免者, 亦同.

　[律文1a의 疏] 議曰：「十惡」, 謂「謀反」以下、「內亂」以上者. 「故殺人」, 謂
　不因鬪競而故殺者; 謀殺人已殺訖, 亦同. 餘條稱「以謀殺、故殺論」, 及云「從
　謀殺、故殺」等, 殺訖者皆準此. 其部曲、奴婢者非, 案賊盜律「殺一家非死罪三
　人」, 注云：「奴婢、部曲非.」 其故殺妾, 及舊部曲、奴婢經放爲良, 本條雖罪不
　至死, 亦同故殺之例. 反逆緣坐者, 謂緣謀反及大逆人得流罪以上者.

[율문1a] **무릇 십악·고살인을 범하거나 반·역에 연좌되어,** 본래
연좌되어야 하나 노·질로 (연좌가) 면제된 자도 역시 같다.

　[율문1a의 소] 의하여 말한다: "십악"(명6)은 모반 이하 내란 이상을
　말한다. "고살인"은 싸움으로 말미암은 것이 아니고 고의로 살인한
　것(투5.1b)을 말하며, 살인을 모의하여 살해(적9)하였다면 역시 같
　다. 다른 조항에 "모살·고살로 논한다."고 한 것 및 "모살·고살에
　따른다."고 한 것 등은, 살해하였다면 모두 이에 준한다. 단 (피살
　자가) 부곡·노비인 경우(투19.2)는 (이에 준하지) 않는데, (그 이유
　는) 적도율(적12.1)을 살펴보면 "1가 내 사죄에 해당하지 않는 3인
　을 살해하였다."는 (율문의) 주에 "노비·부곡은 포함되지 않는다."
　라고 하고 있기 때문이다. 그러나 첩이나 방면하여 양인으로 삼은
　옛 부곡이나 노비를 고의로 살해한 경우는 본조(투24 및 36.2)에서

비록 죄가 사형에는 이르지 않으나 고살의 예와 같다. 반·역에 연좌되었다는 것은 모반·대역 죄인에게 연좌되어 유죄 이상을 얻은 것(적1)을 말한다.

[律文1a의 注] 本應緣坐, 老, 疾免者亦同.

　[律文1a의 注의 疏] 議曰: 謂緣坐之中, 有男夫年八十及篤疾, 婦人年六十及廢疾, 雖免緣坐之罪, 身有官品者, 亦各除名.

[율문1a의 주] 본래 연좌되어야 하나 노·질로 (연좌가) 면제된 자도 역시 같다.

　[율문1a의 주의 소] 의하여 말한다: 연좌되는 (사람) 가운데 남자는 80세 (이상) 및 독질[83]인 경우, 부인은 나이 60세 (이상) 및 폐질인 경우, 비록 연좌의 죄는 면제되나(적1.1d) 자신이 관품이 있다면 역시 각각 제명됨을 말한다.

　　[律文1a의 問] 曰: 帶官應合緣坐, 其身先亡, 子孫後犯反, 逆, 亦合除名以否?
　　[律文1a의 答] 曰: 緣坐之法, 惟據生存. 出養入道, 尙不緣坐, 無宜先死, 到遣除名. 理務弘通, 告身不合追毀. 告身雖不合追毀, 亦不得以爲蔭.

　　[율문1a의 문] 묻습니다: 관을 가지고 있는 (사람이) 마땅히 연좌되어야 하는데 당사자가 이미 사망하고 자손이 뒤에 모반·대역을 범하였다면, 역시 (관을) 제명해야 합니까?
　　[율문1a의 답] 답한다: 연좌의 법은 오직 생존한 것에 의거한다. 출양·입도한 자도 오히려 연좌되지 않으므로(적2.3b), 먼저 사망하였

---

83) 殘疾·廢疾·篤疾을 삼질이라고 하며, 질병 혹은 장애의 정도에 따라 등급을 나눈 것이다. 잔질이 경미한 장애이고 독질이 가장 중한 장애로(『송형통』권 12, 190쪽; 『백씨육첩사류집』권9, 疾; 『당령습유』, 228쪽), 삼질은 등급에 따라 역이나 권리에도 차등을 두었다(명27.1의 소; 『신당서』권51, 1343쪽).

다면 추급하여 제명해서는 안 된다. 법의 이치는 널리 원활하게 통하는데 힘써야 하는 것이니 고신을 추탈해서 말소해서는 안 된다. 고신은 비록 추탈·말소에 해당하지 않으나 역시 (그 관으로) 음할 수는 없다.

[律文1b] **獄成者, 雖會赦, 猶除名.** 獄成, 謂贓狀露驗及尙書省斷訖未奏者.

　[律文1b의 疏] 議曰: 犯十惡等罪, 獄成之後, 雖會大赦, 猶合除名. 獄若未成, 卽從赦免. 注云贓狀露驗者, 贓謂所犯之贓, 見獲本物; 狀謂殺人之類, 得狀爲驗. 雖在州縣, 竝名獄成. 「及尙書省斷訖未奏者」, 謂刑部覆斷訖, 雖未經奏者, 亦爲獄成. 此是赦後除名, 常赦不免之例.

[율문1b] **죄[獄]가 성립된 경우는 은사령이 내리더라도 그대로 제명한다.** 죄가 성립되었다는 것은 장(물)과 (죄)상이 드러나 증명되거나 또한 상서성에서 판결을 마치고 아직 상주하지 않은 경우를 말한다.

　[율문1b의 소] 의하여 말한다: 십악 등의 죄를 범하여 죄가 성립된 뒤에는 비록 은사령이 내리더라도 그대로 제명해야 한다. 죄가 아직 성립이 되지 않았으면 곧 은사령에 따라 면죄한다. 주에 "장(물)과 (죄)상이 드러나 증명되거나"에서 장은 범한 바 장죄의 본래 물품을 확보한 것을 말하고, 상은 살인 따위의 죄상이 검증된 것을 말한다. (이 경우) 비록 주·현에서 (죄에 대한 검증이) 있었더라도 모두 죄가 성립된 것으로 한다. "또한 상서성에서 판결을 마치고 아직 상주하지 않은 경우"라는 것은, 형부에서 복심하여 판결84)되었으면 비록 상주하지 않았더라도 역시 죄가 성립된다는

---

84) 대리시 및 각 주에서 유죄 이상으로 판결하거나 관인을 제명·면관·관당으로 판결한 경우 모두 그 문안을 상서성 형부에 보고하여 복심케 하며 판결문이 합당하면 상주한다. 합당하지 못하면 지방은 사신을 파견해 조사하고 수도의 경우는 형부로 보내 다시 조사하여 판결한다(『당육전』권6, 189쪽; 『역주당육

것을 말한다. 이것이 곧 은사령이 내린 후에도 제명하고 통상적인
은사로 면제하지 않는 예(단20.2)인 것이다.[85]

[律文2] **卽監臨主守, 於所監守內犯姦、盜、略人, 若受財而枉法者, 亦除
名; 姦, 謂犯良人. 盜及枉法, 謂贓一疋者. 獄成會赦者, 免所居官.** 會降者,
同免官法.

　[律文2의 疏] 議曰:「監守內姦」, 謂犯良人.「盜及枉法」, 謂贓一疋者. 略人
　者, 不和爲略; 年十歲以下, 雖和亦同略法. 律文但稱「略人」, 卽不限將爲良
　賤. 獄成者, 亦同上法除名. 會赦者, 免所居官. 此是赦後仍免所居之一官,
　亦爲常赦所不免.

[율문2] **곧 감림·주수(명54)가 관할구역 안에서 간·도·약인을 범
하거나, 또는 수재왕법하면 역시 제명한다.** 간은 양인 여자를 범
한 것을 말한다. 도와 (수재)왕법은 장물의 (가치가 견) 1필 이상인 것
을 말한다. **죄[獄]가 성립되고 은사령이 내린 때에는 면소거관**(명
19)**한다.** 은강령이 내린 때에는 면관의 법과 같다.

　[율문2의 소] 의하여 말한다: "(감림·주수가) 관할구역 안에서 간하

---

85) 赦書에 "죄에 경중의 구별 없이 모두 사면한다."고 했지만 "통상적인 은사[常
赦]로 면제되지 않는 바도 면제한다."고 언급하지 않은 경우는 면제의 범위에
두지 않기 때문에 일반적인 율[常律]에 의거하여 처리한다. 즉 악역을 범했다
면 그대로 사형에 처하고, 모반·대역하거나 사촌형·누나·소공존속을 살해하
거나 혹은 고독을 조합하거나 소지하면 사형은 면하되 그대로 유형에 처하며,
십악·고살인과 모반·대역의 연좌는 죄가 성립[獄成]된 경우 형은 면하되 제명
하고, 감림·주수하는 범위 안에서 간·도·약인했거나 재물을 받고 법을 왜곡
하여 죄가 성립되었다면 은사령이 내려도 형과 제명은 면하되 면소거관하며,
살인하여 사형에 처해야 할 자는 사형을 면하되 이향하는 것 등이다(488, 단
20.2의 소).

였다."(잡28.1)는 것은, 양인 (여자를) 범한 것을 가리킨다. "도 및 (수재)왕법하였다."는 것은, 장물의 (가치가 견) 1필 이상인 것을 말한다. 약인은 합의 없이 (사람을) 약취한 것을 말하며, 10세 이 하이면 비록 합의하더라도 역시 (사람을) 약취한 법과 같다(적 45.1). 율문에 단지 약인이라고만 칭한 것은 곧 양인과 천인86)을 구분하지 않으려는 것이다. (이들 죄행의) 죄[獄]가 성립된 경우에 는 위의 법과 같이 제명한다. 은사령이 내린 때에는 면소거관한다. 이는 은사령이 내린 후에도 여전히 2관 가운데 1관을 해면하여 역 시 통상적인 은사로 면할 수 없게 한다는 것이다(단20.2).

[律文2의 問1] 曰: 監守內略人, 罪當除名之色. 奴婢例非良人之限; 若監守 內略部曲, 亦合除名以否?

[律文2의 答1] 曰: 據殺一家非死罪三人乃入「不道」, 奴婢·部曲不同良人之 例; 强盜, 若傷財主部曲, 卽同良人. 各於當條見義, 亦無一定之理. 今略良

---

86) 당률에 나타난 각종 천인의 기본적인 점만 살펴보면 먼저 최하급 천인으로 관·사노비가 있다. 이들은 관이나 私人의 소유이고 재물로 간주되어 매매·증 여의 대상이 되었으며 이들은 재산을 소유할 수 없고 전 노동시간을 관 또는 주인에게 바쳐야 했다. 노비의 한 단계 위로 관에는 관호, 사가에는 부곡이 있 다. 이들은 재물로 간주되지 않고 재산을 소유하며 자신을 위한 일정한 시간 을 가질 수 있었다. 그러나 이들도 노비와 같이 독립된 호적을 갖지 못하고 관부나 주인의 호적에 등록되어 예속도가 매우 높았다. 부곡은 재물로 간주되 지 않지만 '轉事'라 하여 '衣食之直'를 받고 타인에 인도될 수 있었다. 관호 외 에 관천인은 工戶·樂戶·雜戶·太常音聲人이 있다. 공호·악호는 관호와 같이 호적은 없으나 특수 기술로 국가에 종사한다는 점에서 일반 관호보다 약간 상 위에 있다. 잡호는 관호에서 상승한 계층으로 독립 호적을 갖는다는 점은 양 인과 같지만 과역 대신 특정 관청에 번상한다는 점이 다르다. 태상음성인은 악호가 상승한 계층으로 독립 호적을 가지며 잡호보다 약간 지위가 높아 거의 양인과 동등하다. 양·천 간에 신분상승은 있을 수 있지만 반역연좌 등 죄에 의하지 않고 함부로 신분을 하강시키는 것은 허용하지 않는다는 것이 율의 원 칙이다.

人及奴婢, 竝合除名. 擧略奴婢是輕, 計贓入除名之法; 略部曲是重, 明知亦合除名. 又, 鬪訟律云:「毆傷部曲減凡人一等, 奴婢又減一等.」 又令云:「轉易部曲事人, 聽量酬衣食之直.」 旣許酬衣食之直, 必得一疋以上, 準贓卽同奴婢, 論罪又減良人. 今準諸條理例除名, 故爲合理.

[율문2의 문1] 묻습니다: 관할구역 안에서 사람을 약취하였다면 죄는 제명의 명목에 해당합니다. 노비는 예에 비추어 보면 양인의 범위에 포함되지 않는데, 만약 관할구역 안에서 부곡을 약취하였다면 제명합니까?

[율문2의 답1] 답한다: 1가 내 사죄에 해당하지 않는 3인을 살해하였다면 (십악의) "부도"를 적용한다는(적12의 소) (조문에) 의하면 노비와 부곡은 양인의 예와 같지 않은데, 강도하다가 만약 재물 주인인 부곡을 상해하였다면 곧 양인의 (예와) 같다(적34.1c의 주). (이같이) 해당 조항에 각각 뜻이 나타나 있으니 역시 일정한 원칙이 있는 것은 아니다. 지금 (이 조문에서) 양인과 노비를 약취한 경우 모두 마땅히 제명에 처해야 한다. (왜냐하면) 노비를 약취한 행위는 (죄가) 가볍지만 장물로 계산하여 제명하는 법에 포함하는 점을 들어보면, 부곡을 약취한 행위는 (그보다 죄가) 무거우므로 역시 제명해야 함을 분명히 알 수 있다. 또 투송률(투19.2)에, "(타인의) 부곡을 구타·상해한 때에는 일반인(을 범한 죄)에서 1등을 감하고, 노비(를 범했다)면 또 1등을 감한다."고 하였다. 또 영(호령, 습유262쪽)에, "부곡을 다른 사람에게 넘겨 섬기게 하면 부양한 대가[衣食之直][87]를 헤아려 받을 것을 허용한다."고 하였다. 원래 부

---

87) 衣食之直란 부곡을 부양한 대가라는 명목으로 주고받는 돈이다. 원래 부곡은 노비와는 달라서 재물로 간주되지는 않기 때문에(248, 적1c의 소) '판다'고 하지 않고 '넘겨 섬기게 한다[轉事]'고 하고, '값'이라 하지 않고 '衣食之直'라고 한다. 그러나 이는 명목상의 미화이고, 실질적으로는 광의로 보아 매매였을 가능성이 있다.

양한 대가를 받도록 허용되어 있고, (약취하여 넘겼다면) 필시 한 필 이상을 받았을 것이므로 장죄에 준하여 노비를 약취한 경우와 같이 논하며, 또한 양인을 약취한 경우에 비해서 감형한다. 지금 여러 조항의 이치와 예에 준하면 (부곡을 약취한 경우) 제명하는 것은 이치에 맞다.

[律文2의 問2] 曰: 依律:「共盜者, 併贓論.」 其有共受枉法之贓, 合併贓科 罪否?

[律文2의 答2] 曰:「枉法」條中, 無併贓之語, 唯云:「官人受財, 復以所受之 財分求餘官, 元受者併贓論, 餘各依己分法.」 其有共謀受者, 不同元受之例, 不合併贓得罪, 各依己分爲首從科之.

[율문2의 문2] 묻습니다: 율(적50.1)에 의거하면 "함께 강·절도한 경 우에는 장물을 합산하여 논한다."라고 하였습니다. 그 (장물이) 공 동으로 받은 왕법 장물이라도 장물을 합산하여 죄를 줍니까?

[율문2의 답2] 답한다: 왕법 조항(직48) 가운데 장물을 합산한다는 말은 없고, 다만 "관인이 재물을 받고 받은 재물을 다시 다른 관인 에게 나누어 주고 청탁하였다면, 원래 받은 자는 장물을 합산하여 논하고, 다른 (관인은) 각각 자기 몫에 대한 (처벌)법에 의거한 다."(직46.2)고 하였다. 단 공모하여 받은 것이라면 원래 받은 것의 예와 다르므로 장물을 합산해서는 안 되며, 각각 받은 몫에 의하여 수범·종범을 구분하여 죄준다.

[律文2의 注] 會降者, 同免官法.

[律文2의 注의 疏] 議曰: 降旣節級減罪, 不合悉原, 故降除名之科, 聽從免 官之法. 假令降罪悉盡, 亦依免官之例. 卽降後重斷, 仍未奏畢, 更逢赦降, 猶合免所居之官.

[율문2의 쥐] 은강령이 내린 때에는 면관의 법과 같다.

[율문2의 주의 소] 의하여 말한다: 강은 원래 죄의 등급[節級]을 감하
는 것이니 모두 용서해서는 안 된다. 그러므로 은강령이 내리면
제명 처분할 것은 면관의 법에 따름을 허용하는 것이다. 가령 은
강령으로 죄를 모두 감하더라도 역시 면관의 예에 의거해야 한다.
또한 은강령이 내린 뒤에 다시 단죄되었으나[重斷] 아직 상주하여
재가 받지 않았는데 다시 은사령이나 은강령이 내렸다면 마땅히
면소거관해야 한다.[88]

[律文3a] 其雜犯死罪, 卽在禁身死, 若免死別配及背死逃亡者, 竝除名; 皆
謂本犯合死而獄成者.

[律文3a의 疏] 議曰:「其雜犯死罪」, 謂非上文十惡、故殺人、反逆緣坐、監守內
姦、盜、略人、受財枉法中死罪者. 卽在禁身死者, 謂犯罪合死, 在禁身亡. 若免
死別配者, 謂本犯死罪, 蒙恩別配流、徒之類. 「及背死逃亡者」, 謂身犯死罪,
背禁逃亡者. 此等四色, 所犯獄成, 竝從除名之律, 故注云「皆謂本犯合死而
獄成者」. 背死逃亡者, 卽斷死除名, 依法奏畫, 不待身至. 其下文「犯流徒獄
成逃走」, 亦準此.

[율문3a] 만약 잡범으로 사죄이거나, 수감 중에 죄인 자신이 사망
하거나, 또는 사형을 면하고 특별히 유배되거나 사형을 피해서
도망한 자는 모두 제명하며, 모두 본래 범한 바가 사죄에 해당하고

---

88) 율문2에서 규정한 감림·주수의 죄는 죄가 성립된 뒤 은사령이 내리면 면소거
관하고, 은강령이 내리면 면관한다. 五流나 十惡 등의 죄를 범한 경우 은사령
이 내려도 그대로 제명·면관하는 것과는 다르지만, 일반 은사령으로 징계 처
분을 완전히 면할 수 없다는 점에서는 같다. 또한 소의 해석에 따르면, 은강령
이 내린 뒤 다시 단죄되었으나 황제의 재가를 받기 전에 다시 은강령이 내렸
다면 면소거관한다. 즉 황제의 特恩이라면 죄를 거듭 감할 수 있다고 할 수
있다.

죄[獄]가 성립된 경우를 말한다.

[율문3a의 소] 의하여 말한다: "만약 잡범으로 사죄이거나"라 함은, 위 율문의 십악·고살인·반역연좌, 관할구역 내의 간·도·약인과 수재왕법이 아닌 죄로 사죄가 된 것을 말한다. "수감 중에 죄인 자신이 사망하거나"라 함은, 범한 죄가 사형에 해당하는 자가 수감 중에 사망한 것을 말한다. "또는 사형을 면하고 특별히 유배되거나"라 함은, 본래 사죄를 범하였으나 은전을 입어 특별히 유형이나 도형에 처해진 것 따위를 말한다. "사형을 피해서 도망한 자"라 함은, (사죄를 범한 자가) 수감 중에 탈출하여 도망한 것을 말한다. 이들 네 가지 사안은 범한 것에 대한 죄가 성립되었으면 모두 제명하는 율에 따라야 하므로 주에 "모두 본래 범한 바가 사죄에 해당하고 죄[獄]가 성립된 경우를 말한다."라고 한 것이다. 사형을 피해 도망한 것은 법에 따라 사형과 제명으로 단죄하여 재가를 주청하며, 죄인 자신이 오기를 기다리지 않는다. 아래 조문의 "유·도죄를 범하고 죄가 성립된 뒤 도주한 경우"(명19.2)도 이에 준한다.

[律文3b] 會降者, 聽從當、贖法.

[律文3b의 疏] 議曰: 雜犯死罪以下, 未奏畫逢降, 有官者聽官當, 有蔭者依贖法. 本法不得蔭贖者, 亦不在贖限. 其會赦者, 依令:「解見任職事.」

[율문3b] 은강령이 내린 경우에는 관당하거나 속하는 법에 따를 것을 허용한다.

[율문3b의 소] 의하여 말한다: 잡범 사죄 이하가 아직 재가를 상주하지 않았는데 은강령이 내리면, 관이 있는 자는 관당을 허용하고 음이 있는 자는 속하는 법에 따른다. 본(조의) 법이 음으로 속할 수 없도록 규정된 경우에는 역시 속의 범위에 포함되지 않는다. 그러나 은사령이 내린 경우는 영(옥관령, 습유768쪽)에서 "현임 직사

관은 해면한다."고 한 것에 따른다.

[律文3b의 問1] 曰: 文云:「十惡、故殺人、反逆緣坐, 會赦猶除名. 雜犯死罪
等, 會降從當贖法.」 若有別蒙勅放及會慮減罪, 得同赦、降以否?

[律文3b의 答1] 曰: 若使普覃惠澤, 非涉殊私, 雨露平分, 自依恒典. 如有特
奉鴻恩, 總蒙原放, 非常之斷, 人主專之, 爵命竝合如初, 不同赦、降之限. 其
有會慮減罪, 計與會降不殊, 當免之科, 須同降法; 慮若全免, 還從特放之例.

[율문3b의 문1] 묻습니다: 율에 "십악·고살인·반역연좌(의 죄를 범
하면) 은사령이 내려도 여전히 제명한다. 잡범 사죄 등은 은강령
이 내리면 관당하거나 속하는 법에 따른다."고 하였습니다. 만약
특별히 칙으로 방면되거나 여[89)]가 있어 죄를 감한 경우 은사령이
나 은강령과 같은 효력이 있습니까?

[율문3b의 답1] 답한다: 만약 은택을 널리 펴려면 사사로운 정에 치
우치지 않고 비나 이슬이 내리듯이 고루 나누어야 하니 당연히 통
상의 법[恒典]에 따라야 한다. (그렇지만) 만약 특별히 넓은 은혜를
받들어 모두 용서해서 방면하였다면, (이는) 통상(의 법)에 따르지
않는 처단으로 오로지 군주만이 할 수 있는 것이다. (이 경우) 작
명은 모두 원래의 것으로 회복시켜서 (율에 규정된) 은사령·은강
령의 제한과 같지 않게 해야 한다. 만약 여가 있어 죄를 감하는 것
은 계산하는 것이 은강령이 내린 경우와 다르지 않아 관당·면관
처분도 은강령의 법과 같게 해야 하며, 여가 (죄를) 전부 감면하는
것이면 도리어 특별히 방면하는 예에 따른다.

---

89) 慮는 慮囚를 말한다. 이는 죄수의 죄상을 검열하여 장기 미결수와 冤獄을 살
펴 처리하는 것을 말한다. 특히 황제의 명에 따른 여의 경우 죄를 사면하거나
경감하는 바가 많다. 이러한 여는 특정 개인에 대한 감형으로 일반에게 포고
되는 은강령과는 다르다.

[律文3b의 問2] 曰: 加役流以下五流, 犯者除名、配流如法. 未知會赦及降, 若爲處分?

[律文3b의 答2] 曰: 會赦猶流, 常赦所不免, 雖會赦、降, 仍依前除名、配流. 其不孝流、反逆緣坐流, 雖會赦, 亦除名. 子孫犯過失流, 會赦, 免罪; 會降, 有官者聽依當、贖法. 其加役流, 犯非一色, 入十惡者, 雖會赦、降, 仍合除名; 稱「以枉法論」、「監守內以盜論」者, 會赦免所居官, 會降同免官之法; 自餘雜犯, 會赦從原, 會降依當、贖法. 凡斷罪之法, 應例減者, 先減後斷. 其五流先不合減者, 雖會降後, 亦不合減科.

[율문3b의 문2] 묻습니다: 가역류 이하 다섯 가지 유형에 해당하는 죄[90]를 범한 경우 제명하고 유배하는 것은 법대로(명11.2) 합니다. 은사령 및 은강령이 내리면 어떻게 처분하는지 알기 어렵습니다.

[율문3b의 답2] 답한다: 은사령이 내리더라도 그대로 집행하는 유죄[會赦猶流]는 통상적인 은사로 면할 수 없는 바이니, 비록 은사령과 은강령이 내리더라도 여전히 그대로 제명하고 유배한다(단20.2). 불효에 의한 유죄와 반역연좌에 의한 유죄도 비록 은사령이 내려도 역시 제명한다. 자·손이 과실을 범하여 (부모를 사망케 한) 유죄는 은사령이 내리면 죄가 면제되고, 은강령이 내리면 관품이 있는 자는 관당하고 속하는 법에 따를 것을 허용한다. 가역류는 범한 (죄가) 한 가지가 아니니, 십악에 들어가는 경우 은사령이나 은강령이 내리더라도 제명하며, "왕법으로[以枉法] 논한다."고 하거나 "관할구역 안에서 범한 절도로[以盜] 논한다."고 한 경우는 은사령이 내리면 면소거관하고 은강령이 내리면 면관법을 적용하며, 기타 잡범은 은사령이 내리면 용서하고 은강령이 내리면 관당하거나 속하는 법에 따른다. 무릇 죄를 단죄하는 법은 예감해야 할 경우 먼저 죄

90) 다섯 가지 유형에 해당하는 죄는 가역류·반역연좌류·자손범과실류·불효류·회사유류를 말한다(명11).

를 감하고 뒤에 단(죄)한다. 단 다섯 가지 유죄와 같이 먼저 감죄할 수 없는 것은 비록 은강령이 내린 후라도 역시 죄를 감해서 과하면 안 된다.

당률소의 권 제3 명례율 모두 10조

역주 이준형

제19조 명례 19. 면관하는 죄(免官)

[律文1] 諸犯姦、盜、略人及受財而不枉法; 竝謂斷徒以上.

[律文1의 疏] 議曰: 「姦、盜、略人」, 竝謂監臨外犯罪. 及受財而不枉法者, 謂雖卽因事受財, 於法無曲. 竝謂斷徒以上者.

[율문1] 무릇 (관인이) 간·도·약인을 범한 경우 및 재물을 받았지만 왕법하지 않은 경우, 모두 도죄 이상으로 단(죄)된 것을 말한다.

[율문1의 소] 의하여 말한다: "간·도·약인"은 모두 (관인이) 관할구역[監臨] 밖에서 범한 죄를 말한다.[1] "재물을 받았지만 왕법하지 않은 경우"란 비록 사건으로 인해 재물을 받았지만 법(의 적용)에 왜곡이 없는 경우를 말한다(직48.1b).[2] 모두 도죄 이상으로 단(죄)된 경우를 말한다.

[律文2] 若犯流、徒, 獄成逃走;

[律文2의 疏] 議曰: 犯流、徒者, 謂非疑罪及過失, 此外犯流、徒者. 「獄成逃走」, 謂減訖仍有徒刑; 若依令責保參對及合徒不禁, 亦同. 律旣不注限日, 推勘逃實卽坐.

---

1) 관인이 관할구역 밖에서 간·도·약인을 범한 경우에는 이 조항에서 규정한 것처럼 면관에 해당하지만, 감림·주수가 관할구역 안에서 간·도·약인을 범한 경우에는 제명에 해당한다. 단 이 경우 옥이 성립된 후 은사령이 내리면 면소거관, 은강령이 내리면 면관 처분된다(명18.2).

2) 관인이 재물을 받고 왕법한 경우에는 제명 처분되며, 간·도·약인을 범한 경우와 마찬가지로 옥이 성립된 후 은사령이 내리면 면소거관, 은강령이 내리면 면관 처분된다(명18.2).

[율문2] 또는 유·도죄를 범하고 죄가 성립된[獄成] 뒤 도주한 경우,

[율문2의 소] 의하여 말한다: "유·도죄를 범하고"라 함은 의죄 및 과실[3]로 (범한 것이) 아닌 그 밖의 유·도죄를 범한 것을 말한다. "죄가 성립된[獄成][4] 뒤 도주한 경우"라 함은, 감하고도 아직 도형이 남아 있거나,[5] 또는 영(옥관령, 습유783쪽)에 의거해서 보증인을 세우고 옥 밖에 있으면서 심문을 받는[責保參對][6] 중이거나, 도형에 처해야 하는데 구금되지 않은 경우에 (도망한 것도) 또한 (옥이 성립된 뒤의 도주와) 같음을 말한다. 율에는 원래 시한에 대한 주가 없으니, 조사하여 도주가 사실이면 곧 처벌한다.

---

3) 疑罪란 범죄의 사실 여부를 확정하기 어려운 사안을 말하며, 이러한 사안에 대해서는 속동을 징수하도록 규정하고 있다(502, 단34.1). 여기서 과실은 살상에 한해 사용되는 용어이며, 이러한 과실살상의 경우 살상한 정도에 따라 속동을 징수하도록 규정하고 있다(339, 투38). 이처럼 의죄와 과실은 사안 자체의 정상이 실형에 처해서는 안 되기 때문에 속동을 징수하도록 규정되어 있으므로, 관인이 이러한 사안에 해당하는 유·도죄를 범해도 면관에 해당하지 않는 것이다. 다만 기친 및 조부모·부모를 과실살상한 경우 실형을 부과하는데(328·329, 투27·28), 이러한 경우도 역시 면관하는지는 확실히 알 수 없다.

4) '獄成'은 죄가 확정되었다는 뜻이다. 이는 장물과 죄상이 드러나 증명되었거나 또한 상서성에서 판결을 마쳤으나 아직 상주하지 않은 단계이다(명18.1b). 소는 '감하고도 아직 도형이 남아있거나', '보증인을 세우고 옥 밖에 있으면서 심문을 받는 중이거나', '도형에 처해야 하는데 구금되지 않은' 상태에서 도주한 것 역시 죄가 성립된[獄成] 단계에서 도주한 것과 같다고 해석한 것이다.

5) 관이나 음이 있어 예감으로 1등을 감하고도 여전히 도형이 남는 경우를 말한다. 예감이란 의장·청장·감장으로 유죄 이하는 1등을 감하는 것이다(명8·10·11).

6) '責'은 책임을 지운다는 의미이고, '保'는 보증인의 의미이다. '參'은 출두한다는 의미이고, '對'는 심문에 대답한다는 의미이다. 즉 책보참대란 죄인을 구금하지 않고 심문할 때만 출두하게 하되, 죄인이 도주하는 등의 문제가 발생하면 보증인에게 책임을 묻도록 하는 제도이다. 이러한 책보 제도는 구금 중인 여성이 해산이 임박한 경우나 구금 중인 죄인에게 혼례·상례가 있는 경우에도 적용되었다(『천성령역주』권27, 438·498~500쪽).

[律文2의 問] 曰: 免所居官之法, 依律「比徒一年」. 此條犯徒、流逃走, 卽獲
免官之坐, 未知免所居官人逃亡, 亦入犯徒免官以否?

[律文2의 答] 曰: 免所居官之色, 亦有罪不至徒, 本罪若其合徒, 逃者卽當免
官之坐; 若犯杖罪逃走, 便異本犯徒、流, 以其元是杖刑, 不入免官之法.

[율문2의 문] 묻습니다: 면소거관의 법은 율에 의거하면 "도1년에
견줍니다."(명23.1) 이 조항에서 도·유(죄)를 범한 자가 도주하면 곧
면관의 처벌을 받는데, 면소거관에 해당하는 사람이 도망하면 역
시 도죄를 범한 (것에 견주어) 면관하는 (범위에) 포함합니까?

[율문2의 답] 답한다: 면소거관에 (해당하는) 죄목[色]에는 역시 죄가
도형에 이르지 않는 것도 있는데, 본죄가 도형에 해당해야만 도망
한 경우 면관 처벌에 해당한다. 만약 장죄를 범하고 도주했다면
곧 본래 도·유(죄)를 범한 것과 다르고 그 원래 (범한 죄가) 장형
에 해당하는 것이니 면관하는 법을 적용하지 않는다.

[律文3] 祖父母、父母犯死罪被囚禁, 而作樂及婚娶者: 免官. 謂二官竝免.
爵及降所不至者, 聽留.

[律文3의 疏] 議曰: 曾、高以下祖父母、父母犯死罪, 見被囚禁, 其子孫若作樂
者, 自作、遣人作者竝同, 上條遣人與自作不殊, 此條理亦無別. 「及婚娶者」,
止據男夫娶妻. 不言嫁娶者, 明婦人不入此色. 自「犯姦、盜」以下, 竝合免官.

[율문3] 조부모·부모가 사죄를 범하여 구금되어 있는데 악을 감
상하거나(직31.2) 혼인하여 처를 취한 경우(호31)는 면관한다. 2관
모두 해면함을 말한다. 작 및 강등이 미치지 않은 바의 (관은) 남겨두
는 것을 허용한다.

[율문3의 소] 의하여 말한다: 증조·고조 이하 조부모·부모가 사죄를
범하여 현재 구금되어 있는데 만약 그 자손이 만약 악을 감상한

것은, 직접 하거나 사람을 시켜 하거나 모두 같다. 위의 조항7)에서 사람을 시켜 한 것과 자신이 한 것이 다르지 않다고 (규정했으니) 이 조항에서도 이치상 역시 구별하지 않는 것이다. "혼인하여 처를 취한 경우"는 남자가 처를 취한 것에 의거하는데 그친다. (여기서) "시집가고 장가든 경우"라고 말하지 않은 것은, 부인은 이 죄목[色]을 적용하지 않음을 분명히 하려는 것이다. "간·도를 범하고" 이하의 (죄는) 모두 면관에 해당한다.

[律文3의 注] 謂二官竝免. 爵及降所不至者, 聽留.

[律文3의 注의 疏] 議曰:「二官」爲職事官、散官、衛官爲一官, 勳官爲一官. 此二官竝免, 三載之後, 降先品二等敍.「爵及降所不至者, 聽留」, 爵者, 王及公、侯、伯、子、男.「降所不至者」, 謂二等以外歷任之官是也. 若會降有餘罪者, 聽從官當、減、贖法.

[율문3의 주] 2관 모두 해면함을 말한다. 작 및 강등이 미치지 않은 바의 (관은) 남겨두는 것을 허용한다.

[율문3의 주의 소] 의하여 말한다: "2관"은 직사관·산관·위관을 1관으로 하고, 훈관을 1관으로 한다. 이 2관을 모두 해면하고 3재 후에 원래의 관품에서 2등을 내려 서용한다(명21.2). "작 및 강등이 미치지 않은 바8)의 (관은) 남겨두는 것을 허용한다."는 것에서 작은

---

7) '위의 조항'이란 십악 중 불효조를 말한다. 해당 조항의 소에서는 부모 상중에 악을 감상하는 것은 직접 하거나 다른 사람에게 시킨 것이나 같다고 해석하였다(명6.7의 주4의 소).

8) 선거령에는 관인이 죄를 범하고 제명·면관·면소거관 등의 처분을 받은 후 서용될 때 예전 관품보다 일정 등급을 내려 서용하도록 규정되어 있다(명21.1~3). 따라서 '강등이 미치는[降至者] 관', 즉 재서용될 관품보다 높은 역임관은 제명·면관 등의 처분 시에 함께 추탈된다. 재서용될 관품과 같거나 그보다 낮은 관품의 역임관은 고신을 추탈하지 않으며 이것이 곧 '강등이 미치지 않은

왕 및 공·후·백·자·남이며, "강등이 미치지 않은 바의 (관은)" (다시 서용할 때 내리는 관품) 2등 이외의 역임관을 말한다. 만약 은강령이 내려 (죄를 감하고) 남은 죄가 있으면 관당·감·속하는 법에 따를 것을 허용한다.9)

제20조 명례 20. 면소거관하는 죄(免所居官)

[律文1] 諸府號、官稱犯父祖名, 而冒榮居之;

　[律文1의 疏] 議曰: 府號者, 謂省·臺·府·寺之類. 官稱者, 謂尙書·將軍·卿·監之類. 假有人父祖名常, 不得任太常之官; 父祖名卿, 亦不合任卿職. 若有受此任者, 是謂「冒榮居之」. 選司唯責三代官名, 若犯高祖名者非.

[율문1] 무릇 관부의 칭호나 관의 칭호가 부·조의 이름을 범하는데도 영예를 탐하여 관직에 취임하거나(직31.1),

　[율문1의 소] 의하여 말한다: 관부의 칭호란 성·대·부·시10) 따위의 (명칭을) 말한다. 관의 칭호란 상서·장군·경·감11) 따위를 말한다.

---

9) 면관에 해당하는 죄를 범했는데 은강령이 내리면 면관이라는 부가형은 면제하고 주형은 감하며, 감하고 남은 죄에 대해서는 관당하는 법이나 감하는 법, 속동을 징수하는 법을 적용할 수 있다는 뜻이다.

10) 省은 상서·문하·중서 등의 6성, 臺는 어사대, 府는 제위의 중랑장부·태자제솔부 및 절충부·도독부·도호부와 하남·태원부 등의 관부, 寺는 태상시 등의 9시를 가리킨다.

11) 尙書는 상서성 6부의 장관, 將軍은 각 위의 장관과 차관인 대장군과 장군, 卿은 9시의 장관과 차관인 경과 소경, 監은 소부감과 군기감의 장관과 차관인 감과 소감을 가리킨다.

가령 어떤 사람의 부·조의 이름에 '상'자가 들어 있다면 태상시의 관에 임명될 수 없고, 부·조의 이름에 '경'자가 들어 있다면 또한 경의 직위에 임명될 수 없다. 만약 이러한 (관직을) 받아 임명된 경우, 이를 "영예를 탐하여 관직에 취임했다."고 하는 것이다. 선사는 오직 (부·조·증조) 3대의 (이름에) 관명이 들어 있는지만 따지며,[12] 만약 고조의 이름을 범한 경우에는 아니다.

[律文2] 祖父母, 父母老疾無侍, 委親之官;

[律文2의 疏] 議曰: 老謂八十以上, 疾謂篤疾, 竝依令合侍. 若不侍, 委親之官者. 其有才業灼然, 要藉驅使者, 令帶官侍, 不拘此律.

[율문2] 조부모·부모가 노·질이고 시양할 사람이 없는데 조부모·부모[親]를 방치하고 관에 나아가거나,(직31.1)

[율문2의 소] 의하여 말한다: 노는 80세 이상을 말하고 질은 독질[13] 을 말하는데, 모두 영에 의거해서 시양해야 한다.[14] 만약 시양하

---

12) 選司는 문·무관의 銓選을 주관하는 상서이부와 상서병부를 말한다(『신당서』권 45, 1171쪽). 이들 부서에서는 전선 시에 서용할 직임과 그 관부의 명칭에 應選 人의 부·조·증조 3대의 이름과 같은 글자가 있는지를 확인한다는 의미이다.

13) 잔질·폐질·독질을 삼질이라고 한다. 잔질은 경미한 장애로, 한 눈이 먼 경우· 두 귀가 먼 경우·손가락이 둘 이상 없는 경우·발가락이 셋 이상 없는 경우·손 발에 엄지가 없는 경우·피부병으로 모발이 없는 경우·치루 및 자궁질환·큰 종기나 혹이 있는 경우 등이고, 폐질은 언어장애·왜소증·척추장애·사지 가운 데 한 곳이 상한 경우이며, 독질은 가장 중한 장애로 난치병·정신병·사지 가 운데 두 곳이 상한 경우·두 눈이 모두 먼 경우 등이다(『송형통』권12, 190쪽; 『백씨육첩사류집』권9). 잔질은 요역만 부담하게 하고, 폐질은 과역을 면제하 며, 독질은 과역을 면제하고 시정 1인을 지급한다(명27.1의 소; 『신당서』권51, 1343쪽).

14) 80세 이상이거나 독질인 경우에는 시정 1인을 주고, 90세 이상인 경우에는 시 정 2인을, 100세 이상인 경우에는 3인을 준다. 시정은 자·손이나 근친 가운데 색역이 가벼운 정남을 취하는 것이 원칙이다(『통전』권7, 155쪽; 『당육전』권3,

지 않았다면 (그 행위가) 조부모·부모를 방치하고 관에 나아간 것이다. 단 재능과 공업이 뛰어나 (조정이) 부려야 할 자이면, 이 율에 구애받지 않고 관직을 갖고 있으면서 시양하게 한다.

[律文2의 問] 曰: 親老疾合侍, 今求選得官, 將親之任, 同「委親之官」以否?
又, 得官之後, 親始老疾, 不請解侍, 復合何罪?
[律文2의 答] 曰: 委親之官, 依法有罪. 旣將之任, 理異委親; 及先已任官,
親後老疾, 不請解侍: 並科「違令」之罪.

[율문2의 문] 묻습니다: 조부모·부모가 노·질이어서 시양해야 하는데, 지금 선거에 응하여 관을 얻어서 부모를 모시고 부임했다면 "방치하고 관에 나아간 것"과 같습니까? 또 관직을 얻은 후 부모가 비로소 노·질이 되었는데 사임하여 시양할 것을 청하지 않았다면 또한 어떤 죄에 해당합니까?
[율문2의 답] 답한다: 조부모·부모를 방치하고 관에 나아간 것은 법에 의거하여 죄가 된다. 원래 부모를 동반하고 부임한 것은 이치상 부모를 방치한 것과는 다르다. 또 먼저 관직에 임명되고 조부모·부모가 나중에 노·질이 되었는데, 사임하여 시양할 것을 청하지 않았으면 (두 경우) 모두 "위령"의 죄(잡61.1)를 준다.[15]

[律文3] 在父母喪生子及娶妾,

79쪽; 『역주당육전』상, 343쪽).
15) 조부모·부모가 80세 이상 혹은 독질은 호령(『당령습유』, 231쪽)에 의하여 시양해야 하는데, 자신 외에 시양할 사람이 없는데도 임지로 간 것이 '조부모·부모를 방치하고 관에 나아간 죄'이며, 도1년에 처한다(121, 직31.1 및 소). 또 선거령(『당령습유』, 293쪽)에 따르면, 관인은 조부모·부모를 시양해야 할 경우 해관하고 이를 상서성에 보고해야 한다. 따라서 부모를 시봉하지 않고 선거에 응했거나, 사임하고 시양할 것을 청하지 않았다면 모두 위령죄가 되는 것이다.

[律文3의 疏] 議曰: 在父母喪生子者, 皆謂二十七月內而懷胎者. 若父母未亡以前而懷胎, 雖於服內而生子者, 不坐; 縱除服以後始生, 但計胎月是服內而懷者, 依律得罪. 其娶妾, 亦準二十七月內爲限.

[율문3] 부·모 상중에 자식을 낳거나(호7), 첩을 얻거나(호30.1),

[율문3의 소] 의하여 말한다: 부·모 상중에 자식을 낳았다 함은, 대개 (복상 기간인) 27개월 내에 임신케 한 것을 말한다. 만약 부·모가 사망하기 전에 임신했다면 비록 복상 기간 중에 자식을 낳았더라도 처벌하지 않는다. 설령 복을 벗은 뒤에 비로소 출산했더라도 잉태한 달을 헤아려 복상 기간 중에 임신케 한 경우는 율에 의거해서 죄를 받는다. 첩을 얻은 경우16)도 역시 27개월 내를 기준으로 시한을 삼는다.

[律文4] 兄弟別籍、異財, 冒哀求仕;

[律文4의 疏] 議曰: 居喪未滿二十七月, 兄弟別籍、異財, 其別籍、異財不相須. 「冒哀求仕」, 謂父母喪禫制未除, 及在心喪內者. 竝合免所居之一官, 竝不合計聞.

[율문4] 형제가 호적을 따로 하거나 재산을 달리 하거나(호7), 애통함을 속이고 관직을 구하거나(직31.1),

[율문4의 소] 의하여 말한다: 복상 기간 27개월이 만료되지 않았는데 형제가 호적을 따로 하거나 재산을 달리 한 경우, 호적을 따로

---

16) 부모 상중에 시집·장가든 죄는 도3년에 해당하고, 첩을 얻은 것은 3등을 감한다. 이는 첩은 정리가 얇고 예의 등급이 부·처와는 다르기 때문이다(179, 호30.1 및 소). 관인이 이를 범한 경우 받는 종형에도 차등이 있다. 즉 부모 상중에 첩을 얻으면 이 조항에 따라 면소거관 처분을 받지만, 처를 얻으면 십악의 불효(명6.7)에 해당하는 행위를 범한 것이므로 제명 처분을 받게 된다(명18.1).

한 것과 재산을 달리 한 것이 반드시 둘 다일 필요는 없다(호6.1의 주). "애통함을 속이고 관직을 구했다."라 함은, 부·모상의 담제[17]가 아직 끝나지 않은 경우 및 심상[18] 기간 안에 있는 경우를 말한다(직31.1). (두 경우) 모두 면소거관에 해당하는데, 모두 윤달을 셈해서는 안 된다.[19]

[律文5] 若姦監臨內雜戶、官戶、部曲妻及婢者: 免所居官. 謂免所居之一官. 若兼帶勳官者, 免其職事. 卽因冒榮遷任者, 竝追所冒告身.

[律文5의 疏] 議曰: 雜戶者, 謂前代以來配隸諸司, 職掌課役不同百姓, 依令「老免、進丁、受田依百姓例」, 各於本司上下. 官戶者, 亦謂前代以來配隸相生, 或有今朝配沒, 州縣無貫, 唯屬本司. 部曲妻者, 通娶良人女爲之. 「及婢者」, 官私婢亦同. 但在監臨之內姦者, 强、和竝是. 從「府號、官稱」以下, 犯者竝合免所居官.

[율문5] 또는 관할구역 안의 잡호·관호·부곡의 처 및 비를 간한 경우 **면소거관한다.** 가지고 있는 관 가운데 1관을 면함을 말한다.

---

17) 禫은 제사의 명칭이다. 상을 당하고 만 1년이 되면(13개월째) 小祥祭를 지내고, 만 2년이 되면(25개월째) 大祥祭를 지내는데, 禫祭는 대상제로부터 2개월 뒤, 상을 당한 때로부터 27개월째에 지낸다. 담이란 澹과 뜻이 통하며, 상의 슬픔이 점차 가시고 澹然平安해진다는 의미이다. 때문에 담제를 지내면 상복을 벗는다. 소에서 말하는 '禫制未除'란 대상을 치렀으나 아직 상복을 벗지 않은 복상기간 25개월 이상, 27개월 미만의 때를 말한다(劉俊文, 『唐律疏議箋解』, 221쪽, 箋釋11; 『의례주소』권43, 964~965쪽).

18) 心喪은 본래 복이 없는 상으로, 제자가 스승을 위해 혹은 첩의 자식이나 出妻의 자식이 모친을 위해 행한다(『예기정의』권6, 196쪽). 율에서는 25개월을 심상 기간으로 삼는데(121, 직31.1의 소), 정식 상복을 입지 않고 경건하게 애도하는 것을 말한다.

19) 윤달을 셈해서는 안 된다는 것은, 윤달은 복상해야 하는 27개월 중의 1개월로 간주하지 않는다는 뜻이다.

만약 훈관을 아울러 가지고 있는 자는 (먼저) 그 직사관을 면한다. 만약 영예를 탐하여 (부·조의 이름을 범하는데도 취임한 관직으로) 인해 승진 임용된 경우, 모든 탐한 바 (관직의) 고신을 박탈한다.

[율문5의 소] 의하여 말한다: 잡호란 전대 이래 모든 관사에 나뉘어 예속된 자를 말하며, 그 직장과 과역[20]이 백성과 같지 않지만,[21] 영에 의거하여 "노가 되면 역을 면하고, 정이 되는 것과 수전하는 것은 백성의 예에 따르며",[22] 각각 소속된 관사에서 복역한다[上下]. 관호란 역시 전대 이래 (관사에) 나뉘어 예속된 (호가) 서로 (혼인하여) 출생했거나 혹은 본조에서 몰관되어 배속된 자를 말하며, 주·현에 적관이 없고 오직 해당 관사에 속한다.[23] 부곡의 처란

---

20) 課役이란 당 세제의 근간을 이루는 租·調·役의 총칭이다. 구체적으로 과는 조(정마다 연간 속 2석)·조(정마다 연간 綾·絹·絁 2장과 綿 3량, 또는 布 2장5척과 麻 3근)를 의미하며 역은 正役(정마다 연간 20일, 윤년일 경우 22일)으로 국가에 노동을 제공하는 의무를 말한다. 취역할 일이 없으면 1일당 견 3척의 비율로 庸을 징수하고, 일이 있어 역이 15일 추가되면 調를 면제하고 30일 추가되면 조·조를 모두 면제한다. 지방의 요역인 雜徭나 토지에 부과하는 義倉·地稅는 과역에 포함되지 않는다(『당육전』권3, 76쪽; 『역주당육전』상, 325~327쪽). 잡요는 소요역이라고도 하며 호를 단위로 하여 중남 혹은 정남을 징발하는데, 당대 충부식에 의하면 잡요는 중남으로 충당하되 역의 기간에 따라 호 내 다른 정남의 조를 면제하고, 정남을 잡요에 충당할 경우 기간에 따라 과역의 일부 또는 전체를 면제한다(『백씨육첩사류집』권22, 征役, 充夫式).

21) 雜戶는 여러 관사에 나뉘어 예속된 관천인이다. 반역연좌로 몰관되어 관노비가 되었다가 은사로 인해 한 번 면하면 番戶[官戶]가 되고, 두 번 면하면 잡호가 되며, 세 번 면하면 양인이 된다. 잡호는 태상음성인과 함께 각기 현의 호적에 속해 있으나 각각 소속 관사에 복역하고, 주·현에 과역을 부담하지 않는다. 잡호는 2년을 5번으로 복역하며, 1번은 1개월이다(『당육전』권6, 193쪽; 『역주당육전』상, 618~621쪽; 265, 적18.1b의 소). 따라서 잡호는 매년 2.5개월 복역하도록 규정되어 있었던 셈이다.

22) 이러한 내용의 영문은 당률에 "잡호 및 태상음성인은 각각 현의 적관에 기재되어 있고, 受田·進丁·老免도 백성과 같다."라고 규정한 것(249, 적2.4의 문답) 외에 다른 당대 사료에서는 보이지 않는다.

일반적으로 (부곡과) 혼인한 양인 여자를 말한다. "비"는 관·사비 모두 같다. 다만 관할구역 안에서 간한 경우 강간이거나 화간이거나 모두 그러하다. (이 조항의) "관부의 칭호나 관의 칭호(가 부·조의 이름을 범하는데도 영예를 탐하여 관직에 취임하거나)" 이하를 범한 경우 모두 면소거관에 해당된다.

[律文5의 注1] 謂免所居之一官. 若兼帶勳官者, 免其職事.

　[律文5의 注1의 疏] 議曰: 稱免所居官者, 職事·散官·衛官同階者, 總爲一官. 若有數官, 先追高者; 若帶勳官, 免其職事; 如無職事, 卽免勳官高者.

[율문5의 주1] 가지고 있는 관 가운데 1관을 면함을 말한다. 만약 훈관을 아울러 가지고 있는 자는 (먼저) 그 직사관을 면한다.

　[율문5의 주1의 소] 의하여 말한다: 면소거관이라고 칭한 경우, 직사관·산관·위관의 품계가 같은 것을 모두 1관으로 한다. 만약 복수의 관이 있으면 먼저 높은 것의 (고신을) 추탈한다. 만약 훈관을 (아울러) 가지고 있으면 그 직사관을 면하고, 만약 직사관이 없으면 곧 훈관 중 높은 것을 면한다.

[律文5의 注2] 卽因冒榮遷任者, 並追所冒告身.

　[律文5의 注2의 疏] 議曰: 假有父祖名常, 冒任太常之職, 秩滿之後, 遷任高官, 事發論刑, 先免所居高品, 前得冒榮告身仍須追奪.

[율문5의 주2] 만약 영예를 탐하여 (부·조의 이름을 범하는데도 취임

---

23) 官戶는 番戶라고도 하며 그 지위는 잡호보다 낮고 관노비보다 높다. 은사령이 내리면 관노비가 관호가 되며, 관호끼리 혼인시켜 낳은 자녀 역시 관호가 된다(『당육전』권19, 525쪽; 『역주당육전』중, 607~608쪽). 또한 관호는 잡호와 달리 현의 호적에 속해 있지 않으며 예속된 관사의 簿帳에 등재된다(376, 사15.1a의 소).

한 관직으로) 인해 승진 임용된 경우, 모든 탐한 바 (관직의) 고신을 박탈한다.

[율문5의 주2의 소] 의하여 말한다: 가령 부·조의 이름에 '상'자가 있는데도 영예를 탐하여 태상의 직에 부임하고, 임기[秩]가 만료된[24] 뒤에 높은 관으로 승진 임용되었다가 이 사실이 발각되어 형을 논할 때에는, 먼저 가지고 있는 높은 품계의 (관직을) 면하고, 전에 영예를 탐하여 (부·조의 이름을 범하는데도) 얻은 (관직의) 고신도 그대로 반드시 소급하여 박탈한다.

제21조 명례 21. 제명·면관·면소거관·관당된 자의 서용법(除免官當叙法)

[律文1a①] 諸除名者官、爵悉除, 課役從本色,

　[律文1a①의 疏] 議曰: 若犯除名者, 謂出身以來官,爵悉除. 課役從本色者, 無蔭同庶人, 有蔭從蔭例, 故云「各從本色」. 又, 依令:「除名未敍人, 免役輸庸, 竝不在雜徭及征防之限.」

[율문1a①] 무릇 제명하는 경우 관·작을 모두 삭제하고 과역은 본색에 따르며,

　[율문1a①의 소] 의하여 말한다: "만약 제명(에 해당하는 죄를) 범하여 (제명한다)."는 것은, 출신 이래의 관·작을 모두 삭제함을 말한다. "과역은 본색에 따른다."는 것은, 음이 없으면 서인과 같고 음

---

24) 당대 관인의 임기는 모두 4년이며, 임기가 만료되었을 때 적절한 교체 인원이 없는 경우도 5년을 초과해서는 안 되었다(『통전』권19, 474쪽).

이 있으면 음의 예25)에 따르는 것이니, 그러므로 "각각 본색에 따른다."고 한 것이다. 또한 영(부역령, 습유-689쪽)에 의거하여, "제명되고 아직 서용되지 않은 자는 역을 면제하고 용을 내게 하며, 모두 잡요 및 정·방(인으로26) 징발하는) 범위에 두지 않는다."

[律文1a②] 六載之後聽敍, 依出身法.

[律文1a②의 疏] 議曰: 稱六載聽敍者, 年之與載, 異代別名. 假有元年犯罪, 至六年之後, 七年正月始有敍法, 其間雖有閏月, 但據載言之, 不以稱年要以三百六十日爲限. 一依出身法, 犯除名人年滿之後, 敍法依選擧令:「三品以上, 奏聞聽勅. 正四品, 於從七品下敍; 從四品, 於正八品上敍; 正五品, 於正八品下敍; 從五品, 於從八品上敍; 六品、七品, 竝於從九品上敍; 八品、九品, 竝於從九品下敍. 若有出身品高於此法者, 聽從高. 出身謂藉蔭及秀才、明經之類.」準此令文, 出身高於常敍, 自依出身法; 出身卑於常敍, 自依常敍. 故云「出身品高者, 聽從高」. 又, 軍防令:「勳官犯除名, 限滿應敍者, 二品於驍騎尉敍, 三品於飛騎尉敍, 四品於雲騎尉敍, 五品以下於武騎尉敍.」

[율문1a②] 6재 뒤에 서용을 허용하되 출신법27)에 의거한다.

---

25) 문무 직사관 3품 이상이나 군왕의 부·조·형·제·자·손, 문무 직사관 5품 이상이나 훈관 3품 이상으로 봉작이 있는 자 및 국공의 부·조·자·손, 훈관 2품과 공·후·백·자·남의 부·자는 모두 과역을 면제한다(『당육전』권3, 77쪽; 『역주당육전』상, 332쪽; 『천성령역주』154쪽; 161, 호12.1a의 소).

26) 征人은 위사가 아니라 때를 당하여 징모되어 출정하는 자이며(227, 천4.1의 소), 防人은 진·수와 烽候에 파견되어 방어 임무와 각종 사역에 동원된 부병을 가리킨다(239, 천16.2의 소).

27) 出身이란 관의 초임 자격을 말한다. 출신은 ①봉작, ②황친·국척, ③훈용, ④자음, ⑤수재·효의, ⑥고과 평정[勞考], ⑦제면 후 서용의 7가지가 있었으며 각각의 출신에 따라 정해진 초임 산관품이 정해져 있었다(『당육전』권2, 31~32쪽; 『역주당육전』상, 185~192쪽). 관직 임용은 출신에 따라 먼저 산관의 품계가 주어지고, 산관의 품계에 따라 직사관에 임명된다. 이 조항에서 '출신법'에 의

[율문1a②의 소] 의하여 말한다: "6재 (뒤에) 서용을 허용한다."라고 했는데, 년과 재는 다른 조대에 (사용된) 별개의 명칭이다.28) 가령 원년에 죄를 범했으면 6년 뒤인 7년 정월에 이르러 비로소 서용한다는 법이며, 그 사이에 비록 윤월이 있더라도 다만 재에 의거해서 말하고 년을 칭하여 360일을 시한으로 해서는 안 된다. 한 가지로 출신법에 의거한다고 했으니, 제명(에 해당하는 죄)를 범한 사람의 (서용 제한) 연한이 만료된 뒤 서용법은 선거령(습유299쪽)에 의거하여, "(문무) 3품 이상은 주문하여 칙에 따른다. 정4품은 종7품하로 서용하고, 종4품은 정8품상으로 서용한다. 정5품은 정8품하로 서용하고, 종5품은 종8품상으로 서용한다. 6·7품은 모두 종9품상으로 서용하고, 8·9품은 모두 종9품하로 서용한다. 출신에 (의거해

거한다는 것은 제명된 후 다시 서용될 때는 초임 자격에 따른다는 의미이다.

28) 이 소는 제명·면관 처분 시의 서용 시한을 '年' 대신 '載'로 규정한 사유에 대해 '異代別名'이라고 간단히 적고 있으나, 그 의미를 정확히 헤아리기는 어렵다. 단 『당률석문』(권3, 年載祀)에 따르면 年·載·祀는 모두 고대의 한 해를 일컫는 명칭이다. 예컨대 요순[唐虞] 이전에는 한 해의 할 일이 일신하는 바를 취하여 載라 했다. 하·주 이후에는 祀라 했는데 四時의 제사가 일순한다는 뜻을 취한 것이다. 진·한 이래로는 年이라 했는데, 새로운 곡식이 한 번 익는 시간이라는 뜻을 취한 것이다. 소에서 말하는 '異代別名'은 곧 이를 일컫는 것이며, 통상적인 의미에서 '재'는 '년'과 통용되어 '한 해'를 의미한다. 그러나 소의 해석을 살펴보면, 이 조항에서 규정한 '재'는 '년'과 그 의미가 분명히 다름을 알 수 있다. 먼저 '년'의 의미에 대해, 율에서는 일수를 계산하여 360일을 '년'이라 하고 12개월을 1년이라고 하지 않는다고 규정했다(명55.2). 따라서 윤월이 있는 경우 이를 360일 내에 산입하며, 이 경우 다음 해 같은 달이 되지 않더라도 360일이 차면 곧 '기년'이 지난 것으로 간주한다. 이에 비해 '재'는 윤월의 유무와는 무관하게, 정월이 되면 곧 1재가 지난 것으로 간주한다(『송형통』권6, 104쪽). 따라서 소에서 해석하듯 "원년에 죄를 범했으면 6년 뒤인 7년 정월에 이르러" 서용이 가능하게 되는 것이다. 요컨대 율에서 '년'은 만 360일, '재'는 햇수를 의미하는 것으로 이해할 수 있다. 하지만 제명·면관의 서용 시한을 '년' 대신 '재'로 규정했던 이유를 설명한 기사는 다른 사료에서도 찾을 수 없어 그 까닭을 명확히 알 수는 없다.

얻는) 관품이 이 법에 정한 것보다 높은 경우에는 높은 것에 따르는 것을 허용한다. 출신은 음에 의한 것 및 수재·명경 따위를 말한다." 이 영문에 준하여 출신에 (의거해서 얻는 관품이) 상서²⁹⁾에 (의거한) 것보다 높으면 출신법에 따르고 출신에 (의거해서 얻는 관품이) 상서에 (의거한) 것보다 낮으면 상서에 따른다.[30] 그러므로 "출신에 (의거해 얻는) 관품이 (이 법에 정한 것보다) 높은 경우에는 높은 것에 따르는 것을 허용한다."고 한 것이다. 또 군방령(습유377쪽)에 (의거하면), "훈관이 (죄를) 범하고 제명되었다가 (서용 제한) 시한이 만료되어 서용할 때는, 2품은 (정6품) 효기위로 서용하고, 3품은 (종6품) 비기위로 서용하며, 4품은 (정7품) 운기위로 서용하고, 5품 이하는 (종7품) 무기위로 서용한다."

[律文1b] 若本犯不至免官, 而特除名者, 敍法同免官例. 婦人因夫、子得邑號, 犯除名者, 年滿之後, 夫、子見在有官爵者, 聽依式敍.

[律文1b의 疏] 議曰: 本犯不至免官者, 情在可責而特除名, 矜其所犯先輕, 故許同免官之例收敍.

[율문1b] 만약 본래 범한 죄가 면관에 이르지 않으나 특별히 제명된 경우 서용하는 법은 면관의 예와 같다. 부인이 남편·자식으

---

29) 소의 문맥상 '常敍'란 위에서 인용한 선거령의 서용 규정을 가리키는 것으로 보이지만, 왜 이것을 '상서'라고 명명했는지 그 이유는 불분명하다. 또한 '상서'라고 칭한 경우 아래의 면관·면소거관 처분 이후의 서용 규정도 모두 포함되는지의 여부도 확실치 않다.

30) 예를 들어 수재과에 상상의 성적으로 급제하여 정8품상으로 입사한 관인이 종5품까지 승진했다가 제명된 경우, 소에서 인용한 선거령의 규정대로라면 종8품상으로 서용되어야 하지만 출신에 의해 얻는 관품인 정8품상으로 서용되는 것이다. 혹은 종5품관의 자가 자음으로 종8품하로 입사하여 종5품까지 승진했다가 제명된 경우, 선거령에서 규정한 서용 관품인 종8품상이 출신에 의해 얻는 관품보다 높으므로 그대로 종8품상으로 서용되는 것이다.

로 인하여 읍호를 얻었는데 제명(에 해당하는 죄를) 범한 경우, (서용 제한) 연한이 만료된 뒤 남편이나 자식이 현재 관·작을 가진 경우 식에 의거하여 서용하는 것을 허용한다.

[율문1b의 소] 의하여 말한다: 본래 범한 죄가 면관까지 이르지 않은 자가 (죄의) 정상이 문책할 만하여 특별히 제명되었다면, 그 범한 바가 원래 가벼운 점을 가엾게 여기는 까닭에 면관의 예와 같이 서용하는 것31)을 허용하는 것이다.

[律文1b의 問] 曰: 本犯雖非免官, 當徒用官竝盡, 依律, 當徒用官盡者, 敍限同免官. 未知當徒用官不盡, 今被特責除名, 敍法亦同免官以否?

[律文1b의 答] 曰: 凡稱除名·官當, 不論本犯輕重, 從例除·免, 不計徒年. 罪不至免官而特除名者, 止論正犯免官之法, 當徒官盡不在其中.

[율문1b의 문] 묻습니다: 본래 범한 죄가 비록 면관에 해당되지 않더라도 도(죄)를 관당하여 관이 모두 없어진 경우 율에 의거하면, 도(죄)를 관당하여 관이 없어진 자의 서용 시한은 면관의 경우와 같습니다.32) 도(죄)를 관당하고 남은 것이 있는데 지금 특별히 문

---

31) 면관의 예와 같이 서용한다는 것은, 아래 조항(명21.2)에 따라 3재 뒤에 원래의 관품에서 2등을 강등하여 서용하는 것이다.

32) 이 문답에서 '율에 의거하면[依律]'이라고 했으나 당률에 이러한 율문은 없다. 다만 도죄를 관당하는 경우, "관당에 관을 다 쓰지 않았으면 1년 뒤에 서용을 허용하되 원래의 관품에서 1등을 강등하고, 관을 다 썼으면 3재 뒤에 서용을 허용하되 원래의 관품에서 2등을 강등한다."는 해석(명17.3b의 문답)을 말한다고 생각된다. 이러한 해석에 의하면 관당은 '관당으로 관을 다 쓰지 않은 경우'와 '관당으로 관을 다 쓴 경우'로 나뉘며, 전자의 경우 그 서용은 아래 조문에 명시된 "면소거관 및 관당된 경우는 만 1년 뒤에 원래의 관품에서 1등을 강등하여 서용한다."는 규정(명21.3a)에 따르고 후자의 경우는 특별히 "면관된 경우 3재 뒤에 원래의 관품에서 2등을 강등하여 서용한다."는 규정(명21.2)과 동일하게 처리되는 것으로 생각된다. 따라서 문답에서 "관이 없어진 자의 서

책하여 제명되었다면, 서용법은 또한 면관의 경우와 같습니까?

[율문1b의 답] 답한다: 무릇 제명·면관[33]이라 칭함은 본래 범한 (죄의) 경중을 논하지 않고 예에 따라 제명·면관하고 도(죄)의 년 수를 헤아리지 않는다(명22.2). 죄가 면관에 이르지 않지만 특별히 제명된 경우는 바로 면관의 법을 범한 것만을 논하는데 그치며, 도(죄)를 관당하여 관이 모두 없어진 것은 그 중에 포함되지 않는다.

[律文1의 注] 婦人因夫·子得邑號, 犯除名者, 年滿之後, 夫·子見在有官爵者, 聽依式敍.

　[律文1의 注의 疏] 議曰: 婦人因夫·子而得邑號, 曰夫人·郡君·縣君·鄕君等. 其身犯罪而得除名, 年滿敍日, 計夫·子見在有官爵, 仍合授夫人·郡·縣·鄕君者, 竝依前授, 不降其品; 若夫·子被降官者, 竝依降授法: 如夫·子進官者, 聽依高敍. 其婦人敍法, 令備明文, 爲因夫·子官爵, 故不依降減之例.

[율문1의 주] 부인이 남편·자식으로 인하여 읍호를 얻었는데 제명(에 해당하는 죄를) 범한 경우, (서용 제한) 연한이 만료된 뒤 남편이나 자식이 현재 관·작을 가진 경우 식에 의거하여 서용하는 것을 허용한다.

　[율문1의 주의 소] 의하여 말한다: 부인이 남편·자식으로 인하여 얻은 읍호는 부인·군군·현군·향군 등을 말한다. 그 자신이 죄를 범하여 제명되고 (서용 제한) 시한이 만료되어 서용할 때에는, 남편·자식이 현재 가지고 있는 관·작을 헤아려 그대로 부인·군군·현군·향군을 수여해야 할 자는 모두 이전의 (읍호에) 의거하여 수여하며, 그 관품을 강등하지 않는다. 만약 남편·자식의 관품이 강등

　용 시한은 면관의 경우와 같다."고 한 것이다.

33) 원문의 '除名', '官當'은 이어지는 조문의 내용으로 보아 '除名', '免官'의 오기일 것이다(명22.2 및 소).

된 경우에는 모두 강등하여 수여하는 법에 의거하고, 남편·자식의
관품이 오른 경우에는 높은 관품에 의거하여 서용하는 것을 허용
한다. 단 부인의 서용법은 영(봉작령, 습유317쪽)에 남편·자식의 관·
작으로 말미암도록 한다는 분명한 조문을 갖추어 둔 까닭에 (제명
된 뒤에 다시 서용할 때에도) 강등하고 감하는 예에 의거하지 않
는 것이다.

[律文1의 注의 問] 曰: 婦人不因夫、子, 別加邑號, 犯除名者合敍以否?

[律文1의 注의 答] 曰: 律云:「不因夫、子, 別加邑號者, 同封爵之例.」 爵無
常敍之法, 除名不合更敍.

[율문1의 주의 문] 묻습니다: 부인이 남편·자식으로 인하지 않고 별
도로 읍호를 받았는데 제명(에 해당하는 죄를) 범한 경우 (제한 시
한이 만료된 후) 서용될 수 있습니까?

[율문1의 주의 답] 답한다: 율에 이르기를 "남편이나 아들에 의한 것
이 아니고 특별히 읍호가 더해진 경우에는 봉작의 예와 같다."(명
12.2)고 했다. 작은 일정한 서용[常敍]의 법이 없으므로 제명되면
다시 서용할 수 없다.

[律文2] **免官者, 三載之後, 降先品二等敍.**

[律文2의 疏] 議曰: 稱「載」者, 理與六載義同, 亦止取三載之後, 入四年聽
敍.「降先品二等」, 正四品以下, 一階爲一等; 從三品以上及勳官, 正、從各爲
一等. 假有正四品上免官, 三載之後, 得從四品上敍. 上柱國免官, 三載之後,
從上護軍敍. 是爲「三載之後, 降先品二等敍」.

[율문2] 면관된 경우 3재 뒤에 원래의 관품에서 2등을 강등하여
서용한다.

[율문2의 소] 의하여 말한다: "재"라 한 것은 이치상 (당연히 위 조문의) 6재와 뜻이 같고 또한 단지 3재 뒤라는 (뜻)만을 취하니, 4년째에 들어가면 서용을 허용한다. "원래의 관품에서 2등을 강등한다."고 했는데, 정4품 이하는 1계를 1등으로 하고, 종3품 이상 및 훈관은 정·종을 각각 1등으로 한다. 가령 정4품상의 (관이) 면관되었으면 3재 뒤에 종4품상으로 서용할 수 있다. (정2품) 상주국이 면관되었으면 3재 뒤에 (정3품) 상호군으로 서용한다. 이것이 "3재 뒤에 원래의 관품에서 2등을 강등하여 서용한다."는 것이다.

[律文3a] **免所居官及官當者, 期年之後, 降先品一等敍.**

[律文3a의 疏] 議曰:「免所居官及官當」, 罪又輕, 故至期年聽敍. 稱「期」者, 匝四時曰期, 從勅出解官日, 至來年滿三百六十日也. 稱「年」者, 以三百六十日. 稱「載」者, 取其三載·六載之後, 不計日月.

[율문3a] 면소거관 및 관당된 경우는 만 1년 뒤에 원래의 관품에서 1등을 강등하여 서용한다.

[율문3a의 소] 의하여 말한다: "면소거관 및 관당"은 죄가 더욱 가벼우므로 만 1년이 되면 서용을 허용한다. "기"라고 칭한 것은 사시가 도는 것을 기라 하니, 칙이 내려 해관된 날[34]부터 다음해 만 360일이 되는 날까지이다. "년"이라고 칭한 것은 360일로써 한다는 것이다(명55.2). "재"라고 한 것은 그 3재·6재 뒤라는 (뜻만) 취하고, 일·월을 헤아리지 않는다.

---

34) 관원의 증감, 주현의 폐치, 병마의 징발, 관작의 제면과 6품 이하 관직의 수여, 유형 이상 죄의 처분 및 일정 이상의 인원과 물자 동원에는 황제가 재가한 발일칙이 필요하다(『당육전』권9, 274쪽;『역주당육전』중, 94~95쪽). 따라서 황제가 발일칙 문서에 御畫로 재가한 일자가 곧 해관일이 된다.

[律文3b] 若本犯不至免所居官及官當，而特免官者，敍法同免所居官.

　　[律文3b의 疏] 議曰: 本犯不至免所居官者，謂非「府號,官稱犯父祖名」以下
　　等罪. 本犯不至官當者，謂九品以上犯私罪不至一年徒、公罪不至二年徒，五
　　品以上犯私罪不至二年徒、公罪不至三年徒. 特勅免官者，敍法一同免所居官:
　　期年降先品一等敍. 故云「敍法同免所居官」.

[율문3b] 만약 본래 범한 죄가 면소거관 및 관당에 이르지 않는
데 특별히 면관된 경우 서용하는 법은 면소거관과 같다.

　　[율문3b의 소] 의하여 말한다: 본래 범한 죄가 면소거관에 이르지
　　않았다는 것은, "관부의 칭호나 관의 칭호가 부·조의 이름을 범하
　　는데도" 이하 등의 죄(명20)가 아님을 말한다. 본래 범한 죄가 관당
　　에 이르지 않았다는 것은, 9품 이상이 범한 사죄가 도1년에 이르지
　　않거나 공죄가 도2년에 이르지 않거나, 5품 이상이 범한 사죄가 도
　　2년에 이르지 않거나 공죄가 도3년에 이르지 않은 것을 말한다.
　　특별히 칙으로 면관된 경우 서용하는 법은 모두 면소거관과 같아
　　만 1년이 되면 원래의 관품에서 1등을 강등하여 서용한다. 그러므
　　로 "서용하는 법은 면소거관과 같다."고 한 것이다.

[律文4] 其免官者，若有二官，各聽依所降品敍. 若勳官降一等者，從上柱國
削授柱國; 降二等者，削授上護軍之類. 卽降品卑於武騎尉者，聽從武騎尉敍.

　　[律文4의 疏] 議曰:「二官」，謂職事等帶勳官，前已釋訖. 若犯免官，職事、
　　勳官竝免. 假從正六品上職事免官，降至從六品上敍; 又帶上柱國亦免，從上
　　護軍敍. 此是「各聽依所降品敍」. 故注云:「若勳官降一等者，從上柱國削授柱
　　國; 降二等者，削授上護軍之類. 卽降品卑於武騎尉者，聽從武騎尉敍.」

[율문4] 단 면관된 자에게 만약 2관이 있다면 각각 강등된 바의
관품에 의거하여 서용하는 것을 허용한다. 만약 훈관을 1등 강등

한다는 것은 (정2품) 상주국에서 (1등) 깎아 (종2품) 주국을 수여하고, 2등을 강등한다는 것은 (2등) 깎아 (정3품) 상호군을 수여하는 것 따위를 말한다. 만약 강등하여 관품이 (종7품) 무기위보다 낮은 경우는 무기위로 서용하는 것을 허용한다.

[율문4의 소] 의하여 말한다: "2관"이란 직사관 등이 훈관을 (아울러) 가지고 있는 것을 말하는데, 이는 앞에서 이미 설명했다(명19.3의 주의 소). 만약 면관에 (해당하는 죄를) 범하면 직사관과 훈관을 모두 면한다. 가령 정6품상의 직사관에서 면관되었다면 종6품상으로 강등하여 서용한다. 또 상주국을 (아울러) 가지고 있으면 역시 면하고 상호군부터 서용한다. 이것이 곧 "각각 강등된 바의 관품에 의거하여 서용하는 것을 허용한다."는 것이다. 그런 까닭에 주에 "만약 훈관을 1등 강등한다는 것은 (정2품) 상주국에서 (1등) 깎아 (종2품) 주국을 수여하고, 2등을 강등한다는 것은 (2등) 깎아 (정3품) 상호군을 수여하는 것 따위를 말한다. 만약 강등하여 관품이 (종7품) 무기위보다 낮은 경우는 무기위로 서용하는 것을 허용한다."고 한 것이다.

[律文5a] 卽免官、免所居官及官當, 斷訖更犯, 餘有歷任官者, 各依當、免法, 兼有二官者, 先以高者當.

[律文5a의 疏] 議曰: 假有人犯免官及免所居官, 或以官當徒, 各用一官、二官當免訖, 更犯徒、流, 或犯免官、免所居官、官當, 餘有歷任之官告身在者, 各依上法當、免. 未斷更犯, 通以降所不至者當之.

[율문5a] 만약 면관·면소거관 및 관당 (처분된 자가) 처단된 뒤 다시 죄를 범했는데 역임한 관이 남아 있는 경우에는 각각 관당·면관의 법에 의거하며, 2관이 있는 경우에는 먼저 높은 것으로 관당한다.

[율문5a의 소] 의하여 말한다: 가령 어떤 사람이 면관 및 면소거관에 (해당하는 죄를) 범하거나 혹은 도(죄)를 관당하여 각각 1관·2관으로 (죄를) 당하거나 해면되고 나서, 다시 도·유죄를 범하거나 혹은 면관·면소거관·관당에 (해당하는 죄를) 범했는데 역임관의 고신이 남아 있는 경우에는 각각 위의 법에 의거하여 관당·면관한다. 아직 처단되지 않았는데 다시 (죄를) 범한 경우에는 (앞뒤 두 죄로 처단될 것을) 통산해서 강등이 미치지 않은 바의 (역임관으로) 관당한다.[35]

[律文5a의 注] 兼有二官者, 先以高者當.
　　[律文5a의 注의 疏] 議曰: 此旣重犯之人, 明非見任職事. 若有勳官, 職事二官, 先以高者當. 假有前任六品職事及五品勳官, 先以勳官當; 若當罪不盡, 亦以次高者當, 不限勳官, 職事.

[율문5a의 주] 2관이 있는 경우에는 먼저 높은 것으로 관당한다.
　　[율문5a의 주의 소] 의하여 말한다: 이는 이미 거듭 죄를 범한 사람이므로 현임 직사관이 아님이 분명하다. 만약 훈관·직사관의 2관이 있다면 먼저 높은 것으로 관당한다. 가령 전임의 6품 직사관 및

---

35) 일반적으로 당률에서는 두 가지 이상의 죄가 함께 발각된 경우 흡수주의를 취하여 더 무거운 쪽에 따라 처벌하고 있지만(명45.1a), 앞의 죄가 발각된 후 또는 이미 처벌이 집행된 후에 다시 다른 죄를 범했다면 병과주의를 채택하여 각각의 죄를 처벌한다. 소의 앞부분은 앞서의 죄에 대한 처벌이 완료된 후에 다른 범죄가 발각된 경우이고, "아직 단죄되지 않았는데 다시 (죄를) 범한 경우"는 앞의 죄가 아직 처단되지 않았는데 다른 범죄가 발각된 경우이다. 전자는 각각의 죄에 대한 관당·면관 처분을 병과하지만 그 처분 시점이 다르므로 아래 조문(명21.6)의 "서용 시한은 각각 뒤에 범한 죄에 따라 년을 헤아린다."라는 규정이 적용된다. 이에 비해 후자는 전후의 죄에 해당하는 각각의 관당·면관 처분을 통산하여 동시에 병과하고, 처분 시점이 동일하므로 서용 연한은 일반적인 관당·면관 시의 서용 규정에 따르게 된다.

5품의 훈관이 있으면 먼저 훈관으로 관당한다. 관당하고도 남은 죄가 있으면 역시 다음 높은 것으로 관당하되, 훈관 혹은 직사관을 가리지 않는다.

[律文5b] 仍累降之; 所降雖多, 各不得過四等. 各, 謂二官各降, 不在通計之限.

[律文5b의 疏] 議曰: 假有前犯免官, 已降二等; 又犯免官, 或當徒官盡, 亦降二等. 故云「仍累降之」. 卽雖斷訖更犯, 經三度以上, 敍曰止依此律再降四等法. 其免所居官及當徒用官不盡, 斷訖更犯, 後敍各降一等, 及至四度重犯, 總降四等, 後犯雖多, 止以四等爲限. 或頻犯免官訖, 又再犯免所居官者, 亦各計所犯, 降四等敍之. 故云「所降雖多, 各不得過四等」.

[율문5b] 그대로 누가해서 강등하되, 강등할 바가 비록 많더라도 각각 4등을 초과하지 못한다. '각각'이라 함은 2관 각각의 강등(의 한도가 그러하고, 2관의 강등을) 합계한 것의 한도가 그러하지 않다는 것을 말한다.

[율문5b의 소] 의하여 말한다: 가령 앞서 면관에 (해당하는 죄를) 범하여 이미 2등이 강등되었는데, 다시 면관에 (해당하는 죄를) 범하거나 혹은 도죄를 관당하여 관이 모두 없어졌다면 역시 2등을 강등한다. 그러므로 "그대로 누가해서 강등하되"라고 한 것이다. 곧 비록 처단이 끝난 뒤에 다시 (면관 또는 관당으로 관이 없어지는) 죄를 범하여 세 번 이상이 되더라도 서용하는 날에는 다만 이 율의 두 번에 4등을 강등하는 법에 의거한다. 단 면소거관되거나 도(죄)를 관당하고 관이 남았는데 처단된 뒤에 다시 죄를 범했다면 이후의 서용은 (한 번 판결에) 각각 1등을 강등하는데, 거듭 범한 것이 네 번에 이르렀다면 모두 합해서 4등을 강등하며 (처단된) 뒤에 죄를 범한 것이 비록 많더라도 단지 4등을 (강등하는) 범위로 한다. 혹은 여러 번 면관에 (해당하는 죄를) 범한 뒤에 또 다시 면

소거관에 해당하는 죄를 범한 경우도 또한 각각 범한 바를 헤아리되 4등을 강등하여 서용한다. 그러므로 "강등할 바가 비록 많더라도 각각 4등을 초과하지 못한다."고 한 것이다.

[律文5b의 注] 各, 謂二官各降, 不在通計之限.

 [律文5b의 疏] 議曰: 職事、散官、衛官爲一官, 所降不得過四等; 勳官爲一官, 所降亦不得過四等. 此二官, 犯者各降四等爲法, 不在通計之限.

[율문5b의 주] '각각'이라 함은 2관 각각의 강등(의 한도가 그러하고, 2관의 강등을) 합계한 것의 한도가 그러하지 않다는 것을 말한다.

 [율문5b의 주의 소] 의하여 말한다: 직사관·산관·위관을 1관으로 하되 강등하는 것은 4등을 초과할 수 없고, 훈관을 1관으로 하되 강등하는 것은 역시 4등을 초과할 수 없다. 이 2관이 (있는 관인이) 죄를 범한 경우 각각 4등을 강등하는 것을 법으로 하며, (이 4등은 2관의 강등을) 합계한 것의 한도가 아니다.36)

[律文6] 若官盡未敍, 更犯流以下罪者, 聽以贖論. 敍限各從後犯計年.

 [律文6의 疏] 議曰: 爲用官當, 免竝盡, 未到敍日, 更犯流罪以下者, 聽以贖論. 以其年限未充, 必有敍法, 故免決配, 聽依贖論. 本犯不合贖者, 亦不得贖.

[율문6] 만약 관이 다 없어졌고 아직 서용되지 않았는데 다시 유죄 이하를 범한 경우 속으로 논하는 것을 허용한다. 서용 시한은

---

36) 즉 직사관·산관·위관 외에 훈관을 함께 가지고 있는 관인이 죄를 여러 차례 범하여 강등할 때에는 직사관·산관·위관을 1관으로 하되 그 강등이 4등을 초과할 수 없으며, 이와는 별도로 훈관 또한 강등하되 4등을 초과하여 강등할 수 없다는 것이다. 따라서 직사관·산관·위관과 훈관의 강등은 각각 계산되며, 양자를 합쳐 계산할 수 없다.

각각 뒤에 범한 죄에 따라 년을 헤아린다.

[율문6의 소] 의하여 말한다: 관당·면관 처분으로 관을 다 썼고 서용일은 아직 이르지 않았는데 다시 유죄 이하를 범한 경우 속(법)에 의거해 논하는 것을 허용한다. 그의 (서용) 연한이 아직 차지 않았으나 반드시 서용되는 법이 있기 때문에 태·장형이나 도·유형의 집행[決配]37)을 면하고 속으로 논하는 것을 허용하는 것이다. 본래 범한 죄가 속할 수 없는 경우38)는 역시 속할 수 없다.

[律文6의 問] 曰: 此條內有毆告大功尊長、小功尊屬者, 合以贖論否?
[律文6의 答] 曰: 上條「毆告大功尊長、小功尊屬, 不得以蔭論」, 今此自身官盡, 聽以贖論, 卽非用蔭之色, 聽同贖法.

[율문6의 문] 묻습니다: 대공존장이나 소공존속을 구타하거나 고한 자도 이 조항을 적용하여 속으로 논하는 것이 합당합니까?
[율문6의 답] 답한다: 위의 조항(명15.5)에서 "대공존장이나 소공존속을 구타하거나 고한 경우 음으로 논할 수 없다."고 했다. 지금 자신의 관품이 모두 없어진 경우 속으로 논함을 허용하는 것은 곧 음으로 (속하는) 명목[色]이 아니므로 속법과 같게 할 것을 허용한다.

[律文6의 注] 敍限各從後犯計年.
[律文6의 注의 疏] 議曰: 犯免官及免所居官未敍, 更犯免官及免所居官、官當

---

37) 태·장죄를 범하여 실제로 장을 치는 것을 決이라 하고, 도·유죄를 범하여 복역할 곳이나 유배할 곳에 배속시키는 것을 配라 한다(498, 단30.1의 소).

38) 본래 범한 죄가 속할 수 없는 것이란 가역류, 반역연좌류, 자손범과실류, 불효류 및 회사유류의 五流에 해당하는 죄를 범한 경우 및 기친 이상 존장 및 외조부모·남편·남편의 조부모를 과실살상하여 도죄에 해당하거나, 또한 고의로 사람을 구타하여 폐질에 이르게 하여 유죄에 해당하거나, 남부가 (도죄 이상의) 절도를 범한 경우 및 부인이 간음을 범한 경우이다(명11.2~3).

者, 各依後犯計年聽敍. 官盡更犯, 聽依贖法. 若犯當免官, 更三載之後聽敍; 免所居官者, 更期年之後聽敍. 其犯徒, 流不合贖而眞配者, 流卽依令六載, 徒則役滿敍之. 雖役滿, 仍在免官限內者, 依免官敍例.

[율문6의 주] 서용 시한은 각각 뒤에 범한 죄에 따라 년을 헤아린다.

[율문6의 주의 소] 의하여 말한다: 면관 및 면소거관에 (해당하는 죄를) 범하고 아직 서용되지 않은 상태에서 다시 면관 및 면소거관·관당에 해당하는 죄를 범한 경우, 각각 뒤에 범한 죄에 의거하여 년을 헤아려 서용하는 것을 허용한다. 관이 남은 것이 없는데 다시 죄를 범한 때에는 속법에 의거하는 것을 허용한다. 만약 범한 바가 면관에 해당하면 다시 3재 뒤에 서용을 허용한다. 면소거관의 경우 다시 만 1년 뒤에 서용을 허용한다. 단 범한 도·유죄가 속에 해당하지 않아 실제로 도·유형에 처해진 경우, 유형에 처해졌다면 곧 영(옥관령, 습유771쪽)에 의거하여 6재 뒤에 (서용하고) 도형에 처해졌다면 역이 만료된 후에 서용한다. 비록 역이 만료되었어도 여전히 면관의 (서용 제한) 시한 내에 있는 경우에는 면관의 서용 예에 의거한다.

[律文7a] 不在課役之限. 雖有歷任之官, 不得豫朝參之例.

[律文7a의 疏] 議曰: 不在課役者, 謂有敍限, 故免其課役. 雖有歷任之官者, 假有一品職事, 犯當免官, 仍有歷任二品以下官, 未敍之間, 不得豫朝參之例. 其免所居官及以官當徒, 限內未敍者, 亦準此.

[율문7a] 과역의 범위에 포함하지 않는다. 비록 역임의 관이 있더라도 조참의 대열에 참예할 수 없다.

[율문7a의 소] 의하여 말한다: "과역의 범위에 포함하지 않는다."라함은, 서용의 범위 내에 있으므로 그의 과역을 면제한다는 것[39]을

말한다. "비록 역임의 관이 있더라도"라 함은, 가령 1품의 직사관이 범한 죄가 면관에 해당하면 아직 역임한 2품 이하의 관이 있지만, 서용되지 않은 동안에는 조참40)의 대열에 참예할 수 없다는 것이다. 만약 면소거관되거나 도(죄)를 관당하고 (서용 제한의) 시한 내여서 서용되지 않은 경우도 역시 이에 준한다.

제22조 명례 22. 제명·면관과 관당·속의
관계(以官當徒不盡)

[律文1a] 諸以官當徒者, 罪輕不盡其官, 留官收贖;

[律文1b] 官少不盡其罪, 餘罪收贖.

  [律文1a의 疏] 議曰: 假有五品以上官, 犯私坐徒二年, 例減一等, 卽是「罪輕不盡其官, 留官收贖」.

  [律文1b의 疏] 官少不盡其罪者, 假有八品官, 犯私坐一年半徒, 以官當徒一年, 餘罪半年收贖之類.

[율문1a] 무릇 관으로 도죄를 당할 경우, 죄가 가벼워 그 관을 다할 수 없으면 관은 남겨두고 속(동)을 징수하고,

---

39) 이들은 관품은 없지만 서용될 자격이 있으므로 역시 관인으로 간주되어 과역을 면제받는 것이다.

40) 朝參은 신하가 정해진 날짜에 황제를 배알하는 것이다. 당대 조참은 경사의 문무관 1품 이하, 9품 이상은 매월 삭망일에, 5품 이상 직사관 및 공봉관·원외랑·감찰어사·태상박사는 매일, 소문관(弘文館)·숭문관·국자감 학생들 및 여러 현령은 매 계절마다 하도록 규정되었으며, 기상이 좋지 못하면 취소할 수도 있었다(『당육전』권4, 114쪽; 『역주당육전』상 408~410쪽; 『대당개원례』권3, 序例下, 雜制).

[율문1b] 관품이 낮아 (관으로) 그 죄를 다 당할 수 없으면 남은 죄는 속(동)을 징수한다.

[율문1a의 소] 의하여 말한다: 가령 5품 이상의 관인이 도2년에 해당하는 사죄를 범했다면 예에 따라 1등을 감하여 (도1년반이 남으니), 곧 이것이 "죄가 가벼워 그 관을 다할 수 없으면 관은 남겨두고 속(동)을 징수한다."는 것이다.

[율문1b의 소] "관품이 낮아 (관으로) 그 죄를 다 당할 수 없다."는 것은, 가령 8품의 관인이 도1년반에 해당하는 사죄를 범했다면 관으로 도1년을 당하고 나머지 도죄 반년은 속(동)을 징수한다는 것 따위이다.

[律文2a] 其犯除、免者, 罪雖輕, 從例除、免;

[律文2a의 疏] 議曰: 假有五品以上職事及帶勳官, 於監臨內盜絹一疋, 本坐合杖八十, 仍須準例除名; 或受財六疋一尺而不枉法, 本坐徒一年半, 亦準例免官; 或姦監臨內婢, 合杖九十, 亦準例免所居官.

[율문2a] 단 제명·면관(에 해당하는 죄)인 경우에는 죄가 비록 가볍더라도 예에 따라 제명·면관하며,

[율문2a의 소] 의하여 말한다: 가령 5품 이상의 직사관 및 훈관을 가지고 있는 관인이 관할구역 안에서 견 1필을 절도했다면 본죄는 장80에 해당하지만(적35·36) 또한 예에 준하여 제명해야 한다(명18.2). 혹은 (견) 6필1척 상당의 재물을 받고 법을 왜곡하지 않았다면 본죄는 도1년반에 해당하지만(직48.1b) 역시 예에 준하여 면관한다(명19.1). 혹은 관할구역 안의 비를 간한 경우에는 장90에 해당하지만(잡22.3) 역시 예에 준하여 면소거관한다(명20.5).

[律文2b] **罪若重, 仍依當、贖法.**

[律文2b의 疏] 議曰: 凡是除名、免官, 本罪雖輕, 從例除、免. 罪重者, 各準所犯, 準當流、徒及贖法. 假有職事正七品上, 復有歷任從七品下, 犯除名、流, 不合例減者, 以流比徒四年, 以正七品上一官當徒一年, 又以從七品下一官當徒一年, 更無歷任及勳官, 卽徵銅四十斤, 贖二年徒坐, 仍準例除名; 若罪當免官者, 亦準此當、贖法, 仍依例免官. 此名「罪若重, 仍依當、贖法」.

[율문2b] **죄가 만약 무겁다면 그대로 관당·속법에 의거한다.**

[율문2b의 소] 의하여 말한다: 무릇 제명·면관에 해당하면 본죄가 비록 가볍더라도 예에 따라 제명·면관한다. 죄가 무거운 경우에는 각각 그 범한 바에 준해서 유형·도형을 관당하거나 속하는 법을 적용한다. 가령 직사관 정7품상을 가지고 있고 다시 역임관 종7품하를 가진 (자가) 제명에 해당하는 유죄를 범했는데 예감할 수 없는 경우이면,41) 유죄를 도4년에 견주어 (직사관) 정7품상 1관으로 도1년을 관당하고 또 (역임관) 종7품하 1관으로 도1년을 관당하며, 다시 역임관 및 훈관이 없다면 곧 동 40근을 징수하여 2년의 도형을 속하게 하고(명3) 다시 예에 준하여 제명에 처한다. 만약 죄가 면관에 해당할 경우에는 또한 이 관당·속법에 준하여 (처분하고) 다시 예에 의거하여 면관한다. 이를 (정)명하여 "죄가 만약 무겁다면 그대로 관당·속법에 의거한다."고 한 것이다.

[律文3] **其除爵者, 雖有餘罪, 不贖.**

[律文3의 疏] 議曰: 爵者, 旣得傳授子孫, 所以義同帶礪. 今竝除削, 在責已深, 爲其國除, 故有殘罪不贖.

---

41) 직사관 7품은 유죄 이하를 범한 경우 1등을 감하지만(명9.1b), 십악·반역연좌·살인 및 관할구역 안의 간·도·약인·수재왕법의 경우 예감할 수 없다(명9.2).

[율문3] 단 작을 삭제한 경우에는 비록 남은 죄가 있어도 속(銅)을 징수하지 않는다.

[율문3의 소] 의하여 말한다: 작이란 원래 자손에게 전수할 수 있는데, 그 뜻은 (황하와 태산이) 마르고 닳도록[帶礪][42] 잇게 한다는 것이다. 지금 (작이) 모두 삭제되었다면 문책이 이미 깊어 그 봉국을 삭제한[國除][43] 것이므로, 남은 죄가 있더라도 속(銅)을 징수하지 않는 것이다.

제23조 명례 23. 제명·면관의 도형 년 수 비정(除名比徒)

[律文1] 諸除名者, 比徒三年; 免官者, 比徒二年; 免所居官者, 比徒一年. 流外官不用此律. 謂以輕罪誣人及出入之類, 故制此比. 若所枉重者, 自從重.

[律文1의 疏] 議曰: 除名·免官·免所居官, 罪有差降, 故量輕重, 節級比徒. 流外之職, 品秩卑微, 誣告反坐, 與白丁無異, 故云「不用此律」.

[율문1] 무릇 제명은 도3년에 견주고, 면관은 도2년에 견주며, 면소거관은 도1년에 견준다. 유외관은 이 율을 적용하지 않는다. 가벼운 죄로 사람을 무고하거나 (가벼운 죄를) 덜거나 더한[出入] 것

---

42) 한 고조의 봉작서에서 황하가 허리띠[帶]처럼 가늘어지고 태산이 숫돌[礪]처럼 작아질 때까지 봉국을 영구히 존속시켜 후세 자손들에게 전하도록 하겠다고 한 데에서 유래한 표현이다(『한서』권16, 527쪽).

43) 國除란 작을 삭탈하고 봉국을 회수하는 것이다. 주대에 제후들이 국을 세웠고 한대에 각 봉국에 제후왕을 봉했기에 작을 삭탈하고 봉지를 회수하는 것을 국제라고 한 것이다. 당대에도 왕 이하 공·후·백·자·남에게 식읍이 규정되어 있었으며 군공 이하의 작에 '개국'이라는 글자를 붙이기도 했다. 그러나 실제로는 식읍은 없고 단지 명목일 뿐이었다.

따위는 (그 가벼운 죄가 제명·면관·면소거관에 해당하는 경우가 있으므로) 이 견주는 (법을) 정했다는 것을 말한다. 만약 (법을) 왜곡한 바(의 죄)가 무겁다면 당연히 무거운 것에 따른다.

[율문1의 소] 의하여 말한다: 제명·면관·면소거관은 그 죄에 차등이 있으므로 경중을 헤아려 정도에 따라[節級] 도(죄)에 견준 것이다. 유외의 직은 품질이 낮아 무고하면 반좌[44]하는 것이 일반 백성과 다르지 않으므로 "이 율을 적용하지 않는다."고 한 것이다.

[律文1의 注1] 謂以輕罪誣人及出入之類, 故制此比.

[律文1의 注1의 疏] 議曰: 假有人告五品以上官監臨主守內盜絹一疋, 若事實, 盜者合杖八十, 仍合除名; 若虛, 誣告人不可止得杖罪, 故反坐比徒三年. 免官者, 謂告五品於監臨外盜絹五疋, 科徒一年, 仍合免官; 若虛, 反坐不可止科徒一年, 故比徒二年. 免所居官者, 謂告監臨內姦婢, 合杖九十, 姦者合免所居官; 若虛, 反坐不可止得杖罪, 故比徒一年. 及出入之類者, 謂不盜監臨內物, 官人枉判作盜所監臨; 或實盜監臨, 官人判作不盜. 即是官司出入除名, 比徒三年; 若出入免官者, 比徒二年; 出入免所居官, 比徒一年之法. 其藏匿罪人, 若過致資給, 或爲保·證及故縱等, 有除·免者, 皆從比徒之例, 故云「之類」.

---

44) 사실이 아닌 죄로 다른 사람을 고발하면 그 죄를 자신이 범한 것과 같이 처벌받게 되는데, 이를 誣告反坐라 한다. 즉 무고한 자에게 무고한 만큼의 죄를 되돌려 처벌하는 것이다(342, 투41.1). 그런데 제명·면관은 관인이 특정한 죄를 범한 경우 엄중히 문책하기 위해 주형과는 별도로 과하는 종형으로, 1~6년의 기한을 거친 후 강등된 관품으로 재서용된다는 점에서 관인에 대한 제재로서 가볍지 않다. 따라서 만약 관인을 제명·면관에 해당하는 죄로 무고하거나, 부당하게 제명·면관 판결을 내리거나 면하게 한 자에 대해 반좌할 경우, 단지 무고한 주형만으로 처벌한다면 제명·면관 처분에 대한 반좌는 없는 셈이 되어 처벌이 충분치 않게 된다. 따라서 제명·면관 처분 등을 도형에 견주어 무고한 자나 부당 판결한 자를 되돌려 처벌하는 것이다. 또한 아래 율문2에서 보듯, 도사·승려에게 내리는 환속·고사 처분은 관인이나 일반인에게 그대로 반좌할 수 없으므로 이를 도·장형에 견주는 것이다.

[율문1의 주1] 가벼운 죄로 사람을 무고하거나 (가벼운 죄를) 덜거나 더한(出入) 것 따위는 (그 가벼운 죄가 제명·면관·면소거관에 해당하는 경우가 있으므로) 이 견주는 (법을) 정했다는 것을 말한다.

[율문1의 주1의 소] 의하여 말한다: 가령 어떤 사람이 5품 이상 관인을 감림·주수하는 (범위) 내에서 견 1필을 절도했다고 고했는데, 만약 사안이 사실이면 절도한 자는 장80에 처하고(적35·36) 그대로 제명해야 하지만(명18.2), 만약 허위이면 무고한 사람은 장죄를 받는데 그칠 수 없기 때문에 (제명을) 도3년에 견주어 반좌한다. 면관의 경우는, 5품(관)을 관할구역 밖에서 견 5필을 절도했다고 고했는데 (그것이 사실이면) 도1년의 죄를 주고(적35.2) 그대로 면관해야 하지만(명19.1), 만약 허위라면 반좌가 도1년의 죄를 주는 데에 그칠 수 없기 때문에 (면관을) 도2년에 견주어 (처단)함을 말한다. 면소거관의 경우는, (관인을) 관할구역 안에서 비를 간했다고 고했는데 (그것이 사실이면) 장90에 해당하고(잡22.3) 간한 자는 면소거관에 해당하지만(명20.5), 만약 허위라면 반좌가 장죄를 받는데 그칠 수 없기 때문에 (면소거관을) 도1년에 견주어 (처단)함을 말한다. "(가벼운 죄를) 덜거나 더한(出入)[45] 것 따위"라 함은, 관할구역 안에서 물건을 절도하지 않았는데 관인이 잘못 판결하여 감림하는 바를 절도했다고 하거나, 혹은 실제로 관할구역 (안에서) 절도했는데 관인이 절도하지 않았다고 판결한 것을 말한다. 곧 이는 관사가 제명(에 해당하는 죄)를 감하거나 더한 것이니 도3년을 (감하거나 더한 것에) 견주고, 만약 면관(에 해당하는 죄를) 감하거나 더한 경우는 도2년을 (감하거나 더한 것에) 견주며, 면소거관(에 해당하는 죄)를 감하거나 더한 경우는 도1년을 (감하거나 더한 것

---

45) 出入이란 부당한 판결을 말한다. 판관이 유죄로 할 것을 무죄, 중죄로 할 것을 경죄로 하는 것이 출이며, 그 반대가 입이다(487, 단19).

에) 견주는 법이다. 단 죄인을 숨겨주거나, 또는 통과해서 이르게
하고 물자를 공급하거나[過致資給],46) 혹은 (죄인을) 위해 보증·증
언하거나47) 고의로 방임한[故縱]48) 경우 등에서 제명·면관(에 해당
하는 죄를 그렇게 한) 경우 모두 도(죄)에 견주는 예에 따르므로,
"따위"라고 한 것이다.

[律文1의 注2] 若所枉重者, 自從重.

　[律文1의 注2의 疏] 議曰: 謂誣告及出入之罪, 重於比徒之法者, 自從反坐等
重法科之, 不復仍準比徒之法.

[율문1의 주2] 만약 (법을) 왜곡한 바(의 죄)가 무겁다면 당연히 무거
운 것에 따른다.

　[율문1의 주2의 소] 의하여 말한다: 무고한 (죄) 및 감하거나 더한
죄가 도죄에 견주는 법보다 무거운 경우에는 당연히 같거나 무거
운 것을 반좌하는 법에 따라 죄를 주고, 다시 그대로 도죄에 견주
는 법에 준하지 않음을 말한다.

---

46) 통과해서 이르게 하고 물자를 공급했다[過致資給]는 것은, 길을 안내하고 험난
한 곳을 건너게 하여 그 이동을 돕거나 아울러 의복과 양식을 지급함으로써
마침내 흉악한 죄인이 다른 지역에 몰래 숨을 수 있게 한 것을 말한다. 정을
알고도 죄인을 숨겨주거나 통과해서 이르게 하고 물자를 공급하여 은신·도피
할 수 있게 한 자는 죄인의 죄에서 1등을 감하여 논한다(468, 포18.1 및 소).

47) 보증인이 보증한 내용에 허위가 있다면 보증인은 보증한 바의 죄에서 2등을
감하여 논한다(386, 사25.1). 증인이 실정을 말하지 않아 죄에 出入이 발생하
면 증인은 출입된 죄에서 2등을 감하여 논한다(387, 사26).

48) 고의로 방임했다[故縱]는 것은, 禁域의 난입이나 관물의 절도, 각종 도망죄에
서 경비·간수·관리의 책임을 맡은 자가 고의로 방임하여 죄인이 범행에 이르
게 되는 것을 말한다. 이러한 고의 방임의 경우 모두 죄인과 같은 죄로 처벌
한다(58, 위1.3c; 210, 구15.4a; 366, 사5.5; 457, 포7.2; 459, 포9.2c; 461, 포
11.2b; 463, 포13.2b; 466, 포16.4a).

[律文2] 若誣告道士、女官應還俗者，比徒一年；其應苦使者，十日比笞十；官司出入者，罪亦如之.

[律文2의 疏] 議曰：依格：「道士等輒著俗服者，還俗.」假有人告道士等輒著俗服，若實，並須還俗；旣虛，反坐比徒一年.「其應苦使者，十日比笞十」，依格：「道士等有歷門教化者，百日苦使.」若實不教化，枉被誣告，反坐者誣告苦使十日比笞十，百日杖一百.「官司出入者」，謂應斷還俗及苦使，官司判放；或不應還俗及苦使，官司枉入：各依此反坐徒、杖之法，故云「亦如之」. 失者，各從本法.

[율문2] 만약 도사·여관이 환속해야 할 (자라고) 무고한 것은 도1년에 견주고, 그가 고사해야 할 (자라고 무고한 것은 고사) 10일을 태10에 견주며, 관사가 (환속·고사에 해당하는 죄를) 덜거나 더한 경우 (반좌할) 죄 역시 이와 같다.

[율문2의 소] 의하여 말한다: 격[49]에 의거하면 "도사 등[50]이 함부로 속인의 복장을 착용한 때에는 환속한다."[51]고 했다. 가령 어떤 사

---

49) 이 조항에서 말하는 格은 도사·승려의 환속 처분에 대해 규정하고 있으므로 祠部格일 것으로 생각된다. 일본역에서는 이 조항에서 인용된 격을 '道僧格'으로 보고 있는데(일본역『唐律疏議』1, 140쪽, 주7~8), 이는 아마도 일본 양로령의 주석서인『영집해』(권8, 235쪽)에 이와 유사한 내용의 도승격을 인용하고 있기 때문일 것이다. 그러나『영집해』의 다른 주석들은 당의 율령을 인용할 때 '唐某律云', '唐某令云' 등으로 그 출처를 분명하게 밝히고 있는 경우가 많은데 비해, 해당 주석은 단지 '도승격'이라고만 표현하고 있어 그 존재를 분명히 확인하기 어렵다. 또한『당회요』등에서는 개원 연간(713~741) '道格'의 존재가 확인되고 있는 만큼(『당회요』권50, 1013쪽) 당 중기 이후에는 도사·승려와 관련된 별도의 격이 존재했을 가능성도 완전히 배제할 수는 없지만, 그럼에도 불구하고 당대 문헌에서는 도승격의 존재를 확인할 수 없다. 따라서 현재로서는 이 조항에서 인용된 격은 사부격일 가능성이 높다.

50) 도사·여관이라고 칭하면 당연히 불교의 승·니도 포함된다(명57.1).

51) 속인의 복장 및 비단옷을 입은 경우, 大馬를 탄 경우, 술에 취한 경우, 다른

람이 도사 등이 함부로 속인의 복장을 입었다고 고했는데, 만약 사실이라면 모두 반드시 환속해야 하고, 원래 허위라면 도1년에 견주어 반좌한다. "그가 고사해야 할 (자라고 무고한 것은 고사) 10일을 태10에 견준다."라고 했는데, 격에 의거하면 "도사 등이 집집마다 방문하여 시주를 구한 것이 있다면 100일 동안 고사한다."[52] 만약 실제로는 시주를 구하지 않았는데 거짓으로 무고하여 반좌해야 할 경우 고사 10일의 무고는 태10에 견주고 100일은 장100에 견준다. "관사가 (환속·고사에 해당하는 죄를) 덜거나 더한 경우"라 함은, 환속 및 고사로 단(죄)해야 하는데 관사가 방면으로 판결하거나, 혹은 환속 및 고사로 (단죄해서는) 안 되는데 관사가 왕법해서 죄를 씌움을 말하며, 각각 이 조항의 '반좌하되 도·장(죄)에 (견주는) 법'에 의거하므로, "역시 이와 같다."고 한 것이다. 과실인 경우에는 각각 본법[53]에 따른다.

사람과 싸우고 때린 경우, 빈객을 끌어들인 경우, 길흉의 점을 본 경우, 삼보물을 관료에게 준 경우, 붕당을 규합한 경우 모두 환속 처분을 받게 된다(『당육전』권4, 126쪽; 『역주당육전』상, 452쪽).

52) 苦使란 규율을 어긴 도사와 승려에게 부과되는 일종의 처벌로, 사원 내의 빈방에서 매일 일정한 수량의 경문을 베껴 쓰게 하거나, 글을 모르는 자라면 사원 내의 노역에 종사케 하는 것을 말한다(『영집해』권8, 235쪽, 道僧格). 도사와 승려가 집집마다 방문하여 교화하거나, 화합하여 혼인하거나, 주육을 먹거나, 오신채를 먹거나, 음악을 연주하고 도박을 하거나, 삼강을 헐뜯고 욕하거나 장로에게 멋대로 군 경우 모두 고사를 복역케 한다(『당육전』권4, 126쪽; 『역주당육전』상, 452쪽). 歷門은 집집마다 방문하는 것이고, 敎化는 시주를 구한다는 의미이다. 당 조정은 이러한 행위를 공덕에 가탁하여 민간을 현혹시켜 재물을 구하는 것으로 인식하고 칙을 내려 규제하기도(『당대조령집』권110, 570쪽; 권113, 588쪽) 했다.

53) 죄를 판결하는데 과실로 죄를 더한 경우 고의로 더한 죄에서 3등을 감하고, 과실로 죄를 던 경우 고의로 던 죄에서 5등을 감하여 처벌한다(487, 단19.4).

제24조 명례 24. 유형 및 이향의 집행(犯流應配)

[律文1] **諸犯流應配者, 三流俱役一年.** 本條稱加役流者, 流三千里, 役三年. 役滿及會赦免役者, 即於配處從戶口例.

　[律文1의 疏] 議曰: 犯流, 若非官當·收贖·老疾之色, 即是應配之人. 三流遠近雖別, 俱役一年爲例. 加役流者, 本法旣重, 與常流理別, 故流三千里, 居役三年.

[율문1] **무릇 유죄를 범하여 마땅히 유배해야 할 자는 삼류 모두 1년 복역시킨다.** 본조에서 가역류라 칭한 경우는 유3000리에 처하고 3년 복역시킨다. 역이 만료된 경우 및 은사령이 내려 역이 면제된 경우에는 곧 유배된 곳에서 호구의 예에 따른다.

　[율문1의 소] 의하여 말한다: 유죄를 범했는데 만약 (유죄를) 관당하거나 속동을 징수하거나 노·질로 (유형을 면하는) 부류54)가 아니면 곧 이것이 마땅히 유배해야 할 사람이다. 삼류는 멀고 가까움이 비록 다르지만 모두 1년 복역시키는 것을 예로 한다. 가역류란 본법이 원래 무거워 일반 유죄와는 이치상 구별되므로55) 유3000리에 처하고 3년 복역시킨다.

---

54) 品官이 유죄를 범하면 일부 중죄를 제외하고는 실제로 유배하지 않고 관당과 속동으로 대신하며(명17.2의 소), 의·청·감할 수 있는 자 및 5품관 이상의 첩이 유죄 이하를 범하면 속할 수 있다(명11~13). 나이 70세 이상이거나 15세 이하인 자 및 폐질인 자가 유죄 이하를 범하면 속동을 징수한다(명30.1). 이러한 형사상의 특전을 받는 신분이나 신체 상태가 아닌 자가 곧 '마땅히 유배해야 할 사람'이다.

55) 가역류는 사형에 준하는 중벌이기 때문에(명11.2a의 소) 일반적인 삼류와는 달리 3년의 역을 부과하는 것이다.

[律文1의 注] 役滿及會赦免役者, 卽於配處從戶口例.

　[律文1의 注의 疏] 議曰: 役滿一年及三年, 或未滿會赦, 卽於配所從戶口例, 課役同百姓. 應選者, 須滿六年, 故令云:「流人至配所, 六載以後聽仕. 反逆緣坐流及因反逆免死配流, 不在此例. 卽本犯不應流而特配流者, 三載以後亦聽仕.」

[율문1의 주] 역이 만료된 경우 및 은사령이 내려 역이 면제된 경우에는 곧 유배된 곳에서 호구의 예에 따른다.

　[율문1의 주의 소] 의하여 말한다: 1년 및 3년의 역이 만료되었거나 아직 만료되지 않았지만 은사령이 내리면 곧 유배 장소에서 호구의 예에 따르고 과역은 백성과 같게 한다. 전선에 응할 수 있는 것은 만 6년이56) 되어야 하므로 영(옥관령, 습유771쪽)에 이르기를 "유배인이 유배 장소에 도착하고 6재 이후에 출사하는 것을 허용한다. 모반·대역에 연좌된 유배 및 모반·대역을 (범했으나) 사죄에서 감면되어 유배된 때에는 이 예를 (적용하는 범위에) 두지 않는다. 만약 본래 범한 죄가 유배해야 하는 것이 아닌데도 특별히 유배된 경우57)에는 3재 이후에 역시 출사하는 것을 허용한다."고 한 것이다.

[律文2a] 妻妾從之.

　[律文2a의 疏] 議曰: 妻妾見已成者, 竝合從夫. 依令:「犯流斷定, 不得棄放妻妾.」

---

56) 엄밀히는 만 6년이 아니라 6재 이후이다. 만 360일이 경과해야 1년[期年]이고, 다음해 정월이 되면 1재가 되므로 양자는 차이가 있다(명21.1b의 소).

57) 특별히 유배되었다는 것은 특별히 황제의 명을 받아 유배된 것을 말한다. 황제는 율에 의하지 않고 별칙으로 죄인을 자진케 하거나, 사형에 처하거나, 유형에 처하게 할 수 있는데, 이러한 별칙은 형부에서 받들어 시행한다(『당육전』 권6, 188쪽; 『역주당육전』상, 591~593쪽).

[율문2a] 처·첩은 그를 따라가게 한다.

[율문2a의 소] 의하여 말한다: 처·첩은 현재 (부부관계가) 이미 이루어진58) 경우 모두 마땅히 남편을 따라가야 한다. 영(옥관령, 습유 769쪽)에 의거하면, "유죄를 범하고 단(죄)가 정해지면 처·첩을 버리거나 내쫓을 수 없다."

[律文2a의 問] 曰: 妻有「七出」及「義絶」之狀, 合放以否?

[律文2a의 答] 曰: 犯「七出」者, 夫若不放, 於夫無罪. 若犯流聽放, 即假僞者多, 依令不放, 於理爲允. 犯「義絶」者, 官遣離之, 違法不離, 合得徒罪. 「義絶」者離之, 「七出」者不放.

[율문2a의 문] 묻습니다: 처에게 칠출 및 의절59)할 정상이 있다면 내쫓을 수 있습니까?

[율문2a의 답] 답한다: (처가) 칠출을 범한 경우 남편이 만약 내쫓지

---

58) 유배자의 처·첩은 유배지에 따라가는 것이 원칙이지만, 소에서는 현재 부부관계가 이미 성립된 경우에 한한다고 해석하고 있다. 명6.4의 문답에 따르면 남편은 ①혼인 후 3개월이 지나 묘현을 거친 남편, ②아직 묘현을 거치지 않은 남편, ③친영 도중의 남편이 모두 법적인 남편으로 간주되는데, 부부관계가 성립되었다는 것은 바로 이 세 가지 경우를 의미할 것으로 생각된다. 율에는 혼인의 모든 절차가 끝나지 않았더라도 ①빙재를 받았거나 ②혼약의 서를 교환하거나 ③사약이 있었다면 법적으로 유효한 혼인으로 간주한다는 해석(175, 호 26.1 및 소)도 있으나, 이는 혼약 위배죄의 구성요건을 명확히 한다는 뜻이다.

59) 七出은 처를 버리는 7가지 사유로 ①아들이 없는 것, ②지나치게 음란한 것, ③시부모를 섬기지 않는 것, ④말을 지어내는 것, ⑤절도하는 것, ⑥투기하는 것, ⑦악질이 있는 것이다. 義絶에 해당하는 정황은 ①남편이 처의 조부모·부모를 구타하거나 처의 외조부모·백숙부모·형제·고모·자매 등을 살해하거나, ②또는 夫·妻의 조부모·부모·외조부모·백숙부모·형제·고모·자매가 서로 살해하거나, ③처가 남편의 조부모·부모를 구타하거나 욕하거나, 남편의 외조부모·백숙부모·형제·고모·자매를 살상하거나, ④(처가) 남편의 시마 이상 친속과 간통하거나 또는 남편이 장모와 간통하거나, ⑤처가 남편을 해치고자 한 것 등이다(189, 호40의 소).

않아도 남편에게 죄가 없다. 만약 (남편이) 유죄를 범했는데 내쫓는 것을 허용하면 곧 (처에게 칠출의 사유가 있다고) 허위로 내쫓는 경우가 많을 것이기 때문에 영에 의거하여 내쫓지 않는 것이 이치상 합당하다. 의절(할 만한 악)을 범한 경우에는 관이 이들을 이혼시키며, 법을 어기고 갈라서지 않으면 도죄를 받아야 한다(호 41.1). 의절을 (범한) 경우에는 이혼시키고, 칠출을 (범한) 경우에는 내쫓지 않는다.

[律文2b] 父祖子孫欲隨者, 聽之.

[律文2b의 疏] 議曰: 曾,高以下, 及玄孫以上, 欲隨流人去者, 聽之.

[율문2b] 부·조·자·손이 따라가고자 하는 경우 이를 허용한다.

[율문2b의 소] 의하여 말한다: 증조·고조 이하 및 현손 이상이 유배인을 따라가고자 하는 경우 이를 허용한다.

[律文2c] 移鄕人家口, 亦準此.

[律文2c의 疏] 議曰: 移鄕人, 妻妾隨之, 父祖子孫欲隨者聽, 不得棄放妻妾, 皆準流人, 故云「亦準此」.

[율문2c] 이향인의 가구도 역시 이에 준한다.

[율문2c의 소] 의하여 말한다: 이향인[60]의 처·첩은 그를 따르게 하고, 부·조·자·손이 따라가고자 하는 경우 허용하며, 처·첩을 버리

---

60) 移鄕이란 살인해서 사형에 처해야 할 자가 은사령이 내려 사형이 면제되었는데 피해자의 기친 이상 가족이 존재할 때 부과하는 특별 처분이다. 이 처분을 받은 사람은 피해자의 집에서 1,000리 이상 떨어진 곳으로 이주시켜 복수를 예방하는 것이다. 만약 무리를 지어 함께 살해했다면 단지 주모자와 살인행위를 한 자만 이향시킨다(265, 적18.1). 이향은 복역을 수반하지 않는 점에서 유형과 다르다.

거나 내쫓을 수 없는 것은 모두 유배인에 준하므로 "또한 이에 준한다."고 한 것이다.

[律文3a] 若流、移人身喪，家口雖經附籍，三年內願還者，放還;

[律文3a의 疏] 議曰: 籍謂三年一造, 申送尙書省. 流人若到配所三年, 必經造籍, 故云「雖經附籍」, 三年內聽還. 旣稱「願還」, 卽不願還者聽住.

[율문3a] 만약 유배인·이향인 자신이 사망하면, 가구가 비록 (유배지의) 호적에 등재되었더라도 3년 안에 귀환을 원하는 경우 석방하여 귀환시킨다.

[율문3a의 소] 의하여 말한다: 호적은 3년에 1번 작성하여 상서성에 보고하는 것을 말한다. 유배인이 만약 유배지에 도착한지 3년이 되었다면 반드시 호적을 만들었을 것이므로 "비록 (유배지의) 호적에 등재되었더라도"라고 한 것이며, 3년 안에[61] 귀환을 허용한다. 원래 "귀환을 원하면"이라고 했으니 곧 귀환을 원하지 않은 경우에는 (그대로) 거주하는 것을 허용한다.

[律文3b] 卽造畜蠱毒家口，不在聽還之例. 下條準此.

[律文3b의 疏] 議曰: 依本條, 造畜蠱毒, 幷同居家口雖會赦, 猶流. 況此已至配所, 故云「不在聽還之例」.

[율문3b] 만약 고독을 조합하거나 소지한 자의 가구는 귀환을 허

---

61) 이 '三年內'에 대해, 유배인이 사망한 시각부터 3년 이내의 의미로 해석하는 견해(戴炎輝, 『唐律通論』, 277쪽)와, 유배인을 따라온 가구가 유배 장소에 도착한지 3년 이내의 의미로 해석하는 견해(일본역『唐律疏議』1, 144~145쪽, 주6)가 있다. 그러나 후자의 주장에 따르면, 유배인이 유배 장소에 도착한 뒤 만 3년 이후에 사망하게 되면 이를 따라온 가구는 귀환할 수 없다고 해석된다(劉俊文, 『唐律疏議箋解』, 263쪽, 解析).

용하는 예의 (범위에) 두지 않는다. 아래 조항은 이에 준한다. [율문3b의 소] 의하여 말한다: 본조(적15.3)에 의거하면, 고독을 조합하거나 소지했다면 (그의) 모든 동거 가구와 함께 비록 은사령이 내리더라도 그대로 유배한다. 하물며 이들은 이미 유배 장소에 이르렀으므로 "귀환을 허용하는 예의 (범위에) 두지 않는다."고 한 것이다.

[律文3b의 注] 下條準此.

[律文3b의 注의 疏] 議曰: 謂下條云:流人「逃者身死, 所隨家口仍準上法聽還.」上有「下條準此」之語, 下有「準上法」之文, 家口合還及不合還, 一準上條之義.

[율문3b의 주] 아래 조항은 이에 준한다. [율문3b의 주의 소] 의하여 말한다: 아래 조항에서 "도망자 자신이 사망했으면 따라간 가구는 그대로 위의 법에 준하여 귀환을 허용한다."(명25.3)고 한 것을 말한다. 위에는 "아래 조항은 이에 준한다."는 말이 있고 아래에는 "위의 법에 준한다."는 조문이 있으니, (유배인의) 가구를 귀환시키는 것 및 귀환시키지 않는 것은 모두 위 조항(명24.3)의 뜻에 준한다.

제25조 명례 25. 유형과 은사(流配人在道會赦)

[律文1a] 諸流配人在道會赦, 計行程過限者, 不得以赦原. 謂從上道日總計, 行程有違者.

[律文1a의 疏] 議曰: 「行程」, 依令:「馬, 日七十里; 驢及步人, 五十里; 車,

三十里.」其水程, 江,河,餘水沿泝, 程各不同. 但車馬及步人同行, 遲速不等者, 竝從遲者爲限.

[율문1a] **무릇 유배인이 (유배지로 가는) 도중에 은사령이 내렸는데, 행정을 헤아려 (여정의) 기한이 경과한 때에는 은사령으로 죄를 용서할 수 없다.** 길을 떠난 날부터 총계하여 행정에 어김이 있는 것을 말한다.

[율문1a의 소] 의하여 말한다: "행정"은 영(공식령, 습유602~603쪽)에 의거하면, "말은 하루에 70리, 당나귀 및 보행인은 50리, 수레는 30리이다." 단 수로의 행정은 장강·황하나 기타 강의 흐름을 따라 가거나 거슬러 감에 따라 그 행정이 각각 다르다. 다만 수레와 말 및 보행인이 동행하는데 속도가 같지 않으면, 모두 느린 것에 따라 기한을 삼는다.

[律文1a의 注] 謂從上道日總計, 行程有違者.

[律文1a의 注의 疏] 議曰: 假有配流二千里, 準步程合四十日, 若未滿四十日會赦, 不問已行遠近, 竝從赦原. 從上道日總計, 行程有違者, 卽不在赦限.

[율문1a의 주] **길을 떠난 날부터 총계하여 행정에 어김이 있는 것을 말한다.**

[율문1a의 주의 소] 의하여 말한다: 가령 2000리에 유배하는 경우 도보의 행정에 준하면 40일에 해당하는데, 만약 40일이 차기 전에 은사령이 내렸다면 이미 간 거리의 길이에 관계없이 모두 은사령에 따라 죄를 용서한다. 길을 떠난 날부터 총계하여 행정에 어김이 있는 것은 곧 사면의 범위에 두지 않는다.

[律文1b] **有故者, 不用此律.**

[律文1b의 疏] 議曰: 故謂病患、死亡及請糧之類. 準令:「臨時應給假者及前有阻難, 不可得行, 聽除假.」故不入程限. 故云「不用此律」.

[율문1b] 사유가 있는 경우에는 이 율을 적용하지 않는다.

[율문1b의 소] 의하여 말한다: 사유란 질병·사망 및 양식을 청구하는 것 등을 말한다. 영에 준하면 "임시로 휴가를 주어야 할 경우 및 앞에 장애가 있어 갈 수 없으면 휴가 (및 가지 못한 시간을) 제하는 것을 허용한다."62)고 했으므로, (그 시간은) 행정의 기한에 포함하지 않는다. 그러므로 "이 율을 적용하지 않는다."고 한 것이다.

[律文2] 若程內至配所者, 亦從赦原.

[律文2의 疏] 議曰: 假有人流二千里, 合四十日程, 四十日限前已至配所, 而遇恩赦者, 亦免.

[율문2] 만약 행정의 (기한) 내에 유배 장소에 도착한 경우 역시 은사령에 따라 죄를 용서한다.

[율문2의 소] 의하여 말한다: 가령 어떤 사람이 유2000리에 처해졌다면 40일의 일정에 해당하는데, 40일의 기한 전에 이미 유배 장소에 도착하여 은사령이 내린 경우에는 역시 사면한다.

[律文3] 逃亡者雖在程內, 亦不在免限. 卽逃者身死, 所隨家口仍準上法聽還.

[律文3의 疏] 議曰: 行程之內逃亡, 雖遇恩赦, 不合放免. 卽逃者身死, 所隨家口雖已附籍, 三年內願還者, 準上法聽還.

---

62) 당대의 사료에는 소에 인용된 영문과 정확히 일치하는 내용이 없다. 그러나 당시 유배인과 이향인이 유배 가는 도중에 질병·부모상·부인의 출산 등의 사유가 발생하면 휴가를 주도록 한 규정이 있다(『신당서』권56, 1411쪽; 『천성령역주』 437·496~497쪽).

[율문3] 도망한 자는 비록 행정의 (기한) 내라도 역시 사면의 범위에 두지 않는다. 만약 도망자 자신이 사망했으면 따라간 가구는 그대로 위의 법(명24.3)에 준하여 귀환을 허용한다.

[율문3의 소] 의하여 말한다: 행정의 (기한) 내에 도망했으면 비록 은사령이 내리더라도 방면할 수 없다. 만약 도망자 자신이 사망했으면 따라간 가구는 비록 이미 (유배 장소) 호적에 등재되었더라도 3년 안에 귀환을 원하는 경우 위의 법(명24.3)에 준하여[63] 귀환을 허용한다.

제26조 명례 26. 부·조의 시양을 위한 특례(犯死罪應侍家無期親成丁)

[律文1] 諸犯死罪非十惡, 而祖父母、父母老疾應侍, 家無期親成丁者, 上請.

[律文1의 疏] 議曰: 謂非「謀反」以下、「內亂」以上死罪, 而祖父母、父母, 通曾、高祖以來, 年八十以上及篤疾, 據令應侍, 戶內無期親年二十一以上、五十九以下者, 皆申刑部, 具狀上請, 聽勅處分. 若勅許充侍, 家有期親進丁及親終, 更奏; 如元奉進止者, 不奏. 家無期親成丁者, 律意屬在老疾人期親. 其曾、高於曾、玄非期親; 縱有, 亦合上請. 若有曾、玄數人, 其中有一人犯死罪, 則不上請.

[율문1] 무릇 십악이 아닌 사죄를 범했으나, 조부모·부모가 노·질이어서 마땅히 시양해야 하는데 집안에 기친 성정이 없는 경

63) 유배인이 사망한 뒤 가구의 귀환을 허용하는 법에 준하므로, 여기서의 3년 역시 도망자가 사망한 뒤 3년 이내에 귀환을 허용하는 것으로 보아야 할 것이다.

우에는 황제의 재가를 청한다.

[율문1의 소] 의하여 말한다: "모반" 이하 "내란" 이상이 아닌 사죄를 (범했으나) 조부모·부모가 -증·고조 이하는 같다.- 나이 80살 이상 및 독질이면 영(호령, 습유231쪽)에 의거하여 마땅히 시양해야 하는데, 호 내에 기친으로서 나이 21살 이상 59살 이하인[64] 자가 없을 경우에는 모두 형부에 보고하고 문서를 갖추어서 황제의 재가를 청하여 칙을 들어 처분함을 말한다. 만약 칙이 허용하여 시양에 충당되었는데 집안에 기친으로 정남이 된 자가 생긴 때 및 존친이 사망한 때에는 다시 상주하되, 만약 원래부터 (황제의 명을) 받들어 거취를 정한 경우는 상주하지 않는다. "집안[家][65]에 기친 성정이 없다."는 율문의 뜻은 노·질인의 기친을 상정한 것이다. 단 증조·고조는 증손·현손에게 기친은 아니나 가령 (시양해야 할 사정이) 있다면 역시 황제의 재가를 청할 수 있다. 만약 증손·현손이 몇 명 있는데 그 가운데 한 명이 사죄를 범했다면 곧 황제의 재가를 청하지 못한다.

[律文2a①] 犯流罪者, 權留養親, 謂非會赦猶流者.

[律文2a①의 疏] 議曰: 犯流罪者, 雖是五流及十惡, 亦得權留養親. 會赦猶流者, 不在權留之例. 其權留者, 省司判聽, 不須上請.

---

64) 당대의 성정 연령은 시기에 따라 약간씩 변화하였다. 무덕7년(624)에는 21세~59세였다가, 신룡 원년(705)에 22세(혹은23세)~58세(혹은57세)로 변경되었고, 다시 경운원년(710)에 전과 같이 했다. 이후 천보 3재(744)에 입정 연령을 23세로 고치고 광덕원년(763)에는 25세~54세를 정으로 하였다(『통전』권7, 155쪽; 『구당서』권51, 2172쪽; 『당회요』권85, 1843~1844쪽).

65) 율에서 '家'의 범위는 조문에 따라 차이가 있어 일정하지 않다. 이 조항과 다음 조항(명27)에서 언급하는 '家'란 소에서 '호 내'라고 대신한 점에서도 분명히 알 수 있듯 국가의 호적에 1호로 등재된 범위를 말한다(일본역『唐律疏議』1, 151~152쪽, 주1).

[율문2a①] **유죄를 범한 경우에는 임시로 머물러 존친을 시양하도록 하되,** 은사령이 내려도 그대로 유배되는 것이 아닌 경우를 말한다.

[율문2a①의 소] 의하여 말한다: 유죄를 범한 경우에는 비록 오류[66] 및 십악이더라도 역시 임시로 머물러 존친을 시양하게 할 수 있다. 은사령이 내려도 그대로 유배되는 경우[67]에는 임시로 머물게 하는 예의 (범주에) 두지 않는다. 단 (유죄인을) 임시로 머물게 하는 것은 상서형부에서 허용 여부를 판단하며, 황제의 재가를 청할 필요는 없다.

[律文2a②] **不在赦例,** 仍準同季流人未上道, 限內會赦者, 從赦原.

[律文2a②의 疏] 議曰: 權留養親, 動經多載, 雖遇恩赦, 不在赦限. 依令: 「流人季別一遣.」 同季流人, 若未上道而會赦者, 得從赦原.

[율문2a②] **사면의 예를 적용하지 않으며,** 같은 계절의 유죄인이 아직 출발하지 않은 것에 준하여 출발 기한 안에 은사령이 내린 경우에는 은사령에 따라 죄를 용서한다.

[율문2a②의 소] 의하여 말한다: 임시로 머물러 존친을 시양하도록 하면 곧잘 여러 해가 경과되므로, 비록 은사령이 내리더라도 사면 범위에 포함하지 않는다. (단 시양의 사유가 소멸된 경우) 영(옥관령, 습유770쪽)에 의거하면 "유죄인은 계절별로 한 번씩 보낸다."고

---

66) 五流는 가역류·반역연좌류·자손범과실류·불효류·회사유류를 가리킨다(명11.2). 그러나 회사유류의 경우 머물러 시양하게 하는 예에 포함되지 않기 때문에 실제로는 가역류부터 불효류까지의 4류만이 해당된다.

67) 회사유류의 죄는 모반·대역을 범하거나 소공존속·사촌형·누나를 살해한 죄와 고독을 조합하거나 소지한 죄이다. 앞의 두 종류의 죄는 은사령이 내리더라도 유2000리에 처하며(489, 단21.2), 뒤의 고독에 관한 죄는 은사령이 내리더라도 동거가족 및 교령인과 함께 유3000리에 처한다(262, 적15.3).

했으니, 같은 계절의 유죄인이 만약 아직 출발하지 않았는데 은사령이 내린 때에는 은사령에 따라 죄를 용서할 수 있다.

[律文2a③] 課調依舊.

[律文2a③의 疏] 議曰: 侍丁, 依令「免役, 唯輪調及租」. 爲其充侍未流, 故云「課調依舊」.

[율문2a③] 과조는 전과 같이 한다.

[율문2a③의 소] 의하여 말한다: 시정은 영에 의거하면, "역은 면제하고 다만 조와 조만 징수한다."[68] 그를 시정에 충당하고 유배하지 않았기 때문에 "과조[69]는 전과 같이 한다."고 한 것이다.

[律文2a③의 問1] 曰: 死罪囚家無期親, 上請, 勅許充侍. 若逢恩赦, 合免死以否?

[律文2a③의 答1] 曰: 權留養親, 不在赦例, 旣無「各」字, 止爲流人. 但死罪上請, 勅許留侍, 經赦之後, 理無殺法, 況律無不免之制, 卽是會赦合原. 又, 斷死之徒, 例無輪課, 雖得留侍, 課不合徵, 免課霑恩, 理用爲允.

---

68) 이러한 내용의 영문은 이 소에서 인용한 것 외에는 찾을 수 없다. 다만 이와 관련하여 송 천성령의 구령에는, 유죄인이 유배 장소에서 시정에 충원된 경우 과·역을 모두 면제한다고 규정한 영문이 있으며, 시정이 지급된 노·질이 사망한 경우 시정을 다시 역 부과 대상으로 편입하는 절차를 규정한 영문도 있다(『천성령역주』, 149~150·155~160쪽). 아울러 현종이 天寶로 개원하며 내린 大赦 제칙에는 관리들이 영·식에 의거하지 않고 시정에 충당된 이들을 잡역에 부리는 경우가 많아 이를 금한다는 내용이 있어(『冊府元龜』권86, 帝王部, 赦宥第五), 시정은 정역과 잡요가 모두 면제된 것으로 보인다.

69) 課調란 아래의 문답에서 사형으로 단죄된 죄수는 과를 징수할 수 없다는 경우의 '課'와 동의어이다. 당대의 주요 세목인 租·調·役·雜徭 중에서 조와 조를 통칭하여 과라고 하며, 조·조·역을 합쳐 과역이라고 하므로, 여기서 '調' 자는 어조를 조절하기 위해 첨부된 것에 지나지 않는다(일본역『唐律疏議』1, 152쪽, 주3).

[율문2a③의 문1] 묻습니다: 사죄수가 집안에 기친이 없어 황제의 재가를 청하여 칙으로 윤허를 받아 시정에 충당되었는데, 만약 은사령이 내리면 (이 사람의) 사형을 면할 수 있습니까?

[율문2a③의 답1] 답한다: (유죄인을) "임시로 머물러 존친을 시양하도록 하되 사면의 예를 적용하지 않는다."는 조문에는 원래 '각' 자가 없으니 (이는) 단지 유죄인에게만 적용된다. 단 사죄인데 황제의 재가를 청하여 칙으로 윤허를 받아 머물러 시양하게 했다면, 은사령이 내린 뒤에는 이치상 (죄인을) 죽이는 법은 없다. 더구나 율에 (사형을) 면할 수 없다는 규정이 없으니 곧 은사령이 내리면 죄를 용서한다. 또 사형으로 단죄된 죄수는 예에 과를 징수하는 (규정이) 없어 비록 머물러 시양케 하더라도 과를 징수할 수 없으니 과를 면제해서 황제의 은전이 두루 미치게 하는 것이 이치상 타당하다.70)

[律文2a③의 問2] 曰: 死罪是重, 流罪是輕. 流罪養親, 逢赦不免; 死罪留侍, 却得會恩. 則死刑何得從寬, 流坐乃翻爲急, 輕重不類, 義有惑焉.

[律文2a③의 答2] 曰: 死罪上請, 唯聽勅裁. 流罪侍親, 準律合住. 合住者, 須依常例; 勅裁者, 已沐殊恩. 豈將恩許之人, 比同曹判之色? 以此甄異, 非爲重輕.

[율문2a③의 문2] 묻습니다: 사죄는 무겁고 유죄는 가볍습니다. 유

---

70) 만약 율문2a②에서 "각각 사면의 예를 적용하지 않으며,"라고 했다면 율문1의 "무릇 십악이 아닌 사죄를 범했다면" 이하의 모든 죄가 사면 범위에 포함되지 않는 것이 되지만, '各' 자가 없기 때문에 이는 율문2a 이하의 유죄인에게만 적용된다. 또한 답의 해석을 보면, 사죄수를 시정으로 하는 것은 황제의 재가를 통해 이루어지는 일종의 은전이라는 점에서 일반적 규정[常律]에 따라 유죄수를 시정으로 하는 것과는 성격의 차이가 크다. 이는 통상의 법에 따르지 않는 처단으로 오로지 황제만이 할 수 있는 것이기 때문이다.

죄인이 존친을 시양하는 경우에는 은사령이 내려도 죄를 면할 수 없는데, 사죄인이 머물러 시양할 경우에는 오히려 은사령이 내리면 (사면될) 수 있습니다. 그렇다면 사죄는 어째서 관대한 (법에) 따르고 유죄의 처벌은 거꾸로 엄격합니까? (죄의) 경중이 구별되지 않으니, (율의) 뜻에 의혹이 있습니다.

[율문2a③의 답2] 답한다: 사죄를 범해 황제의 재가를 청하면 오직 칙으로 재가 받아 (시양을) 허용한다. 유죄인이 존친을 시양하는 것은 율에 준하여 머무르게 하는 것이다. 머무르게 하는 것은 상례에 의거해야 하는 것이지만, 칙으로 재가 받는 것은 이미 (황제의) 특별한 은전을 입는 것이다. 어찌 은전으로 허용한 사람을 한 관사가 판결한 부류와 비교할 수 있겠는가? 이것으로 다름을 구분하는 것이지 (죄의) 경중으로 구분하는 것이 아니다.

[律文2b] 若家有進丁及親終期年者, 則從流.

[律文2c] 計程會赦者, 依常例.

   [律文2b의 疏] 議曰: 本爲家無成丁, 故許留侍, 若家有期親進丁及親終已經 期年者, 竝從流配之法.

   [律文2c의 疏] 計程會赦者, 一準流人常例.

[율문2b] 만약 집안에 정남이 된 자가 있거나 존친이 사망한지 만 1년이 되면 곧 유배한다.

[율문2c] 행정을 헤아려 (기한 내에) 은사령이 내린 경우에는 상례에 의거한다.

   [율문2b의 소] 의하여 말한다: 본래 집안에 성정이 없기 때문에 머물러 시양할 것을 허용한 것이므로 만약 집안에 기친으로 정남이 된 자가 있거나 존친이 사망하여 이미 만 1년이 되면 모두 유배하

는 법에 따른다.

[율문2c의 소] 행정을 헤아려 (기한 내에) 은사령이 내린 경우에는
모두 유죄인에 대한 상례(명25)에 따른다.

[律文2d] 卽至配所應侍, 合居作者, 亦聽親終期年, 然後居作.

　[律文2d의 疏] 議曰: 流人至配所, 親老疾應侍者, 竝依侍法. 合居作者, 亦
聽親終期年, 然後居作.

[율문2d] 만약 유배 장소에 도착하여 마땅히 시양해야 하는데 복
역에 해당하는 경우에도 역시 존친이 사망하고 만 1년 뒤부터
복역하는 것을 허용한다.

　[율문2d의 소] 의하여 말한다: 유죄인이 유배 장소에 도착하여 존친
이 노·질로 인하여 마땅히 시양해야 할 경우에는 모두 시양하는
법에 의거한다. 복역에 해당하는 경우에도 역시 존친이 사망하고
만 1년 뒤부터 복역하는 것을 허용한다.

　[律文2d의 問] 曰: 犯死罪聽侍, 流人權留養親, 中間各犯死罪以下, 若爲科斷?
　[律文2d의 答] 曰: 依下文:「犯罪已發及已配而更爲非者, 各重其事.」 若死
囚重犯死罪, 亦同犯流加杖法. 若本坐是絞, 重犯斬刑, 卽須改斷從斬. 準前,
更犯絞者, 亦依加杖例, 若依前應侍, 仍更重請. 若犯流·徒者, 各準流·徒之
法. 杖罪以下, 依數決之. 流人聽侍者, 犯死罪上請. 若犯流, 依留住法加杖;
侍親終, 於配所累役. 犯徒應役亦準此. 應蔭贖者, 各依本法.

　[율문2d의 문] 묻습니다: 사죄를 범한 자는 (존친의) 시양을 허용하
고 유죄인은 임시로 머물러 존친을 시양케 하는데, 그 기간 중에
각각 사죄 이하를 범했으면 어떻게 처단합니까?
　[율문2d의 답] 답한다: 아래의 조항(명29.1)에 의거하면 "범한 죄가

이미 발각되거나 이미 배속되어 있으면서 다시 죄를 범한 자는 각각 그 사건을 거듭해서 (처벌)한다."라고 했다. 만약 사형수가 다시 사죄를 범했다면 역시 유죄를 범한 자에 대해 장형으로 대체 집행하는 법[加杖法](명28.2a)과 같게 한다. 예컨대 본래 처벌이 교형에 (해당하는데) 다시 참죄를 범했다면 곧 참죄에 따라 바꾸어 단죄하고 앞의 (가장법)에 준하며, 다시 교죄를 범한 경우 역시 장형으로 대체 집행하는 예에 의거하되, 만약 앞의 (율문에) 의거하여 시양하여야 한다면 곧 다시 황제의 재가를 청한다. 만약 유·도죄를 범한 경우에는 각각 유죄·도죄를 (장형으로 대체 집행하는) 법에 준한다. 장죄 이하는 (장의) 수에 의거해 집행한다.[71] 유배된 사람이 존친을 시양하도록 허용된 경우에 사죄를 범했다면 황제의 재가를 청한다. 만약 유죄를 범했다면 유주법에 의거하여 장형으로 대체 집행하며(명28), 시양하던 존친이 사망하면 유배된 장소에서 역을 누가한다.[72] 도죄를 범하여 복역해야할 때에도 역시 이에 준한다. 음·속해야 할 경우에는 각각 본법에 의거한다.

---

71) 답은 사형 판결을 받았다가 시양 때문에 그 집행이 연기된 자가 다시 새로운 죄를 범했을 경우에 대한 조치를 서술하고 있다. 교죄를 범한 자가 다시 참죄를 범한 경우 먼저 범한 교죄는 가장법에 따라 장으로 대체하여 집행하고 참형에 처한다. 사죄를 범한 경우의 가장법은 유죄를 범한 자에 대한 것과 같다고 했으므로 장200을 친다. 가장법에서는 도3년이 장200에 해당하지만, 장의 최고 한도가 200이므로(명29.3b의 소) 유죄와 사죄 역시 동일하게 장200으로 대체하는 것이다.

72) 유형의 집행이 연기된 자가 다시 유죄를 범했을 때 나중에 범한 유죄는 유주법(명28)에 따라 100~160까지의 장과 도역 3년을 병과하는 것으로 대체된다. 그러나 장은 집행하지만 시양으로 유형이 연기된 것이므로 거주지에서 역을 부과할 수 없기 때문에 존친이 사망한 후 실제로 유배되었을 때에는 최초의 유형에 부과되는 1년의 복역을 더해 총 4년을 복역하게 하는 것이다.

제27조 명례 27. 단정에 대한 특례(犯徒應役家無兼丁)

[律文1a] **諸犯徒應役而家無兼丁者, 妻年二十一以上, 同兼丁之限. 婦女家無男夫兼丁者, 亦同.**

　　[律文1a의 疏] 議曰: 應役者, 謂非應收贖之人, 法合役身. 「而家無兼丁者」, 謂戶內全無兼丁. 妻同兼丁, 婦女雖復非丁, 據『禮』「與夫齊體」, 故年二十一以上同兼丁之限. 其婦人犯徒, 戶內無男夫年二十一以上, 亦同無兼丁例. 言以上者, 謂五十九以下. 其殘疾, 旣免丁役, 亦非兼丁之限.

[율문1a] **무릇 도죄를 범하여 복역해야 하는데 집에 겸정이 없는 경우**, 처는 21세 이상이면 겸정과 같은 범위에 속한다. 부녀는 집에 남부 겸정이 없을 경우 역시 같다.

　　[율문1a의 소] 의하여 말한다: "복역해야 한다."는 것은, 속동을 징수할 (대상이) 아닌 사람73)은 법에 따라 몸으로 복역해야 함을 말

---

73) 유내관 및 그 친속으로 의장·청장·감장·속장의 특전이 부여된 자는 가역류·반역연좌류·자손범과실류·불효류·회사유류가 아닌 유죄 이하를 범하거나, 기친 이상의 존장과 외조부모·남편·남편의 조부모를 과실로 살해하거나, 또는 고의로 사람을 구타하여 폐질에 이르게 하거나, 도죄 이상의 盜罪를 범하거나, 부인이 간통죄를 범한 경우(명8~11) 및 음을 받는 친속의 조부모·부모를 범하거나, 대공친·소공친 존장을 구타하거나 고한 경우(명15)를 제외하면 동으로 죄를 속할 수 있다. 5품관 이상의 첩이 십악이 아닌 유죄를 범한 경우에도 속할 수 있다(명13). 또한 관인이 도죄를 범하여 관당해야 하는데 죄가 가벼워 관이 남거나, 죄가 무거워 관을 다 쓰고도 죄가 남는 경우에도 속동을 징수한다(명22.1). 한편 죄인의 연령이나 장애 정도에 따라서도 속동을 징수하는데, 70세 이상 혹은 15세 이하인 자 및 폐질인 자가 가역류·반역연좌류·회사유류가 아닌 유죄 이하를 범한 경우 속동을 징수하며, 80세 이상 혹은 10세 이하인 자 및 독질인 자는 절도나 상해죄를 범하여 사형에 해당되더라도 실형에 처하지 않고 속동을 징수한다(명30.1~2 및 문

한다. "집에 겸정이 없는 경우"라 함은, 그 죄인의 호 내에 (죄인 외에) 다른 정이 전혀 없는 경우를 말한다. 처는 겸정과 같은데, 부녀는 비록 정녀가 아니라도 『의례』(권30, 662쪽)의 "남편과 몸을 나란히 한다."고 한 것을 근거로 하므로 (겸정으로 간주할 것을 염려하여), 21살 이상만 겸정과 같은 범위에 속하게 한 것이다. 단 부인이 도죄를 범했는데 호 내에 21세 이상의 남부가 없다면 역시 겸정이 없는 예와 같다. "이상"이라고 한 것은 (21살 이상에서) 59세 이하까지를 말한다. 단 잔질로 이미 정역이 면제되었으면 역시 겸정의 범위에 포함하지 않는다.

[律文1a의 問1] 曰: 家內雖有二丁, 俱犯徒坐, 或一人先從征防, 或任官, 或逃走及被禁, 竝同兼丁以否?

[律文1a의 答1] 曰: 家無兼丁, 免徒加杖者, 矜其糧餉乏絶, 又恐家內困窮. 一家二丁, 俱在徒役, 理同無丁之法, 便須決放一人. 征防之徒, 遠從戍役, 及犯徒罪以上, 獄成在禁, 同無兼丁之例, 據斷亦是弘通. 居官之人, 雖非丁色, 身旣見居榮祿, 不可同無兼丁. 若兼丁逃走在未發之前, 旣不預知, 得同無兼丁之限. 如家人犯徒, 事發後, 兼丁然始逃亡, 若其許同無丁, 便是長其姦詐, 卽同有丁之限, 依法役身.

[율문1a의 문1] 묻습니다: 집안에 비록 2정이 있더라도 모두 도죄를 범하여 처벌되었거나, 혹 한 사람이 먼저 정·방에 종사하거나, 혹은 관에 임명되었거나, 혹은 도주 및 구금된 경우, 모두 겸정과 같습니까 아니면 같지 않습니까?

답). 이러한 연령과 장애에 따른 속동 징수 처분은 죄를 범한 시점에 해당 요건이 충족된 경우 외에도, 사건의 발각 시점이나 복역 도중의 어느 시점에 요건이 충족된 경우에도 적용된다(명31). 이상의 범위 내에 있는 이들이 '應收贖之人'이다.

[율문1a의 답1] 답한다: 집안에 겸정이 없어 도형을 면하고 장형으로 대체하는 것은, 그 (집안에) 양식이 떨어짐을 긍휼히 여기고 또한 집안이 곤궁해질 것을 염려하기 때문이다. 한 집안에 2정이 있더라도 모두 도역에 처해진 경우 이치상 겸정이 없는 (경우의) 법과 같이 즉시 한 사람을 장형으로 대체 집행하여 석방해야 한다. 정·방(인)의 무리로 멀리서 수역하는 경우 및 도죄 이상을 범하고 죄가 성립되어 구금 중인 경우에는 겸정이 없는 예와 같음은 이치가 역시 널리 통한다. 관직에 있는 사람은 비록 정의 부류는 아니나 이미 영예와 봉록을 받고 있으므로 겸정이 없는 것과 같을 수 없다. 만약 겸정이 사건이 발각되기 전에 도주했으면 원래 미리 알지 못한 것이므로 겸정이 없는 범위와 같을 수 있다. (그렇지만) 집안사람이 도죄를 범하고 사건이 발각된 뒤에 겸정이 되자 비로소 도주한 경우는, 만약 그것을 겸정이 없는 것과 같게 하도록 허용한다면 곧 이는 그 간사함을 조장하는 것이므로, 정이 있는 범위와 같게 하여 법에 의거하여 몸으로 복역케 한다.

[律文1a의 問2] 曰: 二人俱徒, 許決放一人. 若三人俱犯徒坐, 家內更無兼丁, 若爲決放?

[律文1a의 答2] 曰: 律稱「家無兼丁」, 本謂全無丁者. 三人決放一人, 卽是家有丁在, 足堪糧餉, 不可更放一人. 若一家四人徒役, 決放二人, 其徒有年月及尊卑不等者, 先從見應役日少者決放; 役日若停, 卽決放尊長. 其夫妻竝徒, 更無兼丁者, 決放其婦.

[율문1a의 문2] 묻습니다: 두 사람이 모두 도죄를 범했을 때는 한 사람을 장형으로 대체 집행하고 석방하는 것을 허용합니다. 만약 세 사람이 모두 도죄를 범했고 집안에 다시 겸정이 없다면 어떻게 장형으로 대체 집행하여 석방합니까?

[율문1a의 답2] 답한다: 율에서 "집에 겸정이 없다."는 것은, 본래 정이 하나도 없는 경우를 말한다. 세 사람 가운데 한 사람을 장형으로 대체 집행하고 석방하면 그 집안에는 정이 존재하여 양식을 조달하기에 충분하므로, 다시 한 사람을 장형으로 대체 집행하여 석방해서는 안 된다. 만약 한 집안에 네 사람이 도죄로 복역하고 있다면 두 사람을 장형으로 대체 집행하여 석방하는데, 단 도형의 기간 및 존비가 같지 않은 때에는 먼저 (남은) 복역 기간이 적은 자를 장형으로 대체 집행하여 석방하며, (남은) 복역 기간이 만약 비슷하다면[停]74) 곧 존장을 장형으로 대체 집행하여 석방한다. 단 남편과 아내가 모두 도죄로 복역하고 다시 겸정이 없을 경우에는 그 부인을 장형으로 대체 집행하고 석방한다.

[律文1b] 徒一年, 加杖一百二十, 不居作; 一等加二十. 流至配所應役者, 亦如之.

[律文1b의 疏] 議曰:「徒一年, 加杖一百二十, 一等加二十」, 卽是半年徒加杖二十.「不居作」, 旣已加杖, 故免居作.「流至配所應役者」, 謂流人應合居役, 家無兼丁, 應加杖者, 亦準此.

[율문1b] 도1년은 장120으로 대체하고 복역시키지 않으며, 1등마다 장20을 더한다. 유죄인이 유배 장소에 이르러 복역해야 하는 경우에도 역시 이와 같다.

[율문1b의 소] 의하여 말한다: "도1년은 장120으로 대체하고, 1등마다 장20을 더한다."고 했으니, 곧 도 반년마다 장20을 더하는 것이

---

74) 停은 亭과 통하며, 平 또는 均의 뜻이다. 『문선』 李善注에서 『倉頡篇』을 인용하여 "停與亭古字通."이라 했고(『문선』권26, 贈答四, 謝靈運初去郡), 안사고는 『한서』에 "亭, 均也, 調也."라 주석했다(『한서』권59, 2639쪽).

다. "복역시키지 않는다."는 것은, 이미 장으로 대체했기 때문에 복역을 면제한다는 것이다. "유죄인이 유배 장소에 이르러 복역해야 하는 경우"라 함은, 유죄인은 마땅히 노역에 복무해야 하는데 집안에 겸정이 없어 장으로 대체하여 (석방해야) 할 경우를 말하며, 역시 이에 준한다.

[律文2] 若徒年限內無兼丁者, 總計應役日及應加杖數, 準折決放.

　[律文2의 疏] 議曰: 徒限未滿, 兼丁死亡, 或入老·疾, 或犯罪·征防, 見無兼丁者, 若犯徒一年, 三百六十日合杖一百二十, 卽三十日當杖十; 若犯一年半徒, 五百四十日合杖一百四十, 卽是三十八日當杖十; 若犯二年徒, 七百二十日合杖一百六十, 卽是四十五日當杖十; 若犯二年半徒, 九百日合杖一百八十, 卽五十日當杖十; 若犯三年徒, 一千八十日合杖二百, 卽五十四日當杖十; 若犯三年半徒, 一千二百六十日亦合杖二百, 卽六十三日當杖十; 若犯四年徒, 一千四百四十日亦合杖二百, 卽七十二日當杖十. 其役日未盡, 不滿杖十者, 律云: 「加者, 數滿乃坐.」 旣不滿十, 據理放之.

[율문2] 만약 도형의 연한 안에 겸정이 없어진 경우에는 복역해야 할 기간에 대응하여 쳐야 할 장수를 총계하여, 대체해서[準折75)] 장을 치고 석방한다.

　[율문2의 소] 의하여 말한다: 도형의 기한이 다 되지 않았는데 겸정이 사망하거나, 혹은 (존친이) 노·질이 되거나, 혹은 죄를 범하거

---

75) 準折이란 일정한 비율 혹은 기준에 따라 계산하여 한 물건을 다른 물건으로 대체하게 한다는 의미이다. 이 조항에서는 도1년을 장120으로 환산하고 반년마다 장20을 더하는 것이 '비율'이 된다. 한편 '準折'이라는 표현은 당률에서 산견되는데, 왕법으로 인해 도형이 더해진 경우 이를 과역으로 대체하는 원칙 (명44.3) 및 부곡의 '衣食 값'을 관노의 가격에 준하여 환산이 가능한지의 여부 (376, 사15.1의 문답) 등에서 확인할 수 있다.

나 (출)정·방(수)하여 현재 겸정이 없게 된 경우, 만약 도1년을 범했으면 360일을 장120으로 대체하므로 곧 30일이면 장10에 해당한다. 만약 도1년반을 범했으면 540일을 장140으로 대체하므로 곧 38일이면 장10에 해당한다. 만약 도2년을 범했으면 720일을 장160으로 대체하므로 곧 45일이면 장10에 해당한다. 만약 도2년반을 범했으면 900일을 장180으로 대체하므로 곧 50일이면 장10에 해당한다. 만약 도3년을 범했으면 1080일을 장200으로 대체하므로 곧 54일이면 장10에 해당한다. 만약 도3년반을 범했으면 1260일을 역시 장200으로 대체하므로 곧 63일이면 장10에 해당한다. 만약 도4년을 범했으면 1440일을 역시 장200으로 대체하므로 곧 72일이면 장10에 해당한다.[76] 단 복역 기간이 아직 끝나지 않았는데 (남은 일수가) 장10에 해당하는 (일수에) 차지 않는 경우에는 율에 "더하는 것은 (죄의) 수가 차야만 처벌한다."(명56.3)고 했으니, 원래 장10에 (해당하는 일수가) 차지 않았으면 이치에 의거해서 (장형으로 대체 집행하지 않고) 석방한다.

[律文3] **盜及傷人者, 不用此律**. 親老疾合侍者, 仍從加杖之法.

　[律文3의 疏] 議曰:「盜及傷人」, 徒以上竝合配徒, 不入加杖之例. 諸條稱「以盜論」及「以故殺傷論」·「以鬪殺傷論」者, 各同眞盜及眞殺傷人之法. 「親老疾合侍者」, 謂有祖父母·父母年八十以上及篤疾合侍, 家無兼丁者, 雖犯盜及傷人, 仍依前加杖之法.

[율문3] (절)도 및 사람을 상해한 경우에는 이 율을 적용하지 않는다. 존친이 노·질이어서 시양해야 할 경우에는 그대로 장으로 대체하는 법을 따른다.

---

76) 장은 200대 이상 집행할 수 없으므로(명29.3의 소) 도3년 이상은 모두 장200으로 대체하는 것이다.

[율문3의 소] 의하여 말한다: (절)도 및 사람을 상해한 것이 도죄 이상이면 모두 도·유형에 처해야 하고, 장으로 대체하는 예를 적용하지 않는다. 모든 조항에서 "(절)도로[以盜] 논한다." 및 "고살상으로 논한다.", "투살상으로 논한다."고 칭한 경우에는, 각각 바로 진정도 및 진정살상인의 법과 같다(명53.4). "존친이 노·질이어서 시양해야 할 경우"라 함은, 조부모·부모가 80세 이상 및 독질이어서 시양해야 하는데 집안에 겸정이 없는 경우(명26)를 말하며, (이 경우는) 비록 절도 및 상해죄를 범했더라도 그대로 앞의 장으로 대체하는 법에 의거한다.

제28조 명례 28. 특수직역인의 도·유죄에 대한 대체 장형(工樂雜戶及婦人犯流決杖)

[律文1a] 諸工、樂、雜戶及太常音聲人,

[律文1a의 疏] 議曰: 工、樂者, 工屬少府, 樂屬太常, 並不貫州縣. 雜戶者, 散屬諸司上下, 前已釋訖. 「太常音聲人」, 謂在太常作樂者, 元與工、樂不殊, 俱是配隷之色, 不屬州縣, 唯屬太常, 義寧以來, 得於州縣附貫, 依舊太常上下, 別名太常音聲人.

[율문1a] 무릇 공호·악호·잡호 및 태상음성인이

[율문1a의 소] 의하여 말한다: 공호·악호의 경우 공호는 소부감에 속하고 악호는 태상시에 속하여 모두 주·현에 호적이 없다. 잡호의 경우 모든 관사에 나뉘어 소속되어 복역한다(上下)는 것은 앞에서 해석했다(명20.5의 소). 태상음성인은 태상시에서 악을 연주하는 자를 말하는데, 원래는 공호·악호와 다르지 않게 모두 (관사에) 배

속된 부류로 주·현에는 속하지 않고 태상시에만 속했으나, (수) 의령(617~618) 연간 이후 주·현에 호적을 올리고 예전과 같이 태상시에 복역[77]할 수 있게 하면서, 따로 태상음성인이라고 이름을 정한 것이다.

[律文1b] 犯流者, 二千里決杖一百, 一等加三十, 留住俱役三年; 犯加役流者, 役四年.

[律文1b의 疏] 議曰: 此等不同百姓, 職掌唯在太常、少府等諸司, 故犯流者不同常人例配, 合流二千里者, 決杖一百; 二千五百里者, 決杖一百三十; 三千里者, 決杖一百六十; 俱留住, 役三年. 「犯加役流者, 役四年」, 名例云:「累徒流應役者, 不得過四年.」 故三年徒上, 止加一年, 以充四年之例. 若是賤人, 自依官戶及奴法.

[율문1b] 유죄를 범한 경우 2000리는 장100을 치고, 1등마다 장30을 더하며, 거주지에 머무르게 하여 3년간 복역시킨다. 가역류를 범한 때에는 4년을 복역시킨다.

[율문1b의 소] 의하여 말한다: 이들은 일반 백성과 달리 직장이 오직 태상시·소부감 등 여러 관사에 있기 때문에 유죄를 범한 경우에도 일반인의 예와 같이 유배시키지 않고, 유2000리에 해당하면 장100을 치고, 2500리이면 장130을 치고, 3000리이면 장160을 치고 모두 거주지에 머무르게 하여 3년간 복역시킨다. "가역류를 범한 때에는 4년간 복역시킨다."는 것은, 명례율에 "유죄와 도죄를 누계해서 복역시켜야 할 경우 (역은) 4년을 초과할 수 없다."(명29.3a)고 했으므로, 도역 3년에 1년만을 더하여 4년의 예에 맞추는 것이다. 만약

---

77) 태상음성인은 거주 지역에 따라 번상하는 횟수가 다르며, 사유가 있어 번상하지 않는 경우 資錢을 내게 하여 태상시에서 필요한 복장과 악기의 비용에 충당한다(『당육전』권14, 406쪽; 『역주당육전』중, 387~388쪽).

천인이면 당연히 관호 및 관노에 대한 법에 의거한다.[78]

[律文2a] 若習業已成, 能專其事, 及習天文, 竝給使、散使, 各加杖二百.

[律文2a의 疏] 議曰: 工樂及太常音聲人, 皆取在本司習業, 依法各有程試. 所習之業已成, 又能專執其事. 及習天文業者, 謂在太史局天文觀生及天文生, 以其執掌天文. 依令:「諸州有闕人竝送官, 配內侍省及東宮內坊各爲給使, 諸王以下爲散使.」多本是良人, 以其宮闈驅使, 竝習業已成. 天文生等犯流罪, 竝不遠配, 各加杖二百.

[율문2a] 만약 (이들 가운데) 업무 학습을 이미 이루어 그 일을 전담할 수 있는 (자) 및 천문을 학습한 (자와) 아울러 급사·산사는 각각 장200을 가하고,

[율문2a의 소] 의하여 말한다: 공호·악호 및 태상음성인은 모두 본래 소속된 관아에 모여 업무를 학습하며, 법에 의거하여 각각 규정된 과정과 시험[79]이 있다. 학업이 완성되면[80] 또한 그 일을 전담

---

78) 이 소에서 천인은 관호 및 관노비만을 말하는 것으로 보인다. 관호·관노비의 자제 중 적합한 사람을 선발하여 소부감이나 태상시에서 수업시키고 기술을 전수시킨 후, 공호·악호의 신분을 주어 봉사시키는 제도가 있었는데(『당육전』 권6, 193쪽; 『역주당육전』상, 619~621쪽), 이들은 공호·악호의 자제와는 달리 수업 중에는 여전히 관호·관노비 신분이었다. 따라서 이들이 죄를 범하면 관호·관노비가 죄를 범한 경우의 처벌 규정 조항(명47)에 따라 처분되었다.

79) 공호의 경우 교육 과정과 시험을 소부감에서 주관하며, 기술의 성격과 난이도에 따라 교육 기간이 40일에서 4년까지로 차등이 있었다(『당육전』권22, 572쪽; 『역주당육전』하, 74~75쪽). 악호와 태상음성인의 경우 교육 과정과 시험을 태상시에서 주관했으며, 교습을 마치고 일정 수준에 도달한 경우 樂師로 삼을 수도 있었다(『당육전』권14, 406쪽; 『역주당육전』중, 387~388쪽).

80) 당대 관부에 속한 여러 학생의 학업 과정과 관련하여 '業成'이라는 표현이 자주 보인다. 이는 단순히 '업무의 학습을 이루다'는 의미뿐만 아니라, 해당 분야에 대한 일정 수준에 도달하여 '평가 기준을 통과하다'라는 의미를 내포한다.

할 수 있다. "천문에 관한 업무를 학습한 (자)"라 함은, 태사국에 있는 천문관생 및 천문생81)을 말하는데, 그들은 천문을 전담한다. 영에 의거하면, "모든 주에 엄인이 있으면 모두 관에 보내는데, 내시성 및 동궁의 내방에 배치되는 사람을 각각 급사라 하고 여러 친왕부 이하에 배치되는 사람을 산사라 한다."82) (이들은) 대부분 본래 양인인데, 궁중의 사역에 관한 업무를 익혀 합격한 자들이다. 천문생 등이 유죄를 범하면 모두 멀리 유배시키지 않고 각각 장 200을 가한다.

[律文2b] 犯徒者準無兼丁例加杖, 還依本色.

[律文2b의 疏] 議曰: 工、樂及太常音聲人習業已成, 能專其事及習天文, 竝給使、散使, 犯徒者皆不配役, 準無兼丁例加杖; 若習業未成, 依式配役. 如元是官戶及奴者, 各依本法. 還依本色者, 工、樂還掌本業, 雜戶、太常音聲人還上本司, 習天文生還歸本局, 給使、散使各送本所. 故云「還依本色」. 其有官蔭, 仍依本法當、贖. 若以流內官當徒及解流外任, 亦同前還本色. 緫限各依常法.

[율문2b] 도죄를 범한 때에는 겸정이 없는 예에 준하여 장형으로 대체 집행하고, 본래의 신분에 의거하여 돌려보낸다.

---

81) 태사국은 비서성의 속관부이다. 천문생은 태사국에서 천문 지식을 배우는 학생으로 정원은 60인이었으며, 당 초기에는 천문박사(정8품하) 2인을 두어 천문생을 교습했다가 장안 4년(704) 천문박사의 직장을 없애고 영대랑(정8품하) 2인을 두어 교습하게 했다. 천문생 중 장기복무자는 천문관생으로 전보될 수 있었다. 천문관생은 정원 90인으로, 주야로 천문을 살피는 업무를 담당했으며 8考를 거쳐 유내관이 될 수 있었다(『당육전』권10, 304쪽; 『역주당육전』중, 175~177쪽).

82) 給使는 내시성과 내방에 배치된 관품이 없는 闇人으로 내급사라고도 했으며 각종 장부의 기록을 맡았다. 散使는 친왕부 등에 배치된 관품이 없는 엄인이다(『당육전』권12, 358쪽; 『역주당육전』중, 287~288쪽; 『천성령역주』; 718~719쪽).

[율문2b의 소] 의하여 말한다: 업무의 학습이 이미 이루어져 그 일을 전담할 수 있는 공호·악호 및 태상음성인 및 천문을 익힌 (천문생과) 아울러 급사·산사가 도죄를 범한 때에는 모두 복역시키지 않고 겸정이 없는 예에 준하여 장형으로 대체 집행한다(명27). 만약 업무의 학습이 아직 이루어지지 못했다면 식83)에 의거하여 복역시킨다. 만약 원래 관호 및 노인 자는 각각 본법(명47)에 의거한다. "본래의 신분에 의거하여 돌려보낸다."는 것은, 공호·악호는 돌려보내 본업을 맡게 하고, 잡호·태상음성인은 돌려보내 본래 소속된 관사에 상번케 하고, 천문을 익힌 (천문)생은 태사국으로 돌려보내고, 급사·산사는 각각 본래 소속한 곳으로 보낸다는 것이다. 그러므로 "본래의 신분에 의거하여 돌려보낸다."고 한 것이다. 단 관이나 음이 있으면 그대로 본법에 의거하여 관당하거나 속한다. 만약 유내관으로 도죄를 관당한 경우 및 유외관의 직임에서 해면된 경우(명17)에도 역시 앞과 동일하게 자기 신분에 따라 돌려보낸다. 서용 시한은 각각 상법(명21.3)에 의거한다.

[律文3a] **其婦人犯流者, 亦留住,** 造畜蠱毒應流者, 配流如法.

[律文3a의 疏] 議曰: 婦人之法, 例不獨流, 故犯流不配, 留住, 決杖.居作. 造畜蠱毒, 所在不容, 擯之荒服, 絶其根本, 故雖婦人, 亦須投竄, 縱令嫁向中華, 事發還從配遣, 竝依流配之法, 三流俱役一年, 縱使遇恩, 不合原免. 婦人敎令造畜者, 只得敎令之坐, 不同身自造畜, 自依常犯科罪.

[율문3a] **단 부인이 유죄를 범한 경우에도 역시 거주지에 머무르게 하는데,** 고독을 조합하거나 소지하여 유형에 처해야 할 경우에는 법대로 유배한다.

---

83) 소에서 말하는 식이란 刑部式일 것이나, 그 구체적인 내용은 알 수 없다.

[율문3a의 소] 의하여 말한다: 부인에 대한 처벌[法]은 예에 의하면 홀로 유배하지 않으므로, 유죄를 범하더라도 거주지에 머무르게 하여 장을 치고 복역시킨다. 고독을 조합하거나 소지했다면 모든 곳에서 용납될 수 없어 가장 먼 지역[荒服]으로 추방하여 그 근본을 단절하는 까닭에 비록 부인이라도 역시 반드시 멀리 추방하며, 설령 중원으로 출가했더라도 발각되면 다시 유배지로 되돌려 보내되, 모두 유배의 법에 의거하여 세 가지 유형 모두 1년간 복역시키며(명24.1), 비록 은사령이 내리더라도 용서해서 형을 면하게 할 수 없다(적 15.3). 부인이 (고독을) 조합하거나 소지하는 것을 교령한 경우에는 다만 교령죄의 처벌만 받으므로 자신이 직접 조합하거나 소지한 경우와는 달리 당연히 통상의 범죄에 의거하여 죄를 준다.[84]

[律文3b] 流二千里決杖六十, 一等加二十, 俱役三年;

　　[律文3b의 疏] 議曰: 婦人流二千里, 決杖六十; 流二千五百里, 決杖八十; 流三千里, 決杖一百. 三流俱役三年. 若加役流, 亦決杖一百, 卽是役四年. 旣決杖之文在上, 明須先決後役.

[율문3b] 유2000리는 장60을 치고, 1등마다 장20을 더하며, 모두 3년간 복역시키며,

　　[율문3b의 소] 의하여 말한다: 부인의 유2000리는 장60을 치고, 유

---

84) 여기서 '통상의 범죄에 따라 죄를 준다.'는 것은, 곧 부인에 대한 일반 처벌법에 따라 留住居作시킨다는 의미이다. 다시 말하면 고독을 조합하거나 소지한 죄에 관한 본조(262, 적15.1 및 3)에 따르면 고독을 조합하거나 소지하거나 교령한 자는 모두 교형에 처하며 은사령이 내리더라도 유3000리에 처하며, 명례율에서는 고독을 전수받아 소지한 경우도 만든 것과 같은 죄를 준다고 해석했다(명6.5 주2의 소). 하지만 이 소에서는 '교령'과 '自造畜'이 다르므로 교령의 경우 통상의 범죄에 따라 죄를 준다고 했는데, 이는 부인이 교령한 경우에 한해 부과되는 처분이다.

2500리는 장80을 치고, 유3000리는 장100을 친다. 세 가지 유죄 모두 3년간 복역시킨다. 만약 가역류라면 역시 장100을 치고 곧 4년간 복역[85]시킨다. 원래 장을 치는 조문이 위에 있으니 반드시 먼저 장을 치고 뒤에 복역시킨다는 것은 분명하다.

[律文3c] 若夫、子犯流配者, 聽隨之至配所, 免居作.

[律文3c의 疏] 議曰: 婦人元不合配, 以夫、子流故, 所以聽隨, 矜其本法無流, 所以得免居作. 從流無杖, 不在決例. 其有夫、子在路身死, 婦人不合從流, 旣得却還, 不復更令居作.

[율문3c] 만약 남편·아들이 유죄를 범하여 유배되는 경우는 그들을 따라 유배 장소로 가는 것을 허용하되 복역을 면제한다.

[율문3c의 소] 의하여 말한다: 부인이 원래 유배에 해당하지 않는데 남편·아들이 유배되는 까닭에 따라가는 것을 허용하는 것으로, 그가 본래 유형에 처해야 할 죄가 없음을 긍휼히 여기므로 복역을 면제하는 것이다. 유죄인을 따라갔을 (뿐이니) 장(형)이 없어 장을 치는 예도 없다. 만약 남편·아들이 (유배 가는) 도중에 사망하면, 부인은 유죄인의 (대열을) 따르게 해서는 안 되므로 원래 돌아올 수 있으며, 다시 복역시켜서도 안 된다.

[律文3c의 問1] 曰: 婦人先犯流刑, 在身乃有官蔭, 夫、子犯流旣聽隨去, 未知官蔭合用以否?

[律文3c의 答1] 曰: 律唯言「至配所免居作」, 役旣許免, 更無罪名. 若犯十惡、五流者, 各依「除名」之律. 若別犯流以下罪, 聽從官當、減、贖法.

[율문3c의 문1] 문습니다: 부인이 먼저 유형에 (해당하는 죄를) 범

---

85) 역의 최대 기한은 4년이므로(명29.3) 4년을 복역시키는 것이다.

했으나 본인에게 관이나 음이 있어 (형을 면할 수 있는데), 남편·아들이 유죄를 범하여 이미 따라가는 것을 허락받았다면 관과 음이 적용될 수 있습니까?

[율문3c의 답1] 답한다: 율은 오직 "유배지에 이르면 복역을 면제한다."고 했으니 역은 원래 면제가 허용된 것이며, 다시 더 (처벌할) 죄명에 대한 (언급은) 없다. 만약 십악 및 오류를 범했으면 각각 제명의 율(명18)에 의거한다. 만약 (부인이) 별도로 유죄 이하의 죄를 범했으면 관당·감·속법에 따를 것을 허용한다.

[律文3c의 問2] 曰: 注云, 造畜蠱毒婦女應流者, 配流如法. 未知此注唯屬婦人, 唯復總及工、樂以否?

[律文3c의 答2] 曰: 案賊盜律, 造畜蠱毒者雖會赦不免, 同居不知情亦流. 但是諸條犯流加杖、配徒之色, 若有蠱毒, 竝須配遣, 故於工、樂等留住下立例. 注云:「造畜蠱毒應流者, 配流如法.」 斯乃工、樂以下總攝, 不獨爲婦人生文.

[율문3c의 문2] 묻습니다: 주에 고독을 조합하거나 소지하여 유형에 처해야 할 부녀의 경우에는 법대로 유배한다고 했습니다. 이 주는 오직 부인에게만 적용됩니까? 아니면 공호·악호에게도 모두 적용됩니까?

[율문3c의 답2] 답한다: 적도율을 살펴보면 고독을 조합하거나 소지한 자는 은사령이 내려도 죄를 면할 수 없으며, 동거인은 그 정을 몰랐더라도 역시 유배한다(적15). 다만 유죄를 범하면 (유배하지 않고) 장형과 도역으로 대체 집행해야 하는 신분인들도 만약 고독을 (조합하거나 소지한 죄가) 있다면 모두 반드시 유배하므로, "공호·악호 등은 거주지에 머물게 한다."는 (조문) 아래에 예를 세워 두고, 주에 "고독을 조합하거나 소지하여 유형에 처해야 할 경우에

는 법대로 유배한다."고 한 것이다. (따라서) 이는 곧 공호·악호 이하 모두에게 적용되는 것이지 부인만을 위해서 조문을 만든 것이 아니다.

당률소의 권 제4 명례율 모두 8조

역주 이준형

제29조 명례 29. 갱범(更犯)

[律文1] 諸犯罪已發及已配而更爲罪者, 各重其事.

[律文1의 疏] 議曰: 已發者, 謂已被告言. 其依令應三審者, 初告亦是發訖. 及已配者, 謂犯徒已配. 而更爲笞罪以上者, 各重其後犯之事而累科之.

[율문1] 무릇 범한 죄가 이미 발각되거나[已發] 이미 배속되어 있으면서[已配] 다시 죄를 범한 자는 각각 그 사건을 거듭해서 (처벌)한다.

[율문1의 소] 의하여 말한다: 이미 발각되었다[已發]¹⁾는 것은 (관사에) 이미 고언된 것을 말한다. 단 영에 의거해서 마땅히 삼심을 거쳐야 하는 경우²⁾ 첫 번째 고언으로 발각된 것이 된다. 이미 배속

---

1) 이 소에서는 범죄의 발각 시점을 관사에 고언된 때로 해석하고 있다. 즉 관이 사건을 인지하여 형사적 절차를 시작하는 단계를 발각으로 해석하고 있는 것이다. 문서[牒]로 고언되었다면 이미 사건이 발각된 것이라는 다른 조항의 소에서도 보듯(명37.1의 소) 이 같은 정의는 율 전체에 통용되고 있지만 그것만으로는 불충분하다. 그 이유는 관이 누군가의 고발에 의해서가 아니라 자체적인 糾擧에 의해 사건을 인지하고 형사적 절차를 시작하는 경우도 있기 때문이다. '擧劾'(361, 투60.1a), '案問欲擧'(명37.5a의 소), '別擧推勘'(480, 단12의 소) 등의 용례로 볼 때, '擧'란 관이 직권으로 범죄를 적발하여 형사적 절차를 시작하는 행위를 의미한다. 따라서 피해자 또는 제삼자의 고소·고발과 관의 '擧'가 사건 발각의 요건이 된다고 할 수 있다. 당률에서 '告'라고 말한 경우 실제로는 '擧'의 의미 역시 내포되어 있는 것으로 보아야 한다.

2) 三審은 다른 사람의 죄의 대한 고언이 있는 경우 모두 세 번 심사하여 수리하는 절차이다. 즉 告狀을 접수하는 관사에서 고발 내용이 무고일 경우 반좌의 죄를 얻을 수 있음을 알려주고 고발 의사를 재차 확인해야 하는데, 반드시 각기 날짜를 달리하여 세 번 심문하되, 使人이 이동 중에 죄를 고발한 경우는 당일 세 차례 심문하도록 하였다. 다만 고발하려는 죄가 십악의 謀叛 이상이거나, 살인·강도 후 범인이 도망하였거나, 양인을 강간한 경우 및 기타 급박

되어 있다[已配]는 것은 도죄를 범하고 (복역하는 곳에) 이미 배속
되어 있다는 것을 말한다.[3] 그런데도 다시 태죄 이상을 범한 자는
뒤에 범한 사건을 거듭해서 누계하여 죄준다.[4]

[律文2a] 卽重犯流者, 依留住法決杖, 於配所役三年.

[律文2a의 疏] 議曰: 犯流未斷, 或已斷配訖、未至配所, 而更犯流者, 依工、樂
留住法: 流二千里, 決杖一百; 流二千五百里, 決杖一百三十; 流三千里, 決杖
一百六十; 仍各於配所役三年, 通前犯流應役一年, 總役四年. 若前犯常流,
後犯加役流者, 亦止總役四年.

**[율문2a] 만약 유죄를 거듭해서 범한 자는 (뒤에 범한 유죄에 대해)
유주법에 의거하여 장을 치고 유배 장소에서 3년을 복역시키며,**

[율문2a의 소] 의하여 말한다: 유죄를 범하고 아직 단죄되지 않았거
나 혹은 이미 유배로 단죄를 마쳤으나 유배 장소에 아직 도착하지
않았는데 다시 유죄를 범한 자는, 공호·악호의 유주법(명28.1)에 의

한 사안의 경우에는 삼심의 절차가 적용되지 않는다(『당육전』권6, 190쪽; 『역
주당육전』상, 607쪽; 『통전』권165, 4260쪽).

3) 소의 해석에서는 도죄를 범하고 이미 배속된 경우만을 말하고 있지만, 실제로
'已配'는 도죄인이 복역 장소에 배속된 경우만을 의미하지 않고 유죄인이 유
배되어 복역하고 있는 경우 역시 포함한다. 이 경우 태·장형은 포함되지 않는
데, 그것은 태형이나 장형의 경우 처결과 동시에 형이 완료되어 형을 받는 동
안에 재범이 일어날 수 없기 때문이다.

4) '更犯'이란 하나의 죄가 이미 발각되거나 혹은 그로 인해 형을 받고 있는 도중
에 다시 다른 죄를 범한 것이다. 만약 범죄가 발각되기 전에 다른 죄를 범했
다면, 이는 경합범, 즉 '二罪以上俱發'(명45.1a)이 되어 갱범으로 논하지 않는
다. 만약 형의 집행이 완료된 이후에 다른 죄를 범했다면 이는 재범이며 갱범
으로 논하지 않는다. 즉 범죄가 이미 고언되거나 규거된 후부터 형의 집행이
완료되기 이전의 시점에 다시 죄를 범해야 비로소 갱범으로 인정된다. 경합범
의 경우 여러 죄 가운데 가장 무거운 형을 과하는 흡수주의를 취하는 것과
달리, 갱범은 '누과'의 처벌 원칙에 따라 전후에 범한 각 죄의 형을 병과한다.

거하여 유2000리는 장100을 치고, 유2500리는 장130을 치며, 유
3000리는 장160을 치고, 그대로 각각 유배 장소에서 3년을 복역시
키는데, 전에 범한 유죄로 복역해야 할 1년(명24.1)을 통계하여 모
두 4년을 복역시킨다. 만약 앞서 상류(죄)5)를 범하고 나중에 가역
류(죄)를 범한 경우도 역시 모두 4년을 복역시키는데 그친다.6)

[律文2b] 若已至配所而更犯者, 亦準此.

[律文2b의 疏] 議曰: 已至配流之處而更犯流者, 亦準上解留住法, 決杖、配
役. 其前犯處近, 後犯處遠, 卽於前配所科決, 不復更配遠流.

**[율문2b] 또한 이미 유배 장소에 도착하고 나서 다시 (죄를) 범한
자도 역시 이에 준한다.**

[율문2b의 소] 의하여 말한다: 이미 유배될 곳에 도착하고 나서 다
시 유죄를 범한 자도 역시 위에서 해석한 유주법에 의거하여 장을
치고 복역시킨다. 단 앞서 범한 (유죄의) 배소가 가깝고 나중에 범
한 (유죄의) 배소가 멀더라도 곧 앞의 유배 장소에서 처결하고 다
시 고쳐 먼 곳으로 유배하지 않는다.

---

5) 常流는 2000리, 2500리, 3000리의 통상적인 유형을 가리킨다. 상류의 상대어는
   가역류이다(명24.1 및 주).
6) 갱범의 처벌은 병과주의가 원칙적이지만, 구체적인 시행에서 다음과 같은 제한
   이 있다. 첫째, 배류는 한 번만 가능하여 유죄를 거듭 범한 경우는 유주법(명28)
   에 의거하여 장과 역으로 대체한다. 둘째, 유형 및 도형에 따른 노역의 연한은
   최대 4년이다. 이는 일반 유죄(常流)를 거듭 범한 경우뿐만 아니라, 일반 유죄를
   범하고 가역류죄를 다시 범한 경우나, 가역류죄를 거듭 범한 경우에도 마찬가
   지이다. 셋째, 태·장은 누계해서 집행하되 200대를 초과할 수 없다. 이러한 제
   한을 둔 근본적인 목적을 알기는 어려우나, 형이 지나치게 무거워지는 것을
   방지하는 뜻이라고 볼 수 있다(일본역『唐律疏議』1, 172~174쪽, 해설).

[律文3a] 卽累流、徒應役者，不得過四年.

[律文3b] 若更犯流、徒罪者，準加杖例.

　[律文3a의 疏] 議曰: 有犯徒役未滿更犯流役，流役未滿更犯徒役，或徒、流役內復犯徒、流，應役身者，並不得過四年. 假有元犯加役流，後又犯加役流，前後累徒雖多，役以四年爲限.

　[律文3b의 疏] 若役未訖，更犯流、徒罪者，準加杖例. 犯罪雖多，累決杖、笞者，亦不得過二百.

[율문3a] 만약 유죄와 도죄를 누계하여 복역시켜야 할 경우 (역은) 4년을 초과할 수 없다.

[율문3b] 또한 유죄·도죄를 다시 범한 경우에는 장으로 대체하는 [加杖] 예에 준한다.

　[율문3a의 소] 의하여 말한다: 도죄를 범하고 복역이 만료되지 않았는데 다시 유죄를 범하여 복역해야 하거나, 유죄의 복역이 만료되지 않았는데 다시 도죄를 범하여 복역해야 하거나, 혹은 도죄·유죄의 복역 기한 내에 다시 도죄·유죄를 범하여 몸으로 복역해야 할 경우 모두 (누계해도) 4년을 초과할 수 없다. 가령 원래 가역류죄를 범하고 나중에 또 가역류죄를 범해서 앞뒤의 (죄를) 누계한 도역 기간이 비록 많더라도 복역은 4년을 한도로 한다.

　[율문3b의 소] 만약 복역이 끝나지 않았는데 다시 유죄·도죄를 범한 경우에는 장으로 대체하는 예(명27·28)에 준하며, 범한 죄가 비록 많더라도 누계해서 장·태를 칠 경우 (장은) 역시 200을 넘을 수 없다.

　[律文3b의 問] 曰: 有人重犯流罪，依留住法決杖，於配所役三年. 未知此三年之役，家無兼丁，合準無兼丁例決杖以否?

　[律文3b의 答] 曰: 流人雖無兼丁，而無加杖之例. 三年之役，本替流罪，雖

無兼丁, 不合加杖. 唯有元犯之流, 至配所應役者, 家無兼丁, 得準徒加杖.

[율문3b의 문] 묻습니다: 어떤 사람이 유죄를 거듭 범하였다면 (뒤에 범한 유죄에 대해) 유주법에 의거하여 장을 치고 유배 장소에서 3년간 복역시킵니다. 이 3년의 복역 (기간에) 집안에 겸정이 없게 되면 겸정이 없는 경우의 예(명27)에 준하여 (남은 복역 기간대신) 장을 칠 수 있습니까?

[율문3b의 답] 답한다: 유배된 사람은 비록 집안에 겸정이 없다고 해도 장형으로 대체하는 예가 없다. 3년의 복역은 본래 유죄를 대체한 것이므로 비록 겸정이 없다고 해도 장형으로 대체해서는 안 된다. 오직 원래 범한 유죄로 유배 장소에 도착해서 복역하는 경우에만 집안에 겸정이 없게 되면 (남은) 도역에 준하여 장형으로 대체할 수 있다.

[律文4a] 其杖罪以下, 亦各依數決之,

[律文4b] 累決笞、杖者, 不得過二百.

[律文5] 其應加杖者, 亦如之.

　[律文4a의 疏] 議曰: 累流、徒應役四年限內, 復犯杖、笞者, 亦依所犯杖、笞數決.

　[律文4b의 疏] 或初犯杖一百, 中間又犯杖九十, 後又犯笞五十, 前後雖有二百四十, 決之不得過二百.

　[律文5의 疏] 其犯徒應加杖者, 亦如之. 假如工、樂、雜戶、官私奴婢等, 竝合加杖, 縱令重犯流、徒, 累決杖、笞, 亦不得過二百.

[율문4a] 그 (범한 죄가) 장죄 이하여도 역시 각각 (범한 태·장죄의) 수에 의거하여 집행하는데,

[율문4b] 누계해서 태·장을 치는 것은 200을 초과할 수 없다.

[율문5] 그 (죄인이) 장형으로 대체해야 할 자라도 역시 같다.

[율문4a의 소] 의하여 말한다: 유죄·도죄를 누계해서 복역해야 할 4년의 기한 안에 다시 장죄·태죄를 범한 경우 역시 범한 바의 장·태형의 수에 의거하여 집행한다.

[율문4b의 소] (그렇지만) 혹은 처음에 장100의 (죄를) 범하고, 중간에 또 장90의 (죄를) 범하고, 뒤에 다시 태50의 (죄를) 범하였다면 모두 (누계해서) 240이 되지만, 그것을 집행함에는 200을 초과할 수 없다.

[율문5의 소] 그가 도죄를 범하여 장형으로 대체해야 할 자라도 역시 같다. 가령 공호·악호·잡호·관사노비 등은 모두 (도·유형을) 장형으로 대체해야 하는데(명28·47) 설령 (이들이) 유죄·도죄를 다시 범하여 장·태를 누계하여 치더라도 역시 200을 초과할 수 없다.

제30조 명례 30. 노·소·장애인의 처벌에 관한 특례와 제한(老小及疾有犯)

[律文1] 諸年七十以上、十五以下及廢疾, 犯流罪以下, 收贖. 犯加役流、反逆緣坐流、會赦猶流者, 不用此律; 至配所, 免居作.

[律文1의 疏] 議曰: 依『周禮』:「年七十以上及未齓者, 竝不爲奴.」 今律:年七十以上、七十九以下, 十五以下、十一以上及廢疾, 爲矜老小及疾, 故流罪以下收贖.

[율문1] 무릇 나이 70세 이상인 (자와) 15세 이하인 (자) 및 폐질인 (자가) 유죄 이하의 죄를 범했다면 속(동)을 징수한다. 가역

류·반역연좌류·회사유류의 (죄를) 범한 경우 이 율을 적용하지 않지만, 유배 장소에 이르면 거작은 면제한다.

[율문1의 소] 의하여 말한다: 『주례』(권36, 1121쪽)에 의거하면, "나이 70세 이상인 (자) 및 아직 유치를 갖지 않은 어린아이는 모두 노로 삼지 않는다." 지금의 율은, 나이 70세 이상 79세 이하인 (자와) 15세 이하 11세 이상인 (자) 및 폐질7)인 (자의) 늙고 어리며 병든 것을 불쌍히 여기기 때문에 유죄 이하이면 속(동)을 징수한다.

[律文1의 問] 曰: 上條「贖章」稱「犯流罪以下聽贖」, 此條及官當條卽言「收贖」. 未知「聽」之與「收」有何差異?

[律文1의 答] 曰: 上條犯十惡等, 有不聽贖處, 復有得贖之處, 故云「聽贖」. 其當徒, 官少不盡其罪, 餘罪「收贖」, 及矜老小廢疾, 雖犯十惡, 皆許「收贖」. 此是隨文設語, 更無別例.

[율문1의 문] 묻습니다: 위의 "속장" 조항(명11.1a)에서 "유죄 이하를 범하면 속을 허용한다."고 했고, 이 조항 및 관당 조항(명22.1a)에서는 곧 "속(동)을 징수한다."고 하였습니다. "허용한다[聽]"와 "징수한다[收]"는 어떤 차이가 있습니까?

[율문1의 답] 답한다: 위의 (속장) 조항에는 십악 등을 범한 것에 속을 허용하지 않는 곳이 있는가 하면8) 속할 수 있는 곳도 있기 때

---

7) 당령에서는 질환의 정도에 따라 잔질·폐질·독질의 세 단계로 분류하고 있는데(『송형통』권12, 190쪽;『백씨육첩사류집』권9), 폐질은 언어장애[癃瘂], 왜소증[侏儒], 척추장애[腰脊折], 사지 가운데 한 곳이 상한 경우[一肢廢]이다. 독질은 난치병[惡疾], 정신병[癲狂], 사지 가운데 두 곳이 상한 경우[二支廢], 두 눈이 모두 먼 경우[兩目盲] 등이다.

8) 속장의 조문에는 이 특전의 대상자들이 유죄 이하를 범하면 속을 허용하되(명11.1) ①오류에 해당하는 죄를 범한 경우, ②기친 이상 존장 및 외조부모·남편·남편의 조부모를 과실살상하여 도죄에 해당하거나, ③또한 고의로 사람을

문에 "속을 허용한다."고 한 것이다. 그러나 도죄를 관당하는데 관품이 낮아서 그 죄를 모두 없애지 못하는 경우 남은 죄에 대해서는 "속(동)을 징수하며", 또한 늙고 어리며 병든 것을 불쌍히 여겨 십악을 범하더라도 모두 "속(동)을 징수한다." 이는 법조문에 따라 설정한 말이며 별도의 예는 아니다.

[律文1의 注] 犯加役流,反逆緣坐流,會赦猶流者, 不用此律; 至配所, 免居作.

　[律文1의 注의 疏] 議曰: 加役流者, 本是死刑, 元無贖例, 故不許贖. 反逆緣坐流者, 逆人至親, 義同休戚, 處以緣坐, 重累其心, 此雖老疾, 亦不許贖. 會赦猶流者, 爲害深重, 雖會大恩, 猶從流配. 此等三流, 特重常法, 故總不許收贖. 至配所免居作者, 矜其老小, 不堪役身, 故免居作. 其婦人流法, 與男子不同: 雖是老小犯加役流, 亦合收贖, 徵銅一百斤; 反逆緣坐流, 依賊盜律:「婦人年六十及廢疾, 竝免.」 不入此流. 「卽雖謀反, 詞理不能動衆, 威力不足率人者, 亦皆斬, 父子·母女·妻妾竝流三千里」. 其女及妻妾年十五以下、六十以上, 亦免流配, 徵銅一百斤; 婦人犯會赦猶流, 唯造畜蠱毒, 竝同居家口仍配.

[율문1의 주] 가역류·반역연좌류·회사유류의 (죄를) 범한 경우(명11.2) 이 율을 적용하지 않지만, 유배 장소에 이르면 거작은 면제한다.

　[율문1의 주의 소] 의하여 말한다: 가역류는 본래 사형에 (해당하는 죄인데 형을 낮춘) 것이어서 원래 속하는 예가 없으므로 속을 허용하지 않는 것이다. 반역연좌류는, (반)역인의 지친9)은 (죄인과)

구타하여 폐질에 이르게 하여 유죄에 해당하거나, ④남자가 (도죄 이상의) 절도를 범한 경우 및 ⑤부인이 간음을 범한 경우는 감하거나 속할 수 없다는 등 특전을 제한하는 규정은 있지만(명11.2), 십악을 범한 경우에 관해서는 일체 언급이 없다. 이를 달리 말하면 설령 십악에 포함되는 유죄라도 오류에 포함되는 것이 아니면 속동으로 죄를 면하는 것을 허용한다는 것을 간접적으로 언급한 것이라고 할 수 있다. 물론 십악의 사죄는 속할 수 없지만, 유죄 이하는 위에서 지정된 죄가 아닌 경우 속이 허용된다고 보아도 틀리지 않는다.

정의상 동고동락하는 (관계이므로) 연좌로 처벌하여 범인의 마음을 무겁게 하려는 것이니, (연좌 대상이) 늙거나 병들어도 역시 속을 허용하지 않는 것이다. 회사유류는 해악이 깊고 무거우므로 비록 대은(사령)을 만나더라도 그대로 유배한다. 이들 세 가지 유죄는 특히 일반적인 처벌법[常法]보다 무겁게 해야 하므로 모두 속(동) 징수를 허용하지 않는 것이다. 유배 장소에 이르면 거작을 면제하는 것은 그가 늙거나 어려 노역을 감당하지 못할 것을 불쌍히 여기기 때문에 거작을 면제하는 것이다. 단 부인을 유배하는 법은 남자와 달라, 비록 늙거나 어린 여자가 가역류(죄)를 범하더라도 역시 속(동)을 징수해야 하므로 동 100근[10]을 징수하고, 반역연좌류에 해당하는 경우 적도율(적1.1d)에 의거하면 "부인은 60세 이상 및 폐질인 경우 모두 (연좌를) 면제한다."고 하였으므로 (반드시 유배하는) 이 유죄에 포함되지 않는다.[11] (또 적도율(적1.2)에) "만약 비록 반을 모의했더라도 말의 이치가 군중을 선동할만하지 못하거나 위엄과 세력이 사람을 이끌 정도는 못되는 경우라도 모두 참형에 처하고, 부·자·모·녀·처·첩은 모두 유3000리에 처한다."라고 (규정)하였지만, 단 여 및 처·첩의 나이가 15세 이하나 60세 이

---

9) 至親이란 본인과의 관계가 가장 친근한 친속을 말하며, 일반적으로 부모형제를 의미한다. 그러나 실제 모반·대역죄에 연좌되는 대상은 이보다 훨씬 넓어서, 부와 16세 이상의 자는 교형에 처하고, 15세 이하의 자와 모·녀·처·첩·조·손·형제·자매는 몰관하며, 백숙부·형제의 자는 유3000리에 처한다(248, 적1.1).

10) 당률에는 가역류에 상응하는 속동의 액수가 규정되어 있지 않다. 여기서 늙거나 어린 여자가 가역류를 범한 경우 징수한다고 해석한 동 100근은 일반적인 유3000리의 속동 액수이다(명4).

11) 본조(248, 적1)의 규정에 따르면 본래 모반·대역에 연좌된 부녀는 원칙적으로 몰관되어 관비가 되므로 반역연좌류와 무관하다. 그러나 모반이라도 실제로 황제에게 위해가 되지 않은 경우 죄인의 모·녀·처·첩은 유3000리에 처하는데(248, 적1.2), 곧 이들이 반역연좌류의 대상이 되는 부녀들이다.

상이면 역시 유배를 면제하고 동 100근을 징수한다. 부인이 회사
유류죄를 범한 경우는 고독을 조합하거나 소지한 죄에 한하여 동
거하는 가구와 함께 그대로 유배한다(명28.3a).

[律文2a] 八十以上、十歲以下及篤疾, 犯反、逆、殺人應死者, 上請;

　[律文2a의 疏] 議曰: 『周禮』「三赦」之法: 一曰幼弱, 二曰老耄, 三曰蠢愚.
　今十歲合於「幼弱」, 八十是爲「老耄」, 篤疾「蠢愚」之類, 竝合「三赦」之法.
　有不可赦者, 年雖老小, 情狀難原, 故反、逆及殺人, 準律應合死者, 曹司不斷,
　依上請之式, 奏聽勅裁.

[율문2a] 나이 80세 이상인 (자와) 10세 이하인 (자) 및 독질인 (자
가) 모반·대역·살인하여 사형에 처해야 할 경우에는 상청하며,

　[율문2a의 소] 의하여 말한다: 『주례』의 "삼사"의 법은, 첫째는 유약
　이라 하고, 둘째는 노모라 하며, 셋째는 당우라 한다.12) 지금의 10
　세는 "유약"에 해당하고, 80세는 "노모"가 되며, 독질은 "당우"와 같
　은 것이니, 모두 "삼사"의 법에 부합한다. (그렇지만) 사면할 수 없
　는 경우가 있으니, 나이가 늙거나 어리더라도 (죄의) 정상이 용서
　하기 어려운 까닭에, 모반·대역 및 살인하여 율에 준하여 마땅히
　사형에 해당하는 경우, 관사가 처단하지 않고 상청의 식에 의거해
　상주하여 황제의 재가를 기다리는 것이다.

[律文2b] 盜及傷人者, 亦收贖. 有官爵者, 各從官當、除、免法.

　[律文2b의 疏] 議曰: 盜者, 雖是老小及篤疾, 竝爲意在貪財. 傷人者, 老小

---

12) 三赦란 3종의 사면해야 할 사람을 말한다. 幼弱은 나이가 어린 자이고 老耄는
　나이가 많은 자이며, 蠢愚(또는 惷愚)는 정신박약자이다(『주례주소』권36,
　1110~1111쪽). 또 『예기』에 따르면 80세·90세를 耄, 7세를 悼라 하며, 耄와 悼
　는 죄가 있어도 형을 가할 수 없다고 하였다(『예기정의』권1, 22~23쪽).

疾人未離忿恨. 此等二事, 旣侵損於人, 故不許全免, 令其收贖. 若有官爵者, 須從官當·除·免之法, 不得留官徵贖, 謂毆從父兄姊傷, 合除名; 盜五疋以上, 合免官; 毆凡人折支, 合官當之類.

[율문2b] 도 및 사람을 상해한 경우 역시 속(동)을 징수하고, 관·작이 있는 경우 각각 관당·제명·면관하는 법에 따른다.

[율문2b의 소] 의하여 말한다: 도는 비록 늙고 어리거나 독질이라도 모두 뜻이 재화를 탐함에 있다. 사람을 상해한 것은 늙고 어리거나 질인이라도 분함과 원한에서 벗어나지 못한 것이다. 이 같은 두 사안은 원래 다른 사람을 침손13)한 것이므로 완전한 면죄를 허용하지 않고 그것에 상당하는 속(동)을 징수한다. 만약 관·작이 있는 경우에는 반드시 관당·제명·면관하는 법(명17~23)에 따라야 하며 관작을 그대로 두고 속을 징수할 수 없는데, 예를 들면 사촌 형·누나를 구타하여 상해하였다면 제명해야 하고(명6.8·명18.1), 5필 이상을 절도하였다면 면관해야 하며(적35·명19), 일반인을 구타하여 손·발을 부러뜨렸다면 관당해야 하는 것(투4·명17) 따위이다.

[律文2b의 問1] 曰: 旣云「盜及傷人亦收贖」, 若或强盜合死, 或傷五服內親亦合死刑, 未知竝得贖否?

[律文2b의 答1] 曰:「盜及傷人亦收贖」, 但盜旣不言强竊, 傷人不顯親疏, 直云「收贖」, 不論輕重, 爲其老小, 特被哀矜. 設令强盜, 傷親合死, 據文竝許收贖.

[율문2b의 문1] 묻습니다: 이미 "도 및 사람을 상해한 경우 역시 속(동)을 징수한다."고 하였는데, 만약 강도하여 사형에 해당하거

---

13) 侵이란 재물을 절도한 것으로 재산상의 침해를 의미하고, 損이란 싸우다가 때려 살상한 것으로 생명과 신체상의 침해를 의미한다(명42.2b의 소).

나[14) 혹은 오복 내의 친속을 상해하여 역시 사형에 해당하는 경우[15) 모두 속할 수 있습니까?

[율문2b의 답1] 답한다: "도 및 사람을 상해한 경우 역시 속(동)을 징수한다."고 하여, 단지 '도'라고만 하고 원래 강도인가 절도인가를 말하지 않고 '사람을 상해한 것'도 친소를 밝히지 않고 곧바로 "속(동)을 징수한다."고 말하여 죄의 경중을 논하지 않은 것은, 그 늙고 어림을 특별히 불쌍하게 여기기 때문이다. 설령 강도하거나 친속을 상해하여 사형에 해당하더라도, 이 조문에 의거하여 모두 속(동)의 징수를 허용한다.

[律文2b의 問2] 曰: 旣稱傷人收贖, 卽似不傷者無罪. 若有毆殺他人部曲·奴婢及毆己父母不傷, 若爲科斷?

[律文2b의 答2] 曰: 奴婢賤隷, 唯於被盜之家稱人, 自外諸條殺傷, 不同良人之限. 若老·小·篤疾, 律許哀矜, 雜犯死刑, 竝不科罪; 傷人及盜, 俱入贖刑. 例云, 殺一家三人爲不道. 注云, 殺部曲·奴婢者非. 卽驗奴婢不同良人之限. 唯因盜傷殺, 亦與良人同.「其應出罪者, 擧重以明輕」, 雜犯死刑尙不論罪, 殺傷部曲·奴婢明亦不論. 其毆父母, 雖小及疾可矜, 敢毆者乃爲「惡逆」. 或愚癡而犯, 或情惡故爲, 於律雖得勿論, 準禮仍爲不孝. 老小重疾, 上請聽裁.

[율문2b의 문2] 묻습니다: 이미 사람을 상해하였다면 속(동)을 징수한다고 하였으니 곧 상해하지 않은 경우는 무죄인 것 같습니다.

---

14) 강도죄는 장물의 가치가 견 10필 이상이거나 사람을 상해한 경우 교형에 해당하고, 사람을 살해한 경우는 참형에 해당하며, 무기를 가진 경우 장물의 가치가 견 5필 이상이면 교형, 사람을 상해하면 참형에 해당한다(281, 적34).

15) 형·누나를 흉기로 상해하거나 구타하여 골절 또는 실명에 이르게 한 경우 교형에 처하고(328, 투27.1d), 조부모·부모를 구타하면 참형에 처하며(329, 투28.1a), 처·첩이 남편의 조부모·부모를 구타하면 교형, 상해하면 참형에 처한다(330, 투29.1a).

만약 다른 사람의 부곡·노비를 구타하여 살해하였거나, 자기 부모를 구타하였으나 상해하지 않았다면 어떻게 판결해야 합니까?

[율문2b의 답2] 답한다: 노비는 천예이니 오직 도둑맞은 집에서 (범인에게 살해된 경우에만) '사람'이라 하고, 이 밖의 여러 조항의 살상에서는 양인의 범주와 다르다. 또한 늙거나 어리거나 독질인 자들은 율은 (이들을) 불쌍히 여겨 (반·역·살인 이외의) 잡범으로 사형에 해당하더라도 모두 죄주지 않는 것을 허용하며, 사람을 상해한 것 및 도는 모두 속형을 적용한다. (그런데) 명례율에 이르기를 1가 내 (사죄에 해당하지 않는) 3인을 살해한 것을 부도라고 하고 (명6.5의 주1) 그 주에 이르기를 부곡·노비를 살해한 경우는 아니라고 하였으니(적12), 곧 노비는 양인의 범주와 다름이 증명되며, 오직 도로 인해 살상된 경우에만 양인과 같다. "단 죄를 덜어야 할 것이면 곧 무거운 것(이 가볍게 처벌된 점)을 들어 (그보다 가벼우니 처벌이) 가볍다는 것을 밝힌다."(명50.1)라고 하였으니, 잡범으로 인한 사형을 오히려 논죄하지 않음을 (들어보면) 부곡·노비에 대한 살상 역시 논하지 않음이 분명하다.[16] 단 부모를 구타한 것은, 비록 어리고 질환이 있음을 긍휼히 여겨야 하지만 감히 구타한 경우, 곧 "악역"(명6.4)이 된다. 혹 정신이 박약하여[愚癡] 범했거나 정신이상[情悪]으로 범했다면 율에서는 비록 논하지 않지만, 예에 준하면 그대로 (십악의) 불효(죄)가 된다. 노·소·중질인이 (이 같은 죄를 범한 경우) 상청하여 황제의 재가를 기다린다.

---

16) 소에서 해석하듯 노비는 오직 도로 인해 살상된 경우(281, 적34.1c)에만 양인으로 간주된다. 이 경우 살인한 대상의 신분을 구분하지 않으므로 피해자의 가내에 한해서는 노비 또한 '사람'에 상당한다고 할 수 있다. 그러나 일반적으로 부곡을 구타하여 살해하면 유3000리에 처하고 노비를 구타하여 살해하면 도3년에 처하여(320, 투19.2 및 소) 잡범사죄보다 처벌이 가벼우므로, 부곡·노비에 대한 살상 역시 논하지 않는 것이다.

[律文2b의 問3] 曰: 八十以上·十歲以下, 盜及傷人亦收贖, 注云「有官爵者, 各從除·免·當·贖法」. 未知本罪至死, 仍得以官當贖以否?

[律文2b의 答3] 曰: 條有「收贖」之文, 注設「除·免」之法, 止爲矜其老疾, 非謂故輕其罪. 但雜犯死罪, 例不當贖, 雖有官爵, 並合除名. 旣死無比徒之文, 官有當徒之例, 明其除·免·當法, 止據流罪以下. 若欲以官折死, 便是律外生文, 自須依法除名, 死依贖例.

[율문2b의 문3] 묻습니다: 80세 이상 10세 이하인 (자가) 도 및 사람을 상해하였다면 역시 속(동)을 징수한다고 하였고, 그 주에 "관·작이 있는 경우 각각 제명·면관·관당·속하는 법에 따른다."고 하였습니다. 본죄가 사형에 이르러도 그대로 관당하거나 속할 수 있습니까?

[율문2b의 답3] 답한다: 이 조항에 "속(동)을 징수한다."는 조문이 있고 그 주에 "제명·면관"(에 따른다는) 법을 둔 것은, 다만 그들의 늙거나 질환이 있음을 불쌍히 여기기 때문이며, 고의로 그 죄를 가볍게 해준다는 것이 아니다. 단 잡범 사죄는 예에서 관당하거나 속하지 않으니, 비록 관작이 있어도 모두 제명해야 한다(명18.3). 원래 사죄에는 도죄에 견주는 조문이 없는데 관에는 도죄를 당하는 예가 있다는 것은, 제명·면관·관당의 법은 단지 유죄 이하에만 적용하는 것을 분명하게 하자는 것이다. 만약 관으로 사죄를 대신하려는 것은 편의에 따라 율 밖에서 따로 조문을 만드는 것이니, 당연히 법에 의거하여 제명하고 사죄는 속하는 예에 의거해야 한다.

[律文2c] 餘皆勿論.

[律文2c의 疏] 議曰: 除反·逆·殺人應死·盜及傷人之外, 悉皆不坐, 故云「餘皆勿論」.

[율문2c] 나머지 (죄는) 모두 논하지 않는다.

[율문2c의 소] 의하여 말한다: 모반·대역·살인으로 사형에 처해야할 경우와 도 및 사람을 상해한 것 외에는 모두 처벌하지 않기 때문에 "나머지 (죄는) 모두 논하지 않는다."고 한 것이다.

[律文3a] 九十以上, 七歲以下, 雖有死罪, 不加刑; 緣坐應配沒者不用此律.

[律文3a의 疏] 議曰:『禮』云:「九十曰耄, 七歲曰悼, 悼與耄雖有死罪不加刑」. 愛幼養老之義也.「緣坐應配沒者」, 謂父祖反、逆, 罪狀已成, 子孫七歲以下仍合配沒, 故云「不用此律」.

[율문3a] 90세 이상 7세 이하는 비록 사죄가 있더라도 형에 처하지 않으며, 연좌로 유배하거나 몰관할 자는 이 율을 적용하지 않는다.

[율문3a의 소] 의하여 말한다:『예기』(권1, 22~23쪽)에 이르기를 "90세를 모라 하고, 7세를 도라 한다. 도와 모는 사죄가 있더라도 형에 처하지 않는다."고 하였으니, 어린이를 사랑하고 노인을 받든다는 뜻이다. "연좌로 유배하거나 몰관할 자"라 함은, 부·조가 모반·대역을 범하여 죄상이 이미 성립되었다면 그 자손은 7세 이하라도 그대로 유배하거나 몰관해야 하므로[17] "이 율을 적용하지 않는다."고 한 것이다.

[律文3b] 卽有人敎令, 坐其敎令者.
[律文3c] 若有贓應備, 受贓者備之.

[律文3b의 疏] 議曰: 悼耄之人, 皆少智力, 若有敎令之者, 唯坐敎令之人.

---

17) 모반·대역한 죄인의 부 및 16세 이상의 자는 모두 교형에 처하고, 15세 이하의 자와 모·녀·처·첩·조·손·형제자매 및 자의 처·첩은 모두 연좌로 몰관된다. 다만 80세 이상 또는 독질인 남성과 60세 이상 또는 폐질 이상의 여성은 연좌에서 면제된다. 백숙부·형제의 자는 유3000리에 처한다(248, 적1.1).

[律文3c의 疏] 或所盜財物, 旁人受而將用, 旣合備償, 受用者備之; 若老小
自用, 還徵老小. 故云「有贓應備, 受贓者備之」.

[율문3b] 만약 다른 사람이 교령하였다면 그 교령한 자를 처벌한다.
[율문3c] 또한 장물이 있어 배상해야 하면, 장물을 받은 자가 배상한다.

[율문3b의 소] 의하여 말한다: 어린이와 노인은 모두 지력이 떨어지
므로, 만약 다른 사람이 이들을 교령한 경우 오직 교령한 자[18]만
을 처벌한다.

[율문3c의 소] 혹 절도한 재물을 옆 사람이 받아 사용하였다면 원래
배상해야 하므로 (장물을) 받아 사용한 자에게 배상케 하고, 만약
노인이나 어린이가 직접 사용했다면 그들로부터 환수한다. 그러므
로 "장물이 있어서 배상해야 한다면, 장물을 받은 자가 배상한다."
고 한 것이다.

[律文3c의 問] 曰: 悼耄者被人敎令, 唯坐敎令之者. 未知所敎令罪, 亦有色
目以否?
[律文3c의 答] 曰: 但是敎令作罪, 皆以所犯之罪, 坐所敎令. 或敎七歲小兒
毆打父母, 或敎九十耄者斫殺子孫, 所敎令者, 各同自毆打及殺凡人之罪, 不
得以犯親之罪加於凡人.

---

18) 사람을 교사하여 죄를 범한 경우 唐律에서는 일반적으로 이를 공동으로 죄를
범한 경우로 간주하는데, 이들 공범은 교사의 정도나 기타 제반 정황을 참작
하여 수범과 종범으로 구분하여 처벌한다(명42·44). 공범자 중 종범이 이 조
항에서 규정한 노·소·질인인 경우도 그 원칙은 변함이 없다. 다만 이로 인해
노·소·질인은 죄가 속면되나 교사한 수범은 일반인으로 통상적 처벌을 받게
된다. 이러한 원칙은 이 조항 전체에 적용된다. 또한 90세 이상 7세 이하는
"모두 지력이 떨어지므로" 책임능력이 인정되기 어려우므로 여기에서는 "교령
한 자"라 말한 것에 불과하다(일본역『唐律疏議』1, 179쪽, 주9).

[율문3c의 문] 묻습니다: 어린이와 노인이 다른 사람의 교령을 받았으면 오직 교령한 자만을 처벌합니다. 교령한 죄에도 또한 종류가 있습니까?

[율문3c의 답] 답한다: 만약 교령해서 죄를 범하게 한 것이면, 모두 범한 바의 죄로 교령한 자를 처벌한다. (그렇지만) 혹 7세 소아를 교령하여 부모를 구타하게 하거나 혹 90세의 노인을 교령하여 자손을 찍어 살해하게 하였다면, 교령한 자는 각각 스스로 (친속이 아닌) 일반인을 구타하거나 살해한 죄와 같은데, 친속을 범한 죄를 일반인에게 적용할 수 없기 때문이다.

제31조 명례 31. 노·소·장애인의 시제법(犯時未老疾)

[律文1] 諸犯罪時雖未老、疾, 而事發時老、疾者, 依老、疾論.

　[律文1의 疏] 議曰: 假有六十九以下犯罪, 年七十事發, 或無疾時犯罪, 廢疾後事發, 並依上解「收贖」之法; 七十九以下犯反、逆、殺人應死, 八十事發, 或廢疾時犯罪, 篤疾時事發, 得入「上請」之條; 八十九犯死罪, 九十事發, 並入「勿論」之色. 故云「依老、疾論」.

[율문1] 무릇 죄를 범했을 때는 비록 노·질이 아니었지만 사건이 발각된 때 노·질이 된 경우에는 노·질에 의거하여 논한다.

　[율문1의 소] 의하여 말한다: 가령 69세 이하에 죄를 범하고 70세에 사건이 발각되거나, 혹은 질환이 없을 때 죄를 범하고 폐질이 된 뒤에 사건이 발각되었다면, 모두 위 (조항)에서 해석한 "속(동)을 징수하는" 법(명30.1)에 의거한다. 79세 이하에 모반·대역·살인을 범하여 사형에 해당하는데 80세에 사건이 발각되거나, 혹은 폐질

인 때 이러한 죄를 범하고 독질인 때 발각되었다면 상청의 조항(명 30.2)을 적용할 수 있다. 89세에 사죄를 범하고 90세에 사건이 발각되었다면 모두 "논하지 않는다."는 규정(명30.3)을 적용한다. 그러므로 "노·질에 의거하여 논한다."고 한 것이다.

[律文1의 問] 曰: 律云:「犯罪時雖未老,疾, 而事發時老,疾者, 依老,疾論.」 事發以後未斷決, 然始老,疾者, 若爲科斷?

[律文1의 答] 曰: 律以老,疾不堪受刑, 故節級優異. 七十衰老, 不能徒役, 聽以贖論. 雖發在六十九時, 至年七十始斷, 衰老是一, 不可仍遣役身, 此是役徒內老疾依老疾論. 假有七十九犯加役流事發, 至八十始斷, 止得依老免罪, 不可仍配徒流. 又, 依獄官令:「犯罪逢格改者, 若格輕, 聽從輕.」 依律及令, 務從輕法, 至於老疾者, 豈得配流. 八十之人, 事發與斷相連者, 例從輕典, 斷依發時之法. 唯有疾人與老者理別, 多有事發之後, 始作疾狀, 臨時科斷, 須究本情: 若未發時已患, 至斷時成疾者, 得同疾法; 若事發時無疾, 斷日加疾, 推有故作, 須依犯時, 實患者聽依疾例.

[율문1의 문] 묻습니다: 율에 "죄를 범했을 때는 비록 노·질이 아니었지만 사건이 발각된 때 노·질이 된 경우에는 노·질에 의거하여 논한다."고 하였습니다. 사건이 발각된 이후 아직 단죄가 끝나지 않았는데 비로소 노·질이 된 경우는 어떻게 처단합니까?

[율문1의 답] 답한다: 율은 노·질(인)이 형을 감당하기 어렵기 때문에 차등을 두어 다르게 우대한 것이다. 70세는 노쇠하여 도역을 할 수 없으므로 속으로 논하는 것을 허용한다. 비록 69세에 발각되었으나 나이 70세가 되어 비로소 단죄 받게 되었다면 노쇠하기는 마찬가지여서 그대로 몸소 복역시킬 수 없으니, 이것이 도역(기간) 내에 노·질이 되면 노·질에 의거하여 논한다는 것이다. 가령 79세에 가역류(죄)를 범하여 사건이 발각되었는데 80세가 되어

비로소 단죄 받게 되었다면, 노인 점에 의거하여 죄를 면하는데 그 치고 그대로 도형과 유형을 집행해서는 안 된다. 또 옥관령(습유776 쪽)에 의거하면, "죄를 범하고 나서 격이 개정된 경우 격이 가벼워 졌다면 가벼운 쪽을 따르는 것을 허용한다."고 하였으니, 율과 영 에 의거해서 가벼운 법에 따르도록 힘써야 하는데 심지어 노·질에 이른 자를 어찌 노역을 시키거나 유배할 수 있겠는가? 80세가 된 사람은 사건의 발각과 단죄가 이어진 경우 예는 가벼운 법에 따르 도록 규정하였으니, 발각되었을 때의 법에 의거하여 판결한다. 다 만 질은 노와는 그 이치가 달라 사건이 발각된 뒤에 비로소 질환 의 증상을 만드는 경우가 많으니 그 때 그 때 (사안에 따라) 처단 하되 반드시 실제의 정상을 규명하여야 한다. 만약 발각되기 전부 터 이미 병환이 있다가 단죄할 때에 질이 된 경우 질에 대한 법과 같게 하며, 만약 발각될 당시에는 병환이 없다가 단죄하는 날 질환 이 생긴 경우 추문하여 고의로 만든 것이면 반드시 범행 당시 (병 환이 없었던 것에) 의거하고, 실제로 병환이 있었던 경우 질에 대 한 예에 의거하는 것을 허용한다.

[律文2] 若在徒年限內老、疾, 亦如之.

　[律文2의 疏] 議曰: 假有六十九以下配徒役, 或二年、三年, 役限未滿, 年入 七十, 又有配役時無疾, 役限內成廢疾: 竝聽準上法「收贖」, 故云「在徒限內 老、疾, 亦如之」. 又, 計徒一年三百六十日, 應贖者徵銅二十斤, 卽是一斤銅 折役一十八日, 計餘役不滿十八日, 徵銅不滿一斤, 數旣不滿, 竝宜免放.

[율문2] 만약 도역 연한 내에 노·질이 되었다면 또한 그와 같다.

　[율문2의 소] 의하여 말한다: 가령 69세 이하에 도역에 처해졌는데 2년 혹은 3년의 복역 기한이 만료되기 전에 나이 70세가 되거나, 또 도역에 처해진 때에는 장애가 없다가 도역의 기한 내에 폐질이

되었다면, 모두 위의 법에 준하여 속(동)을 징수하는 것을 허용한다. 그러므로 "도역 (연)한 내에 노·질이 되었다면 또한 그와 같다."고 한 것이다. 또 도1년 360일을 속해야 할 자로부터 징수하는 동 20근(명3)으로 셈하면 곧 1근의 동은 역 18일로 환산되는데, 남은 역을 셈하여 18일이 되지 않으면 징수할 동도 1근이 되지 않아 이미 수가 차지 않으므로, 모두 마땅히 방면해야 한다(명56.3).

[律文3] **犯罪時幼小, 事發時長大, 依幼小論.**

  [律文3의 疏] 議曰: 假有七歲犯死罪, 八歲事發, 死罪不論; 十歲殺人, 十一事發, 仍得上請; 十五時偸盜, 十六事發, 仍以贖論. 此名「幼小時犯罪, 長大事發, 依幼小論」.

[율문3] 죄를 범했을 때는 유·소하였으나 사건이 발각된 때는 장대하다면 유·소에 의거하여 논한다.

  [율문3의 소] 의하여 말한다: 가령 나이 7세에 사죄를 범하고 8세에 사건이 발각되었다면 사죄는 논하지 않는다. 나이 10세에 살인하고 11세에 사건이 발각되었으면 또한 상청할 수 있다. 나이 15세에 절도하고 16세에 사건이 발각되었으면 또한 속으로 논한다. 이를 (정)명하여 "유·소할 때에 죄를 범하였는데 장대한 뒤 발각되었다면 유·소에 의거하여 논한다."고 하는 것이다.

제32조 명례 32. 장물과 금물의 몰수 및 반환(彼此俱罪之贓)

[律文1a] **諸彼此俱罪之贓**謂計贓爲罪者.

  [律文1a의 疏] 議曰: 受財枉法、不枉法及受所監臨財物竝坐贓, 依法: 與財者

亦各得罪, 此名「彼此俱罪之贓」. 謂計贓爲罪者.

[율문1a] 무릇 (주고받은) 피차 모두 죄가 있는 장물 장물을 계산
하여 죄를 정하는 경우를 말한다.

　[율문1a의 소] 의하여 말한다: 수재왕법(직48.1a)·수재불왕법(직48.1b)
및 수소감림재물(직50.1)과 아울러 좌장(잡1) (죄는) 법에 의거하면
재물을 준 자도 역시 각각 죄를 얻기 때문에, 이를 (정)명하여 "(주
고받은) 피차 모두 죄가 있는 장물[19]"이라고 한 것이며,[20] (모두)
장물을 계산하여 죄를 정하는 것이다.

[律文1b] 及犯禁之物, 則沒官. 若盜人所盜之物, 倍贓亦沒官.

　[律文1b의 疏] 議曰: 謂甲、弩、矛、矟、旌旗、幡幟及禁書、寶印之類, 私家不應有
者, 是名「犯禁之物」. 彼此俱罪之贓以下, 竝沒官.

[율문1b] 및 법으로 (사유를) 금한 물건은 곧 관에 몰수한다. 또한
(다른) 사람이 절도한 물건을 다시 절도하여 (추징하는) 배장도 역시
관에 몰수한다.

　[율문1b의 소] 의하여 말한다: 갑옷[甲]·쇠뇌[弩]·창[矛]·창[矟]·정기·

---

19) '贓'이란 재물의 탈취나 수수로 범죄가 성립되었을 때 그 탈취나 수수의 대상
　　이 된 재물을 지칭한다. 장물로 인한 범죄, 즉 장죄는 장의 평가액에 대응하여
　　단계적으로 형의 경중이 정해지며, 기본적으로 다음의 여섯 종류가 있다. ①
　　강도(281, 적34), ②절도(282, 적35), ③수재왕법(138, 직48.1a), ④수재불왕법
　　(138, 직48.1b), ⑤수소감림재물(140, 직50.1), ⑥좌장(389, 잡1).

20) 수재왕법·수재불왕법·수소감림재물·좌장은 쌍방의 대향적 행위에 의해 범죄
　　가 구성되기 때문에 피차 모두 죄가 있는 장죄이다. 이에 반해 절도와 강도는
　　재물을 탈취한 쪽만 죄가 되므로 이에 해당하지 않는다. 다만 절도와 강도의
　　경우도 특수한 사례에 한해 쌍방이 죄가 있는 장물이 될 수 있는데, 바로 아
　　래의 주에서 규정하고 있는 것처럼 장물의 전이 과정에서 2차례 이상의 도죄
　　가 성립된 때이다.

번치21) 및 금서22)·보인23) 따위처럼 사가에서 소유해서는 안 되는 것을 말하며, 이것이 (정)명하여 "법으로 (사유를) 금한 물건"이라는 것이다. "(주고받은) 피차 모두 죄가 있는 장물" 이하의 (장물은) 모두 관에 몰수한다.

---

21) 矛는 길이 2장의 창으로, 고대에 병거를 운용할 때 왼편에 탄 사람은 활을 소지하고 오른편에 탄 사람은 모를 소지하도록 하였다(『說文解字注』十四篇上, 矛部). 稍은 槊이라고도 하며, 길이 1장 8척으로 마상에서 소지하는 창이다 (『釋名』권4, 釋兵23). 삭을 소지한 기병을 '삭기'라고 칭하기도 하였다(『자치통감』권166, 5152쪽). 旌은 析羽로 만든 깃발이고 旗는 熊虎를 그린 깃발이라고 하며(『주례주소』권36, 859쪽), 『당률석문』에서는 旗를 蛟龍을 그린 깃발로 해석하였다. 幡幟는 『당률석문』에 따르면 폭이 좁은 붉은 깃발인데, 율에서는 이를 들어 군용과 의장용의 깃발 전반을 말하는 것으로 보인다. 쇠뇌와 창[稍]을 사사로이 소유한 경우 도1년반이며, 깃발과 의장용 병기[儀仗]를 함부로 소유한 경우 장80이다. 단 활[弓]·화살[箭]·칼[刀]·방패[楯]·짧은 창[短矛]은 私家에서 소유하는 것이 가능하다(243, 천20.1의 소). 이러한 금병기를 절도한 경우 일반적으로 도2년에 처하며, 갑옷·쇠뇌의 경우는 유2000리, 그 밖의 병기 및 깃발은 장90에 처한다(275, 적28.1).

22) 천문에 관한 책과 도참, 『육도』·『삼략』 등의 병서, 칠요력, 태일식·뇌공식 등의 점식은 사가에서 소지할 수 없으며, 이를 어긴 경우 도2년에 처한다(110, 직20.1).

23) '寶印之類'는 황제의 어보 및 태황태후·황태후·황후·황태자·황태자비의 인장[寶]과 각종 관문서인 및 여러 부·절을 모두 포괄한다. 황제·태황태후·황태후·황후의 보를 절도한 죄는 교형, 황태자·황태자비의 보를 절도한 죄는 유3000리에 해당한다(271, 적24.1 및 소). 관문서인을 절도한 경우는 도2년, 그 밖의 관용 인장을 절도한 경우 장100에 해당한다(272, 적25). 이러한 인장들을 절도해 사용하려 했다면 아래의 위조와 같은 죄로 처벌한다. 궁전문부·발병부·전부를 절도한 죄는 유2000리에 해당하고, 사절이나 황성·경성의 문부는 도3년이며 그 밖의 부는 도1년이다(274, 적27.1). 황제의 팔보를 위조한 죄는 참형이고, 태황태후·황태후·황후·황태자의 보를 위조한 죄는 교형이며, 황태자비의 보를 위조한 죄는 유2000리에 해당한다. 관문서인을 위조한 죄는 유2000리고, 그 밖의 인장은 도1년이다. 궁전문부·발병부·전부를 위조한 죄는 교형에 해당하고, 사절이나 황성·경성의 문부는 유2000리이며 그 밖의 부는 도2년에 해당한다(362~364, 사1~3).

[律文1b의 注] 若盜人所盜之物, 倍贓亦沒官.

　[律文1b의 注의 疏] 議曰: 假有乙盜甲物, 丙轉盜之, 彼此各有倍贓, 依法亦應還主. 甲旣取乙倍備, 不合更得丙贓; 乙卽元是盜人, 不可以贓資盜, 故倍贓亦沒官. 若有糾告之人應賞者, 依令與賞.

[율문1b의 주] 또한 (다른) 사람이 절도한 물건을 다시 절도하여 (추징하는) 배장도 역시 관에 몰수한다.

　[율문1b의 주의 소] 의하여 말한다: 가령 을이 갑의 물건을 절도했는데 다시 병이 이것을 절도했다면 (을과 병) 피차 각각에게 배장이 있는데, 법에 의거하여 역시 주인에게 반환해야 한다.[24] (그런데) 갑은 원래 을의 배장을 받으므로 다시 병의 배장을 받아서는 안 되고, 을 또한 본래 도둑이어서 장물을 갖게 할 수 없으므로 (그) 배장 역시 몰관하는 것이다. 만약 규찰해 고언한 사람이 있어 상으로 주어야 경우에는 영(포망령, 습유729쪽)에 의거해서 상으로 준다.

　[律文1b의 問] 曰: 私鑄錢事發, 所獲作具及錢·銅, 或違法殺馬牛等肉, 如此之類, 律·令無文, 未知合沒官以否?

　[律文1b의 答] 曰: 其肉及錢, 私家合有, 準如律·令, 不合沒官. 作具及錢, 不得仍用, 毀訖付主, 罪依法科. 其鑄錢見有別格, 從格斷. 餘條有別格見行破律者, 竝準此.

　[율문1b의 문] 묻습니다: 사사로이 주전한(잡3) 일이 발각되어 획득한 공구 및 전이나 동, 혹은 위법하여 도살한(구8) 말·소 등의 고기

---

24) 倍贓이란 正贓의 갑절을 배상하는 것이다. 정장이란 原贓이라고도 하며, 죄인이 취한 원래의 장물이다. 절도와 강도는 재물을 탐한 죄가 무거우므로 갑절로 배상하게 하는 것으로, 예컨대 견1척을 절도했다면 견 2척을 추징한다(명 33.1c의 주 및 소). 소에서 말하는 법은 명례율의 이 규정을 가리키는 것으로 생각된다.

와 같은 따위는 율과 영에 조문이 없는데, (이런 것들을) 관에 몰수해야 합니까?

[율문1b의 답] 답한다: 그 고기 및 동[25]은 사가에서 소유할 수 있는 물건이므로 율령에 준하여 관에 몰수해서는 안 된다. 공구 및 전은 그대로 사용해서는 안 되므로 이것들을 훼손시킨 뒤에 원래의 주인에게 돌려주고 죄는 법에 의거하여 준다. 그러나 주전에 대해서는 현재 별도의 격[26]이 있으므로 격에 따라 단죄한다. 다른 조항에서 별도의 격이 현재 시행되고 있어 율의 효력이 정지된 경우 모두 이에 준한다.

[律文2a] 取與不和, 雖和, 與者無罪.

　[律文2a의 疏] 議曰:「取與不和」, 謂恐喝、詐欺、强市有剩利、强率斂之類.「雖和, 與者無罪」, 謂去官而受舊官屬、士庶饋與, 或和率斂, 或監臨官司和市有剩利, 或雇人而告他罪得實, 但是不應取財而與者無罪, 皆是.

[율문2a] 받고 주는 것이 합의되지 않은 (장물), 비록 합의하였더라도 준 자는 죄가 없다.

　[율문2a의 소] 의하여 말한다: "받고 주는 것이 합의되지 않은 (장물)"이라 함은, 공갈(적38)·사기(사12)·강제매매로 이익을 얻거나(직52.2b) 강제로 거두어들인 것(직55) 따위를 말한다. "비록 합의하였더라도 준 자는 죄가 없다."라 함은, 관직을 떠나면서 옛 관속이나

---

25) 원문의 '錢'은 바로 뒤에 이어지는 '私家合有'라는 구절로 미루어 보면 '銅'의 오기로 생각된다.

26) 사주전과 관련된 현존 別格은 『송형통』 잡률에 인용된 당의 형부격과 돈황에서 출토된 신룡 연간(705~705)의 형부격 잔권(P.3078)에 보인다. 양자의 구체적인 내용은 약간의 차이가 있지만, 수범과 종범 및 관련 인물들의 처벌과 재산의 몰수 등이 규정되어 있으며 당률의 본조(391, 잡3)에 규정된 바와 상이하다(『송형통』권26, 407쪽).

사서로부터 재물을 받거나(직57), 혹은 합의하여 거두거나(직55), 혹은 감림 관사가 물건을 합의매매하면서 이익을 취하거나(직52.2a), 혹은 사람을 고용하여 타인의 죄를 고하게 하였는데 (그것이) 사실인 경우(투55.2c) (등을) 말하며, (받은 자는) 재물을 취해서는 안 되지만 준 자는 무죄인 것은 모두 그러하다.

[律文2b] 若乞索之贓, 竝還主.

[律文2b의 疏] 議曰: 強乞索·和乞索, 得罪雖殊, 贓合還主. 稱「竝」者, 從「取與不和」以下, 竝徵還主.

[율문2b] 또한 걸색한 장물은 모두 주인에게 반환한다.

[율문2b의 소] 의하여 말한다: 강제 걸색[27]과 합의 걸색은 얻는 죄가 비록 다르지만 장물은 주인에게 반환해야 한다. "모두"라고 한 것은 "받고 주는 것이 합의되지 않은 (장물)" 이하의 (장물은) 모두 추징해서 주인에게 반환한다는 것이다.

[律文3a] 卽簿斂之物, 赦書到後, 罪雖決訖, 未入官司者, 竝從赦原;

[律文3a의 疏] 議曰: 「簿斂之物」, 謂謀反·大逆人家資合沒官者. 赦書到後, 罪人雖已決訖, 其物未入官司者, 竝從赦原. 若簿斂之物已入所在官司守掌者, 竝不合放免.

---

27) '乞索'은 관인이 거절할 수 없는 사람을 대상으로 재물을 요구하여 취하는 걸취·늑색을 의미한다. 호삼성은 걸색을 '求取'라고 주석하였다(『자치통감』권 171, 5307쪽). 소에서는 강제 걸색과 합의 걸색을 구분하여 죄가 서로 다르다고 하였는데, 감림관이 감림구역 내에서 재물을 요구하여 취득한 경우(합의 걸색)는 감림구역 내에서 공적인 일로 인하지 않고 재물을 받은 죄에서 1등을 더하며, 강제로 재물을 요구하여 취득한 경우(강제 걸색)는 준왕법으로 논하기 때문이다(140, 직50).

[율문3a] 만약 장부에 기록하여 몰수하는 물품[簿斂之物]은, 은사의 조서가 도착한 후에는 비록 죄에 (대한 형의) 집행[決]이 완료되었더라도, 아직 관사에 들이지 않은 것은 모두 은사령에 따라 반환하고,

[율문3a의 소] 의하여 말한다: "장부에 기록하여 몰수하는 물품[簿斂之物]"[28]이라 함은, 모반·대역 죄인의 가산 가운데 몰관해야 할 것을 말한다. 은사의 조서가 도착한 후에는, 죄인이 비록 이미 (형의) 집행[決][29]이 완료되었더라도, 그 (몰수할) 물건을 아직 관사에 들이지 않은 경우에는 모두 은사령에 따라 반환한다. 만약 장부에 기록하여 몰수하는 물품을 이미 해당 관사에 들여 보관·관장[守掌]하고 있는 경우에는 모두 반환해서는 안 된다.

[律文3b] 若罪未處決, 物雖送官, 未經分配者, 猶爲未入.

[律文3b의 疏] 議曰: 若反·逆之罪仍未處決, 罪人雖已斷訖, 其身尙存者, 物雖送官但未經分配者, 竝從赦原.

[율문3b] 또한 죄가 아직 처결되지 않았으면 물품이 비록 관에 보내졌더라도 아직 분배하지 않은 것은 그대로 (관에) 들이지 않은 것으로 간주한다.

[율문3b의 소] 의하여 말한다: 만약 모반·대역의 죄가 아직 처결되지 않아서 죄인이 비록 단죄되었더라도 그 몸이 살아있는 경우, 비

---

28) '簿斂之物'이란 모반·대역으로 몰수하는 죄인 소유의 전 재산을 가리킨다. 우선 그 재산목록을 작성한 후에 몰수 절차를 시작하므로 이렇게 칭한 것이다 (일본역『唐律疏議』1, 190쪽, 해설).

29) 決은 사형이나 태·장형과 같은 신체형의 집행을 의미한다. 도형이나 유형과 같이 일정기간 지속적인 집행을 필요로 하는 자유형의 집행을 의미하는 용어는 配이다(498, 단30.1의 소).

록 관에 보낸 물품이라도 단 아직 분배하지 않은 것은 모두 은사령에 따라 반환한다.

[律文4] **卽緣坐家口, 雖已配沒, 罪人得免者, 亦免.**

[律文4의 疏] 議曰: 謂反逆人家口合緣坐沒官, 罪人於後蒙恩得免, 緣坐者雖已配沒, 亦從放免. 其奴婢同於資財, 不從緣坐免法.

[율문4] 연좌된 가구는 비록 이미 유배되거나 몰관되었어도 죄인이 사면되었다면 역시 방면한다.

[율문4의 소] 의하여 말한다: 모반·대역 죄인의 가구는 마땅히 연좌하여 몰관하는데(적1.1), 죄인이 후에 은전을 입어 사면되었다면 연좌된 자들이 비록 유배되거나 몰관되었어도 역시 (그에) 따라 방면한다. 그의 노비는 자재와 같으므로 연좌된 (가구를) 방면하는 법에 따르지 않는다.[30]

[律文4의 問] 曰: 但是緣坐遇恩, 罪人得免. 其有罪人不合免者, 緣坐亦有免法以否?

[律文4의 答] 曰: 謀反,大逆, 罪極誅夷, 汚其室宅, 除惡務本. 罪人旣不會赦, 緣坐亦不合原, 去取之宜, 皆隨罪人爲法. 其謀叛已上道及殺一家非死罪三人, 支解人, 緣坐雖及家口, 其惡不同反,逆. 又, 律文特顯反逆緣坐, 爲與十惡同科, 不得請,減及贖, 自同五流, 除名,配流如法. 自餘緣坐流, 竝得減,

---

30) 모반·대역의 경우 본조(248, 적1.1)에는 죄인의 부곡·자재·전택을 모두 몰관하도록 규정되어 있는데, 그 소에서는 부곡은 자재와 다르므로 특별히 언급한 것이며, 노비는 자재와 같으므로 별도로 언급하지 명시하지 않았다고 해석하였다. 따라서 모반·대역 죄인의 가구와 부곡, 노비가 연좌되어 관노비가 되었다가 죄인이 사면을 받게 되면, 연좌된 가구와 부곡은 방면되지만 노비는 방면의 대상에 포함되지 않는다.

贖, 不除名. 雖云合流, 得減,贖者, 明即與反,逆緣坐不同. 赦書若十惡不原,
非反,逆緣坐人仍從恩免, 以其身非十惡, 又非反,逆之家故也.

[율문4의 문] 묻습니다: 연좌에 (해당하는 죄)라도 만약 은사령이 내
리면 죄인이 방면될 수 있습니다. 단 죄인이 사면될 수 없는 경우
가 있는데, (그 경우) 연좌된 자도 역시 면제되지 않습니까?
[율문4의 답] 답한다: 모반·대역은 죄가 극악해서 삼족을 멸하고 그
집을 더러운 연못으로 만들어 근원적으로 악을 제거한다(『예기』권
10, 370~372쪽). 죄인이 원래 사면될 수 없으니 연좌된 자도 역시 용
서될 수 없으며, 방면 여부는 모두 죄인에 따르는 것을 법으로 한
다. 단 모반하여 이미 길을 나선 것(적4.2) 및 1가 내 사죄에 해당하
지 않는 3인을 살해한 것, 사람을 (살해하여) 분해한 것(적12)은 비
록 연좌가 그 가구에 미치지만, 그 죄악은 모반·대역과는 다르다.
또한 율문에 모반·대역의 연좌를 특별히 명시하여 십악과 같은 죄
를 주어 청장·감장·속장을 적용할 수 없게 하고(명9.2), 당연히 오
류의 (죄와) 같이 제명하고 유배하는 것을 법대로 한다(명11.2). 나
머지 연좌에 따른 유형은 모두 감·속 할 수 있고 제명하지 않는다.
비록 유죄에 해당한다고 해도 감·속 할 수 있는 경우는 곧 모반·
대역의 연좌와는 분명히 다르다. 은사의 조서에 만약 십악이라면
사면하지 않는다고 (한 경우에는) 모반·대역에 연좌된 사람이 아
니면 은사령에 따라 방면하는데, 이는 본인이 십악을 범하지 않았
고 또 모반·대역에 (연좌된) 가구도 아닌 까닭이다.

제33조 명례 33. 장물의 추징과 면징(以贓入罪)

[律文1a] 諸以贓入罪, 正贓見在者, 還官·主; 轉易得他物, 及生産蕃息, 皆爲見在.

　　[律文1a의 疏] 議曰: 在律「正贓」, 唯有六色: 強盜·竊盜·枉法·不枉法·受所監臨及坐贓. 自外諸條, 皆約此六贓爲罪. 但以此贓而入罪者, 正贓見在未費用者, 官物還官, 私物還主. 轉易得他物者, 謂本贓是驢, 廻易得馬之類. 及生産蕃息者, 謂婢産子, 馬生駒之類.

[율문1a] 무릇 장물로 죄를 범했는데 정장이 현재하는 경우 관이나 주인에게 반환하고, 교환·매매하여 다른 물건을 얻은 것 및 새끼를 낳아 번식한 것은 모두 (정장이) 현재하는 것으로 간주한다.

　　[율문1a의 소] 의하여 말한다: 율에서 "(진)정장(죄)"는 오직 여섯 종류가 있으니, 강도(적34)·절도(적35)·왕법(직48.1a)·불왕법(직48.1b)·수소감림(직50.1) 및 좌장(잡1)이다. 이 밖의 조항에서는 모두 이 여섯 장(죄)에 준하여[約] 죄를 정한다. 단 이들 장물로 죄를 범한 경우 정장31)이 현재하여 소비되지 않았으면 관물은 관에 반환하고 사물은 주인에게 반환한다. "교환·매매하여 다른 물건을 얻은 것"이란, 본래의 장물이 나귀였는데 바꾸어 말을 얻은 따위를 말한다. "새끼를 낳아 번식한 것"이란, 비가 아이를 낳고 말이 망아지를 낳은 것 등을 말한다.

---

31) 正贓은 범죄로 인하여 취득한 본 재화를 뜻하지만, 주에서 설명한 바와 같이 그 재화로 교환한 다른 재화나 생산번식으로 얻은 노비·가축의 소생 등도 이에 포함된다. 또한 이 소에서 보듯이 물적 재화를 수수한 범죄행위 자체를 가리키기도 한다.

[律文1a의 問1] 曰: 假有盜得他人財物, 卽將興易及出擧, 別有息利, 得同蕃息以否? 其贓本是人·畜, 展轉經歷數家, 或有知情及不知者, 如此蕃息, 若爲處分?

[律文1a의 答1] 曰: 律注云「生産蕃息」, 本據應産之類而有蕃息. 若是興生·出擧而得利潤, 皆用後人之功, 本無財主之力, 旣非孶生之物, 不同蕃息之限, 所得利物, 合入後人. 其有展轉而得, 知情者, 蕃息物並還前主; 不知情者, 亦入後人.

[율문1a의 문1] 묻습니다: 가령 남의 재물을 절도해 장사[興易]하거나 대여[出擧]하여 별도의 이식이 있다면 번식으로 간주할 수 있습니까? 장물이 본래 사람·가축으로 여러 집을 전전하였는데, 혹 사정을 안 경우도 있고 모른 경우도 있다면, 이 같은 번식은 어떻게 처분합니까?

[율문1a의 답1] 답한다: 이 율문의 주에서 "새끼를 낳아 번식하였다."라 함은 본래 생산할 수 있는 부류가 번식한 것에 근거하여 (말한) 것이다. 만약 장사·대여로 이윤을 얻었다면, 모두 뒷사람의 공력에 의한 것이지 본래 재물 주인의 힘에 의한 것은 아니며, 원래 낳고 기르는 (생)물이 아니어서 번식의 범주와 같지 않으므로, 얻은 바의 이식과 물품은 뒷사람에게 들여야 한다. 그 (장물이) 여러 집을 전전하고서 얻은 것이면, 사정을 안 경우에는 번식한 가축이나 노비[物]를 모두 전의 주인에게 반환하고, 사정을 알지 못한 경우에는 (최종 소유자인) 뒷사람에게 들인다.

[律文1a의 問2] 曰: 有人知是贓婢, 故買自幸, 因而生子, 合入何人?

[律文1a의 答2] 曰: 知是贓婢, 本來不合交關, 違法故買, 意在姦僞. 贓婢所産, 不合從良, 止是生産蕃息, 依律隨母還主.

[율문1a의 문2] 묻습니다: 어떤 사람이 비가 장물임을 알고도 고의로 사들여서 자신이 총애하여 아이를 낳았다면 (아이는) 누구에게 들여야 합니까?

[율문1a의 답2] 답한다: 비가 장물임을 알았다면 본래 서로 매매해서는 안 되며, 법을 어기고 고의로 사들였다면 뜻이 간음과 사기에 있는 것이다. 장물인 비가 낳은 아이는 양인으로 삼아서는 안 되고 다만 생산·번식한 (재물이므로) 율에 의거하여 어미를 따라[32] 주인에게 반환한다.

[律文1b] 已費用者, 死及配流勿徵, 別犯流及身死者, 亦同.

[律文1b의 疏] 議曰: 因贓斷死及以贓配流, 得罪旣重, 多破家業, 贓已費用, 矜其流、死, 其贓不徵. 若未經奏畫, 會赦免流, 死者, 徵贓如法; 畫訖會恩, 卽同免例. 注云「別犯流及身死者」, 謂雖不因贓配流, 別爲他罪流配及雖非身被刑戮, 而別有死亡者, 本犯之贓費用已盡, 亦從免例.

[율문1b] (장물이) 이미 소비된 경우, (죄인이) 사형에 처해지거나 유배되었다면 추징하지 않으며, 달리 유죄를 범한 경우 및 본인이 사망한 경우도 역시 같다.

[율문1b의 소] 의하여 말한다: 장죄로 인해 사형으로 단죄되거나 유배되었다면 얻은 죄가 원래 무거워 대부분 가업은 파산되니, 장물이 소비되었다면 그가 유형·사형을 받은 점을 불쌍히 여겨 그 장물을 추징하지 않는다. 만약 (죄의 처결을) 상주해서 황제의 재가를 받기 전에 은사령이 내려 유형·사형이 사면된 때에는 장물의 추징은 법대로 한다. 황제의 재가가 내린 이후에 은사령이 내리면

---

32) 『송형통』에 인용된 호령에 따르면 양인이 관·사비와 간음하여 낳은 자식은 모두 어미의 신분에 따른다(『송형통』권26, 424쪽).

곧 (추징을) 면하는 예와 같다. 주에서 "달리 유죄를 범한 경우 및 본인이 사망한 경우"라 함은, 비록 장죄로 인한 유배가 아니라 별도의 다른 죄로 유배된 경우 및 본인이 사형을 받은 것이 아니라 별도의 (원인이) 있어 사망한 경우를 말하는 것으로, (이러한 경우) 본래 범한 (죄의) 장물이 모두 소비되었다면 (추징을) 면하는 예에 따른다.

[律文1c] **餘皆徵之.** 盜者, 倍備.

[律文1c의 疏] 議曰: 除非身死及已配流, 其贓見在, 竝已費用, 竝在徵限, 故曰「餘皆徵之」.「盜者, 倍備」, 謂盜者以其貪財旣重, 故令倍備, 謂盜一尺, 徵二尺之類.

[율문1c] **그 밖의 경우는 모두 추징한다.** 도는 (장물의) 배를 배상케 한다.

[율문1c의 소] 의하여 말한다: 본인이 사망하거나 유배된 경우를 제외한 (그 밖의 경우는) 그 장물이 현재하든 모두 소비되었든지 간에 모두 추징의 범위에 있기 때문에 "그 밖의 경우는 모두 추징한다."고 한 것이다.[33] "도는 (장물의) 배를 배상케 한다."라 함은, 도는 그 재물을 탐한 (죄가) 원래 무겁기 때문에 배로 배상하게 하여, 1척을 (강·절)도했으면 2척을 추징하는 따위를 말한다.

[律文2] **若計庸、賃爲贓者, 亦勿徵.**

---

33) 이 조항의 율문과 소에 따르면 장죄는 죄인 본인이 사망하거나 유배된 경우를 제외하면 장물의 소비 여부와 무관하게 모두 추징하는 것이 원칙이다. 그러나 관의 營造나 제사·연회 등의 비용을 과다 계상하여 관물을 낭비하면 좌장으로 논하지만, 이 경우 소비된 관물을 추징하지 않는다는 예외 조항이 존재한다(216, 구21).

[律文2의 疏] 議曰: 庸, 謂私役使所監臨及借車馬之屬, 計庸一日爲絹三尺, 以受所監臨財物論. 賃, 謂碾磑・邸店・舟船之類, 須計賃價爲坐. 旣計庸・賃爲贓, 其贓元非正物, 故雖非會赦, 其贓並亦不徵. 餘條庸・賃皆準此.

[율문2] 만약 노임[庸]이나 임대가[賃]를 계산한 것을 장물로 삼는 경우 역시 추징하지는 않는다.

[율문2의 소] 의하여 말한다: 노임은 감림 대상을 사사로이 부리거나 거마 등을 차용한 때에는 1일의 노임을 견 3척으로 계산하여[34] 수소감림재물로 논함(직53.1)을 말한다. 임대가는 물레방아・저점・배 따위를 (차용한 때에는) 반드시 임대가를 계산하여 처벌함을(직53.1) 말한다. 원래 노임이나 임대가를 계산한 것을 장물로 삼았다면 그 장물은 본래 (진)정 물품이 아니기 때문에, 비록 은사령이 내리지 않았더라도 그 장물은 역시 모두 추징하지 않는다. 다른 조항의 노임・임대가도 모두 이에 준한다.

[律文3a] 會赦及降者, 盜・詐・枉法猶徵正贓;

[律文3a의 疏] 議曰: 謂會赦及降, 唯盜・詐・枉法三色, 正贓猶徵, 各還官・主, 盜者免倍贓, 故云「猶徵正贓」. 謂赦前事發者. 若赦後事發, 捉獲見贓, 準鬪訟律徵之.

[율문3a] 은사령 및 은강령이 내린 경우에도 도・사기・왕법은 그대로 정장을 추징하며,

[율문3a의 소] 의하여 말한다: 은사령 및 은강령이 내려도 오직 도・사기・왕법의 세 가지는 정장을 그대로 추징하여 각각 관과 주인에게 반환하고[35] 도(죄)의 경우는 (추징해야 할) 배장은 면제하므로

---

34) 정남의 노동 가치는 1일에 견 3척으로 환산되며, 소・말 등 축산의 노동 가치 역시 사람의 용과 동일하게 1필당 1일 견 3척으로 계산한다(명34.2a).

"그대로 정장을 추징한다."고 한 것이다. (이는) 은사령 이전에 사건이 발각된 경우를 말한다. 만약 은사령이 내린 이후 사건이 발각되었고 현재하는 장물이 확보된 경우에는 투송률(투53.2 및 소)에 준하여 추징한다.36)

[律文3a의 問] 曰: 枉法會赦, 正贓猶徵. 未知此贓還官, 還主? 須定明例.
[律文3a의 答] 曰: 彼此俱罪之贓, 例竝合沒, 雖復首得原罪, 正贓猶徵如法. 其贓追沒, 於法何疑.

[율문3a의 문] 묻습니다: 왕법은 은사령이 내려도 정장을 그대로 추징합니다. 이 장물을 관에 환수하는지 주인에게 반환하는지 알 수 없습니다. 분명한 예를 정해 주십시오.

[율문3a의 답] 답한다: (주고받은) 피차 모두 죄가 있는 장물은 예(명32)에 따라 모두 몰수하니, 비록 둘 다 자수해서 죄를 용서해도 정장은 그대로 법과 같이 추징한다(명37.1의 주). 그 장물을 추징하여 관에 몰수하는데 법에 어떠한 의문이 있다는 것인가?

[律文3b] 餘贓非見在及收贖之物, 限內未送者, 竝從赦降原.
[律文3b의 疏] 議曰:「餘贓非見在」, 赦前已費用盡, 若非轉易得他物及生産蓄息者, 皆非見在之贓. 及收贖之物者, 謂犯罪徵銅, 依令節級各依期限. 限內未送, 竝從赦, 降原; 過限不送, 不在免限. 稱限內不送, 唯據贖銅, 餘贓舊

---

35) 왕법죄의 장물은 '피차 모두 죄가 있는 장물[彼此俱罪]'이므로 관에 들이며, 도·사기의 장물은 '받고 주는 것이 합의가 되지 않은[取與不和] 장물'이므로 원래의 주인에게 반환한다(명32).

36) 도·사기로 취득한 장물은 비록 은사령이 내리기 전에 사건이 발각되지 않았더라도 은사령이 내린 후에 정장을 찾아 확보하여 이를 추징해야 한다(354, 투53.2 및 소).

無限約, 逢赦竝皆放免. 其犯罪應贖徵銅, 送有期限, 違限不納, 會赦不原. 故云「限內未送者」, 唯爲贖銅生文, 不爲餘贓立制.

[율문3b] (도·사기·왕법) 외의 장물로 현재하지 않는 경우 및 속(동)으로 징수할 물품을 기한 내에 보내지 않은 경우 모두 은사령과 은강령에 따라 추징하지 않는다.

[율문3b의 소] 의하여 말한다: "(도·사기·왕법) 외의 장물로 현재하지 않는 경우"란 은사령이 내리기 전에 (장물이) 이미 소비되어 없어진 것으로, 만약 교환·매매하여 다른 물품을 얻었거나 생산·번식한 것이 아니라면 모두 현재하는 장물이 아니다. "속(동)으로 징수할 물품"이라 함은, 죄를 범하여 징수해야 할 동을 말하는데, 영에 의거하여 (죄의) 등급에 따라 각기 기한이 있다.37) 기한 내에 보내지 않은 (속동은) 모두 은사령이나 은강령에 따라 면제하지만, 기한이 넘도록 보내지 않은 (속동은) 면제의 범위에 있지 않다. 기한 내에 보내지 않은 것이라고 칭한 것은 다만 속동에 근거하며, 다른 장물은 원래 기한이 없으므로 은사령이 내리면 모두 방면한다. 단 범한 죄가 속동을 징수해야 하는 것이면 보낼 기한이 정해져 있어 기한을 어기고 납부하지 않았으면 은사령이 내려도 면제되지 않는 것이다. 그러므로 "기한 내에 보내지 않은 경우"라고 한 것은 오직 속동을 위해 조문을 만든 것이고, (도·사기·왕법) 외의 장물 때문에 제도를 정한 것이 아니다.

37) 속동의 수납 기한은 사형의 경우 80일, 유형은 60일, 도형은 50일, 장형은 40일, 태형은 30일이다. 관으로 들여야 할 물건의 경우 견으로 환산된 가격에 따라 50필 이상은 100일, 30필 이상은 50일, 20필 이상은 30일, 20필 이하는 20일을 기한으로 한다. 이러한 기한을 1일 위반한 죄는 태10이고, 5일마다 1등씩 죄가 가중되며 그 최고형은 장100이다(493, 단25.1 및 소).

[律文3b의 問] 曰: 收贖之人, 身在外處, 雖對面斷罪, 又牒本貫徵銅, 未知以牒到本屬爲期, 卽據斷日作限?

[律文3b의 答] 曰: 依令:「任官應免課役, 皆據蠲符到日爲限」. 其徵銅之人, 雖對面斷訖, 或有一身被禁, 所屬在遠, 雖被釋放, 無銅可輸, 符下本屬徵收, 須據符到徵日爲限. 若取對面爲定, 何煩更牒本屬.

[율문3b의 문] 묻습니다: 속(동) 징수 (대상의) 죄인이 (본관 밖의) 외지에 거주하고 있다면, 비록 (본인과) 대면해서 단죄했더라도 또 본관에 이첩하여 속동을 징수하는데, (그렇다면) 본관의 소속 (관사에) 이첩된 때로부터 기한을 삼아야 합니까, 아니면 단죄한 날에 의거하여 기한을 정해야 합니까?

[율문3b의 답] 답한다: 영(부역령, 습유680쪽)에 의거하면, "임관으로 과역을 면하는 것은 모두 (면제 증명서인) 견부가 도착한 날에 의거하여 기한으로 삼는다." 단 속동 징수 (대상의) 죄인은 비록 대면해서 단죄를 마쳤더라도 혹 그 몸이 구금되어 있는데 소속된 (본관이) 멀거나, 비록 석방되었어도 수납할 속동이 없으면 문서를 본관에 보내어 징수하니, 반드시 문서가 도착한 날에 의거하여 기한을 삼아야 한다. 만약 대면하여 (단죄한 날로 기한을) 정한다면 어찌 번거롭게 다시 본관에 첩을 보내겠는가?

제34조 명례 34. 장물의 평가(平贓及平功庸)

[律文1] 諸平贓者, 皆據犯處當時物價及上絹估.

[律文1의 疏] 議曰: 贓謂罪人所取之贓, 皆平其價直, 準犯處當時上絹之價. 依令:「每月, 旬別三等估. 其贓平所犯旬估, 定罪取所犯旬上絹之價.」 假有

人蒲州盜鹽, 巂州事發, 鹽已費用, 依令「懸平」, 即取蒲州中估之鹽, 準蒲州上絹之價, 於巂州斷決之類. 縱有賣買貴賤, 與估不同, 亦依估價爲定.

[율문1] 무릇 장물을 평가하는 것은 모두 범행 장소의 당시 물가 및 견 상품의 공정가[估]에 의거한다.

[율문1의 소] 의하여 말한다: 장물은 죄인이 취한 장물을 말하는데, 모두 그 가치를 평가하되 범행 장소의 당시 견 상품의 가격에 준한다. 영(관시령, 습유716쪽)에 의거하면, "매월 열흘마다[旬別] (상·중·하의) 3등급으로 공정가를 정하며, 그 장물의 평가는 범한 바 열흘의 공정가에 (의거하고), 죄를 정하는 것은 범한 바 열흘의 견 상품의 가격을 취한다." 가령 어떤 사람이 포주에서 소금을 절도하고 휴주에서 사건이 발각되었는데 소금이 이미 소비되었다면, 영(관시령, 습유718쪽)에 의거하여 현평을 행하니, 곧 포주의 소금 중품의 가격을 취하고 포주의 견 상품의 가격을 기준으로 (환산하여) 휴주에서 판결하는 것 따위이다. 설령 매매가격에 높고 낮음이 있어 공정가와 다르더라도 역시 공정가에 의거하여 (죄를) 정한다.

[律文1의 問1] 曰: 贓若見在犯處, 可以將贓對平. 如其先已費損, 懸平若爲準定? 又有獲贓之所, 與犯處不同, 或遠或近, 竝合送平以否?

[律文1의 答1] 曰: 懸平之贓, 依令準中估. 其獲贓去犯處遠者, 止合懸平; 若運向犯處, 準估其物, 即須脚價·生産之類, 恐加瘦損, 非但姦僞斯起, 人糧所出無從. 同遣懸平, 理便適中.

[율문1의 문1] 묻습니다: 장물이 만약 범행 장소에 현재한다면 장물을 가지고 대조하여 평가할 수 있습니다. 만약 그 (장물이) 이미 소비되어 없어졌다면 현평은 어떤 것을 기준으로 정합니까? 또 장

물을 획득한 곳과 범행 장소가 다르고, (그 거리가) 혹 멀기도 하고 가까울 수도 있는데, (거리에 관계없이) 모두 범행 장소로 보내어 평가해야 합니까?

[율문1의 답1] 답한다: 현평할 장물은 영에 의거하면 중품의 공정가를 기준으로 한다. 단 장물을 획득한 곳이 범행 장소에서 먼 경우에는 다만 (범행 장소에서) 현평할 수밖에 없다. 만약 (장물을) 범행 장소로 운반하여 그 물건의 공정가에 준한다면, 곧 운반비[脚價]가 들고 출산하는 (비나 가축) 따위는 손상될 우려가 있고, 이로써 부정이 발생할 수 있을 뿐 아니라 운반할 사람이나 양식이 나올 곳이 없다. 일률적으로 (범행 장소에서) 현평하게 함이 이치로나 편리함에서나 적당하다.

[律文1의 問2] 曰: 在蕃有犯, 斷在中華; 或邊州犯贓, 當處無估, 平贓定罪, 從何取中?

[律文1의 答2] 曰: 外蕃旣是殊俗, 不可牒彼平估, 唯於近蕃州縣, 準估量用合宜. 無估之所而有犯者, 於州·府詳定作價.

[율문1의 문2] 묻습니다: (중국인이) 외국에서 죄를 범함이 있으면 (송환하여) 중국에서 단죄합니다. 혹 변경의 주에서 장죄를 범했는데 그곳에 공정가가 없다면, 장물을 평가하고 죄를 정하는 것은 어떤 (가격을) 취해야 공정합니까?

[율문1의 답2] 답한다: 외국은 원래 풍속이 달라 그곳에서 평가한 공정가를 이첩 받을 수 없으니, 오직 외국에 가까운 주·현의 공정가를 참작하여 적용하는 것이 마땅하다. 공정가가 없는 지역에서 죄를 범한 경우에는 주·부에서 자세히 조사하여 가격을 정한다.

[律文2a] 平功、庸者, 計一人一日爲絹三尺, 牛馬駝騾驢車亦同;

　　[律文2a의 疏] 議曰: 計功作庸, 應得罪者, 計一人一日爲絹三尺. 牛馬駝騾
　　驢車計庸, 皆準此三尺, 故云「亦同」.

[율문2a] 공력과 노임을 평가하는 것은 1인의 1일을 견 3척으로
계산하며, 소·말·낙타·노새·나귀·수레도 역시 같다.

　　[율문2a의 소] 의하여 말한다: (사람의) 공력을 계산해서 노임을 정
　　해 죄주는 것은 1인의 1일을 견 3척으로 한다. 소·말·낙타·노새·
　　나귀·수레의 노임을 계산하는 것도 모두 이 3척에 준하여 계산한
　　다. 그러므로 "역시 같다."고 한 것이다.

[律文2b] 其船及碾磑、邸店之類, 亦依犯時賃直.

　　[律文2b의 疏] 議曰: 自船以下, 或大小不同, 或閑要有異, 故依當時賃直,
　　不可準常賃爲估. 邸店者, 居物之處爲邸, 沽賣之所爲店. 稱「之類」者, 鋪肆、
　　園宅, 品目至多, 略擧宏綱, 不可備載, 故言「之類」.

[율문2b] 단 배 및 물레방아·저점 따위는 역시 범행 당시의 임대
가에 의거하며,

　　[율문2b의 소] 의하여 말한다: 배 이하 (물레방아·저점 등은) 크기가
　　같지 않고 한가하고 긴요함의 차이가 있으므로 당시 임대가에 의거
　　해야 하니, 일정한 임대가를 공정가로 삼을 수 없다. 저점의 저는
　　물건을 저장하는 곳이고, 점은 판매하는 곳이다. "따위"라고 한 것은
　　점포[鋪肆]·집[園宅] 등 종류가 매우 많아 대략 큰 것만을 열거하고,
　　(작은 것들은) 일일이 기재할 수 없으므로 "따위"라고 한 것이다.

[律文2c] 庸、賃雖多, 各不得過其本價.

　　[律文2c의 疏] 議曰: 假有借驢一頭, 乘經百日, 計庸得絹七疋二丈, 驢估止

直五疋, 此則庸多, 仍依五疋爲罪. 自餘庸、賃雖多, 各準此法.

[율문2c] 노임과 임대가는 비록 많더라도 각각 그 본래 가격을 초과할 수 없다.

[율문2c의 소] 의하여 말한다: 가령 나귀 1마리를 빌려 탄 것이 100일을 경과하여 노임을 계산하니 견 7필 2장으로 계산되는데 나귀의 공정가가 단지 5필이라면, 이 경우 노임이 많지만 그대로 (나귀 값) 5필에 의거하여 죄를 정한다. 이 밖에 노임과 임대가는 비록 많더라도 각각 이 법에 준한다.

제35조 명례 35. 은사의 조건 I (略和誘人赦後故藏匿)

[律文1a①] 諸略、和誘人, 若和同相賣;

[律文1a①의 疏] 議曰: 不和爲「略」, 前已解訖. 和誘者, 謂彼此和同, 共相誘引, 或使爲良, 或使爲賤, 限外藏匿, 俱入此條, 輕重之制, 自從本法. 若和同相賣者, 謂兩相和同, 共知違法.

[율문1a①] 사람을 약취·화유하거나 또는 서로 합의하여 팔거나,

[율문1a①의 소] 의하여 말한다: 합의하지 않음을 "약"이라 한다는 것은 앞(명18.2의 소)에서 이미 해석하였다.[38] 화유란 피차가 서로

---

38) 약인이란 합의 없이 사람을 약취하는 것으로, 곧 책략을 써서 취함을 의미한다. "略"은 "화유"·"화동상매"의 "和"와 대비되는 개념으로, "화"가 서로 합의한 상태를 말하는데 반해 "약"은 대상자의 의사와 무관하게 폭력이나 위협·모략 등의 수단을 통해 대상자의 인신을 자신 혹은 제3자의 실력적 지배하에 두는 것을 의미한다. 또한 대상자가 10세 이하인 경우는 의사판단능력이 부족하기 때문에 설령 유인이나 매매에 동의하였더라도 약취와 동일하게 간주된다(292, 적45).

합의해서 함께 서로 유인하여 혹은 양인으로 사역하거나 혹은 천인으로 사역하는 것을 말하며, (자수) 기한이 지나도록 은닉하면 모두 이 조항을 적용하며 (죄의) 경중은 당연히 본법(적45)에 따른다.[39] "또는 서로 합의하여 팔았다."는 것은, (팔고 팔린) 양자가 서로 합의하였으나 모두 위법임을 안 것을 말한다.

[律文1a②] 及略、和誘部曲奴婢, 若嫁賣之, 卽知情娶買,

[律文1a②의 疏] 議曰: 上文皆據良人, 此論部曲、客女、奴婢等.「略、和誘」, 義竝與上同. 或得而自留, 或轉將嫁賣, 或乞人, 亦同. 其知情娶買者, 謂從略、和誘以下, 不問良賤, 共知本情, 或娶或買, 限外不首, 亦爲蔽匿.

[율문1a②] 부곡·노비를 약취·화유하여 다시 시집보내거나 팔거나, 그 정을 알고도 처첩으로 삼거나 또는 사거나,

[율문1a②의 소] 의하여 말한다: 위의 조문은 모두 양인에 의거하나, 여기에서는 부곡·객녀[40]·노비 등을 논한다. "약취·화유"의 뜻은 모두 위와 같다. 혹 (그들을) 얻어 스스로 머물게 하거나, 다시 장가들거나 팔거나(적46), 남에게 맡긴 것도 또한 (죄가) 같다. "그 정을 알고도 처첩으로 삼거나 샀다."는 것은, 약취·화유 이하의 (조

---

39) 사람을 약취하거나 약매해서 노비로 삼은 자는 교형에 처한다. 부곡으로 삼은 자는 유3000리, 처·첩·자·손으로 삼은 자는 도3년에 처한다. 화유해서 노비로 삼은 자는 유3000리, 부곡으로 삼은 자는 도3년, 처·첩·자·손으로 삼은 자는 도2년반에 처한다. 서로 합의해서 팔아 노비로 삼은 경우는 수범·종범을 구분을 하지 않고 판 사람과 팔린 사람 모두 유2000리에 처하며, 팔려고 했으나 팔지 못한 경우는 도3년에 처한다. 타인의 부곡을 약취하거나 합의해서 서로 판 경우는 양인을 그렇게 한 죄에서 1등씩 감한다(292, 적45).

40) 客女는 부곡의 딸로, 다른 곳에서 양도받은[轉得] 부곡의 딸이나 방면한 비도 객녀가 된다(178, 호29의 소). 이들은 율에서 대개 부곡과 같은 신분으로 간주된다(명47.1).

문은) 양천을 불문하고 본래의 정을 알고도 처첩으로 삼거나 샀다는(적48) 것을 말하며, 기한이 지나도록 자수하지 않았다면 역시 은닉한 것으로 간주한다.

[律文1a③] 及藏逃亡部曲奴婢;

　[律文1a③의 疏] 議曰: 藏匿無日限. 謂知是部曲,奴婢逃走, 故將藏匿者.

[율문1a③] 도망한 부곡이나 노비를 감추고 있거나,

　[율문1a③의 소] 의하여 말한다: 감추고 숨김에는 시한이 없다. 부곡·노비가 도주한 것을 알고도 고의로 감추고 숨긴 것(적46.2b)을 말한다.

[律文1a④] 署置官過限及不應置而置,

　[律文1a④의 疏] 議曰: 在令, 置官各有員數. 員外剩置, 是名「過限」. 案職制律:「官有員數, 而署置過限及不應置而置.」 注云:「謂非奏授者.」 在此, 雖有奏授, 亦同藏匿. 於格,令無員而置, 是名「不應置而置」.

[율문1a④] 관을 임용함에 (정원의) 한도를 초과하거나, 임용해서는 안 되는데 임용하거나,

　[율문1a④의 소] 의하여 말한다: 영에 관을 임용하는 데는 각각 (정)원의 수가 있는데,[41] 정원 이외에 초과하여 임용하였다면, 이것이 (정)명하여 "한도를 초과했다."는 것이다. 직제율(직1.1)을 살펴보면 "관에 (정)원의 수가 있는데 한도를 초과해서 임용하거나 임용해서

---

41) 각 관사의 정원 수는 당령의 三師三公臺省職員令·寺監職員令·衛府職員令·東宮王府職員令·州縣鎭戍嶽瀆關津職員令 및 內外命婦職員令에 규정되어 있다. 현재 영은 산일되어 전하지 않으나, 『당육전』 각권의 서두에 관부별 직원의 정원이 전재되어 있다.

는 안 되는데 임용하였다."는 (율문의) 주에 "주수42)가 아닌 것을 말한다."라고 하였다. 여기에서는 비록 주수라도 (부당한 관직 수여를 숨겼다면) 역시 마찬가지로 은닉이다.43) 격·령에 (정)원이 없는데 관직에 임용하였다면 이것이 (정)명하여 "임용해서는 안 되는데 임용한 경우"라고 한다.

[律文1a⑤] 詐假官、假與人官及受假者;

[律文1a⑤의 疏] 議曰: 詐假官者, 身實無官, 假爲職任. 流內、流外, 得罪雖別, 詐假之義竝同. 或自造告身, 或雇傭人作, 或得他人告身而自行用, 但於身不合爲官, 詐將告身行用, 皆是. 其假與人官者, 謂所司假授人官, 或偏奏擬, 或假作曹司判補. 「及受假者」, 謂知假而受之.

[율문1a⑤] 사기하여 거짓 관을 (취득하거나) 거짓으로 다른 사람에게 관을 주거나, 거짓 관을 받은 것,

[율문1a⑤의 소] 의하여 말한다: "사기하여 거짓 관을 (취득하였다)." 는 것은 본인에게 실제로 관이 없는데 거짓 관으로 직임을 행한

---

42) 제왕, 직사관 3품 이상, 문·무산관 2품 이상, 도독·도호·상주자사로 경사에 있는 자는 册하고, 5품 이상 관은 制授한다. 6품 이하 가운데 상참관·수5품 이상 및 시5품 이상인 경우는 勅授한다. 이들은 모두 상서이부에서 관직 수여 대상자의 이름을 황제에게 아뢰고 중서성과 문하성을 거쳐 황제의 책문과 제칙을 받아 수여한다. 나머지 6품 이하관은 상서도성에서 관장하여 수여하되 일괄적으로 황제의 뜻을 따라 제수하는데 이를 旨授라고 하며, 지수는 奏授라고도 한다. 주수가 아닌 경우란 이상에서 규정되지 않은 유외관 및 5품 미만의 시품관을 말하며, 이들은 필요한 경우 해당 관사에서 判補한다(『당육전』권2, 27쪽; 『역주당육전』상, 157~159쪽; 『통전』권15, 359쪽).

43) 직제율(직1.1)의 정원초과 임용죄는 판보에 한하고, 주수하는 관직을 고의로 정원 초과하여 임용하였다면 상서를 사실대로 하지 않은 죄(368, 사7)를 적용한다. 단 이 조항에서는 은사를 받을 수 없는 조건 중 하나로 정원초과 임용한 사실을 은닉하고 숨긴 것을 규정하였는데, 이 경우 판보든 주수든 동일하게, 은닉하고 숨겼다면 사면되지 않는다고 해석한 것이다.

것이다. (거짓 관이) 유내인가 유외인가에 따라 받는 죄가 비록 다르지만 사기·거짓의 뜻은 모두 같다. 혹은 고신을 스스로 만들거나, 혹은 사람을 고용해서 만들거나, 혹은 타인의 고신을 얻어서 스스로 사용하거나 (간에), 단지 자신이 관이 될 수 없는데 사기하여 고신을 가지고 행용했다면 모두 이에 해당한다. "거짓으로 다른 사람에게 관을 주었다."는 것은, 담당 관사에서 사기하여 다른 사람에게 관을 수여하거나, 혹 주의를 위조하거나, 사기하여 성사의 판보를 만든 것(사9)을 말한다. "거짓 (관을) 받은 것"이라 함은, 거짓임을 알고도 받은 것을 말한다.

[律文1a⑥] **若詐死, 私有禁物:** 謂非私所應有者及禁書之類.

  [律文1a⑥의 疏] 議曰: 詐死者, 或本心避罪, 或規免賦役, 或因犯逃亡而遂詐死之類. 私有禁物者, 注云「謂非私所應有者」, 謂甲弩, 矛矟之類. 「及禁書」, 謂天文,圖書,兵書,七曜曆等, 是名「禁書」. 稱「之類」者, 謂玄象器物等, 旣不是書, 故云「之類」.

[율문1a⑥] **또는 사기하여 사망하였다고 하거나, 금물을 사유한 경우,** 사사로이 소유할 수 없는 것 및 금서 따위를 말한다.

  [율문1a⑥의 소] 의하여 말한다: "사기하여 사망하였다고 하였다."(사19.1)는 것은, 혹 본심이 죄를 피하려고, 혹 부역의 면제를 꾀하려고, 혹 죄를 범하고 도망하였다가 마침내 사망하였다고 속인 것 따위를 말한다. "금물을 사유한 경우"(직20·천20)는 주에 "사사로이 소유할 수 없는 것을 말한다."라 하였으니 갑옷·쇠뇌·창[矛]·창[矟] 따위를 말한다. "금서"라 함은 천문·도서·병서·『칠요력』 등을 말하며, 이를 (정)명하여 "금서"라고 한 것이다. "따위[之類]"라 함은 현상기물[44]

---

44) 玄象器物은 하늘을 본떠 만든 기구로, 별자리나 해와 달이 운행하는 길을 측

등을 말하는데, 이것들은 원래 책이 아니므로 "따위"라고 한 것이다.

[律文1a⑦] 赦書到後百日, 見在不首故蔽匿者, 復罪如初.

[律文1b] 媒、保不坐.

[律文1a⑦의 疏] 議曰: 赦書原罪, 皆據制書出日, 昧爽以前, 竝從赦免. 惟此蔽匿條中, 乃云「赦書到後百日」, 此據赦書所至之處, 別取百日爲限. 「見在不首故蔽匿者」, 謂人、物及所假官等見在, 故蔽匿隱藏而不首出, 竝復罪如初. 「初」者, 謂如犯罪之初, 贓物應徵及倍, 悉從初犯本法. 若人有轉易在他所, 但其人見在不首, 皆爲故蔽匿.

[律文1b의 疏] 其媒、保不坐者, 謂嫁娶有媒, 賣買有保, 旣經赦原, 無問百日內外, 雖不自首, 竝皆不坐.

[율문1a⑦] 사서가 도착한 뒤부터 100일까지 (죄행의 결과가) 현재하는데 자수하지 않고 고의로 은닉한 경우에는 죄를 되돌려 처음과 같게 한다.

[율문1b] 중매인과 보증인은 처벌하지 않는다.

[율문1a⑦의 소] 의하여 말한다: 사서로 죄를 용서하는 것은 모두 제서가 나온 날의 일출[昧爽] 이전에 (범한 죄는) 모두 사면하는 것이다. 다만 이 은닉의 조항에서는 곧 "사서가 도착한 뒤부터 100일까지"라 하였으니, 여기서는 사서가 도착한 곳에 따라 별도로 100일을 취해 기한으로 삼는다. "(죄행의 결과가) 현재하는데 자수하지 않고 고의로 은닉한 경우"라 함은, (죄행의 결과인) 사람·물건 및 거짓으로 취한 바의 관 등이 현재하는데도 고의로 은닉하여 숨기고 자수하지 않은 것을 말하며, 모두 죄를 되돌려 처음과 같게 한다. "처음"이라 함은, 죄를 범한 당초와 같게 하고, 장물은 추징할 것 및 배장

량하여 때의 변화를 살피는 데 사용한다(110, 직20의 소).

모두 처음 죄를 범했을 때의 본법(명33)에 따름을 말한다. 만약 어떤
사람이 다른 곳으로 이사 갔는데, 단지 그 사람이 현재 살아있으면
서 자수하지 않았으면 모두 고의로 은닉한 것으로 간주한다.

[율문1b의 소] 단 중매인과 보증인은 처벌하지 않는다는 것은, 혼인
[嫁娶]에는 중매인45)이 있고 매매에는 보증인46)이 있는데, 이미 은
사령으로 죄를 용서하면 100일의 기한을 묻지 않으므로, 비록 자
수하지 않더라도 모두 처벌하지 않음을 말한다.

[律文2] **其限內事發, 雖不自首, 非蔽匿.** 雖限內, 但經問不臣者, 亦爲蔽匿.

  [律文2의 疏] 議曰: 從「略、和誘」以下, 「私有禁物」以上, 謂赦書到後, 事發
  之所百日內發者, 雖不自首, 亦非蔽匿. 以其限尙未充, 故得無罪.

[율문2] **단 기한 내에 사건이 발각되었다면 비록 자수하지 않더**
라도 은닉이 아니다. 기한 내에 (발각되었으나) 단 심문에 승복하지
않은 경우는 역시 은닉이 된다.

  [율문2의 소] 의하여 말한다: "(사람을) 약취·화유하거나" 이하부터
  "금물을 사유한 경우"까지의 (범행은), 사서가 도착한 뒤 사건이 발
  생한 장소에서 100일 내에 발각된 경우 비록 자수하지 않더라도
  또한 은닉이 아님을 말한다. (자수) 기한이 아직 차지 않았기 때문
  에 무죄로 할 수 있는 것이다.

[律文2의 注] 雖限內, 但經問不臣者, 亦爲蔽匿.

  [律文2의 注의 疏] 議曰: 上云「限內事發, 雖不自首, 非蔽匿」, 謂限內事發,

---

45) 혼인하는데 율을 어긴 경우 중매인은 수범보다 2등을 감해서 처벌한다(195,
  호46.5).
46) 보증한 것이 본래의 정상과 어긋난 경우 보증인은 보증한 바의 죄에서 2등을
  감해서 처벌한다(386, 사25.1).

經問卽臣, 爲無隱心, 乃非蔽匿. 其經問不臣, 雖在限內, 仍同蔽匿之法.

[율문2의 주] 기한 내에 (발각되었으나) 단 심문에 승복하지 않은 경우는 역시 은닉이 된다.

[율문2의 주의 소] 의하여 말한다: 위에서 이르기를 "기한 내에 사건이 발각되었다면 비록 자수하지 않더라도 은닉이 아니다."라고 한 것은, 기한 내에 사건이 발각되고 심문하자 곧 승복하였다면 숨기려는 마음이 없는 것이므로 은닉이 아니다. 그러나 심문에 승복하지 않았다면 비록 기한 내에 자수하더라도 그대로 은닉에 대한 (처벌)법과 같다.

[律文3] 卽有程期者, 計赦後日爲坐.

[律文3의 疏] 議曰: 程者, 依令:「公案, 小事五日程, 中事十日程, 大事二十日程.」及公使, 各有行程. 如此之類, 是爲「有程期」者. 律有「大集校閱, 違期不到」之條, 亦有計帳等, 在令各有期限. 此等赦前有違, 經恩不待百日, 但赦出後日仍違程期者, 卽計赦後違日爲坐. 赦後竝須準事給程, 以爲期限.

[율문3] 만약 일처리의 기한[程期]이 있는 경우는 은사령이 나온 이후의 날을 계산하여 죄준다.

[율문3의 소] 의하여 말한다: 기한[程]이란, 영(공식령, 습유595쪽)에 의거하면, "공문서는 소사는 5일의 처리기한, 중사는 10일의 처리기한, 대사는 20일의 처리기한을 준다."고 하며, 공적인 출사에도 각각 행정이 있다. 이와 같은 따위가 바로 "일처리의 기한이 있는 경우"가 된다. 율에 "(황제가 친림하는) 대집교열의 기한 위반" 조항47)이 있고, 또한 계장 등도 영에 각각 기한이 정해져 있다.48) 이

---

47) 大集校閱이란 황제가 몸소 행차하여 병사를 사열하는 행사로, 기한을 어기고 도착하지 않은 자는 장100에 처하고, 3일마다 1등씩 죄를 더한다. 主帥가 범

같은 따위의 은사령이 내리기 전의 (기한) 위반은 사면을 거친 뒤 100일을 기다리지 않고, 단 은사령이 내린 뒤에도 그대로 일처리의 기한을 어긴 경우 은사령이 내린 이후 위반한 날을 계산하여 죄준다. 은사령이 나온 이후에는 모두 반드시 사안에 따라 (다시) 일정을 주어 기한으로 삼는다.

[律文4] 其因犯逃亡, 經赦免罪, 限外不首者, 止坐其亡, 不論本罪. 謂赦書到後, 百日限外計之.

　[律文4의 疏] 議曰: 謂赦前犯罪, 因卽逃亡, 會赦之後, 罪皆原免, 赦後百日, 仍不自首, 止有逃亡之坐, 更不論其本罪. 又如征防逃亡, 會赦免罪, 計百日限外, 征防仍自未還, 須計征防之日, 以爲逃亡定罪; 限內流例若還, 卽同在家亡法. 卽軍人上番, 因犯逃亡, 經赦當下, 亦同常亡之律.

[율문4] 단 죄를 범하고 도망하였다가 은사령이 내려 죄가 면제되었는데 기한이 지난 뒤에도 자수하지 않았다면 그 도망한 (죄만) 처벌하는데 그치고 본죄는 논하지 않는다. 사서가 도착한 뒤 100일 기한 이후부터 그 (도망한 날)을 계산함을 말한다.

　[율문4의 소] 의하여 말한다: 은사령이 내리기 전에 죄를 범하고 그로 인해 도망했어도 은사령이 내린 뒤에는 죄가 모두 용서되어 면제되며, 은사령이 내린 뒤부터 100일까지 여전히 자수하지 않아

　하였다면 2등을 더한다(229, 천6).

48) 각 현에서는 이장이 작성하는 手實을 바탕으로 計帳과 戶籍을 만드는데, 계장은 1년에 한 번, 호적은 3년에 한 번 작성한다. 이는 정월에 시작해 3월에 마치며, 주에서는 이를 수합하여 상서성으로 보낸다. 각 주에서는 이를 6월 1일 이전까지 상서성에 들이고, 6월 1일에 상서성에서는 대조·검토 작업을 시행한다(『당육전』권1, 13쪽; 『역주당육전』상, 140~142쪽; 『당육전』권3, 74쪽; 『역주당육전』상, 313~314쪽).

도 단지 도망에 대한 처벌[49]만 있고 그 본죄는 다시 논하지 않음을 말한다. 또 만약 (출)정·방(수) 중에 도망하였다가 은사령을 만나 그 죄가 면제되었는데 100일의 자수 기한 뒤에도 (출)정·방(수)의 (대열에) 스스로 돌아오지 않았다면 반드시 복무해야 할 날을 계산하여 도망으로 죄를 정하고[50] 기한 내에 (출)정·방(수)하는 부대로 돌아왔으면[限內流例若還][51] 곧 집에서 도망한 경우의 (처벌)법[52]과 같다. 곧 군인이 번상 중에 죄를 범하고 도망하였는데 은사령이 내린 뒤 하번에 해당하면 역시 통상적인 도망에 관한 율[53]과 같다.

[律文4의 注] 謂赦書到後, 百日限外計之.

[律文4의 注의 疏] 議曰: 上論蔽匿, 旣以百日之外爲限, 此逃亡之坐, 亦以

---

49) 도죄·유죄를 범한 죄수가 복역 기한 내에 도망한 죄는, 1일이면 태40에 처하며 3일마다 1등씩 더하여 19일이면 장100에 처한다. 도망 일수가 19일을 초과하면 5일마다 1등씩 더하여 59일이면 유3000리에 처한다(459, 포9.1 및 소).

50) 종군[征防] 중에 군인이 도망한 죄는 1일이면 도1년이고, 1일마다 1등씩 더하며 15일 이상이면 교형에 처한다(457, 포7.1a).

51) 원문의 '流例'의 뜻은 알기 어렵다. 戴炎輝는 '征防'으로 고쳤으나(戴炎輝, 『唐律通論』, 332쪽) 그 근거는 알 수 없다. 劉俊文도 『唐律疏議』 점교본에서 문맥에 따라 '征防'일 것으로 보았으나 원문을 수정하지는 않았다(劉俊文 點校, 『唐律疏議』, 96쪽). 도망자와 같은 조건에 있었던 동료를 가리키는 것으로 보는 견해도 있다(일본역『唐律疏議』1, 207쪽, 주22).

52) "在家亡"은 軍籍에 이름이 있는 자가 집에서 도망한 것으로, 그 처벌은 1일에 태40이고 10일마다 1등을 더하며 최고형은 유2000리이다(461, 포11). 이 소에서 해석한 것처럼 출정 중에 도망하였다가 은사령 이후 자수 기한 내에 돌아온 경우 외에도, 군대가 귀환하는데 도망한 경우 역시 집에서 도망한 것과 동일한 처벌을 받는다(457, 포7.3b).

53) 통상적인 도망[常亡]이란 정부·잡장 등이 복역 중에 도망한 죄로, 군적에 이름이 있는 경우 1등을 더하므로(461, 포11.4) 곧 집에서 도망한 것과 동일한 처벌을 받게 된다.

百日限外計之.

[율문4의 주] 사서가 도착한 뒤 100일 기한 이후부터 그 (도망한 날)
을 계산함을 말한다.

[율문4의 주의 소] 의하여 말한다: 위에서 은닉을 논함에 원래 100일
을 기한으로 삼으므로, 이 도망죄의 처벌도 역시 100일 기한 이후
부터 그 (도망한 날)을 계산한다.

제36조 명례 36. 은사의 조건Ⅱ(會赦改正徵收)

[律文] 諸會赦, 應改正、徵收, 經責簿帳而不改正、徵收者, 各論如本犯律.
謂以嫡爲庶、以庶爲嫡、違法養子, 私入道, 詐復除、避本業, 增減年紀、侵隱園田、脫
漏戶口之類, 須改正: 監臨主守之官, 私自借貸及借貸人財物、畜産之類, 須徵收.

[律文의 疏] 議曰: 前條以百日爲限, 此據赦後經責簿帳, 卽須改正、徵收. 仍
有隱欺, 不改從正者, 皆如本犯得罪. 其應改正、徵收, 具如子注.

[율문] 무릇 은사령이 내려 (죄가 면제되어도) 마땅히 고쳐 바로
잡고[改正] 징수해야 하는데, 부장을 조사·대조할 때까지[經責簿帳]
고쳐 바로잡거나 징수하지 않은 경우에는 각각 본래 범한 죄에
대한 율에 따라 논한다. 적자로 (할 것을) 서자로 하거나 서자로
(할 것을) 적자로 하거나, 법을 어기고 양자하거나, 사사로이 입도하
거나, 사기로 요역을 면제[復除]받거나, 본업을 기피하거나, 나이를 증
감하거나, 원전을 침점하거나 숨기거나, 호구를 탈루한 것 따위는 반
드시 고쳐 바로잡아야 한다. 감림·주수하는 관이 사사로이 빌리거나
타인에게 빌려준 (관의) 재물·축산 따위는 반드시 징수해야 한다.

[율문의 소] 의하여 말한다: 앞의 조항은 100일을 기한으로 하는데, 이 조항은 은사령이 내린 뒤 부장을 조사·대조하는 것54)을 기준으로 하며, 곧 반드시 고쳐 바로잡고 징수해야 한다. 계속 숨기거나 속이고 고쳐 바로잡지 않는 경우에는 모두 본래 범한 바와 같이 죄를 받는다. 그 고쳐 바로잡고 징수해야 하는 것들의 상세한 것은 자주와 같다.

[律文의 注1] 謂以嫡爲庶、以庶爲嫡、違法養子,

　[律文의 注1의 疏] 議曰: 依令「王、公、侯、伯、子、男, 皆子孫承嫡者傳襲. 無嫡子, 立嫡孫; 無嫡孫, 以次立嫡子同母弟; 無母弟, 立庶子; 無庶子, 立嫡孫同母弟; 無母弟, 立庶孫. 曾、玄以下準此.」若不依令文, 卽是「以嫡爲庶, 以庶爲嫡」. 又, 準令「自無子者, 聽養同宗於昭穆合者.」若違令養子, 是名「違法」. 卽工、樂、雜戶當色相養者, 律、令雖無正文, 無子者理準良人之例.

[율문의 주1] 적자로 (할 것을) 서자로 하거나 서자로 (할 것을) 적자로 하거나(호9), 법을 어기고 양자하거나(호8.2a),

---

54) "經責簿帳"의 의미에 대해, 일본역『唐律疏議』1, 212쪽, 주1에서는 '(호적 등의) 신고서를 제출하다'라는 의미로 해석하고 있다. 그러나 실제로 행정 절차가 시행되는 과정을 생각해보면, 이러한 해석은 재고의 여지가 있다. 요역과 부세를 회피하기 위해 호적 등을 속여 기재한 경우, 잘못 기재된 내용을 다음 번 계장 혹은 호적 작성 시까지는 반드시 고쳐야 한다는 것은 납득이 간다. 그러나 징수해야 하는데 하지 않은 경우, 제출해야 한다는 신고서는 무엇이며 또 그 제출 시기는 언제인가가 명확하지 않다. 한편 다른 역주들에서는 '責'을 責狀·詰責·責問·責對 등으로 해석하여, 약간의 차이는 있으나 '문서에 의거해 일일이 따져 묻는다'라는 의미로 파악하고 있다(戴炎輝,『唐律通論』, 332쪽; 劉俊文,『唐律疏議箋解』, 357쪽, 箋釋1; 曹漫之,『唐律疏議譯註』, 201쪽; 錢大群,『唐律疏議新注』, 155쪽). 이러한 의미로 해석할 경우 "經責簿帳"이란 호적 등의 조세 관련 장부 또는 관으로 들이는 물자의 관리 장부 등을 살펴서 거짓으로 기록된 내용이 수정되었는지, 또는 죄는 사면되었으나 납부해야 할 물자가 납부되었는지를 살펴보는 행정적 절차로 이해된다.

[율문의 주1의 소] 의하여 말한다: 영(봉작령, 습유305쪽)에 의거하면, "왕·공·후·백·자·남의 (작은) 모두 자손 가운데 적자가 세습한다. 적자가 없으면 적손을 세우고, 적손이 없으면 순서에 따라 적자의 동모제를 세우며, 동모제가 없으면 서자를 세우고, 서자가 없으면 적손의 동모제를 세우고, (적손의) 동모제가 없으면 서손을 세운다. 증손·현손 이하도 이에 준한다." 만약 영의 조문에 의거하지 않았다면 곧 "적자로 (할 것을) 서자로 하거나 서자로 (할 것을) 적자로 하였다."는 것이 된다. 또 영에 준하면, "자신에게 아들이 없을 때에는 동종으로 소목이 합당한 자55) 가운데서 수양하는 것을 허용한다."56) 만약 이 영을 위반하고 양자를 들였다면, 이를 (정)명하여 "법을 어긴 것"57)이라고 한다. 만약 공호·악호·잡호 등이 같은 신분끼리 서로 양자하는 경우는 율·령에 비록 해당 조문이 없지만, 자식이 없어 (입양하는) 것은 당연히 양인의 예에 준한다.58)

[律文의 注2] 私入道、詐復除、避本業、

---

55) 昭穆은 묘에서 패위를 배열하는 순서이다. 시조는 중간에 안치하고 2·4·6세는 왼쪽에 두어 이를 소라고 하고, 1·3·5세는 오른쪽에 두고 이를 목이라고 한다(『주례주소』권22, 667쪽). 이는 종족의 존비·친소·원근을 분별하기 위한 것이다. '동종으로 소목이 합당한 자'란 부계혈족으로, 자신의 다음 항렬에 속하는 사람을 말한다.

56) 이 영문은 이 조항 및 157, 호8.1b의 소에 인용된 것 외에 당대 다른 문헌에는 보이지 않는다.

57) 異姓의 남자를 수양한 자는 도1년, 양자로 준 자는 태50에 처한다(157, 호8.2a).

58) 관호·부곡·관사노비가 죄를 범하였는데 본조에 정문이 없는 경우 각각 양인에 준한다고 하였고(명47.1), 공호·악호·잡호가 같은 신분끼리 양자하는 경우 율·령에 해당 조문이 없으므로 양인의 예에 준하는 것이 합당하다. 그러나 잡호가 관호를 수양하거나 관호가 잡호를 수양한 경우, 남자를 수양했다면 장80, 여자를 수양했다면 태40으로 처벌하고, 부곡·노비가 잡호·관호의 남녀를 수양한 경우 일반 양인과 같은 죄로 처벌한다(159, 호10.3의 소).

[律文의 注2의 疏] 議曰:「私入道」, 謂道士、女官, 僧、尼同, 不因官度者, 是名私入道. 詐復除者, 謂課役俱免, 即如太原元從, 給復終身; 沒落外蕃, 投化, 給復十年; 放賤爲良, 給復三年之類. 其有不當復限, 詐同此色, 是爲「詐復除」.「避本業」, 謂工、樂、雜戶、太常音聲人, 各有本業, 若廻避改入他色之類, 是名避本業.

[율문의 주2] 사사로이 입도하거나(호5.1), 사기로 요역을 면제[復除]받거나, 본업을 기피하거나(사19),

[율문의 주2의 소] 의하여 말한다: "사사로이 입도하였다."는 것은, 도사나 여관이 -승과 니도 같다.- 관에서 고첩을 발급받지[度] 않은 것을 말하며, 이를 (정)명하여 사사로이 입도하였다고 한다.[59] 사기로 요역을 면제[復除][60]받았다는 것은, 과와 역을 모두 면제받은 것을 말한다. 곧 예컨대 태원에서 원종한 자들은[61] 일생동안 (과역을) 면제받고, 외국[外蕃]에 억류[沒落]되었다가 (귀환한 자와) 귀화한 (외국인은) 10년간 면제받으며,[62] 천인에서 방면되어 양인이 되면 3년 동안 면제받는 것(『통전』권6, 109쪽) 따위이다. 단 면제 범

---

59) 사사로이 입도한 자와 사사로이 도첩을 발급한 자는 장100에 처하며, 입도자가 이미 호적에서 삭제되었다면 양자 모두 도1년에 처한다(154, 호5 및 소).

60) 復除란 요역과 부세를 면제받는 것이다. 안사고는 復은 자신과 호 내의 요역과 부세를 모두 면제하는 것이라고 주석하였다(『한서』권1하, 55쪽).

61) 元從이란 당 고조가 太原에서 기병할 때부터 종군한 자들을 가리킨다. 이들 원종인은 소에서 보듯 일생동안 과역을 면제받았을 것으로 생각된다. 또한 개원 시기에 현종이 태원에 행행하여 원종가에게 5년의 과역을 면제해주고, 그 호적에 현존하는 모든 이들은 종신토록 征役을 면제하였다는 기록이 있다(『책부원구』권490, 邦計部, 蠲復2).

62) 소의 원문은 내용이 다소 생략되어 있다. 외국에 억류되었다가 돌아온 자는 억류 기간이 1년 이상이면 3년간, 2년 이상이면 4년간, 3년 이상이면 5년간 면제[復] 대상이 되며, 외국인이 자발적으로 투항하여 귀화한 경우 10년간 과역을 면제한다(『통전』권6, 109쪽).

위에 해당되지 않는데도 이런 부류와 같다고 속였다면, 이것이 곧 "사기로 요역을 면제받았다."는 것이다. "본업을 기피하였다."는 것은, 공호·악호·잡호·태상음성인은 각각 본업이 있는데 만약 (이를) 회피하고 다른 신분[色]으로 고쳐 들어간 것 따위를 말하며, 이를 (정)명하여 본업을 기피하였다고 한다.[63]

[律文의 注3] 增減年紀、侵隱園田、脫漏戶口之類, 須改正;

　[律文의 注3의 疏] 議曰:「增減年紀」, 謂增年入老, 減年入中、小者. 其有增減, 雖不免課役亦是.「侵隱園田」, 謂人侵他園田及有私隱、盜貿賣者. 脫漏戶口者, 全戶不附爲「脫」, 隱口不附爲「漏」. 稱「之類」者, 謂增加疾狀, 脫漏工、樂、雜戶之類. 會赦以後, 經責簿帳, 即須改正, 若不改正, 亦論如本犯之律.

[율문의 주3] 나이를 증감하거나(호1.2), 원전을 침점하거나 숨기거나(호17·18), 호구를 탈루한 것(호1.1) 따위는 반드시 고쳐 바로잡아야 한다.

　[율문의 주3의 소] 의하여 말한다: "나이를 증감하였다."는 것은, 나이를 높여 노에 들거나, 나이를 내려 중·소[64]에 든 것을 말한다. 만약 나이를 높이거나 내렸다면 비록 과역을 면제받지 못했더라도

---

63) 사기로 요역을 면제받은 자와 본업을 기피한 자는 모두 도2년에 처한다. 다만 속여서 잡역만을 면제받았다면 도1년에 처한다(380, 사19).

64) 당대의 人丁 구분은 대개 남녀 각각 1세부터 3세까지를 黃, 4세부터 15세까지를 小, 16세부터 19세까지를 中, 20세부터 59세까지를 丁, 60세 이상을 老라고 하였다. 특히 남자의 경우 18세부터는 국가에서 토지를 발급받을 자격이 주어지고, 20세부터는 과역의 의무가 발생하며, 60세 이상이 되어야 이 의무에서 벗어나게 된다. 70세 이상은 나이에 따라 시정을 지급받고 역을 면제 받는 등의 특전이 있으며(『통전』권7, 155쪽; 『당육전』권3, 79쪽, 『역주당육전』상, 343쪽) 차등적인 면형의 특전도 주어졌다(명30). 따라서 가능하면 부역의 의무를 지게 되는 成丁 연령이 되는 것은 기피하고 의무가 면제되는 노가 되는 것은 원하는 바였고, 이 때문에 민 측에서는 자신과 가구의 연령을 속여 신고할 가능성이 컸다. 이와는 반대로 국가 측으로서는 이러한 행위를 범법으로 간주하여 금하려고 하였다.

역시 (죄가) 같다.(65) "원전을 침점하거나 숨겼다."는 것은, 사람이 타인의 전원을 침점한 것 및 (자기의 전원을) 몰래 숨기거나 (남의 전원을) 몰래 매매한 것을 말한다.(66) 호구를 탈루하였다는 것은, 호 전체를 호적에 올리지 않음을 "탈"이라 하고, 구를 숨기고 올리지 않음을 "루"라 한다.(67) "따위"라 칭한 것은, 질환의 증상을 더하거나(호1.2) 공호·악호·잡호를 탈루한 것 따위를 말한다. (이상은) 은사령이 내린 뒤 부장을 조사·대조할 때까지 곧 반드시 고쳐 바로잡아야 하는데, 만약 고쳐 바로잡지 않았으면 역시 본래 범한 죄에 대한 율과 같이 논한다.

[律文의 注4] 監臨主守之官, 私自借貸及借貸人財物·畜産之類, 須徵收.

　[律文의 注4의 疏] 議曰:「監臨」, 謂於臨統部內.「主守」, 謂躬親保典之所者. 以官財物·畜産私自借貸及將官物·畜産私借貸人者, 其車船之屬同財物, 鷹犬之屬同畜産, 故言「竝須徵收」.

[율문의 주4] 감림·주수하는 관이 사사로이 빌리거나 타인에게 빌려

---

65) 거짓으로 나이를 증감하여 과역을 면한 경우, 과역을 면한 호 내의 인원이 1명이면 가장을 도1년에 처하고, 2명마다 죄가 1등씩 더해지며 도3년이 최고형이다. 나이를 증감하였으나 그로 인해 과역을 면하지 않은 경우에는 4명을 1명으로 간주하여 4명 미만인 경우는 장60에 처하고, 최고형은 도1년반이다(150, 호1.2~3).

66) 관직에 있으면서 사전을 침탈한 경우의 처벌은 다음과 같다. 침탈한 토지가 1무 이하이면 장60에 처하고 3무마다 1등씩 더하며, 장100이 넘으면 5무마다 1등씩 가중하되 최고형은 도2년반이다. 園圃의 경우는 1등을 더한다(167, 호18). 공·사전을 자기 것으로 사칭하거나 몰래 매매한 경우의 처벌은 다음과 같다. 1무 이하이면 태50에 처하고 5무마다 1등씩 더하며, 장100이 넘으면 10무마다 1등씩 더하되 최고형은 도2년이다(166, 호17).

67) 탈호한 경우 가장을 도3년에 처한다. 다만 가장 본인과 家口 모두 과역이 없다면 2등을 감하여 도2년에 처하며 女戶라면 다시 3등을 감해 장100에 처한다(150, 호1.1).

준 (관의) 재물·축산 따위는(구13·17) 반드시 징수해야 한다.

  [율문의 주4의 소] 의하여 말한다: "감림"이란 감독하고 통할하는 범위 내에 대한 것을 말하고, "주수"란 몸소 책임지고 담당하는 바에 대한 것을 말한다. (감림·주수하는 관인이) 관물·축산을 사사로이 빌려 사용한 경우 및 관물·축산을 타인에게 빌려준 경우,⁶⁸⁾ 단 수레·배 등은 재물에 속하고 매·개 등은 축산에 속하므로, "모두 반드시 징수해야 한다."고 한 것이다.

  [律文의 問1] 曰: 上條會赦以百日爲限, 下文會赦乃以責簿爲期. 若有上條赦後百日內責簿帳隱而不通者, 下條未經責簿帳經問不臣, 合得罪否?
  [律文의 答1] 曰: 上條以罪重, 故百日內經問不臣罪同蔽匿, 限內雖責簿帳, 事終未發, 縱不吐實, 未得論罪. 後條犯輕, 赦後經責簿帳不通即得本罪, 經年不經責簿帳, 據理亦未有辜. 雖復經問不臣, 未合得罪.

  [율문의 문1] 묻습니다: 위의 조항(명35)에서는 은사령이 내리면 100일을 (자수) 기한으로 하고 아래 조문(명36)에서는 은사령이 내리면 부장을 조사할 (때를) 기한으로 삼습니다. 만약 위의 조항에서 사면 이후 100일 내에 부장을 조사하였는데 숨김이 있어 (부장의 내용이) 맞지 않음이 있는 경우와, 아래 조항에서 아직 부장을 조사하지 않았지만 심문에 승복하지 않은 경우 마땅히 죄를 얻습니까?
  [율문의 답1] 답한다: 위의 조항은 죄가 무겁기 때문에 (사면 이후)

---

68) 감림관·주수관이 관물을 사사로이 빌리거나 남에게 빌려준 경우, 그것을 기록한 문서가 있다면 절도에 준하여[準盜] 논하고, 문서가 없다면 절도로[以盜] 논한다. 관문서[判案]를 작성하였다면 2등을 감한다(212, 구17.1). 감림관·주수관이 관의 축산을 사사로이 빌리거나 남에게 빌려 주었다면 해당 관인과 빌린자를 태50에 처한다. 역의 나귀는 1등을 더한다. 역마의 경우 장100에 처하고, 5일이면 도1년에 처한다. 모두 그 노임[庸]을 계산하여 빌린 죄보다 무겁다면 受所監臨財物로 논한다(208,구13).

100일 내에 심문에 승복하지 않으면 죄는 은닉과 같으며, (100일의) 기한 내에 비록 부장을 조사하였지만 사건이 끝내 발각되지 않는다면 설령 실토하지 않더라도 논죄할 수 없다. 아래의 조항은 범함이 가벼워 사면 이후 부장을 조사하여 맞지 않아야 곧 본죄를 받으니, 해가 바뀌도록 부장을 조사하지 않았다면 이치에 근거하여 역시 허물이 있는 것이 아니다. 비록 심문에 승복하지 않았더라도 죄를 받아서는 안 된다.

[律文의 問2] 曰: 蔽匿之事, 限內未首及應改正, 簿帳未通, 乃有非是物主, 傍人言告, 未知告者得罪以否?

[律文의 答2] 曰: 赦前之罪, 各有程期, 限內事發, 律許免罪, 終須改正,徵收, 告者理不合坐.

[율문의 문2] 묻습니다: 은닉한 일을 기한 내에 자수하지 않거나 고쳐 바로잡아야 하는데 부장이 맞지 않아, 이에 물주가 아닌 주위 사람이 고언한 경우에 고한 자가 죄를 받습니까?

[율문의 답2] 답한다: 이전의 죄를 사면함에는 각각 일처리의 기한 [程期]이 있어, 기한 내에 사건이 발각되었으면 율은 면죄를 허용하고 있지만, 끝내 고쳐 바로잡고 징수해야 하므로 고한 자는 이치상 처벌해서는 안 된다.[69]

---

69) 이 문답은 은사령 이전의 죄를 은사령 이후에 고발한 행위가 범죄로 처벌받는 규정과 관련이 있다. 본조(354, 투53)에서는 일단 은사령이 내리면 은사령이 내리기 이전의 범죄는 고발해서는 안 되며, 고발한 경우 고발한 자와 접수한 관인을 논죄하도록 규정하고 있다. 그러나 율을 어기고 혼인하거나 자손을 수양한 경우 및 은사령이 내린 후 고쳐 바로잡고 징수해야 하는데 하지 않은 경우는 이 원칙을 적용하지 않는다고 하였으므로, 위의 답에서처럼 은사령이 내린 이후에 고발한 자가 처벌받지 않는 것이다.

당률소의 권 제5 명례율 모두 8조

역주 이준형

제37조 명례 37. 자수 감면(犯罪未發自首)

[律文1] 諸犯罪未發而自首者, 原其罪. 正贓猶徵如法.

  [律文1의 疏] 議曰: 過而不改, 斯成過矣. 今能改過, 來首其罪, 皆合得原. 若有文牒言告, 官司判令三審, 牒雖未入曹局, 卽是其事已彰, 雖欲自新, 不得成首.

[율문1] 무릇 범한 죄가 발각되지 않았는데 자수한 자는 그 죄를 용서한다. 정장은 그대로 법과 같이 추징한다.

  [율문1의 소] 의하여 말한다: 잘못을 범하고도 회개하지 않는 것이야말로 잘못이다(『논어』권15, 245쪽). 지금 능히 잘못을 회개하고 와서 그 죄를 자수하면 모두 용서해야 한다. (그렇지만) 만약 문서[牒]로 고한 것이 있다면, 관사가 판하되 세 번 심사숙고해서 제출하도록 하여[三審],1) 문서가 아직 당국[曹局]에 들어가지 않았더라도 곧 그 사건은 이미 드러난 것이기 때문에, 비록 스스로 회개하고 새사람이 되고자 하더라도 자수로 성립될 수 없다.

[律文1의 注] 正贓猶徵如法.

  [律文1의 注의 疏] 議曰: 稱正贓者, 謂盜者自首, 不徵倍贓. 稱如法者, 同未首前法, 徵還官. 主: 枉法之類, 彼此俱罪, 猶徵沒官; 取與不和及乞索之類,

---

1) 다른 사람의 죄를 고언하는 사람이 있는 경우, 관사는 그 내용이 무고일 경우 반좌하는 법이 있음을 알려주어, 죄에 대한 확신의 유무를 확인하고 자중을 촉구한다. 이러한 과정을 날짜를 달리하여 세 번 반복하여 고발 의사를 재차 확인하므로 삼심이라 한다. 다만 고발하려는 죄가 모반 이상 등의 급박한 사안인 경우는 이 절차가 적용되지 않는다(『당육전』권6, 190쪽, 『역주당육전』상, 607쪽; 『통전』권165, 4260쪽). 첫 번째의 고언으로 관이 사건을 인지하였으므로, 첫 번째 고언이 있는 시점부터 자수가 성립되지 않는 것이다.

猶徵還主.

[율문1의 주] 정장은 그대로 법과 같이 추징한다.

　[율문1의 주의 소] 의하여 말한다: 정장이라 칭한 것은, (강·절)도한 자가 자수하면 배장은 추징하지 않지만 (정장은 추징한다는 것을) 말한다.2) "법과 같이 한다."라고 칭한 것은, (강·절도는) 자수하기 전의 법과 같이 추징하여 관이나 주인에게 돌려주고, 왕법 등 (주고받은) 피차 모두 죄가 되는 경우는 그대로 추징해서 몰관하고, 주고받는 것이 합의되지 않은 것 및 걸색 따위는 그대로 추징하여 주인에게 돌려준다(명32)는 것이다.

[律文2a] 其輕罪雖發, 因首重罪者, 免其重罪;

　[律文2a의 疏] 議曰: 假有盜牛事發, 因首鑄錢, 鑄錢之罪得原, 盜牛之犯仍坐之類.

[율문2a] 단 가벼운 죄가 발각되고 그로 인해서 무거운 죄를 자수한 때에는 그 무거운 죄는 면하고,

　[율문2a의 소] 의하여 말한다: 가령 소를 절도한 일이 발각되었는데 그로 인해서 주전한 것을 자수했다면, 주전의 죄는 용서하고 소를 절도한 죄는 그대로 처벌한다는 것3) 따위이다.

---

2) 正贓은 범죄로 인하여 취득한 본래의 재화나, 그 재화로 교환한 다른 재화 및 노비·가축이 번식한 것 등을 포함하는 개념이다. 도의 경우 재물을 탐한 죄정을 무겁게 여겨 죄에 해당하는 형을 부과하는 동시에 장물을 배로 배상하게 하는데, 이것이 배장이다(명33.1c의 주 및 소). 자수하여 죄가 면제되면 배장은 면하고 그 장물[正贓]만을 추징하여 주인에게 돌려준다.

3) 소를 절도한 죄는 일반 절도죄의 처벌 규정(282, 적35)에 따라, 소나 말의 가치가 견 5필인 경우 도1년에 처하며 5필마다 1등씩을 더해 40필이면 유3000리에 처한다. 사사로이 전을 주조한 죄는 유3000리에 처하므로(391, 잡3.1a) 절도한 소를 절도죄의 장물로 계산하여 유3000리까지 죄가 가중되지 않는 한,

[律文2b] 卽因問所劾之事而別言餘罪者, 亦如之.

　　[律文2b의 疏] 議曰: 劾者, 推鞫之別名. 假有已被推鞫, 因問, 乃更別言餘
　　事, 亦得免其餘罪, 同「因首重罪」之義, 故云「亦如之」.

[율문2b] 곧 핵(실)하고 있는 사건의 심문으로 인해서 별도로 다
른 죄를 말한 경우도 역시 이와 같이 한다.

　　[율문2b의 소] 의하여 말한다: 핵(실)이라는 것은 추국의 다른 이름
　　이다. 가령 이미 추국을 받고 있는데 심문으로 인해서 다시 별도
　　로 다른 사건을 말했다면 또한 그 다른 사건의 죄는 면할 수 있는
　　데, (이것은 위의 가벼운 죄로) 인해서 무거운 죄를 자수한 것과
　　뜻이 같으므로 또한 "이와 같이 한다."고 한 것이다.

[律文3a] 卽遣人代首, 若於法得相容隱者爲首及相告言者, 各聽如罪人身
自首法; 緣坐之罪及謀叛以上, 本服期雖捕告, 俱同自首例.

　　[律文3a의 疏] 議曰: 遣人代首者, 假有甲犯罪, 遣乙代首, 不限親疎, 但遣代
　　首卽是. 「若於法得相容隱者」, 謂依下條「同居及大功以上親」等, 若部曲、奴
　　婢爲主首. 「及相告言者」, 此還據得容隱者. 縱經官司告言, 皆同罪人身首之
　　法. 其小功、緦麻相隱, 旣減凡人三等, 若其爲首, 亦得減三等.

[율문3a] 곧 다른 사람을 시켜 대신 자수하거나, 또는 법에 서로
숨겨줄 수 있는[容隱] 자가 (죄인을) 위해 자수하거나 서로 고언
한 때에도, 각각 죄인이 스스로 자수한 법과 같게 하는 것을 허
용한다. 연좌의 죄 및 모반 이상의 (죄는) 본복 기친이 비록 붙잡아
고언해도 모두 자수한 예와 같다.

　　사사로이 전을 주조한 죄가 소를 절도한 죄보다 무거우므로 사사로이 전을
　　주조한 죄가 용서되는 것이다.

[율문3a의 소] 의하여 말한다: 다른 사람을 시켜 대신 자수했다는 것은, 가령 갑이 죄를 범하고 을을 시켜 대신 자수했다면, 친소를 구분하지 않고 단지 대신 자수하게 하면 (자수가) 된다는 것이다. "법에 서로 숨겨줄 수 있는 자"[4]라 함은, 아래 조항(명46)에 의거하면 동거 및 대공 이상의 친속 등을 말한다. 또한 부곡·노비는 주인을 위하여 자수할 수 있다는 것이다. "서로 고언한 때에도" (자수한 법과 같게 하는데,) 이는 도리어 서로 숨겨준다는 것에 근거한 것으로, 설령 관사에 고언했더라도 모두 죄인이 직접 자수한 법과 같게 한다는 것이다.[5] 단 소공친·시마친이 서로 숨겨주면 원래 일반인을 숨겨준 죄에서 3등을 감하므로(명46.2), 만약 그들이 (서로를) 위하여 자수했다면 역시 3등을 감할 수 있다.[6]

[律文3a의 注] 緣坐之罪及謀叛以上, 本服期雖捕告, 俱同自首例.

　[律文3a의 注의 疏] 議曰: 緣坐之罪者, 謂謀反·大逆及謀叛已上道者, 竝合緣坐. 及謀叛以上本服期者, 謂非緣坐, 若叛未上道·大逆未行之類, 雖尊壓·

---

4) 원문의 '相容隱'이란 일정 범위의 친속 간에는 죄 지은 자를 숨겨 보호해 주어도 죄를 주지 않거나 죄를 감면하는 것을 말한다(명46). 이는 곧 "아비는 자식을 위해 숨기고 자식은 아비를 위해 숨긴다."(『논어주소』권13, 201쪽)는 공자의 말에서 보듯 유교의 親親主義의 영향을 받은 것이다. 한 지절4년(B.C.66) 선제가 조서를 내려 "지금부터 아들이 부모를 숨겨주고, 부인이 남편을 숨겨주고, 손자가 조부모를 숨겨준 것은 모두 처벌하지 말라."(『한서』권8, 251쪽)고 한 것을 통해 친친주의가 일찍이 법제화되었음을 알 수 있다.

5) '서로 고언했다'는 것은 친속의 범죄를 고발한 것을 가리킨다. 이 경우 피고인은 직접 자수한 것과 같이 면죄되고, 고언한 자는 도리어 친속을 고발한 죄(345~347, 투44~46)를 받는다.

6) 소공친·시마친은 서로 숨겨줄 수 있는 사이가 아니므로 고발된 자는 자수로 용서하는 법과 같이 할 수 없어 각각 율에 따라 판결한다(346, 투45.3의 소). 다만 소공친·시마친이 죄인을 숨겨준 경우 일반인을 숨겨준 죄에서 3등을 감하므로(명46.2) 죄인 역시 완전히 죄를 용서받지 않고 3등을 감하여 처벌받게 된다.

出降無服, 各依本服期. 雖捕告以送官司, 俱同罪人自首之法.

[율문3a의 주] 연좌의 죄 및 모반 이상의 (죄는) 본복 기친이 비록 붙잡아 고언해도 모두 자수한 예와 같다.

[율문3a의 주의 소] 의하여 말한다: 연좌의 죄란, 모반·대역 및 모반하여 길을 나선 경우를 말하며, 모두 (그 친속을) 연좌해야 한다(적 1·4). "모반 이상의 (죄는) 본복 기친"이라 한 것은, 연좌되지 않는 것 예컨대 (모)반했으나 길을 나서지 않은 것과 대역을 실행하지 않은 것 따위까지, 비록 존압·출강으로 복이 없더라도 각각 본복에 의거하면 기복(에 해당하는 친속)이[7] 비록 붙잡아 고언하고 관사에 송치하더라도 모두 죄인이 자수한 경우의 법과 같게 한다는 것을 말한다.

[律文3b] 其聞首告, 被追不赴者, 不得原罪. 謂止坐不赴者身.

[律文3b의 疏] 議曰: 謂犯罪之人, 聞有代首,爲首及得相容隱者告言, 於法雖復合原, 追身不赴, 不得免罪. 「謂止坐不赴者身」, 首告之人及餘應緣坐者仍依首法.

[율문3b] 단 (친속 등이 자신을 위해) 자수하거나 고했다는 것을 듣고, 소환되었는데 출두하지 않는 때에는 죄를 용서할 수 없다. 출두하지 않은 본인만 처벌한다는 것을 말한다.

[율문3b의 소] 의하여 말한다: 죄를 범한 사람이, 대신 자수하거나 위해서 자수한 것 및 서로 숨겨줄 수 있는 자가 고언했다면 비록 법적으로는 용서에 해당하지만, 이를 듣고도 소환하는데 자신이

---

7) 존압은 본인이나 친속의 지위·신분이 높아 복을 수정하는 것이고, 출강은 출가나 출계로 인해 복을 감하는 것을 말한다. 단 이러한 사유로 복이 감해지더라도 율에서는 본래의 복에 의거해서 논한다(명52.6 및 소).

출두하지 않았다면 죄를 면할 수 없음을 말한다. "출두하지 않은 본인만 처벌한다는 것을 말한다."고 했으니, 자수하고 고한 사람 및 나머지 연좌되어야 할 자는 그대로 자수의 법에 의거한다.

[律文4] 卽自首不實及不盡者, 以不實不盡之罪罪之, 至死者聽減一等. 自首贓數不盡者, 止計不盡之數科之.

　　[律文4의 疏] 議曰:「自首不實」, 謂强盜得贓, 首云竊盜贓, 雖首盡, 仍以强盜不得財科罪之類.「及不盡者」, 謂枉法取財十五疋, 雖首十四疋, 餘一疋, 是爲不盡之罪. 稱「罪之」者, 不在除·免·倍贓·監主加罪·加役流之例. 假有人强盜二十疋, 自首十疋, 餘有十疋不首, 本法尙合死罪, 爲其自有悔心, 罪狀因首而發, 故至死聽減一等.

[율문4] 만약 자수가 부실하거나 부진한 때에는 부실·부진한 (만큼의) 죄로 죄주며[罪之], (부실·부진한 죄가) 사죄에 이른 때에는 1등을 감하는 것을 허용한다. 장물의 수를 다 자수하지 않았다면 단지 다하지 않은 수만 계산하여 죄를 준다[科之].

　　[율문4의 소] 의하여 말한다: "자수가 부실하다."는 것은, 강도하여 취득한 장물인데 자수해서는 절도한 장물이라고 말했다면 비록 (장물의 수를) 모두 다 말했더라도 강도했으나 재물을 취득하지 못한 것(적34.1a)으로 죄를 주는 것 따위를 말한다. "부진한 때"라 함은, 왕법하여 15필의 재물을 취하고 14필만 자수했다면 나머지 1필이 부진의 죄가 된다는 것을 말한다. "죄준다[罪之]."고 했으니, 제명·면관·배장·감주가죄·가역류의 예는 적용하지 않는다(명53.3). 가령 어떤 사람이 20필을 강도하고 10필은 자수하고 나머지 10필은 자수하지 않았다면 본법은 여전히 사죄에 해당하지만,[8] 스스로

────────────

8) 강도하여 견 10필 상당의 재물을 취한 자는 교형에 처한다(281, 적34.1b).

뉘우치는 마음이 있고 죄상이 자수로 인해 발각되었으므로 사형에 이른 것에서 1등을 감하는 것을 허용한다.

[律文4의 問1] 曰: 謀殺凡人, 乃云是舅; 或謀殺親舅, 復云凡人, 姓名是同, 舅與凡人狀別. 如此之類, 若爲科斷?

[律文4의 答1] 曰: 謀殺凡人是輕, 謀殺舅罪乃重, 重罪旣得首免, 輕罪不可仍加. 所首姓名旣同, 唯止舅與凡人有異, 謀殺之罪首盡, 舅與凡人狀虛, 坐是「不應得爲」從輕, 合笞四十. 其謀殺親舅, 乃云凡人者, 但謀殺凡人, 唯極徒坐; 謀殺親舅, 罪乃至流. 謀殺雖已首陳, 須科「不盡」之罪. 三流之坐, 準徒四年; 謀殺凡人合徒三年, 不言是舅, 首陳不盡, 處徒一年.

[율문4의 문1] 묻습니다: 일반인 살해를 모의하고 외숙이라고 하거나 혹은 외숙 살해를 모의하고 일반인이라고 했다면 성명은 같더라도 외숙과 일반인은 (살해를 모의한) 죄상이 별개입니다. 이와 같은 것 따위는 어떻게 처단해야 합니까?

[율문4의 답1] 답한다: 일반인 살해 모의는 (죄가) 가볍고 외숙 살해 모의는 (죄가) 무거우니,[9] 무거운 죄가 이미 자수로 면제될 수 있다면 가벼운 죄도 처벌할 수 없다. 자수한 바의 (피해자의) 성명은 원래 같은데 오직 외숙인가 일반인인가가 다를 뿐이고, 살해 모의의 죄는 다 자수했는데 외숙인가 일반인인가의 상황만 거짓이니, 그 처벌은 "해서는 안 되는데 행한 죄"의 가벼운 쪽(잡62.1)에 따라 태40에 처해야 한다. 단 외숙 살해를 모의하고 일반인이라고 한 경우, 일반인 살해 모의는 다만 도3년[極徒]으로 처벌하고 외숙 살해 모의는 죄가 유죄에 이른다. 살해 모의는 비록 이미 자수했더

---

9) 외숙은 시마친 존장이다. 시마친 존장의 살해를 모의한 죄는 유2000리에 해당한다(253, 적6.2a). 이는 타인의 살해를 모의한 죄가 도3년에 해당하는 것(256, 적9.1)에 비해 훨씬 무겁다.

라도 반드시 "부진"의 죄를 주어야 하는데, 세 가지 유죄의 처벌은 도4년에 준하고(명17.2) 일반인 살해 모의는 도3년에 해당하므로, 외숙 (살해 모의)라고 말하지 않아 자수가 부진하다면 도1년에 처한다.

[律文4의 問2] 曰: 一家漏十八口, 竝有課役, 乃首九口, 未知合得何罪?
[律文4의 答2] 曰: 律定罪名, 當條見義. 如戶內止隱九口, 告稱隱十八口, 推勘九口是實, 誣告者不得反坐, 以本條隱九口者罪止徒三年, 罪至所止, 所誣雖多不反坐. 今首外仍隱九口, 當條以「不盡」之罪罪之, 仍合處徒三年.

[율문4의 문2] 묻습니다: 모두 과역이 있는 1가의 18구를 (호적에서) 누락시켰는데, 9구만 자수했다면 어떠한 죄를 주어야 합니까?
[율문4의 답2] 답한다: 율에서 정한 죄명은 해당 조항(호1, 투41)에 뜻이 드러나 있다. 만약 호 내에 9구만 숨겼는데 18구를 숨겼다고 고발했다면, 조사한 결과 9구를 (숨긴 것이) 사실이므로 무고자를 반좌할 수 없다. (왜냐하면) 본조(호1.2)에서 9구를 숨긴 것은 최고형[罪止]인 도3년에 해당하는데 (고발한) 죄가 최고형에 이르므로 무고한 바가 비록 많더라도 반좌하지 않는 것이다(투41.2c). 여기서는 자수한 것 외에 숨긴 것이 9구이고, 이 조항은 "부진"의 죄로 죄준다고 했으니, 그대로 도3년에 처해야 한다.

[律文4의 問3] 曰: 乙私有甲弩, 乃首云止有稍一張, 輕重不同, 若爲科處?
[律文4의 答3] 曰: 甲弩不首, 全罪見在. 首稍一張, 是別言餘罪. 首稍之罪得免, 甲弩之罪合科. 旣自首不實, 至死聽減一等.

[율문4의 문3] 묻습니다: 을이 갑옷[甲]과 쇠뇌[弩]를 사유하고 창[稍]

하나만 있다고 자수했다면, 경중이 같지 않은데10) 어떤 죄를 주어
처단해야 합니까?

[율문4의 답3] 답한다: 갑옷과 쇠뇌에 대해서는 자수하지 않았으므
로 온전한 죄가 그대로 있는 것이다. 창 하나에 대해 자수한 것은
곧 다른 죄를 별도로 말한 것이다. 자수한 창에 대한 죄는 면할 수
있으나, 갑옷과 쇠뇌에 대한 죄는 과해야 한다. 이미 자수했지만
부실하게 한 것이므로 사죄에 이른 경우 1등을 감하는 것을 허용
한다.

[律文4의 問4] 曰: 假有監臨之官, 受財不枉法, 贓滿三十疋, 罪合加役流.
其人首云「受所監臨」, 其贓竝盡, 合科何罪?

[律文4의 答4] 曰: 律云:「以不實不盡之罪罪之, 至死聽減一等.」但「不枉法
」與「受所監臨」得罪雖別, 贓已首盡, 無財可科, 唯有因事、不因事有殊, 止從
「不應爲重」, 科杖八十. 若枉法取物, 首言「受所監臨」, 贓亦首盡, 無財可坐,
所枉之罪未首, 宜從所枉科之: 若枉出入徒、流, 自從「故出入徒、流」爲罪; 如
枉出入百杖以下, 所枉輕者, 從「請求施行」爲坐. 本以因贓入罪, 贓旣首訖,
不可仍用「至死減一等」之法.

[율문4의 문4] 묻습니다: 가령 감림하는 관이 재물을 받았으나 왕법
하지는 않은[受財不枉法] 경우 장물이 30필 이상이면 죄는 가역류에
해당합니다(직48.1b). 그 사람이 자수해서는 "감림하는 바의 재물을
받았다[受所監臨]."(직50.1)고 하면서, 그 장물은 모두 자수했다면 어
떤 죄를 주어야 합니까?

---

10) 갑옷은 한 벌만 사유해도 유2000리에 해당하며, 세 벌 이상을 사유한 때에는
교형에 해당한다. 쇠뇌는 한 張을 사유하면 도2년반에 해당하며, 다섯 장 이
상이면 교형에 해당한다. 그러나 창을 사유한 것은 수량에 관계없이 도1년반
에 해당한다(243, 천20.1~2).

[율문4의 답4] 답한다: 율에서 "부실·부진한 (만큼의) 죄로 죄주며, (부실·부진한 죄가) 사죄에 이른 때에는 1등을 감하는 것을 허용한다."고 했다. 다만 "재물을 받았으나 왕법하지는 않은 것"과 "감림하는 바의 재물을 받은 것"은 죄를 받는 것이 비록 다르지만 장물에 대해서는 이미 다 자수했으므로 죄를 줄 재물은 없고, 오직 일로 말미암은 것인가 그렇지 아니한가의 차이만 있으므로, 단지 "해서는 안 되는데 행한 죄의 무거운 쪽"(잡62.2)에 따라 장80을 과한다. 만약 왕법하여 재물을 받는데 자수해서는 "감림하는 바의 재물을 받은 것"이라 말하고 장물에 대해서는 역시 모두 자수했다면, 처벌할 재물은 없으나 왕법한 죄는 아직 자수하지 않았기 때문에 마땅히 왕법한 바에 따라서 죄를 준다. 만약 왕법하여 도·유죄를 덜거나 더했다면[出入] 당연히 "고의로 도·유죄를 덜거나 더한 것"(단19)에 따라 죄가 되며, 만약 장100 이하의 (죄를) 왕법하여 덜거나 더한 것은 왕법한 바가 가벼우므로 "청탁에 의해 판결한 것"(직45)에 따라 처벌한다.11) (이런 경우) 본래 장물로 인해서 죄를 얻었고, 장물에 대해서 모두 자수했더라도 "사죄에 이를 경우 1등을 감한다."는 법을 그대로 적용할 수 없다.12)

---

11) 청탁을 받고 주사가 이를 허락한 때에는 장50에 처하고, 실제로 시행하였다면 장100에 처한다(135, 직45.1).

12) 장물에 대해서는 모두 자수했더라도, 재물을 받고서 행한 죄에 대해서는 숨기고 자수하지 않았다면 일종의 허위 자수가 된다. 그러므로 그 숨긴 죄가 사죄에 이르러도 1등을 감할 수 없는 것이다. 예를 들면, 군대의 사령관이 부하로부터 뇌물을 받고 정토에 참여시키지 않고 돌아가게 했다. 그런데 부하로부터 받은 뇌물 전액을 자수했더라도 부하를 돌아가게 한 사정을 숨겼다면 정토에 임하여 고의로 정·방인을 놓아준 경우의 처벌법(235, 천12.2)에 따라 사형을 면할 수 없다. 즉 장죄에 대해서는 다 자수한 것이지만, 고의로 놓아준 죄 즉 더 무거운 죄를 숨겼고 또한 이것이 사죄에 이르렀기 때문에 1등을 감하지 않는 것이다(일본역『唐律疏議』1, 223쪽, 주15).

[律文4의 注] 自首贓數不盡者, 止計不盡之數科之.

　[律文4의 注의 疏] 議曰: 假有竊盜十疋, 止首五疋, 五疋不首, 仍徒一年, 是名「止計不盡之數科之」.「科之」之義, 是復上文, 亦與「罪之」之義不殊. 不盡贓多, 至死者減一等.

[율문4의 주] 장물의 수를 다 자수하지 않았다면 단지 다하지 않은 수만 계산하여 죄를 준다[科之].

　[율문4의 주의 소] 의하여 말한다: 가령 10필을 절도하고서 단지 5필만 자수하고 5필을 자수하지 않았다면 그대로 도1년하니(적35.2), 이것이 (정)명하여 "단지 다하지 않은 수만 계산하여 죄를 준다."는 것이다. "죄를 준다[科之]."는 뜻은 위의 조문을 되풀이 하는 것으로 역시 "죄준다[罪之]."는 뜻과 다르지 않다. 자수를 다하지 않은 장물이 많아 사죄에 이르게 된 경우 1등을 감한다.

[律文5a] 其知人欲告及亡叛而自首者, 減罪二等坐之;

　[律文5a의 疏] 議曰: 犯罪之徒知人欲告, 及案問欲擧而自首陳; 及逃亡之人竝叛已上道, 此類事發歸首者: 各得減罪二等坐之.

[율문5a] 단 다른 사람이 고발하려는 것을 알거나 도망하거나 반하다가 자수한 때에는 (본래 범한) 죄에서 2등을 감하여 처벌한다.

　[율문5a의 소] 의하여 말한다: 죄를 범한 자가 다른 사람이 고발하려 한다거나 심문을 받는 중에 밝히려 한다는 것을 알고 자수하여 자백하거나, 도망하는 사람들과 아울러 반하는 길로 나선 (사람들), 이 같은 따위가 사건이 발각되자 돌아와 자수한 때에는 각각 (본래 범한) 죄에서 2등을 감하여 처벌한다.[13]

---

13) 다른 사람이 고발하려는 것을 알고 자수하는 경우와 도망하거나 또는 적국으로 도망하다가[叛] 자수하는 경우는 동일하게 죄를 2등 감하지만 그 입법취지

[律文5b] **卽亡叛者雖不自首, 能還歸本所者, 亦同.**

[律文5b의 疏] 議曰: 「雖不自首」, 謂不經官司首陳. 「能還歸本所者」, 謂歸初逃·叛之所, 亦同自首之法, 減罪二等坐之. 若本所移改, 還歸移改之所, 亦同.

[율문5b] **만약 도망하거나 반한 자가 자수하지 않더라도 본래의 소속으로 귀환한 때에는 역시 같다.**

[율문5b의 소] 의하여 말한다: "자수하지 않더라도"라 함은, 관사에 자수하여 죄행을 자백하지 않았다는 것을 말한다. "본래의 소속으로 귀환한 때"라 함은 처음 도망하거나 반한 장소로 돌아온 것을 말하며, 역시 자수의 법과 같이 죄를 2등 감하여 처벌한다. 만약 본래 소속이 옮기거나 바뀌었다면 옮기거나 바뀐 곳으로 귀환하더라도 역시 같다.

[律文6a] **其於人損傷, 因犯殺傷而自首者, 得免所因之罪, 仍從故殺傷法. 本應過失者, 聽從本.**

[律文6a의 疏] 議曰: 損, 謂損人身體. 傷, 謂見血爲傷. 雖部曲·奴婢傷損, 亦同良人例.

[율문6a] **단 사람에게 손·상을 입히거나,** 범죄로 인해 살상하고 자수한 경우 (살상의) 원인이 된 죄는 면할 수 있으나, 그대로 고살상에 대한 (처벌)법에 따른다. 본래 과실로 해야 할 것이면 본법에 따를 것

는 완전히 다르다. 전자는 사건이 아직 발각되지 않았기 때문에 원칙적으로는 자수와 같이 완전히 죄를 면해야 하지만 고발하려는 것을 알고 비로소 자수한 약점이 있기 때문에 전부 면하지 않고 죄를 2등 감하는 것이다. 이에 비해 후자는 사건이 이미 발각되었으므로 원칙적으로는 자수에 해당되지 않지만 정책적 고려에 의해 특별히 죄 2등을 감하는 은혜를 부여함으로써 자수·복귀를 장려하는 것이다(일본역『唐律疏議』1, 224쪽, 주17).

을 허용한다.

[율문6a의 소] 의하여 말한다: 손은 사람의 신체를 훼손함을 말하고, 상은 피가 보이면 상해로 간주한다(투1.2)는 것을 말한다. 부곡·노비가 손·상되더라도 역시 양인의 예와 같다.

[律文6a의 注] 因犯殺傷而自首者, 得免所因之罪, 仍從故殺傷法. 本應過失者, 聽從本.

　[律文6a의 注의 疏] 議曰: 假有因盜, 故殺傷人或過失殺傷財主而自首者, 盜罪得免, 故殺傷罪仍科. 若過失殺傷, 仍從過失本法. 故云「本應過失聽從本」.

[율문6a의 주] 범죄로 인해 살상하고 자수한 경우 (살상의) 원인이 된 죄는 면할 수 있으나, 그대로 고살상에 대한 (처벌)법에 따른다. 본래 과실로 해야 할 것이면 본법에 따를 것을 허용한다.

[율문6a의 주의 소] 의하여 말한다: 가령 절도로 인해 사람을 고의로 살상하거나 혹은 재물의 주인을 과실로 살상하고 자수한 때에는, 절도죄는 면할 수 있으나 고살상죄는 그대로 과한다. 만약 과실살상이라면 과실(살상)의 본법(투38)에 따른다. 그러므로 "본래 과실로 해야 할 것이면 본법에 따를 것을 허용한다."고 한 것이다.

[律文6b] 於物不可備償, 本物見在首者, 聽同免法.

　[律文6b의 疏] 議曰: 稱「物」者, 謂寶印·符節·制書·官文書·甲弩·旌旗·幡幟·禁兵器及禁書之類, 私家旣不合有, 是不可償之色.「本物見在首者」, 謂不可備償之類, 本物見在, 聽同首法.

[율문6b] 배상할 수 없는 물건이거나, 본물이 현재하고 자수한 때에는 죄를 면하는 법과 같게 하는 것을 허용한다.

[율문6b의 소] 의하여 말한다: "(배상할 수 없는) 물건"이라 함은, 보

인·부절·제서·관문서·갑옷과 쇠뇌·정기·번치·금병기 및 금서 따위를 가리키며, 사가에서는 소유하지 못하는 것이므로 배상할 수 없는 물건들이다.[14] "본물이 현재하고 자수한 때"라 함은, 배상할 수 없는 물건이므로 본물이 현재하면 자수한 법과 같게 하는 것을 허용함을 말한다.

[律文6c] **卽事發逃亡,** 雖不得首所犯之罪, 得減逃亡之坐.

[律文6c의 疏] 議曰: 假有盜罪合徒, 事發逃走, 已經數日而復陳首, 犯盜已發, 雖首不原; 逃走之罪, 聽減二等.

[율문6c] **만약 사건이 발각되어 도망하거나,** 범한 바의 죄는 자수로 (용서될 수) 없지만 도망(죄)의 처벌은 감할 수 있다.

[율문6c의 소] 의하여 말한다: 가령 도죄가 있어 도형에 해당하는데 사건이 발각되어 도주했다가 이미 며칠이 경과하고 난 뒤에 다시 자

---

14) 어보와 삼후의 보를 절도하면 교형, 황태자 및 황태자비의 보를 절도하면 유3000리에 처하며(271, 적24.1 및 소) 관문서인을 절도하면 도2년에 처한다(272, 적25). 궁전문부·발병부·전부를 절도하면 유2000리, 사절이나 황성·경성의 문부를 절도하면 도3년, 기타 부를 절도하면 도1년에 처한다(274, 적27.1). 제서를 절도하면 도2년에 처하며, 관문서를 절도하면 장100에 처하되 중요한 문서라면 1등을 더해 도1년에 처한다(273, 적26.1). 갑·노를 절도하면 유2000리, 기타 금병기를 절도하면 도2년, 정기·번치를 절도하면 장90에 처한다(275, 적28.1). 어보를 버리거나 훼손하면 절도로[以盜] 논하여 처벌하고, 망실하거나 잘못하여 훼손하면 절도에 준하여[準盜] 처벌한다(435, 잡47). 제서·관문서 및 각종 부·절·인을 버리거나 훼손하면 절도에 준하여[準盜] 처벌하고, 망실하거나 착오로 훼손하면 각각 2등을 감하여 처벌한다(437·438, 잡49·50). 각종 병기를 버리거나 훼손하면 절도에 준하여[準盜] 처벌하고, 망실하거나 착오로 훼손하면 망실한 비율에 따라 10분법에 따라 처벌한다(444, 잡56.2~3). 이상의 물건들은 일반 도죄와 달리 장물의 정량적·물적 가치에 따라 죄가 정해지는 대상이 아니라 그것의 절도·망실·손괴 행위 자체가 죄가 되는 물건, 즉 상징적·의미적 가치를 갖는 물건이므로, 물건을 배상함으로써 죄를 면할 수 없다.

수하여 자백한 경우, 도죄를 범한 것은 이미 발각되었으므로 자수하더라도 용서하지 않지만, 도주한 죄는 2등 감하는 것을 허용한다.[15]

[律文6d] **若越度關及姦**, 私度亦同. 姦, 謂犯良人.

[律文6d의 疏] 議曰: 度關有三等罪: 越度, 私度, 冒度. 其私度,越度, 自首不原; 冒度之罪, 自首合免. 若姦良人者, 自首不原.

[율문6d] **또는 관을 넘어서 건너거나 간하거나,** 사사로이 건넌 것도 역시 같다. 간은 양인을 범한 것을 말한다.

[율문6d의 소] 의하여 말한다: 관을 건너는 것에는 3등의 죄가 있는데, 넘어서 건넌 것[越度], 몰래 건넌 것[私度], 사칭하여 건넌 것[冒度][16]이다. 그 중 몰래 건넌 것과 넘어서 건넌 것은 자수하더라도 용서되지 않으며, 사칭하여 건넌 죄는 자수하면 면한다. 만약 양인을 간한 경우에는 자수해도 용서하지 않는다.

[律文6e] **竝私習天文者, 竝不在自首之例.**

[律文6e의 疏] 議曰: 天文玄遠, 不得私習. 從「於人損傷」以下, 「私習天文」

---

15) 본래 장죄 이상의 죄인은 수금하는 것이 원칙이다(469, 단1.1a의 소). 그런데 사건이 발각되었으나[事發] 아직 수금하지 않았는데 도망한 경우는 수금 혹은 복역 중에 도주한 경우와 같다(465, 포15.2의 주). 도죄수·유죄수가 복역 중에 도망한 것은 1일이면 태40으로, 3일마다 1등씩 죄를 더하고 장100을 초과하면 5일마다 1등씩 죄를 더하여 도망 일수가 59일이면 최고형인 유3000리에 처한다(459, 포9.1 및 소). 자수하면 이 가중한 도망죄에서 2등을 감한다.

16) 越度는 관문이나 나루터[津]를 거치지 않고 건넌 것을 말하며, 도1년반에 처한다. 私度는 공문이나 과소 등의 증빙 없이 몰래 관문을 통과한 것을 말하며, 도1년에 처한다(82, 위25.1 및 소). 冒度는 타인 명의의 통행증이나 부정하게 입수한 통행증을 사용해서 관문을 통과하는 것으로, 도1년에 처한다(83, 위26.1b 및 소). 戴炎輝는 궁전 등에 난입하는 것도 사도·월도와 마찬가지로 자수하더라도 용서될 수 없다고 보고 있다(戴炎輝, 『唐律通論』, 340쪽).

以上, 俱不在自首之例.

[율문6e] 아울러 천문을 사사로이 학습한 때에는 모두 자수의 예를 적용하지 않는다.

[율문6e의 소] 의하여 말한다: 천문은 현묘하고 심원하여 사사로이 학습해서는 안 된다. "사람에게 손·상을 입히거나" 이하부터 "천문을 사사로이 학습한 때" 이상은 모두 자수의 예를 적용하지 않는다.17)

제38조 명례 38. 도망자가 동행자를 체포하여 자수한 경우(犯罪共亡捕首)

[律文1a] 諸犯罪共亡, **輕罪能捕重罪首**, 重者應死, 殺而首者, 亦同.

[律文1a의 疏] 議曰: 犯罪事發, 已囚·未囚及同犯·別犯而共亡者, 或流罪能捕死囚, 或徒囚能捕流罪首, 如此之類, 是爲「輕罪能捕重罪首」.

[율문1a] 무릇 죄를 범하고 같이 도망했다가 가벼운 죄(를 범한 자)가 무거운 죄(를 범한 자)를 붙잡아 자수하거나, 무거운 죄가 사형에 처해야 할 것이면 살해해서 자수해도 역시 같다.

[율문1a의 소] 의하여 말한다: 죄를 범하고 사건이 발각되어 이미 붙잡혔든 아직 붙잡히지 않았든, 함께 범한 것이든 각자 범한 것이든 같이 도망한 경우, 혹은 유죄인 자가 능히 사죄수를 붙잡거나 혹은 도죄수가 능히 유죄수를 붙잡아 자수했다면, 이와 같은 것들

---

17) 이상 여섯 가지(於人捐傷·於物不可備償·事發逃亡·越度關·姦·私習天文) 외에 고독을 조합하거나 소지한 경우는, 자수하더라도 은사령이 내린 것에 비부하여 사형을 면하고 유형에 처한다(262, 적15.4의 문답3).

이 바로 "가벼운 죄(를 범한 자)가 무거운 죄(를 범한 자)를 붙잡아 자수한 것"이 된다.

[律文1a의 注] 重者應死, 殺而首者, 亦同.

　[律文1a의 注의 疏] 議曰: 律稱「應死」, 未須斷訖. 準犯合死, 逃走, 輕者殺而來首, 亦同捕首法. 其流罪以下逃亡, 輕者能捕重罪首者, 捕法自準捕亡律. 若死罪之囚, 不必捕格, 方便殺得者, 亦是.

[율문1a의 주] 무거운 죄가 사형에 처해야 할 것이면 살해해서 자수해도 역시 같다.

　[율문1a의 주의 소] 의하여 말한다: 율문에서 "사형에 처해야 할 것이면"이라 한 것은, 반드시 단죄된 것만이 아니다. 범한 바에 준하여 사형에 해당하는데 도주했다면, 가벼운 (죄를 범한) 자가 살해하고 와서 자수하는 경우 역시 붙잡아 자수한 법과 같게 한다. 단 유죄 이하의 (죄인이) 도망했는데 가벼운 (죄를 범한) 자가 무거운 죄(를 범한 자)를 붙잡아 자수했다면 체포에 관한 법은 당연히 포망률에 준한다. 만약 (도망중인 자가) 사죄수인 경우 반드시 포격 (법)에 구애될 필요 없이 형편에 따라 살해해도 역시 (자수한 법과) 같게 한다.[18]

────────────

18) 소에서 말하는 포망률은 자격 있는 체포자가 죄인을 체포하는 과정에서 죄인과 격투·살상이 발생한 경우, 정황에 따라서 저항자의 처벌 및 체포자의 면책을 규정한 조항(452, 포2)을 가리킨다. 그러나 자격 있는 체포자가 죄인을 임의로 살해한 경우에 관한 일반적 사항은 포망률에 규정이 없다. 따라서 이 경우는 일반적인 살해죄가 되며, 고살이므로 체포자는 참형에 해당한다. 다만 본래 범한 죄가 사죄인 죄인을 살해한 경우 가역류에 처한다는 규정(452, 포2,3)에 의해 사죄 범인을 살해한 체포자의 경우 가역류에 처하는 정도의 배려가 있을 뿐이다. 그러나 이 소에서 보듯 도망자가 사죄수를 죽이고 자수하면 살해의 시점이나 조건에 구애되지 않고 그 죄를 면제한다. 견해에 따라서는 대단히 난폭한 입법이라고 말할 수 있을 것이나, 사죄수를 체포해 자수하는

[律文1b] **及輕重等獲半以上首者, 皆除其罪.** 常赦所不原者, 依常法.

[律文1b의 疏] 議曰: 假有五人俱犯百杖, 相共逃走, 有一人心悔, 更獲二人而首, 卽是獲半以上. 從「共亡」以下, 本罪及亡罪竝得從原, 故云「皆除其罪」.

[율문1b] **(죄의) 경중이 같으면 (도망 죄인의) 반 이상을 붙잡아 자수한 자는 그 죄를 모두 면제한다.** 통상적인 은사로 용서되지 않는 것은 일반적인 법에 의거한다.

[율문1b의 소] 의하여 말한다: 가령 5인이 모두 장100의 죄를 범하고 함께 도망했다가, 그 가운데 한 사람이 뉘우치고 다시 두 사람을 붙잡아 자수했다면, 이것이 곧 반 이상을 붙잡은 것이 된다. "함께 도망했다가" 이하는 본래 범한 죄 및 도망죄가 모두 용서될 수 있으므로 "그 죄를 모두 면제한다."고 한 것이다.

[律文1b의 注] 常赦所不原者, 依常法.

[律文1b의 注의 疏] 議曰: 常赦所不原者, 謂雖會大赦, 猶處死及流, 若除名﹑免所居官及移鄕之類. 此等旣赦所不原, 故雖捕首, 亦不合免.

[율문1b의 주] 통상적인 은사로 용서되지 않는 것은 일반적인 법에 의거한다.

[율문1b의 주의 소] 의하여 말한다: 통상적인 은사로 용서되지 않는 것이라 함은, 비록 대사령이 내리더라도 여전히 사형 및 유형, 또는 제명·면소거관 및 이향에 처하는 것 따위를 말한다.19) 이것들

것을 유인·권면하기 위해 임의적인 살해에 대해 면책 특권을 부여했다고 보아야 할 것이다.

19) 통상적인 은사로 용서되지 않는 죄는 다음과 같다. 악역, 모반·대역, 사촌형·누나·소공존속 살해, 고독의 제조 및 소지는 사형은 면하되 유형에 처한다. 십악·고살과 모반·대역의 연좌는 죄가 성립[獄成]된 경우 형은 면하되 제명하고, 감림·주수하는 범위 안에서 간·도·약인했거나 수재왕법하여 죄가 성립되

은 원래 은사령에 의해 용서되지 않는 것이므로 (다른 죄인을) 붙잡아 자수했더라도 역시 면제해서는 안 된다.

[律文1b의 問1] 曰: 假有犯百杖者十人, 同共逃走, 六人歸首, 又捕得逃者二人, 得同獲半以上除罪以否?

[律文1b의 答1] 曰: 律開相捕之法, 本爲少能捕多, 輕能捕重, 輕重等者猶須獲半. 今六人共獲二人, 便是以多捕少, 依如律義, 不合首原, 亡罪首減二等, 本犯仍依法斷. 若輕能捕重, 所獲雖少, 合原. 如輕重罪同, 不可首多獲少, 亦須首, 獲數等, 然可得原.

[율문1b의 문1] 묻습니다: 가령 장100의 죄를 범한 자 10인이 함께 도주했다가 6인이 돌아와 자수하고 또 도망한 자 2인을 붙잡아 왔다면 반 이상을 붙잡은 것과 같이 죄를 면할 수 있습니까?

[율문1b의 답1] 답한다: 율에 서로 붙잡아 (자수한) 법을 정한 것은 본래 적은 수가 많은 수를 붙잡은 경우와, (죄가) 가벼운 자가 무거운 자를 붙잡은 경우와, (죄의) 경중이 같은 자가 반 이상을 붙잡은 경우를 위한 것이다. 지금 6인이 공동으로 2인을 붙잡은 것은 많은 수가 적은 수를 붙잡은 것으로 율의 뜻에 의거하면 자수로 용서될 수 없으니, 도망의 죄는 자수로 2등을 감하고[20] 본래 범한 죄는 그대로 법에 따라 단죄한다. 만약 (죄가) 가벼운 자가 무거운 자를 붙잡았다면 붙잡은 수는 적더라도 용서해야 한다. 만약 죄의 경중이 같은데 자수한 자가 많고 붙잡은 수가 적다면 용서할 수 없지만, 또한 자수한 수와 붙잡은 수가 같다면 용서할 수 있다.

었다면 형과 제명은 면하되 면소거관하며, 살인하여 사형에 처해야 할 자는 이향시킨다(488, 단20.2의 소).

20) 다른 사람이 고발하려는 것을 알고 자수하거나, 도망하거나 반하다가 자수한 때에는 본래 범한 죄에서 2등을 감하여 처벌한다(명37.5).

[律文1b의 問2] 曰: 甲乙二人, 輕重罪等, 俱共逃走, 甲捕乙首, 甲免罪否?

[律文1b의 答2] 曰: 律稱「獲半以上首者, 皆除其罪」, 甲乙共亡者, 甲能獲乙, 逃罪已盡, 更無亡人, 獲半尚得免辜, 況其逃亡全盡, 甲合從原. 假有十人合死, 俱共逃亡, 五人捕得五人, 亦是首, 獲相半. 既開首捕之路, 此類各合全免.

[율문1b의 문2] 묻습니다: 갑·을 2인이, 죄의 경중이 같은데 함께 도주했다가, 갑이 을을 붙잡아 자수했다면 갑은 죄를 면할 수 있습니까?

[율문1b의 답2] 답한다: 율에 "반 이상을 붙잡아 자수한 자는 그 죄를 모두 면제한다."고 했다. 갑·을이 같이 도망한 경우 갑이 을을 붙잡았다면 도망한 죄는 이미 소멸되고, 게다가 도망한 사람은 더이상 없는 것이니, 반을 붙잡았더라도 도리어 허물을 면할 수 있는데 하물며 도망친 자가 완전히 없어진 것이므로 갑은 용서해야 한다. 가령 10인이 사죄를 범하고 모두 같이 도망했다가 5인이 5인을 붙잡았다면 역시 자수한 수와 붙잡은 수가 반반이며, (이 같이) 체포하여 자수한 것[首捕]은[21] 원래 (죄를 면하는) 길을 열어놓았으므로 이러한 따위는 각각 완전히 면제해야 한다.

[律文1b의 問3] 曰: 緦麻以上犯罪共亡, 得同捕首法以否?

[律文1b의 答3] 曰: 緦麻以上親屬, 有罪不合告言, 藏亡尚許減罪, 豈得輒相捕送. 此捕爲凡人發例, 不與親戚生文. 若捕親屬首者, 得減逃亡之坐, 本犯之罪不原, 仍依傷殺及告親屬法. 其犯謀叛以上, 得依捕首之律.

[율문1b의 문3] 묻습니다: 시마 이상 (친속이) 죄를 범하고 같이 도

---

21) 원문의 '首捕'는 문맥상 '捕首'라는 구절이 뒤바뀐 것으로 생각된다.

망한 경우, 마찬가지로 붙잡아 자수한 법을 적용할 수 있습니까?

[율문1b의 답3] 답한다: 시마 이상 친속은 죄가 있어도 고발할 수 없고(투44~46), 도망하는 자를 숨겨도 오히려 죄를 감하는 것을 허용하고 있는데(명46), 어찌 서로 붙잡아 송치할 수 있겠는가. 이 포획에 (관한 법은) 일반인을 위해 만든 법이며 친척에 대해 율문을 제정한 것이 아니다. 만약 친척을 붙잡아 자수한 경우 도망의 죄는 감할 수 있으나 본래 범한 죄는 용서되지 않으며, 그대로 친속을 살상하거나 고발한 법에 의거한다. 단 모반 이상의 죄를 범했다면 붙잡아 자수한 (자에 대한) 율에 의거할 수 있다.

[律文2a] 卽因罪人以致罪, 而罪人自死者, 聽減本罪二等,

  [律文2a의 疏] 議曰:「因罪人以致罪」, 謂藏匿罪人, 或過致資給及保․證不實之類. 今罪人非被刑戮而自死者, 又聽減罪二等.

[율문2a] 만약 죄인으로 인해 죄가 되었으나[致罪] 죄인 스스로 사망한 때에는 본래의 죄에서 2등을 감하는 것을 허용하고,

  [율문2a의 소] 의하여 말한다: "죄인으로 인해 죄[22]가 되었다."는 것은, 죄인을 숨겨주거나 혹은 통과해서 이르게 하고 물자를 공급하거나(포18.1) 보증․증언을 부실하게 한 것(사25․26) 따위를 말한다. 지금 죄인이 형벌을 받아 죽은 것이 아니라 스스로 사망한 때에는 또 죄를 2등 감하는 것을 허용한다.

[律文2b] 若罪人自首及遇恩原減者, 亦準罪人原減法;

---

22) 율문 및 소의 "죄인으로 인해 죄가 되었다."는 구절의 '죄'는 죄인을 은닉하거나 편의를 제공한 경우 죄인의 죄에서 1등을 감한다는 규정(468, 포18.1) 및 보증․증언을 사실대로 하지 않아 죄인의 죄에 출입이 발생한 경우 출입된 죄에서 2등을 감한다는 규정(386․387, 사25․26)에 따라 받게 되는 죄이다. 소에 따르면 죄인이 스스로 사망한 때에는 이 죄에서 다시 2등을 감한다.

[律文2b의 疏] 議曰: 謂因罪人以得罪, 罪人於後自首及遇恩原減者, 或得全原, 或減一等、二等之類, 一依罪人全原,減降之法.

[율문2b] 또한 죄인이 자수하거나 은사령을 만나 죄가 용서되거나 감해진 경우 역시 죄인이 용서되고 감해진 법에 따르되,

[율문2b의 소] 의하여 말한다: 죄인으로 인해 죄를 얻고 죄인이 후에 자수하거나 은사령을 만나 용서되거나 감해진 경우, 혹 완전히 용서되거나 혹 1등, 2등이 감해진 따위는 모두 죄인이 완전히 용서되거나 감해진 법에 의거함을 말한다.

[律文2c] 其應加杖及贖者, 各依杖、贖例.

[律文2c의 疏] 議曰:「其應加杖」, 假有官戶、奴婢犯流而爲過致資給, 捉獲官戶、奴婢等, 流罪加杖二百, 過致資給者並依杖二百罪減之, 不從流減. 其罪人本合收贖, 過致資給者亦依贖法, 不以官當、加杖、配役.

[율문2c] 단 장으로 대체하거나 속해야 할 자이면 각각 장으로 대체하거나 속하는 예에 의거한다.

[율문2c의 소] 의하여 말한다: "단 장으로 대체해야 할 자"란, 가령 관호·노비가 유죄를 범했는데 (그들을 위하여) 통과해서 이르게 하고 물자를 공급했다면, 붙잡힌 관호·노비 등은 유죄를 장200으로 대체하므로(명47.2), 통과해서 이르게 하고 물자를 공급한 자도 장200에서 죄를 감하고 유죄에서 감하지 않는다. 그 죄인이 본래 속동 징수에 해당하면 통과해서 이르게 하고 물자를 공급한 자도 또한 속하는 법에 의거하고 관당하거나 장으로 대체하거나 도·유형[配役]에 처하지 않는다.

[律文2c의 問] 曰: 官戶等犯流, 加杖二百, 過致者應減幾等而科?

[律文2c의 答] 曰: 犯徒應加杖者, 一等加二十, 加至二百, 當徒三年. 乃至流刑, 杖亦二百. 卽加杖之流應减, 在律殊無節文, 比附刑名, 止依徒减一等, 加杖一百八十.

[율문2c의 문] 묻습니다: 관호 등이 유죄를 범했다면 장200으로 대체하는데, 도망에 편의를 제공한 자는 몇 등을 감해서 죄주어야 합니까?

[율문2c의 답] 답한다: 범한 도죄를 장형으로 대체해야 할 때에는 1등에 20씩을 더하고, 더하는 것이 200에 이르면 도3년에 해당하는데, 유형에 이르러도 (대체하는) 장은 역시 200이다. 그러므로 유죄를 장형으로 대체하는 경우 감하는 것에 대해 율에는 다른 규정이 없으나, 형명을 유추하여 도(3년)에서 1등을 감하는 것에 의거하여 장180으로 대체한다.

제39조 명례 39. 재물 주인에게 자수한 때의 형의 감면(盜詐取人財物首露)

[律文1] 諸盜、詐取人財物而於財主首露者, 與經官司自首同.

　[律文1의 疏] 議曰: 盜, 謂强盜、竊盜. 詐, 謂詐欺取人財物. 而能悔過, 於財主首露, 與經官司首同. 若知人將告而於財主首者, 亦得减罪二等.

[율문1] 도와 사기로 다른 사람의 재물을 취했다가 재물의 주인에게 자수하여 밝힌 것은 관사에 자수한 것과 같다.

　[율문1의 소] 의하여 말한다: 도는 강도·절도를 말하고, 사기는 사기하여 다른 사람의 재물을 취한 것(사12)을 말한다. 그런데 잘못

을 뉘우치고 재물의 주인에게 자수하여 밝혔다면 관사에 자수한 것과 같다. 만약 다른 사람이 장차 고발하려는 사실을 알고 재물의 주인에게 자수한 때에도 또한 죄를 2등 감할 수 있다.

[律文1의 問] 曰: 假有甲盜乙絹五疋, 經乙自首, 乙乃取甲十疋之物, 爲正·倍等贓, 合當何罪?

[律文1의 答] 曰: 依律, 首者唯徵正贓. 甲旣經乙自首, 因乃剩取其物, 旣非監主, 而乃因事受財, 合科坐贓之罪.

[율문1의 문] 묻습니다: 가령 갑이 을의 견 5필을 절도하고 을에게 자수했는데, 이에 을은 갑으로부터 견 10필의 재물을 취하면서 정장·배장 등의 장물을 위한 것이라고 했다면, (을은) 어떤 죄에 해당합니까?

[율문1의 답] 답한다: 율에 의거하면 자수의 경우에는 오직 정장만 추징한다(명37.1의 주). 갑이 이미 을에게 자수했는데 (을은) 그로 인해서 그 재물을 과다하게 취했다면, 원래 감림주수관이 아니면서 사건으로 인해 재물을 받은 것이므로 좌장(잡1)의 죄를 주어야 한다.

[律文2a] 其於餘贓應坐之屬, 悔過還主者, 聽減本罪三等坐之;

[律文2a의 疏] 議曰: 「餘贓」, 謂盜·詐之外, 應得罪者竝是. 雖不於官司陳首, 能悔過還主者, 聽減本罪三等. 假有枉法受財十疋, 合流; 悔過還主, 得減三等, 處徒二年之類. 旣云「坐之」, 自依下例.

[율문2a] 단 다른 장죄로 응당 처벌될 것 따위에 대해 잘못을 뉘우치고 주인에게 돌려준 경우 본래의 죄에서 3등을 감하여 처벌하는 것을 허용하고,

[율문2a의 소] 의하여 말한다: "다른 장죄"라 함은, 도·사기 외의 (장물로) 죄를 받을 경우는 모두 해당함을 말한다. 비록 관사에 자백하고 자수한 것은 아니지만 잘못을 뉘우치고 주인에게 돌려준 경우 본래의 죄에서 3등을 감하는 것을 허용한다. 가령 왕법하여 재물 10필를 받았다면 유죄에 해당하나, 잘못을 뉘우치고 주인에게 돌려주었다면 3등을 감하여 도2년에 처하는 것 따위이다. 원래 "처벌한대(坐之)."고 했으니 당연히 아래의 예(명53.1)에 의거한다.23)

[律文2b] **卽財主應坐者, 減罪亦準此.**

　[律文2b의 疏] 議曰:「財主應坐」, 謂受財枉法、不枉法、受所監臨及坐贓, 與財人各亦得罪. 若取人悔過還主, 得減三等, 財主亦減本坐三等科之.

[율문2b] 만약 재물의 주인이 응당 처벌 받아야 하는 경우 죄를 감하는 것도 역시 이에 준한다.

　[율문2b의 소] 의하여 말한다: "재물의 주인이 응당 처벌을 받는다."는 것은, 수재왕법(직48.1a)·수재불왕법(직48.1b)·수소감림재물(직50.1a) 및 좌장은 재물을 준 사람도 각각 역시 죄를 얻음을 말한다. 만약 재물을 취한 사람이 잘못을 뉘우치고 주인에게 돌려주었다면 (죄를) 3등 감할 수 있으며, 재물의 주인 역시 본래의 죄에서 3등을 감한다.24)

---

23) 절도·강도·사기 이외의 장죄는 재물을 주고받은 쌍방 모두가 죄가 되는 것으로, 일단 받은 장물을 원소유자에게 반환하더라도 자수와 달리 쌍방의 죄를 3등 감하여 처벌한다. 다만 이 경우 처벌한대(坐之)고 했으므로 주형만을 부과하고 제명·면관·배장·감주가죄·가역류의 예를 적용하지 않는 것으로(명53.3) 해석된다. 따라서 소에서 든 예시의 경우, 왕법한 관은 단지 도2년에 처하고 종형인 제명 처분(명18.2)은 부과되지 않는다.

24) 이 죄의 재물은 '피차 죄가 되는 장물'으로 몰관해야 하지만(명32.1), 戴炎輝는 장물을 주인에게 돌려주었다면 추징하지 않는다고 해석하고 있다(戴炎輝,

[律文2b의 問] 曰: 貿易官物, 復以本物却還, 或本物已費, 別將新物相替, 如此悔過, 得免罪否?

[律文2b의 答] 曰: 若以本物却還, 得免計贓爲罪, 仍依「盜不得財」科之. 若 其非官本物, 更以新物替之, 雖復私自陪備, 貿易之罪仍在.

[율문2b의 문] 묻습니다: 관물을 교환했다가[25] 다시 본래의 물건을 반환하거나 혹은 본래의 물건은 이미 소비하여 별도의 새로운 물건으로 대체했습니다. 이와 같이 잘못을 뉘우쳤다면 죄를 면할 수 있습니까?

[율문2b의 답] 답한다: 만약 본래의 물건을 반환했다면 장물을 계산하여 정하는 죄는 면할 수 있으나 여전히 "절도하여 재물을 얻지 못한 것"(적35.1)에 의거하여 죄를 준다. 만약 그것이 관의 본래 물건이 아니라 새로운 물건으로 대체한 것이면, 다시 사적으로 두 배로 배상했더라도 교역의 죄는 그대로 남는다.

『唐律通論』, 353~354쪽).

25) 원문의 '貿易官物'이라는 것은 관물과 사물을 서로 바꾸는 행위를 말한다. 이 경우 관물의 등가만큼의 가치는 절도에 준해서[準盜] 논하고 이익을 본 만큼은 절도로[以盜] 논하여 처벌한다. 예를 들어 감림·주수인 관인이 견 2필의 가치가 있는 관물을 견 1필의 가치가 있는 사물과 바꾼 경우, 1필은 가치가 같으므로 절도에 준해서[準盜] 논하면 장60에 해당하고, 나머지 1필은 이익을 본 것이므로 절도로[以盜] 논하면 역시 장60인데 배장이 있으며 감림·주수의 경우는 2등을 더하므로(283, 적36) 장80이다(290, 적43 및 소). 그런데 이 행위는 '一事分爲二罪'(명45.3a)가 되므로 이익 본 1필을 같은 가치의 1필에 누계하여 절도에 준한 장물 2필로 장90하고, 절도로 논하는 1필로 인해서 진정도죄와 동일하게(명53.4 및 소) 제명 처분하고(명18.2) 절도로 논하는 1필에 대한 배장을 추징한다.

제40조 명례 40. 공죄의 동직 연좌(同職犯公坐)

[律文1a] **諸同職犯公坐者, 長官爲一等, 通判官爲一等, 判官爲一等, 主典爲一等, 各以所由爲首;** 若通判官以上異判有失者, 止坐異判以上之官.

    [律文1a의 疏] 議曰: 同職者, 謂連署之官. 「公坐」, 謂無私曲. 假如大理寺斷事有違, 卽大卿是長官, 少卿及正是通判官, 丞是判官, 府史是主典, 是爲四等. 各以所由爲首者, 若主典檢請有失, 卽主典爲首, 丞爲第二從, 少卿, 二正爲第三從, 大卿爲第四從, 卽主簿, 錄事亦爲第四從; 若由丞判斷有失, 以丞爲首, 少卿, 二正爲第二從, 大卿爲第三從, 典爲第四從, 主簿, 錄事當同第四從.

[율문1a] **무릇 동직이 공죄[公坐]를 범한 경우 장관을 1등, 통판관을 1등, 판관을 1등, 주전을 1등으로 하되, 각각 말미암은 바를 수범으로 삼는다.** 만약 통판관 이상의 이판에 잘못이 있는 경우 이판한 관 이상만을 처벌한다.

    [율문1a의 소] 의하여 말한다: 동직이란 연대 서명하는 관을 말한다.26) "공죄"라 함은, (공무 처리에) 사사로움과 왜곡이 없음을 말한다. 가령 대리시에서 사건의 단죄에 위(법)이 있으면 곧 대(리)경은 장관이고, (대리)소경 및 (대리)정은 통판관이며, 승은 판관이고, 부·사는 주전으로, 이것이 4등이 된다.27) 각각 말미암은 바를

---

26) "동직이란 연대 서명하는 관을 말한다."는 소의 해석은, 아래 율문2의 소에서 "동직이란 연대해서 판하는 관 및 주전을 말한다."고 해석한 것과 실질적으로 같다. 주전은 직무가 문서 담당이므로 서명은 하지만 판에는 참여하지 않기 때문에 연대 서명자에는 포함되더라도 연대하여 판하는 자에는 포함되지 않는다(일본역『唐律疏議』1, 238쪽, 주2).

27) 대리시의 정원은 다음과 같다. 장관: 경(종3품) 1인, 통판관: 소경(종4품상) 2인, 대리정(종5품하) 2인, 판관: 승(종6품상) 6인, 검구지관: 주부(종7품상) 2인, 녹사(종9품상) 2인, 주전: 부 28인, 사 56인, 그 외 옥승(종9품하) 4인, 옥사 6

수범으로 삼는다는 것은, 만약 주전의 검청28)에 잘못이 있다면 곧 주전이 수범이 되고, 승은 제2종범이 되며, 소경과 2인의 정은 제3종범이 되고, 대경은 제4종범이 되며, 주부와 녹사도 역시 제4종범이 된다.29) 만약 승의 판에 잘못이 있다면 승이 수범이 되고, 소경과 2인의 정은 제2종범이 되며, 대경은 제3종범이 되고, 주전은 제4종범이 되며, 주부와 녹사는 당연히 제4종범과 같다.

[律文1a의 注] 若通判官以上異判有失者, 止坐異判以上之官.

[律文1a의 注의 疏] 議曰: 假如一正異丞所判有失, 又有一正復同判, 卽二正同爲首罪. 若一正先依丞判, 一正始作異同, 異同者自爲首科, 同丞者便卽無罪. 假如丞斷合理, 一正異斷有乖, 後正直云「依判」, 卽同前正之罪; 若云「依丞判」者, 後正無辜. 二卿異同, 亦各準此. 其通判官以上異同失理應連坐者, 唯長官及檢、勾官得罪, 以下竝不坐. 通判官以下有失, 或中間一是一非, 但長官判從正法, 餘者悉皆免罪. 內外諸司皆準此.

[율문1a의 주] 만약 통판관 이상의 이판에 잘못이 있는 경우 이판한 관 이상만을 처벌한다.

[율문1a의 주의 소] 의하여 말한다: 가령 한 정이 승과 이판한 것에 잘못이 있는데 또 (다른) 한 정도 다시 같은 판을 했다면, 곧 두 정은 다 같이 수범이 된다. 만약 한 정이 먼저 승의 판에 의거했는데

인, 정장 4인, 장고 18인, 문사 100인, 사직(종6품상) 6인, 평사(종8품하) 12인, 사 24인(『당육전』권18, 500~504쪽; 『역주당육전』중, 550~566쪽). 옥을 관리하는 옥승 및 옥사 이하의 유외관과 평결을 관리하는 사직·평사 및 사 등의 동직연좌 등급은 알기 어렵다.

28) 檢請은 주전의 직무로(483, 단15.4의 문답), 재판에 필요한 사실 및 법조문을 조사해서 문서로 작성하여, 판관 이상의 가부 판정을 요청하는 준비 작업을 의미한다.

29) 主簿·錄事가 제4종범이 되는 것은 이 조항의 율문4의 "검·구관은 최하등 종범의 죄와 같다."는 규정에 따른 것이다.

다른 한 정이 비로소 이판했다면 이판한 자는 당연히 수범이 되고, 승과 같은 판을 한 정은 곧 무죄이다. 가령 승의 단죄가 이치에 맞고, 한 정의 다른 단죄가 이치에 어긋났는데 뒤의 정이 그대로 "(그) 판에 의거한다."고 했다면 곧 앞의 정과 죄가 같지만, 만약 "승의 판에 의거한다."고 했다면 뒤의 정은 허물이 없다. 두 명의 (대리)소경의 이판한 것 역시 각각 이에 준한다. 단 통판관 이상이 이판한 것이 이치에 맞지 않아 마땅히 연좌할 경우에는 장관 및 검·구관만 죄를 얻고30) 그 이하는 모두 처벌하지 않는다. 통판관 이하에게 잘못이 있는데 그 중 하나는 옳고 하나는 그르지만 장관이 옳은 법[正法]에 따라 판했다면 나머지는 모두 죄를 면한다. 내외의 모든 관사도 모두 이에 준한다.

[律文1a의 問] 曰: 假有判官處斷乖失, 通判官異同得理, 長官不依通判官斷, 還同判官, 各有何罪?

[律文1a의 答] 曰: 案若申覆, 唯通判官一人合理, 卽上下俱得免科. 如其當處斷訖施行, 卽乖失者依法得罪. 唯通判·長官合理, 餘悉不論.

[율문1a의 문] 묻습니다: 가령 판관의 처단에 어긋남이 있고 통판관의 이판이 이치에 맞는데, 장관이 통판관의 단죄에 의거하지 않고 도리어 판관의 (단죄에) 동의했다면 각각 어떤 죄가 있습니까?

[율문1a의 답] 답한다: 사안이 만약 (상급 관사에) 보고하여 복심하는 것이면31) 오직 통판관 1인이 이치에 맞더라도 곧 상하(관) 모

---

30) 이 경우 이치에 맞는 판관의 판을 뒤엎고 이치에 어긋나게 판한 통판관 자신은 당연히 수범이 되고, 장관은 제2종범이 되며, 검구관은 최하등인 제4종범이 된다.

31) 사안이 상급 관사에 보고하여 복심하는 것이란, 현에서 판결한 도죄 이상의 죄는 문서를 주로 보내 복심하고, 유죄 이상의 죄는 대리시 또는 주에서 판결한 다음 문서를 상서성에 보내 복심하는 것을 말한다(『당육전』권6, 189쪽;『역

두가 죄를 면할 수 있다. 만약 그 지역에서 단죄를 마치고 집행했는데 어긋남이 있는 경우에는 법에 의거해서 죄를 받지만, 오직 통판관·장관이 이치에 맞으면 나머지는 모두 논하지 않는다.

[律文1b] **其闕無所承之官, 亦依此四等官爲法. 卽無四等官者, 止準見官爲罪.**

[律文1b의 疏] 議曰: 四等之內, 但有闕官, 雖一人處斷乖失, 亦作四等爲坐. 假如大理卿, 或丞·正一人見在, 判有乖失, 判者自當首罪, 勾官仍同四等下從. 「卽無四等官者」, 爲關·戍之類, 無通判官, 關丞卽至關令, 竝主典, 唯有三等. 假有典檢請有失, 丞爲第二從, 令爲第三從, 錄事同爲第三從. 下州·縣·市, 令唯與典二人, 此等止準見官二等之罪.

[율문1b] **만약 궐위되어 (앞의 판을) 받아서 (처리할) 관이 없어도 역시 이 4등관에 의거하여 (처벌)법으로 삼는다. 만약 4등관이 없는 경우에는 단지 현임관을 기준으로 죄를 정한다.**

[율문1b의 소] 의하여 말한다: 4등(관) 안에 단 궐위된 관이 있다면32) 비록 1인의 처단이 어긋나더라도 역시 4등으로 하여 처벌한다. 가령 예컨대 대리경 혹은 승·정 가운데 1인만 현재하는데 판에 어긋남이 있다면, 판한 자는 당연히 수범이 되고, 검구관은 그대로 제4종범과 같다. "만약 4등관이 없는 경우"란, 관·수 따위와 같이 통판관이 없이 관승 다음에 바로 관령에 이르고 주전을 합하여 오직 3등(관)만 있는 것이다. 가령 주전의 검청에 과실이 있다면 관승은 제2종범이 되고, 관령은 제3종범이 되며, 녹사는 마찬가

주당육전』상, 596~597쪽).

32) "궐위된 관이 있다."는 것은 직위의 정원이 있으나 일시적으로 공석인 경우를 말한다. 아래의 '無四等官'이 4등관의 직위 편제가 갖추어지지 않은 관사를 의미하는 것과는 다르다.

지로 제3종범이 된다.[33) 하주·하현의 시에는 영과 주전 두 사람뿐
인데,[34) 이런 (관사) 등은 현임관을 기준하여 2등의 죄에 그친다.

[律文2] 若同職有私, 連坐之官不知情者, 以失論.

　[律文2의 疏] 議曰:「同職」, 謂連判之官及典.「有私」, 故違正理. 餘官連判
　不知挾私情者, 以失論. 假有人犯徒一年, 判官曲理斷免, 餘官不覺, 自依失
　出之法: 有私者爲首, 不覺者爲從, 仍爲四等科之, 失出減五等, 失入減三等
　之類. 自餘與奪之事, 失者減三等. 及云「以失論」之類, 各從本條.

[율문2] 만약 동직에게 사사로움이 있는데 연좌되는 관이 그 정
을 알지 못한 때에는 과실로 논한다.

　[율문2의 소] 의하여 말한다: "동직"이란 연대해서 판하는 관 및 주전
　을 말한다. "사사로움이 있다."는 것은 고의로 바른 이치를 어긴 것
　이다. 다른 관[35)이 연대해서 판함에 사사로움이 개입되었음을 알지
　못한 때에는 과실로 논한다. 가령 어떤 사람이 도1년의 죄를 범했

---

33) 당대 관은 26개 소가 있었으며 상·중·하의 3등으로 구분되었다. 상관의 정원
　은 영(종8품하) 1인, 승(정9품하) 2인, 녹사 1인, 부 2인, 사 4인, 전사 6인, 진
　리 8인이며, 중관의 정원은 영(정9품하) 1인, 승(종9품하) 1인, 녹사 1인, 부 1
　인, 사 2인, 전사 4인, 진리 6인이고, 하관의 정원은 영(종9품하) 1인, 부 1인,
　사 2인, 전사 2인, 진리 4인이다. 관령은 關禁을 관장하고, 행인과 車馬가 출
　입 왕래할 때는 반드시 과소에 의거해 대조·확인하는 책임을 진다. 관승은 공
　문서를 발부하고 지체와 과실을 심사하며, 관의 사무를 통괄한다. 녹사는 공
　문을 접수한 일시를 기록하고 지체와 과실을 심사한다(『당육전』권6, 195쪽; 『역
　주당육전』상, 629쪽; 『당육전』권30, 756~757쪽; 『역주당육전』하, 484~486쪽).

34) 하주·하현의 시령은 유외관이다. 하주는 시령 1인, 좌·사 각 1인, 수 2인, 창
　독 1인을 두고, 하현에는 시령 1인, 좌·사 각 1인, 수 2인을 두어 시장의 교역
　과 위법 행위 근절을 관장한다(『당육전』권30, 747·753쪽; 『역주당육전』하,
　431·467쪽).

35) 여기서 '餘官'은 동일 부서 내의 다른 관, 즉 동료 관을 의미한다. 아래 조문
　(명40.3a)의 '餘官'이 통속 관계가 없는 다른 관사를 의미하는 것과는 다르다.

는데 판관이 법리를 왜곡해서 면죄 판결했으나 다른 관이 이를 인지하지 못했다면 당연히 과실로 죄를 던 법에 의거한다. (이 경우) 사사로움을 가진 자를 수범으로 삼고 인지하지 못한 자를 종범으로 삼아서 그대로 4등(관법)으로 죄를 주지만, (인지하지 못한 종범은) (죄를) 던 경우 과실로 (논하여) 5등을 감하고 (죄를) 더한 경우 과실로 (논하여) 3등을 감한다는 것 따위이다(단19.4). 이 밖에 공무의 시행 여부를 (결정하는 과정)에서 과실이 있는 경우 3등을 감한다. "과실로 논한다."고 한 것 등은 각각 본조에 따른다.36)

[律文2의 問1] 曰: 有主典增減文案, 詐欺取贓五疋, 判官不覺, 依增減狀判訖. 未知判官於詐欺贓失減, 唯復於增減官文書失減?

[律文2의 答1] 曰: 但依律得罪, 皆從所判爲坐. 取贓事在案外, 增減文案見行, 止從增減科之, 不可從贓而科.

[율문2의 문1] 묻습니다: 주전이 문안을 증감하여 사기로 장물 5필을 취했으나 판관이 인지하지 못하고 증감한 문서에 의거하여 판했다면, 판관은 사기장(죄)를 (인지하지 못한) 과실로 (죄를) 감합니까? 관문서를 증감한 것을 (인지하지 못한) 과실로 (죄를) 감합니까?37)

[율문2의 답1] 답한다: 단 율에 의거하여 죄를 받으면 모두 판한 바

---

36) 과실로 범한 공죄는 고의로 범한 죄에서 3등을 감하는 것이 행정사범의 통칙이다(92, 직2.3a). 다만 2등만을 감하도록 한 규정도 있다(209, 구14.2; 494, 단26.2). 그러므로 "과실로 논한다[以失論]."고 한 경우는 각각 본조의 죄에서 3등을 감한다는 뜻이다.

37) 관문서·사문서를 거짓으로 만들거나 내용을 증감해서 재물을 구한 경우 절도에 준하여[準盜] 논하므로(374, 사13.1) 5필의 장물을 취한 죄는 도1년에 해당한다. 이에 비해 관문서를 거짓으로 만들거나 내용을 증감한 경우의 죄는 장100에 해당한다(369, 사8.1a).

에 따라 처벌한다. 장물을 취한 사실은 문안 밖에 있고 문안의 증감은 현재 시행된 것이므로, 단지 (문안) 증감에 따라 죄를 줄 뿐 장물에 따라 죄를 과할 수 없다.

[律文2의 問2] 曰: 判官·主典有私, 故出流罪, 通判及長官不知情, 若爲科首從之罪?

[律文2의 答2] 曰: 假令主典爲首, 還合流坐; 判官爲從, 合徒三年. 不知情者, 從公坐失法, 公坐旣有四等, 通判官第三從論, 減典二等, 又失出減五等, 從流減七等合杖九十; 長官又減一等, 合杖八十. 其有放而還獲, 及本應例減, 仍各依本法.

[율문2의 문2] 묻습니다: 판관·주전이 사사로움을 가지고 고의로 유죄를 덜었는데 통판관 및 장관이 그 정을 알지 못했다면 어떻게 수범·종범으로 구분하여 죄를 과합니까?

[율문2의 답2] 답한다: 가령 주전이 수범이라면 (고의로 던 유죄를) 되돌려 유죄로 처벌해야 하고(단19), 판관은 종범이 되니 도3년에 해당한다. 정을 알지 못한 경우에는 공죄 과실법에 따르는데, 공죄는 원래 4등이 있으니 통판관은 제3종범으로 논해서 주전의 죄에서 2등을 감하고 또 과실로 감한 것에 따라 5등을 (더) 감하므로 유죄에서 7등을 감해서 장90에 해당하며, 장관은 또 1등을 감하여 장80에 해당한다. 단 방면했다가 다시 구속했거나,[38] 본래 예감할 수 있는 경우[39]는 각각 본법에 의거한다.

---

38) 과실로 죄를 더하거나 덜었으나 아직 집행·석방하지 않은 경우 및 석방했다가 다시 구속한 경우, 그리고 죄수가 처형되지 않고 스스로 사망했다면 관사의 죄를 1등 감한다(487, 단19.5).

39) 從坐減·自首減·故失減·公坐相承減할 경우는 관·음으로 의장·청장·감장의 자격이 있다면 거듭 감할 수 있다(명14.2).

[律文3] 卽餘官及上官案省不覺者, 各遞減一等; 下官不覺者, 又遞減一等. 亦各以所由爲首. 減, 謂首減首, 從減從.

[律文3의 疏] 議曰: 餘官者, 謂比州, 比縣及省內比司, 竝諸府, 寺, 監不相管隸者. 上官者, 在京諸司向省臺及諸州向尙書省, 諸縣向州之類. 如州上文書向尙書省有錯失, 省司不覺者, 省司所由之首, 減州所由首一等, 同職遞爲四等法首從減之. 其餘官不覺, 亦準此. 若省司下符向州錯失, 州司不覺, 州司所由首減省司所由首二等, 同職遞爲四等首從法減之.

[율문3] 만약 다른 관사 및 상급관사에서 문안을 살폈으나 적발하지 못한 때에는 각각 1등씩 감하고, 하급관사가 적발하지 못한 때에는 다시 1등씩 감한다. 역시 각각 말미암은 바를 수범으로 삼는다. 감한다는 것은, 수범의 죄는 수범의 죄에서 감하고, 종범의 죄는 종범의 죄에서 감함을 말한다.

[율문3의 소] 의하여 말한다: 다른 관사란, 이웃하는 주·현 및 (상서)성 내 각각의 사40)와 아울러 여러 부·시·감41)과 같이 서로 관할·예속되지 않는 것을 말한다. 상급관사란, 수도의 여러 관사는 상서성과 어사대를 향하고, 모든 주는 상서성을 향하며, 모든 현은 주를 향하는 것 따위이다. 만약 주가 상서성에 올린 문서에 착오와 과실이 있는데 상서성의 사에서 적발하지 못한 경우 상서성 사의 말미암은바 수범은 주의 말미암은바 수범의 (죄에서) 1등을 감

---

40) 상서성 6부의 사는, 이부사·사봉사·사훈사·고공사(이상 상서이부), 호부사·탁지사·금부사·창부사(이상 상서호부), 예부사·사부사·선부사·주객사(이상 상서예부), 병부사·직방사·가부사·고부사(이상 상서병부), 형부사·도관사·비부사·사문사(이상 상서형부), 공부사·둔전사·우부사·수부사(이상 상서공부)의 24사이다.

41) 부는 대·중·소도독부와 삼경부(경조부·하남부·태원부) 및 6부(봉상·성도·하중·강릉·흥덕·흥원)이다. 9시는 태상·광록·위위·종정·태복·대리·홍려·사농·태부시이며, 5감은 국자·소부·군기·장작·도수감이다.

하며, 동직은 4등관 법의 수범과 종범으로 (나누어) 체감한다. 다른 관사에서 적발하지 못한 때에도 또한 이에 준한다. 만약 상서성의 사에서 주로 보낸 문서[符]42)에 착오와 잘못이 있는데도 주에서 적발하지 못했다면 주의 말미암은바 수범은 상서성의 말미암은바 수범의 (죄에서) 2등을 감하고, 동직은 차례로 4등관으로 하고 수범과 종범으로 나누는 법에 따라 감한다.

[律文4] 檢、勾之官, 同下從之罪.

[律文4의 疏] 議曰: 檢者, 謂發辰檢稽失, 諸司錄事之類. 勾者, 署名勾訖, 錄事參軍之類. 皆同下從: 若有四等官, 同四等從; 有三等官, 同三等從; 有二等官, 同二等從. 其無檢、勾之官者, 雖判官發辰勾稽, 若有乖失, 自於判處得罪, 不入勾、檢之坐.

[율문4] 검·구관은 최하등 종범의 죄와 같게 한다.

[율문4의 소] 의하여 말한다: 검이란 (문서를 받아) 개봉한 날짜를 (기록하고 일의) 지체·과실을 살피는 것을 말하며, 모든 관서의 녹사43) 등이 (담당한다). 구란 서명하고 일일이 확인하는 것44)으로,

---

42) 符라는 것은 공문서의 일종으로 상서성에서 주로, 주에서 현으로, 현에서 향으로 내리는 하행 공문이다(『당육전』권1, 10~11쪽; 『역주당육전』상, 137~138쪽). 황제의 제서도 상서도성에서 접수한 뒤 상서성의 24사 중 해당 부서에서 이를 복사하고 그 시행을 지시하는 내용을 덧붙여 부의 형식으로 지방에 하달된다.

43) 당대 제사의 녹사는 일반적으로 受事發辰과 勾檢稽失을 담당했다. 수사발신이란 공문서[事]를 접수함과 동시에 개봉 일자를 기재하여, 이를 처리 기한으로 삼는 것을 말한다(『당육전』권1, 11쪽; 『역주당육전』상, 137~139쪽). 勾檢稽失은 공문서 처리의 최종 과정으로, 문서 및 업무에 착오나 실수가 있는지, 혹은 기한의 위반이 있는지를 규찰·검토하는 것이다.

44) '勾'는 문서 처리의 최종 과정으로, 문서 1건을 완료하여 검사했을 때마다 확인의 증거로서 朱筆을 가지고 갈고랑이[鉤] 모양의 표시를 하는 작업을 의미

녹사참군 등이 (담당한다).45) 모두 최하등 종범과 같다. 만약 4등
관이 있는 경우에는 4등의 종범과 같고, 3등관이 있는 경우에는 3
등의 종범과 같고, 2등관이 있는 경우에는 2등의 종범과 같다. 단
검·구관이 없는 경우에는 비록 판관이 (문서를 받아) 개봉한 날짜
를 기록하고 지체·과실을 일일이 조사했더라도[勾稽]46) 만약 어긋
남과 잘못이 있다면 당연히 판한 바에서 죄를 얻고, 구·검관의 죄
를 적용하지 않는다.

[律文5] 應奏之事有失, 勘讀及省審之官不駁正者, 減下從一等.

[律文5의 疏] 議曰: 尙書省應奏之事, 須緣門下者, 以狀牒門下省, 準式依令,
先門下錄事勘, 給事中讀, 黃門侍郎省, 侍中審. 有乖失者, 依法駁正, 却牒
省司. 若實有乖失, 不駁正者, 錄事以上, 減省下從一等. 旣無遞減之文, 卽
侍中以下, 同減一等. 律以旣減下從, 得罪最輕, 若更遞減, 餘多無坐. 駁正

한다(일본역『唐律疏議』1, 242쪽, 주23).

45) 이처럼 문서의 접수 및 목록의 작성, 담당관에 문서(업무) 배분, 시행 일정 점
검 등의 문서 행정을 전담하는 관리를 檢勾官이라고 한다. 이들은 대리시의
관제에서 그 일례를 볼 수 있듯이 대개 제사의 관품서열상 판관과 주전의 중
간에 위치해 있으며, 행정 지휘 계통인 장관 - 통판관 - 판관 - 주전과는 별도로
존재하지만 동직연좌 시에는 제4종범의 죄가 적용된다. 이 소에서 예로 든 녹
사참군 - 녹사의 편제처럼 검구관은 상·하 2석을 설치하는 것이 일반적이지만,
관부에 따라 1인이 겸직하는 곳도 있었다. 일반적인 경우, 검관(예시에 따르
면 녹사)의 수사발신 이후 상급자인 구관(예시에 따르면 녹사참군)이 담당 주
전에게 배포한다. 이후 4등관을 거쳐 처리된 문서는 검관이 지체[稽留]와 실착
이 없었는지를 검사하며 가장 최종적으로 구관의 확인[勾]을 받은 뒤 발송했
다. 한편 아래 조항(명41.3의 문답)처럼 검구관과 구검관은 혼용되는데, 검구
관이라 한 것은 문서 행정의 순서상 檢을 먼저 하고 勾를 나중에 하기 때문이
며, 구검관이라 한 것은 대개 구관이 상위직이고 검관이 하위직이기 때문일
것이다.

46) 勾稽는 문서의 지체와 과실이 없는지를 확인·검토한다는 '勾檢稽失'의 줄임말
이다.

之法, 唯在錄事以上, 故所掌主典, 律無罪名.

[율문5] 주문해야 하는 일에 잘못이 있는데 대조해서 읽고 살피고 심사해야 할 관이 박정하지 않은 때에는, 최하등 종범의 (죄에서) 1등을 감한다.

[율문5의 소] 의하여 말한다: 상서성에서 주문해야 하는 일은 반드시 문하성을 거쳐야 하며, 문서를 문하성에 이첩하면 식에 준하고 영에 의거해서⁴⁷⁾ 먼저 문하성의 녹사가 대조하고, 급사중이 읽으며, 황문시랑이 살피고, 시중이 심사한다. 어긋남과 잘못이 있으면 법에 의거해 박정하여 상서성의 담당 부서[司]에 되돌려 보낸다. 만약 실제로 어긋남과 잘못이 있는데도 박정하지 않은 때에는, 녹사 이상은 상서성의 최하등 종범의 (죄에서) 1등을 감한다. 원래 체감한다는 조문이 없으니 곧 시중 이하는 다같이 1등을 감한다. 율에 이미 최하등 종범의 (죄에서) 감한다고 했으니 죄를 얻는 바가 너무[最] 가벼운데, 만약 다시 체감한다면 나머지 관은 대부분 처벌이 없을 것이기 때문에 (다같이 1등만 감하는 것이다). 박정에 대한 법은 녹사 이상에게만 적용되므로 관장한 주전은 율에 죄명이 없다.

[律文6] 若辭狀隱伏, 無以驗知者, 勿論.

[律文6의 疏] 議曰: 辭狀隱伏者, 謂脫錯文字, 增減事情, 辭狀隱微, 案覆難覺者. 自餘官以下, 案省不覺, 竝得免罪, 故云「勿論」.

[율문6] 만약 문자[辭] 상태가 은미하고 모호하여 찾아내지 못한 때에는 논하지 않는다.

---

47) 여기서 式은 문하성식, 令은 공식령을 가리킨다.

[율문6의 소] 의하여 말한다: "문자[辭] 상태가 은미하고 모호하다."
는 것은, 문자를 빠뜨리거나 잘못 써서 사건의 정상이 증감되었지
만 문자 상태가 은미하여 조사하고 살폈으나 적발하기 어려운 경
우를 말한다. "다른 관사" 이하의 (조문에서 관이) 문안을 살폈으
나 (은미하고 모호하여) 적발하지 못한 때에도 모두 죄를 면할 수
있으므로 논하지 않는다고 한 것이다.

제41조 명례 41. 공사의 착오에 대한 자각거(公事失錯自覺擧)

[律文1a] 諸公事失錯, 自覺擧者, 原其罪;

[律文1a의 疏] 議曰:「公事失錯」, 謂緣公事致罪而無私曲者. 事未發露而自
覺擧者, 所錯之罪得免.「覺擧」之義, 與「自首」有殊.「首」者, 知人將告, 減
二等;「覺擧」旣無此文, 但未發自言, 皆免其罪.

[율문1a] 공적인 일에 착오가 있는데 스스로 깨닫고 밝힌 자는 그
죄를 용서하며,

[율문1a의 소] 의하여 말한다: "공적인 일에 착오가 있다."는 것은,
공적인 일로 인하여 죄를 받게 되었으나 사사로움과 왜곡이 없는
것을 말한다. 사건이 아직 발각되지 않았는데도 스스로 깨닫고 밝
힌 경우에는 착오된 바의 죄를 면할 수 있다. "깨닫고 밝혔다."는
것은 뜻이 "자수"와는 다르다. (때문에) "자수"의 경우는 다른 사람
이 고발하려는 것을 알고 (자수한 때에는) 2등을 감하지만, 깨닫고
밝힌 경우는 원래 이러한 조문이 없으므로, 다만 발각되지 않았는
데 스스로 말했다면 모두 그 죄를 면한다.

[律文1b] 應連坐者, 一人自覺擧, 餘人亦原之.

 [律文1b의 疏] 議曰: 應連坐者, 長官以下, 主典以上及檢勾官在案同判署者, 一人覺擧, 餘竝得原. 其檢、勾之官擧稽及事涉私者, 曹司依法得罪. 唯是公坐, 情無私曲, 檢、勾之官雖擧, 彼此竝無罪責.

[율문1b] 연좌해야 할 자는 한 사람이 스스로 깨닫고 밝힌 경우 나머지 사람도 또한 용서한다.

[율문1b의 소] 의하여 말한다: 연좌해야 할 자란, 장관 이하 주전 이상 및 검·구관으로 문안에 같이 판하고 서명하는 자이며, 한 사람이 깨닫고 밝힌 경우 나머지는 모두 용서될 수 있다. 단 검·구관이 (문서의) 지체 및 일에 사사로움이 끼어있음을 밝힌 경우, 담당관사[曹司]는 법에 의거하여 죄를 얻는다.[48] 다만 공죄이고 정상에 사사로움과 왜곡이 없다면 검·구관이 비록 밝혔더라도 피차 모두 죄가 없다.

[律文2] 其斷罪失錯, 已行決者, 不用此律.

 [律文2의 疏] 議曰: 斷罪失錯已行決者, 謂死及笞、杖已行決訖, 流罪至配所役了, 徒罪役訖, 此等竝爲「已行」. 官司雖自覺擧, 不在免例, 各依失入法科之, 故云「不用此律」. 假有人枉被斷徒二年, 已役一年, 官司然始自覺擧者, 一年未役者, 自從擧免; 已役一年者, 從失入減三等, 科杖八十之類.

---

 48) 여기서는 별개의 2가지를 서술하고 있다. ①검구관이 발각한 경우, 공사실착에 대해서는 4등관을 면죄하지만 公事稽留에 대해서는 검구관 자신의 죄만을 면할 뿐 4등관의 죄는 면하지 않는다. 이것은 율에는 명문이 없고, 소와 문답에 나타나 있는 법리이다. ②만약 동직에 사사로움이 있는 경우(명40.2), 이것을 검구관이 발각했을 때 4등관은 면죄되지 않는다. 이 때 4등관 가운데 사사로움과 왜곡이 없는 자가 발각했다면 사사로움과 왜곡이 있는 자를 제외한 나머지는 모두 면죄된다. 사사로움과 왜곡이 있는 자가 자수했다면 모두 면죄되는 것으로 이해해야 할 것이다(일본역『唐律疏議』1, 248쪽, 주1).

[율문2] 단 죄를 판결함에 착오가 있는데 이미 집행된 때에는 이 율을 적용하지 않는다.

[율문2의 소] 의하여 말한다: 죄를 판결함에 착오가 있는데 이미 집 행된 때라 함은, 사형 및 태형·장형을 이미 집행했거나 유죄로 유 배지에 도착해 역을 마쳤거나 도죄로 역을 마쳤다면, 이러한 것들 이 모두 "이미 집행된" 것이다. (이 경우 담당) 관사가 비록 스스로 깨닫고 밝혔더라도 죄를 면하는 예를 적용할 수 없고, 각각 과실로 죄를 더한 법에 의거해서 죄를 준다. 그러므로 "이 율을 적용하지 않는다."고 한 것이다. 가령 어떤 사람이 도2년으로 잘못 단죄되어 이미 1년의 역을 치렀는데 (담당) 관사가 비로소 스스로 깨닫고 밝 힌 경우, 치르지 않은 1년의 역에 대해서는 밝힌 것으로 죄가 면제 되지만 이미 치른 1년의 역에 대해서는 과실로 죄를 더한 것에서 3등을 감하여 장80을 과하는 것 따위이다.

[律文3] 其官文書稽程，應連坐者，一人自覺擧，餘人亦原之，主典不免；若主典自擧，並減二等．

[律文3의 疏] 議曰：「文書」，謂公案．小事五日程，中事十日程，大事二十日程，徒罪以上辯定後三十日程，此外不了，是名「稽程」．官人自覺擧者，並得全原，唯主典不免．若主典自擧，並減二等者，以官司不擧，故長官以下並減二等；如官人、主典連署擧者，官人並得免罪，主典仍減二等科之．其制勅，案成以後頒下，各給抄寫程：「二百紙以下限二日程，過此以外，每二百紙以下加一日程，所加多者不得過五日．」注云：「其赦書，計紙雖多，不得過三日．」此等抄寫程，旣云案成以後，據令：「成制勅案，不別給程．」即是當日成了．違令限日，皆是唯稽．稽而自擧者，同官文書法，仍爲公坐，亦作四等科斷，各以所由爲首；若涉私曲故稽，亦同私坐之法．

[율문3] 만약 관문서의 일정을 어겨 연좌할 때에는 한 사람이 스스로 깨닫고 밝힌 경우 나머지 사람도 또한 용서되는데, (이 때도) 주전은 면할 수 없다. 만약 주전이 스스로 밝힌 때에는 모두 2등을 감한다.

[율문3의 소] 의하여 말한다: "문서"란 공문서를 말한다. 소사는 5일을 기한으로 하고, 중사는 10일을 기한으로 하고, 대사는 20일을 기한으로 하며, 도죄 이상은 변정[49]한 후 30일을 기한으로 하는데, 이 기한이 지나도 마치지 못했다면 이것이 (정)명하여 "일정을 어겼다."는 것이다. 관인이 스스로 깨닫고 밝혔다면 모두 용서될 수 있으나, 주전만은 면하지 못한다. 만약 주전이 스스로 밝힌 때에는 모두 2등을 감한다는 것은, 관사가 (스스로 깨닫고) 밝히지 못했기 때문에 장관 이하 모두 2등을 감한다는 것이다. 만약 관인·주전이 연서하여 밝힌 경우에는 관인은 모두 죄를 면할 수 있으나 주전은 역시 2등을 감해서 죄를 준다. 단 제칙은 문안이 작성된 이후 반포하기까지 각각 초사하는 기한을 주는데, (공식령(습유598쪽)에) "200장 이하는 2일의 기한으로 하고, 이를 초과하면 200장마다 1일을 추가하나 아무리 많더라도 5일을 초과할 수 없다."고 했고, 주에 이르기를 "단 사서는 지면이 비록 많더라도 3일을 넘겨서는 안 된다."(직21.1의 소)고 하였다. 이들 초사 일정은 원래 문안이 작성된 이후라고 말했는데, 영에 의거하면 "제칙 문안을 작성하는 것은 따로 일정을 주지 않는다."고 했으니, 곧 당일에 작성을 완료하는 것이다. 영에서 제한한 일정을 위반했다면 모두가 지체한 것이다. 지체하고 스스로 밝힌 때에는 관문서의 법과 같이 (처분하되),[50]

---

49) 辯定은 服辯定罪의 준말이다. 楕板本에는 '辯'이 '辦'으로 되어 있어 辦定하여 재판을 마친 것을 의미하는 것으로 볼 수도 있다.

50) 제칙을 지체한 죄는 1일이면 태50하고 10일이면 도1년하며, 관문서를 지체한

공죄이니 역시 4등으로 구분하여 처단하되 각각 말미암은 바로써 수범으로 삼으며, 만약 사사로움을 가지고 (법을) 왜곡하여 고의로 일정을 어겼다면 또한 사죄의 (처벌)법과 같다.

[律文3의 問] 曰: 公坐相連, 節級得罪, 一人覺擧, 餘亦原之. 稽案旣是公罪, 勾官亦合連坐, 勾·檢之官擧訖, 餘官何故得罪?

[律文3의 答] 曰: 公坐失錯, 事可追改, 一人擧覺, 餘亦原之. 至於行事稽留, 不同失錯之例, 勾官糾出, 故不免科.

[율문3의 문] 묻습니다: 공죄에 서로 연좌되어 등급에 따라 죄를 얻게 되었는데 한 사람이 깨닫고 밝히면 나머지도 또한 용서합니다. 공문서를 지체한 것은 원래 공죄이고 구관도 역시 연좌되는데, 구·검관이 밝히면 다른 관은 어떤 까닭으로 죄를 받습니까?

[율문3의 답] 답한다: 공죄(가 적용되는) 과오는 사안이 추후에 바로 잡을 수 있는 것이므로 한 사람이 깨닫고 밝히면 나머지도 또한 용서한다. 일의 시행을 지연시킨 경우는 과실·착오의 예와 다르고, 구·검관이 적발해 냈으므로 죄를 면할 수 없는 것이다.

제42조 명례 42. 공범(共犯罪造意爲首)

[律文1] 諸共犯罪者, 以造意爲首, 隨從者減一等.

[律文2a] 若家人共犯, 止坐尊長; 於法不坐者, 歸罪於其次尊長. 尊長, 謂男夫.

죄는 1일이면 태10하고 최고형은 장80으로 그 경중은 다르지만(111, 직21), 공무상 과오를 인지하고 자수한 경우의 처분 원칙은 동일하다는 의미이다.

[律文1의 疏] 議曰:「共犯罪者」, 謂二人以上共犯, 以先造意者爲首, 餘竝爲從.

[律文2a의 疏] 家人共犯者, 謂祖·父·伯·叔·子·孫·弟·姪共犯, 唯同居尊長獨坐, 卑幼無罪.

[율문1] 무릇 공동으로 죄를 범한 때에는 주모자를 수범으로 하고, 수종자는 1등을 감한다.

[율문2a] 만약 가인이 공동으로 (죄를) 범한 때에는 존장만을 처벌하는데, 법에서 처벌하지 않는 자이면 그 다음 존장에게 죄를 돌린다. 존장은 남자를 말한다.

[율문1의 소] 의하여 말한다: "공동으로 죄를 범했다."는 것은, 2인 이상이 함께 죄를 범한 것을 말하는데, 먼저 주모한 자를 수범으로 하고 나머지는 모두 종범으로 한다.

[율문2a의 소] 가인51)이 공동으로 (죄를) 범했다는 것은, 조·부·백·숙·자·손·제·질이 공동으로 범한 것을 말하는데, (이 경우) 동거하는 존장만 처벌하며, 비유는 죄가 없다.

[律文2a의 注] 於法不坐者, 歸罪於其次尊長. 尊長, 謂男夫.

[律文2a의 注의 疏] 議曰:「於法不坐者」, 謂八十以上, 十歲以下及篤疾. 歸罪於其次者, 假有尊長與卑幼共犯, 尊長老·疾, 依律不坐者, 卽以共犯次長者當罪, 是名「歸罪於其次尊長」. 尊長謂男夫者, 假有婦人尊長, 共男夫卑幼同犯, 雖婦人造意, 仍以男夫獨坐.

[율문2a의 주] 법에서 처벌하지 않는 자이면 그 다음 존장에게 죄를

---

51) 율에서 家의 범위는 경우에 따라 다양하다. 단 이 소에서는 동거하는 존장만을 처벌한다고 하여, 가계를 하나로 하고 있는 동거인을 家의 범위로 설정하고 있음을 알 수 있다.

돌린다. 존장은 남자를 말한다.

　[율문2a의 주의 소] 의하여 말한다: "법에서 처벌하지 않는 자"라 함은, 80세 이상, 10세 이하 및 독질을 말한다.[52] 그 다음 (존장에게) 죄를 돌린다는 것은, 가령 존장과 비유가 공동으로 범했는데 존장이 노·독질에 해당하여 율(명30)에 의거해서 처벌하지 않는 경우 곧 공범인 다음 존장자에게 죄를 주는 것으로, 이것이 (정)명하여 "그 다음 존장에게 죄를 돌린다."는 것이다. 존장은 남자를 말한다는 것은, 가령 부인이 존장인데 비유인 남자와 공동으로 범했다면 부인이 주모했더라도 남자만 죄준다는 것이다.

[律文2b] 侵損於人者, 以凡人首從論.

　[律文2b의 疏] 議曰: 侵謂盜竊財物, 損謂鬪毆殺傷之類. 假令父子合家同犯, 竝依凡人首從之法, 爲其侵損於人, 是以不獨坐尊長.

[율문2b] 다른 사람을 침해[侵]하거나 손상[損]한 때에는 일반인의 수범·종범으로 논한다.

　[율문2b의 소] 의하여 말한다: 침해[侵]는 재물을 절도한 것을 말하고, 손상[損]은 싸우다가 때려 살상한 것 따위를 말한다. 가령 부·자 등 가인 전체가 공동으로 범한 경우에도 모두 일반인의 수범·종범의 법에 의거하는데, 그 (행위가) 타인의 (재물과 인신을) 침해·손상한 것이기 때문에 존장만을 처벌하지 않는 것이다.

[律文3] 卽共監臨主守爲犯, 雖造意, 仍以監主爲首, 凡人以常從論.

　[律文3의 疏] 議曰:「監臨主守」, 具如後解. 假有外人發意, 共左藏官司, 主

---

52) 나이 70세 이상 및 폐질인 자는 유죄 이하를 범하면 속동의 징수로 형을 대체하지만(명30.1), 이는 형의 면제가 아니므로 "법적으로 처벌하지 않는 자"에 포함되지 않는다.

典盜庫絹五疋, 雖是外人造意, 仍以監主爲首, 處徒二年; 外人依常盜從, 合
杖一百.

[율문3] (일반인이) 감림·주수와 공동으로 범했다면 비록 주모했
더라도 감림·주수를 수범으로 하고, 일반인은 일반 종범으로 논
한다.

> [율문3의 소] 의하여 말한다: "감림·주수"는 모두 뒤(명54)에서 해석
> 한 것과 같다. 가령 외부인이 발의하여 좌장[53]의 관사·주전과 함
> 께 창고의 견 5필을 절도한 경우, 이는 비록 외부인이 주모한 것이
> 지만 그대로 감림과 주수를 수범으로 하여 도2년에 처하고,[54] 외
> 부인은 일반 절도의 종범에 의거하여 장100에 해당한다.

제43조 명례 43. 공범의 특례(共犯罪本罪別)

[律文1] 諸共犯罪而本罪別者, 雖相因爲首從, 其罪各依本律首從論.

> [律文1의 疏] 議曰: 謂五服內親, 共他人毆, 告所親及侵盜賍物, 雖是共犯,
> 而本罪各別. 假有甲勾他外人乙共毆兄, 甲爲首, 合徒二年半; 乙爲凡鬪從, 不
> 下手又減一等, 合笞二十. 又有卑幼勾人盜己家財物十疋, 卑幼爲首, 合笞三
> 十; 他人爲從, 合徒一年, 又減常盜一等, 猶杖一百. 此是「相因爲首從, 其罪

---

53) 左藏은 태부시 소속의 좌장서를 말한다. 좌장서의 직제는 장관인 영(종7품하)
　　3인과 승(종8품하) 5인, 감사(종9품하) 8인으로, 이들은 국가의 창고인 동고·
　　서고·조당고·동도고·동도조당고의 관리와 물품 출납에 관한 일을 관장했다
　　(『당육전』권20, 544~545쪽; 『역주당육전』중, 657~662쪽).

54) 5필의 재물을 절도한 죄는 도1년으로 처벌하는데, 감림·주수가 자신 관할 하
　　의 재물을 절도하면 일반 도죄에 2등을 더하여 처벌하므로(282, 적35.2·283,
　　적36) 도2년이 된다.

各依本律首從論」. 此例既多, 不可具載, 但是相因爲首從, 本罪別者, 皆準此.

[율문1] 무릇 공동으로 죄를 범했으나 (적용되는) 본죄가 다른 경우에는 비록 서로 말미암아 수범·종범이 되었더라도 그 죄는 각각 본(죄의) 율에 의거하여 수범·종범으로 논한다.

[율문1의 소] 의하여 말한다: (예컨대) 오복 내의 친속이 타인과 함께 친속을 구타하거나 고발하거나 재물을 침해하거나 절도했다면 비록 공동으로 범했더라도 (적용되는) 본죄가 각각 다름을 말한다. 가령 갑이 외부인인 을을 끌어들여[勾] 함께 형을 구타했다면, 갑은 수범이 되어 도2년반에 해당하고(투27.1a) 을은 일반 구타죄의 종범이 되며 구타하지 않았다면 다시 1등을 감하여 태20에 해당한다.55) 또 비유가 타인을 끌어들여 자기 집의 재물 10필을 도둑질했다면 비유는 수범이 되어 태30에 해당하고, 타인은 종범이 되어 도1년에 해당하는데 다시 일반 절도죄에서 1등을 감하므로 장100한다.56) 이것이 "서로 말미암아 수범·종범이 되었더라도 그 죄는 각각 본(죄의) 율에 의거하여 수범·종범으로 논한다."는 것이다. 이러한 예는 원래 많아 모두 갖추어 기재할 수 없지만, 단지 서로 말미암아 수범·종범이 되었는데 (적용되는) 본죄가 다른 경우에는 모두 이에 준한다.

---

55) 투상죄에서 타인을 구타한 경우의 처벌은 태40이지만(302, 투1.1), 같이 폭행을 모의했으나 손대지 않았고 주모자가 아닌 경우 2등을 감한다는 규정(308, 투7.3의 문답1)에 의해 을은 태20에 해당한다.

56) 비유가 다른 사람을 끌어들여 자기 집의 재물을 절도한 경우, 함부로 재물을 쓴 죄(162, 호13)에 2등을 더해 처벌한다(288, 적41.1a). 이 규정에 따르면 자기 집의 재물 10필을 함부로 쓴 것은 태10에 해당하는데, 여기에 2등을 더하므로 태30이 된다. 공범인 타인은 일반 절도죄(282, 적35)에 의하면 10필의 절도는 도1년반에 해당하지만, 여기서 1등을 감하고 (288, 적41.1a, b, c, d … 의 b) 종범으로 다시 1등을 감하므로 장100이 된다.

[律文2] 若本條言「皆」者，罪無首從; 不言「皆」者，依首從法.

　[律文2의 疏] 議曰: 案賊盜律, 謀殺期親尊長, 外祖父母, 皆斬. 如此之類, 本條言「皆」者, 罪無首從. 不言「皆」者, 依首從法科之. 又, 賊盜律云:「謀殺人者, 徒三年.」假有二人共謀殺人, 未行事發, 造意者爲首徒三年; 從者徒二年半. 如此之類, 不言「皆」者, 依首從法.

[율문2] 만약 본조에서 "모두[皆]"라고 말한 경우는 죄에 수범·종범이 없다. "모두"라고 하지 않은 경우는 수범·종범의 법에 의거한다.

　[율문2의 소] 의하여 말한다: 적도율(적6.1)을 살펴보면, "기친존장·외조부모를 살해하려고 모의한 자는 모두[皆] 참형에 처한다."고 하였다. 이 같은 따위처럼 본조에서 "모두"라고 말한 경우에는 죄에 수범·종범이 없다. "모두"라고 말하지 않은 경우는 수범·종범의 법에 의거하여 죄를 준다. 또 적도율(적9.1)에 이르기를, "사람을 살해하려고 모의한 자는 도3년에 처한다."고 하였다. 가령 2인이 살인을 공모했으나 아직 실행에 옮기기 전에 사건이 발각된 경우, 조의자는 수범이 되므로 도3년에 처하며, 수종자는 도2년반에 처한다. 이 같은 따위처럼 "모두"라고 말하지 않은 경우는 수범·종범의 법에 의거한다.

[律文3] 卽强盜及姦, 略人爲奴婢, 犯闌人, 若逃亡及私度、越度關栅垣籬者, 亦無首從.

　[律文3의 疏] 議曰: 强盜之人各肆威力, 姦者身竝自犯: 不爲首從. 略人爲奴婢者, 理與强盜義同. 闌入者, 謂闌入宮殿及應禁之所, 各自身犯, 亦無首從. 逃亡者, 假使十人皆征, 身各闕事. 私度者, 謂無過所, 從關門私過. 越度者, 謂不由門爲越. 關謂檢判之處, 栅謂塹柵之所, 垣謂宮殿及府廨垣牆, 籬謂不

築牆垣唯以藩籬爲固之類. 從「强盜」以下, 皆以正犯科之, 故云「亦無首從」.

[율문3] 만약 강도하거나, 간하거나, 사람을 약취해서 노비로 삼거나, 난입을 범하거나 또는 도망하거나 관·책문[栅]·담장·울타리를 사도·월도한 때에는 역시 수범·종범이 없다.

[율문3의 소] 의하여 말한다: 강도한 사람은 각각 함부로 위력을 썼고, 간57)한 자는 몸소 범했으므로 수범·종범으로 구분하지 않는다. 사람을 약취해서 노비로 삼은 것은 이치가 강도의 뜻과 같다. 난입이란 궁전 및 출입을 금하는 장소에 난입한 것을 말하며, 각각 스스로 몸소 범한 것이므로 또한 수범·종범이 없다. 도망의 경우는 가령 10인이 모두 출정했다가 (도망했다면) 각각 몸소 위법을 행한[闕事] 것이다. 사도라 함은 과소 없이 관문을 몰래 건넌 것을 말한다. 월도라 함은 문을 거치지 않고 넘는 것을 말한다.58) 관은 (과소를) 검사해서 (통과 여부를) 판하는 곳을 말하고, 책문은 참호를 파고 목책을 설치한 곳을 말하며, 담장은 궁전 및 관부의 담장을 말하며, 울타리는 담장을 쌓지 않고 단지 울타리만 쳐서 막아 놓은 것 따위를 말한다. "강도" 이하의 죄는 모두 정범으로 죄를 주기 때문에 수범·종범이 없다고 한 것이다.

---

57) 원문은 '姦'이라고만 했으나, 의미상 이는 강간이다. 화간의 경우 남녀가 원칙적으로 같은 형을 받는다는 것이 본조(415, 잡27)에 규정되어 있으며, 이 소에서는 굳이 거론할 필요가 없기 때문이다. 따라서 이 소에서 설명하는 것은 2인 이상이 부녀를 강간했을 때 수범·종범을 구분하지 않는다는 것이다.

58) 관문을 넘는 것에 관련된 죄는 私度·越度(82, 위25)와 冒度의 세 가지가 있다. 그런데 여기에서 사도·월도를 들고 모도를 들지 않은 점에 유의해야 한다. 사도·월도는 한 개인이 스스로 금하는 곳을 통과함으로서 성립되는 죄인데 비해서, 모도는 부정하게 과소를 발급받거나 타인 명의의 과소를 양도받아 성립한 죄이므로 타인의 행위가 전제되어야 하며, 관계된 사람 각각에 대한 죄가 본조(83, 위26.1)에 규정되어 있기 때문이다(일본역『唐律疏議』1, 255~256쪽, 주6).

제44조 명례 44. 형의 경정 및 보완과 구제(共犯罪有逃亡)

[律文1a] 諸共犯罪而有逃亡, 見獲者稱亡者爲首, 更無證徒, 則決其從罪;

　[律文1a의 疏] 議曰: 假有甲乙二人, 共詐欺取物, 合徒一年, 甲實爲首, 當被
　捉獲, 乙本爲從, 遂卽逃亡, 甲被鞫問, 稱乙爲首, 更無證徒, 卽須斷甲爲從,
　科杖一百. 是名「決其從罪」.

[율문1a] 무릇 공동으로 죄를 범하고 도망했다가 체포된 자가 (붙
잡히지 않은) 도망자를 수범이라 했는데 더 이상 증언할 사람이
없다면 곧 그를 종범의 죄로 처결하고,

　[율문1a의 소] 의하여 말한다: 가령 갑과 을 두 사람이 공동으로 사
　기하여 재물을 취득하여 도1년에 해당하는데, 갑은 실제로 수범인
　데 붙잡혔고 을은 본래 종범인데 결국 도망했다. 갑이 국문을 받
　으면서 을을 수범이라고 했는데 더 이상 증언할 사람이 없다면 곧
　갑을 종범으로 단죄하여 장100을 과한다. 이것이 (정)명하여 "그를
　종범의 죄로 처결한다."는 것이다.

[律文1b] 後獲亡者, 稱前人爲首, 鞫問是實, 還依首論, 通計前罪, 以充後數,

　[律文1b의 疏] 議曰: 後捉獲乙, 稱甲爲首, 鞫問甲, 稱是實, 還依首坐, 科徒
　一年. 甲是庶人, 前已決杖一百, 卽須以杖, 笞贖直, 準減徒年: 一年徒贖銅二
　十斤, 一百杖贖銅一十斤, 以十斤杖銅, 減半年徒罪, 餘徒半年依法配役. 甲
　若單丁, 前已決杖一百, 今旣處徒一年, 合杖一百二十, 卽更決二十, 通計前
　杖, 以充後數.

[율문1b] 후에 도망자를 붙잡았는데 앞서 잡힌 자가 수범이라고
하고 국문 결과 그것이 사실이라면 (앞서 잡힌 자를) 다시 수범

으로 논하되, 앞서 (처결된) 죄를 합산하여[通計] 뒤의 형량[數]을 채우며,

[율문1b의 소] 의하여 말한다: 후에 을을 붙잡았는데 갑이 수범이라 말했고, 갑을 국문하니 그것이 사실이라고 말하면 (갑을) 다시 수범으로 처벌하여 도1년을 과한다. (그런데) 갑이 서인이고 앞서 이미 장100을 집행했다면 곧 (처결된) 장형·태형의 속동의 수에 준해서 도죄의 년 수를 감해야 한다. (즉) 1년의 도형은 속동이 20근이고 100대의 장형은 속동이 10근이므로, (집행된) 장형으로 (환산한) 10근의 동으로 반년의 도죄를 감하고 나머지 도죄 반년은 법에 의거해서 복역시킨다. 갑이 만약 단정으로 전에 이미 장100이 집행되었다면, 지금 다시 처한 도1년은 장120에 해당하므로(명27.1b), 곧 다시 장20을 집행하고 전에 (집행된) 장과 합산하여 뒤의 (장형) 수를 채운다.

[律文1b의 問] 曰: 有甲乙二人犯盜, 準罪合流, 甲元造意, 乙是隨從, 然乙事發逃亡, 甲遂稱乙是首, 官司斷甲爲從, 處徒三年, 已役訖, 然始獲乙, 甲承是首, 又甲是白丁, 若爲處分?

[律文1b의 答] 曰: 流罪準徒四年, 又云, 從徒入流, 比徒一年爲剩; 累徒流應役者, 不得過四年. 其人雖復詐冒官司, 不合更科流罪, 止合徒一年. 若犯加役流, 自合三年配役, 三年雖已役訖, 仍須更配遠流, 卽是「通計前罪」, 配所爲折居作.

[율문1b의 문] 묻습니다: 갑·을 2인이 도죄를 범했는데 죄에 비추어 유형에 해당하며, 원래 갑이 조의하고 을은 이에 수종했습니다. 그러나 사건이 발각되자 을은 도망하고 갑이 을을 수범이라고 하자 관사는 갑을 종범으로 단죄하여 도3년에 처하고 이미 역을 마쳤습니다. 그런데 비로소 을을 붙잡았고 갑이 수범임을 승복했으며, 또

갑이 백정이라면 어떻게 처분해야 합니까?

[율문1b의 답] 답한다: 유죄는 도4년에 준한다고 하였고(명17.2), 또 도죄를 유죄로 판결한 경우 도1년을 더한 것으로 간주하며(단19.2a) 유죄와 도죄를 누계하여 복역시켜야 할 경우에도 4년을 초과할 수 없다고 하였다(명29.3a). (따라서) 그 사람이 비록 다시 관사를 속였더라도 다시 유죄를 과해서는 안 되고 도1년만을 더하는데 그쳐야 한다. 만약 가역류죄를 범한 경우에는 당연히 3년을 복역해야 하니, 비록 3년의 역을 이미 마쳤더라도 그대로 반드시 다시 먼 곳에 유배하되, 곧 "앞서 (처결된) 죄를 합산하여[通計]" 유배된 곳에서 노역은 면한다.

[律文1c] 若前輸贓物, 後應還者, 還之.

[律文1c의 疏] 議曰: 假令甲有九品官, 犯徒一年, 詐爲從罪, 前斷處杖一百, 徵銅十斤. 今依首論, 斷作一年徒坐, 以九品一官當徒坐盡, 前徵銅十斤者還之, 是名「前輸贓物, 後應還者, 還之」.

[율문1c] 만약 전에 속의 물품을 수납했는데, 후에 반환해야 할 경우에는 그것을 반환한다.

[율문1c의 소] 의하여 말한다: 가령 갑이 9품관으로 도1년의 (죄를) 범하고 거짓으로 종범이라 하여 앞서 장100으로 처단하고 속동 10근을 징수했다. (그런데) 지금 수범으로 논하여 1년의 도죄로 단죄되었다면, 9품의 1관으로 도죄를 당해서 죄가 소진되므로 전에 징수한 속동 10근은 반환하며(명17·22), 이것이 (정)명하여 "전에 수속의 물품을 수납했는데, 후에 반환해야 할 경우에는 그것을 반환한다."는 것이다.

[律文2] 其增減人罪, 令有輕重者, 亦從此律;

[律文2의 疏] 議曰: 此設判官之罪. 增人罪者, 有人犯徒一年, 止有九品一官, 官司增罪, 科徒二年, 官當一年, 餘徒收贖, 後更審問, 止合徒一年, 前增一年贖物卽合追還. 減人罪者, 若有一人身居兩職, 竝是九品以上, 犯徒二年, 官司減爲一年半, 用一官當徒一年, 餘有半年, 官當不盡, 贖銅十斤, 檢知前失, 還用兩官當徒二年, 前輸半年贖物亦合還主. 又有白丁犯徒三年, 官司斷徒一年, 役訖事發, 更須科徒二年, 前一年役訖, 後更配二年之類.

[율문2] 만약 사람의 죄를 증감하여 가볍게 하거나 무겁게 한 경우에도 역시 이 율을 적용한다.

[율문2의 소] 의하여 말한다: 이 (조문은) 판관이 (오판한) 죄를 위해 설정한 것이다. 사람의 죄를 더한 경우는, 단지 9품 1관만 있는 어떤 사람이 도1년의 죄를 범했는데 관사가 죄를 더해 도2년을 과하여 1년은 관당하고 나머지 도죄는 속동을 징수했으나, 후에 다시 심문한 결과 도1년에 그치는 것임이 (밝혀진 것을 말하며, 이 경우) 앞서 더한 도1년에 대한 속의 물품은 곧 다시 반환해야 한다. 사람의 죄를 감한 경우는, 모두 9품 이상인 두 개의 관직을 가진[居兩職]59) 어떤 사람이 도2년의 죄를 범했는데 관사가 1년반으로 감하여 1관으로 도1년을 당하고 나머지 반년은 관당하기에는 죄가 부족하므로 속동 10근을 징수했으나, 앞의 과실을 검사·인지[檢知]해서 다시 2관으로 도2년을 당하게 할 때를 (말하며, 이 경우) 전에 수납한 반년의 속 물품은 역시 주인에게 반환해야 한다. 또 백정이 도3년의 죄를 범했는데 관사가 도1년으로 판결하여 역을 마치고 나서 (잘못된 판결이) 발각되었다면 다시 도3년60)을 과해

---

59) '居兩職'은 소의 내용으로 보면 단순히 '두 개의 관직을 가진 자'가 아니라 직사관 외에 훈관을 가진 자를 가리킨다고 보아야 한다. 관으로 죄를 당하는 경우 직사관·산관·위관은 1관으로 간주되어 그 중 가장 높은 것으로 당하고, 죄가 남으면 다시 훈관으로 당하기 때문이다(명17).

야 하는데, 이전에 1년의 역을 마쳤으므로 뒤에 다시 2년을 복역케
하는 것 따위이다.

[律文3] **若枉入人徒年者, 即計庸, 折除課役及贖直; 每枉一年, 折二年; 雖**
不滿年, 役過五十日者, 折一年. 即當年無課役者, 折來年. 其有軍役者, 折役日.

　[律文3의 疏] 議曰: 稱「枉入人徒年」, 未必皆是無罪, 但不應徒役而徒役, 即
是枉入徒年. 若是全年枉入, 子注具有明文. 如不滿五十日役, 即計枉役: 二
十日以下, 各計日折丁庸, 若枉三十五日, 竝折調; 不滿五十日者, 更不合折.
及贖直者, 假有七品以上子, 被枉徒一年, 即以役身之庸, 折其贖直. 計庸折
銅, 不盡, 更徵餘贖; 或折銅已盡, 仍有餘庸, 更亦不計. 若有課役, 依上法折
除. 其判官得罪, 自從故, 失. 或有中男十六以上應贖, 犯杖一百, 官司處徒一
年, 亦以役日計庸, 折充贖直. 盡與不盡, 皆同上解.

[율문3] **또한 사람의 도죄 년 수를 잘못 더한 경우에는 곧 노임을**
계산하여 과역 및 속금을 제한다. 잘못 처한 1년마다 2년의 (과역
을) 제한다. 비록 만 1년이 차지 않더라도 역의 (일이) 50일을 초과하는
때에는 1년의 (과역을) 제한다. 곧 당년에 과역이 없을 때에는 내년의
(과역으로) 대체한다. 단 군역이 있는 자는 (군)역의 일을 대체한다.

　[율문3의 소] 의하여 말한다: "사람의 도죄 년 수를 잘못 더했다."고
했는데, 반드시 모두 무죄에 대해서만이 아니라 단 도역에 처해서
는 안 되는데 도역에 처한 것도 곧 도죄의 년 수를 잘못 더한 것이
다. 만 1년[全年]을 잘못 더한 것은 자주에 명문이 갖추어져 있다.
만약 50일 미만의 역이면 곧 잘못 (더한) 역을 계산하는데, 20일
이하는 각각 일을 계산하여 丁의 노임을 제하며, 만약 잘못 (더한

---

60) 원문은 '徒二年'으로 되어 있으나 문맥상 '徒三年'으로 보는 것이 타당할 것이
　며, 그에 따라 '도3년'으로 번역했다.

역이) 35일이면 조까지 제하고,[61] (36일 이상) 50일 미만은 더 이
상 제하지 않는다. 속금을 (제한다는) 것은, 가령 7품 이상 (관의)
자가 도1년에 잘못 처해진 경우 곧 몸으로 복역한 (일의) 노임으로
그 속금을 제한다는 것이다. (이 경우) 노임을 계산해서 속금을 다
제하지 못하면 다시 나머지 속금을 징수하고, 속금을 다 제하면 남
은 노임이 있더라도 다시 계산하지 않는다. 만약 과역이 있다면
위의 법에 의거해서 제한다.[62] 단 판관이 얻는 죄는 당연히 고의·
과실로 (죄를 더하거나 덜한 것(단19)에) 따른다. (예컨대) 혹 마땅
히 속할 수 있는 16세 이상의 중남이 장100의 죄를 범했는데 관사
가 도1년에 처했다면, 역시 역의 일로 노임을 계산하여 속금을 충
당하며, 다한 것과 다하지 못한 것은 위의 해석과 같다.

[律文3의 注1] 每枉一年, 折二年. 雖不滿年, 役過五十日者, 折一年.

　[律文3의 注1의 疏] 議曰: 枉徒一年, 通折二年課役. 若枉三年, 通折六年課
　役. 雖不滿年, 役過五十日, 亦除一年者, 依令:「丁役五十日, 當年課,役俱免.」
　故五十日役者, 得折一年. 其稱折一年、二年者, 皆以三百六十日爲斷.

[율문3의 주1] 잘못 처한 1년마다 2년의 (과역을) 제한다. 비록 만 1
년이 차지 않더라도 역의 (일이) 50일을 초과하는 때에는 1년의 (과
역을) 제한다.

　[율문3의 주1의 소] 의하여 말한다: 잘못 처한 도1년은 총 2년의 과역
　을 제한다. 만약 3년이라면 총 6년의 과역을 제한다. 비록 만 1년이

---

61) 이 해석은, 정은 기본적으로 1년에 20일의 역을 부담하며, 역을 추가할 경우
　15일이면 조를 면제하고, 30일이면 조·조를 모두 면제하며, 역은 50일을 초과
　할 수 없다는 부역령의 규정(『당육전』권3, 76쪽; 『역주당육전』상, 326~327쪽)
　과 대응한다.
62) 6품 이하의 관은 본인 이외에는 과역면제의 특권이 미치지 않는다(『신당서』
　권51, 1343쪽; 『당육전』권3, 77쪽; 『역주당육전』상, 332쪽).

차지 않더라도 역이 50일을 초과하면 역시 1년의 (과역을) 제한다
는 것은, 영(부역령, 습유668쪽)에 의거하면 "정남의 역이 50일이면 당
년의 과·역을 모두 면한다."고 했으므로, 50일의 (억울한) 역은 1년
의 (과역을) 제할 수 있는 것이다. 여기서 1년·2년의 (과역을) 제한
다고 한 것은 모두 360일(명55.2)의 (과역을) 기준으로 한다.

[律文3의 注2] 卽當年無課役者, 折來年. 其有軍役者, 折役日.

[律文3의 注2의 疏] 議曰: 被枉徒之年, 或遇恩復, 或遭水旱而無課役者, 聽
折來年. 其有軍役者, 折上番之日. 若枉一年, 亦通折二年番役.

[율문3의 주2] 곧 당년에 과역이 없을 때에는 내년의 (과역으로) 대
체한다. 단 군역이 있는 자는 (군)역의 일을 대체한다.

[율문3의 주2의 소] 의하여 말한다: 잘못 처해진 도형의 복역 중에,
(과역) 복제의 은전을 만나거나 홍수와 가뭄을 만나 과역이 면제
될 때63)에는 내년의 (과역으로) 대체하는 것을 허용한다. 단 군역
이 있는 자는64) 상번하는 일을 제한다. 만약 1년의 (도형이) 잘못
처해졌다면 역시 총 2년의 번역을 제한다.

> **[律文3의 問]** 曰: 律稱折來年者, 脫或來年旱澇及遇恩復無課役者, 得折以後
> 來年以否?
> **[律文3의 答]** 曰: 律稱「當年無課役, 折來年」, 律矜枉入徒役, 聽折來年課
> 輸. 來歲旣無課役, 將來亦是來年. 年與課役相須, 本欲爲其準折. 若普蒙恩

---

63) 홍수·가뭄·병충해·서리에 의한 재해를 입은 지역은 피해 정도에 따라 조를
   면제하거나 조·조를 면제하며, 혹은 과·역을 모두 면제한다(『당육전』권3, 77
   쪽; 『역주당육전』상, 331쪽).
64) 군역이 있는 자는 부병을 의미한다. 부병은 과역이 면제되는 대신 정해진 일
   수를 상번해서 군역에 종사한다.

復及遭霜旱, 依令「課役竝免」, 豈合即計爲年? 亦如已役, 已輸, 聽折來年課役. 後年無者, 更折有課役之年. 此理旣同, 不可別生異議.

[율문3의 문] 묻습니다: 율에 내년의 (과역으로) 대체한다고 한 것은, 혹 내년에 가뭄이나 홍수가 있거나 복제의 은전을 만나 과역이 없게 된 경우 내후년의 (과역을) 제할 수 있습니까?

[율문3의 답] 답한다: 율에 "당년에 과역이 없으면 내년의 (과역을) 제한다."고 했는데, 율은 도형이 잘못 처해져 복역한 것을 가엾게 여겨 내년의 과역 수납을 제하는 것을 허용하는 것이다. 내년에 과역이 없다면 그 다음해도 역시 내년이다. (도형의) 년과 과역을 서로 결부시키는 것은 본래 제하는 기준을 세우려는 것이다. 만약 널리 복제의 은전을 입거나 서리나 가뭄을 만난 경우에는 영(부역령, 습유676쪽)에 의거하여 "과역이 모두 면제되는데", 어찌 (그 해만을) 년으로 헤아릴 수 있겠는가. 또한 이미 (그 해의) 역을 치렀거나 (과세를) 수납했더라도 내년의 과역을 제하는 것을 허용한다. 후년에 (과역이) 없을 경우에는 다시 과역이 있는 해의 (과역을) 제한다. 이 이치는 원래 같으므로 별다른 이의가 생길 수 없다.

[律文4] 其本應徒, 已決杖, 笞者, 即以杖, 笞贖直, 準減徒年.

[律文4의 疏] 議曰: 假有本坐合徒一年, 官司決杖一百, 決訖事發, 還合科徒. 前已決杖一百, 不可追改, 準徒一年贖銅二十斤, 即是十八日徒當銅一斤, 準笞十. 前決一百, 總合減徒一百八十日, 即當銅十斤, 折徒半年. 若一年徒罪已笞五十, 即以五斤之銅, 減徒役九十日; 減外殘徒, 各依式配役.

[율문4] 단 본래 도형에 처해야 하는데 이미 장형·태형을 집행한 경우는 장형·태형의 속금에 준하여 도형의 연수를 감한다.

[율문4의 소] 의하여 말한다: 가령 본래 (범한) 죄는 도1년에 해당하

는데 관사가 장100을 집행했으나 집행 후에 (잘못된) 사실이 발각되었다면 다시 도형을 과해야 한다. (그렇지만) 전에 이미 집행한 장100은 고칠 수 없는데, 도1년에 준하는 속동은 20근으로 곧 18일의 도역은 동 1근에 상당하며 (이는) 태에 준하면 10이므로(명1) 이전에 집행한 (장)100으로 도역 180일을 감한다. 즉 속동 10근에 해당하는 것으로는 도역 반년을 제하는 것이다. 만약 1년의 도죄인데 이미 태50을 처결했다면 (이에 상당하는) 5근의 속동으로 도역 90일을 감하고, 감한 외의 나머지 도죄는 각각 식에 의거하여 복역시킨다[配役].

당률소의 권 제6 명례율 모두 13조

역주 이준형

제45조 명례 45. 경합범의 처벌(二罪從重)

[律文1a①] **諸二罪以上俱發, 以重者論;** 謂非應累者, 唯具條其狀, 不累輕以加重. 若重罪應贖, 輕罪應居作·官當者, 以居作·官當爲重.

[律文1a①의 疏] 議曰: 假有甲任九品一官, 犯盜絹五疋, 合徒一年; 又私有稍一張, 合徒一年半; 又過失折人二支, 合贖流三千里, 是爲「二罪以上俱發」. 從「私有禁兵器」斷徒一年半, 用官當訖, 更徵銅十斤; 旣犯盜徒罪, 仍合免官. 是爲「以重者論」.

[율문1a①] **무릇 두 개 이상의 죄가 함께 발각되었다면 무거운 것으로 논하고,** 누계하는 것이 아니면, 오직 그 죄상을 조목별로 갖추어 둘뿐 가벼운 것을 무거운 것에 누계하여 더하지 않음을 말한다. 만약 무거운 죄는 속할 수 있고 가벼운 죄는 거작하거나 관당해야 하는 때에는 거작하거나 관당할 것을 무거운 것으로 한다.

[율문1a①의 소] 의하여 말한다: 가령 갑이 9품 1관에 재임하고 있으면서 견 5필을 절도(한 죄)를 범했다면 도1년에 해당하고(적35.2), 또 창(稍) 한 자루를 사유했다면 도1년반에 해당하며(천20.1), 또 과실로(투38) 타인의 지체 둘을 부러뜨렸다면 유3000리를(투4.2) 속해야 하는데, 이것이 "두 개 이상의 죄가 함께 발각되었다."는 것이 된다. (이 경우) "금병기를 사유한 죄"에 따라 도1년반으로 단죄하고, (도죄 1년은) 관으로 당하게 하며 (관당하고 남은 도죄 반년은) 다시 동 10근을 징수하되(명22.1), 절도로 인한 도죄를 범했으니 그대로 면관해야 한다(명19). 이것이 "무거운 것으로 논한다."는 것이다.

[律文1a①의 注1] 謂非應累者, 唯具條其狀, 不累輕以加重.

[律文1a①의 注1의 疏] 議曰: 以上三事, 竝非應累斷者, 雖從兵器處罪, 仍

具條三種犯狀, 不得將盜一年徒罪, 累於私有禁兵器一年半徒上, 故云「不累輕以加重」. 所以「具條其狀」者, 一彰罪多, 二防會赦. 雜犯死罪, 經赦得原; 蠱毒流刑, 逢恩不免故也.

[율문1a①의 주1] 누계하는 것이 아니면, 오직 그 죄상을 조목별로 갖추어 둘뿐 가벼운 것을 무거운 것에 누계하여 더하지 않음을 말한다.

[율문1a①의 주1의 소] 의하여 말한다: 위의 세 가지 사안은 모두 누계하는 것이 아니므로, 비록 (금)병기를 (사유한 것에) 따라 죄주지만 세 가지 범한 죄상은 그대로 갖추어 두고, 절도에 의한 1년의 도죄를 금병기를 사유한 1년반의 도죄에 누가할 수 없는 까닭에 "가벼운 것을 무거운 것에 누계하여 더하지 않는다."고 한 것이다. "그 죄상을 조목별로 갖추어 두는" 까닭은, 첫째 죄가 많음을 드러내고, 둘째 사면되는 것을 막기 위한 것이니, 잡범 사죄는 사면령이 내리면 용서될 수 있으나, 고독(으로 인한) 유형은 은사령을 만나도 사면하지 않기 때문이다(적15.3).[1]

[律文1a①의 注2] 若重罪應贖, 輕罪應居作·官當者, 以居作·官當爲重.

[律文1a①의 注2의 疏] 議曰: 謂甲過失折人二支應流, 依法聽贖; 私有禁兵器合徒, 官當, 即以官當爲重. 若白丁犯者, 即從禁兵器徒一年半, 即居作爲

---

1) 여기서 주의해야 할 점은, 2죄 이상이 발각된 경우 그 중 무거운 죄 하나로 처벌한다는 것은, 주형만을 면한다는 것이다. 다시 말하면 무거운 것으로 논하든 경중이 같은 경우 하나에 따라 단죄하든(율문1a②), 각 죄에 부과되는 종형이나 기타 특별 처분은 그대로 본법에 따라 부과된다(율문5). 소에서는 죄상을 조목별로 갖추어 두는[具條其狀] 까닭은 죄가 많음을 드러내고 사면되는 것을 막기 위함이라고 해석했지만, 그 외에도 종형이나 기타 특별 처분이 그대로 부과되어야 할 필요 때문이라고 해석해야 한다. 예컨대 소에서는 이에 대한 해석이 없지만 위의 소에서 예시로 든 9품관 갑의 경우, 견 5필을 절도한 죄인 도1년은 누과하지 않지만 관인이 도죄 이상의 도를 범한 경우 면관한다는 규정(명19)에 따라 면관 처분을 받게 된다.

重罪. 若更多犯, 自依從重法.

[율문1a①의 주2] 만약 무거운 죄는 속할 수 있고 가벼운 죄는 거작하거나 관당해야 하는 때에는 거작하거나 관당할 것을 무거운 것으로 한다.

[율문1a①의 주2의 소] 의하여 말한다: (위의) 갑이 과실로 사람의 지체 둘을 부러뜨린 것은 유형에 처해야 하지만 법에 의거하여 속을 허용하며(투38), 금병기를 사유한 것은 도죄에 해당하는데 관당하므로 곧 관당하는 것을 중죄로 한다. 만약 백정이 범했다면 금병기 (사유죄)에 따른 도1년반은 거작하므로 (이것을) 중죄로 한다. 만약 범한 죄가 더 많은 경우에는 당연히 (그 중에서 가장) 무거운 따르는 법에 의거한다.

[律文1a①의 問] 曰: 有七品子犯折傷人, 合徒一年, 應贖; 又犯盜合徒一年, 家有親老, 應加杖. 二罪俱發, 何者爲重?

[律文1a①의 答] 曰: 律以贖法爲輕, 加杖爲重. 故盜者不得以蔭贖, 家有親老, 聽加杖放之, 卽是加杖爲重罪. 若贖一年半徒, 自從重斷徵贖, 不合從輕加杖.

[율문1a①의 문] 묻습니다: 7품관의 자식이 사람에게 골절상을 입힌 [折傷] 죄를 범했다면 도1년에 해당하는데(투2.1) 속해야 하고(명11.1a), 또 절도죄를 범하여 도1년에 해당하는데 집의 부모가 (80세 이상의) 노이므로(명26.1의 소) 장형으로 대체해야 합니다.[2] 이 두 가지 죄가 함께 발각되었다면 어떤 것이 중죄가 됩니까?

[율문1a①의 답] 답한다: 율은 속할 수 있는 것을 가벼운 것으로 하

---

2) 이 경우 죄인에게 도형을 장형으로 대체하여 집행하는 가장례를 적용하려면 단순히 부모가 80세 이상의 노일 뿐만 아니라 죄인 외에 부모를 시양할 겸정이 없다는 조건이 전제되어야 한다(명27.3의 소).

고 장형으로 대체하는 것을 무거운 것으로 한다. 절도한 것은 음으로 속하여 (방면)할 수 없는데(명11.3) 집의 부모가 노여서 도형을 장형으로 대체 집행하고 방면을 허용하니, 곧 장형으로 대체하는 (도죄가) 중죄가 된다. 만약 속할 (상해죄가) 도1년반에 해당하면 당연히 무거운 (상해죄에) 따라 단죄해서 속(동)을 징수하고, 가벼운 (도죄에) 따라 장형으로 대체해서는 안 된다.3)

[律文1a②] 等者, 從一.

[律文1a②의 疏] 議曰: 假有白丁, 犯盜五疋, 合徒一年; 又鬪毆折傷人, 亦合徒一年. 此名「等者」, 須從一斷.

[율문1a②] (경중이) 같은 때에는 하나에 따른다.

[율문1a②의 소] 의하여 말한다: 가령 백정이 5필의 절도를 범했다면 도1년에 해당하고, 또 싸우다가 사람을 구타하여 골절상을 입혔다면 역시 도1년에 해당한다. 이것이 (정)명하여 "(경중이) 같은 때"라는 것이며, 반드시 하나에 따라 단죄해야 한다.

[律文1b①] 若一罪先發, 已經論決, 餘罪後發, 其輕若等, 勿論;
[律文1b②] 重者更論之, 通計前罪, 以充後數.

[律文1b①의 疏] 議曰: 假有甲折乙一齒, 合徒一年, 又折丙一指, 亦合徒一年. 折齒之罪先發, 已經配徒一年, 或無兼丁及家有親老, 已經決杖一百二十, 有折指之罪後發, 即從「等者勿論」.

[律文1b②의 疏] 重者更論之, 通計前罪, 以充後數者, 甲若毆丙, 二指以上, 合徒一年半, 更須加役半年; 甲若單丁, 又加杖二十. 是爲「重者更論之, 通計

---

3) 속동과 대체 장형은 본형이 같은 경우 대체 장형을 무거운 것으로 하고, 속의 본형이 대체 장형의 본형보다 무거우면 속할 것을 무거운 것으로 한다는 뜻이다.

前罪」之法.

[율문1b①] 만약 하나의 죄가 먼저 발각되어 이미 논해서 (형을) 집행했는데 여죄가 뒤에 발각되었다면, 그것이 (앞의 죄보다) 가볍거나 또는 같으면 논하지 말고,

[율문1b②] 무거운 때에는 다시 논하되 앞의 죄를 통계하여 뒤 (죄의) 형을 채운다.

[율문1b①의 소] 의하여 말한다: 가령 갑이 을의 이 하나를 부러뜨렸다면 도1년에 해당하고, 또 병의 손가락 하나를 부러뜨렸다면 역시 도1년에 해당한다(투2.1). 이를 부러뜨린 죄가 먼저 발각되어 이미 도1년을 복역하고 있거나 혹은 겸정이 없고 집의 부모가 노여서 이미 장120대를 쳤는데, 손가락을 부러뜨린 죄가 뒤에 발각되었다면 곧 "(경중이) 같은 때에는 논하지 말라."는 (규정)에 따른다.

[율문1b②의 소] 무거운 때에는 다시 논하되 앞의 죄를 통계하여 뒤의 형량을 채운다는 것은, 갑이 만약 병을 구타하여 손가락을 둘 이상 부러뜨렸다면 도1년반에 해당하므로(투2.2) 다시 반년의 역을 더하고, 갑이 단정이면 또 장20으로 대체해서 친다. 이러한 것이 "무거운 때에는 다시 논하되 앞의 죄를 통계한다."는 법이다.

[律文2a] 卽以贓致罪, 頻犯者竝累科;

[律文2a의 疏] 議曰: 假有受所監臨, 一日之中, 三處受絹一十八疋; 或三人共出一十八疋, 同時送者: 各倍爲九疋而斷, 此名「以贓致罪, 頻犯者竝累科」.

[율문2a] 만약 장물로 인한 죄를 여러 번 범했다면 모두 누계하여 죄주고[累科],

[율문2a의 소] 의하여 말한다: 가령 감림하는 바의 (재물을) 받았는

데(직50.1a), 하루 동안에 3곳에서 견 18필을 받았거나 혹은 3인이
공동으로 18필을 내어 동시에 보낸 때에는 각각 절반한[倍] 9필로
단죄한다. 이것이 (정)명하여 "장물로 인한 죄를 여러 번 범했다면
모두 누계하여 죄준다."는 것이다.

[律文2b] 若罪法不等者, 卽以重贓併滿輕贓:

[律文2c] 各倍論. 累, 謂止累見發之贓. 倍, 謂二尺爲一尺. 不等, 謂以强盜·枉
法等贓, 併從竊盜·受所監臨之類. 卽監臨主司因事受財而同事共與, 若一事頻受
及於監守頻盜者, 累而不倍.

　[律文2b의 疏] 議曰:「罪法不等者」, 爲犯强盜·枉法·不枉法·竊盜·受所監臨
等, 竝是輕重不等.「卽以重贓併滿輕贓」, 假令縣令受財枉法六疋, 合徒三
年; 不枉法十四疋, 亦合徒三年; 又監臨外竊盜二十九疋, 亦徒三年; 强盜二
疋, 亦合徒三年; 受所監臨四十九疋, 亦合徒三年. 准此以上五處贓罪, 各合
徒三年, 累於「受所監臨」, 總一百疋,

　[律文2c의 疏] 仍倍爲五十疋, 合流二千里之類.

[율문2b] 만약 죄의 (처벌)법이 같지 않은 때에는 곧 무거운 (죄
의) 장물을 가벼운 (죄의) 장물에 병만하되,

[율문2c] 각각 절반하여[倍] 논한다. 누계한다[累]는 것은, 현재 발각
된 장물만을 누계함을 말한다. 절반한다[倍]는 것은 2척을 1척으로 함
을 말한다. 같지 않다는 것은, 강도·왕법 등의 장물을 절도·수소감림
의 (장물에) 병합하는 따위를 말한다. 곧 감림하는 주사가 일로 인하
여 재물을 받았는데 같은 일에 공동으로 주었거나, 또는 한 가지 일로
여러 번 재물을 받았거나, 관할 지역 내에서 여러 번 절도했다면 누계
하되 절반하지 않는다.

　[율문2b의 소] 의하여 말한다: "죄의 (처벌)법이 같지 않은 때"라 함

은, 강도·왕법·불왕법·절도·수소감림 등을 범한 것은 모두 (죄의) 경중이 같지 않다는 것이다. "곧 무거운 (죄의) 장물을 가벼운 (죄의) 장물에 병만한다."⁴⁾는 것은, 가령 현령이 왕법하여 6필의 재물을 받았다면 도3년에 해당하고(직48.1a), 불왕법하여 14필을 (받았다면) 역시 도3년에 해당하며(직48.1b), 또 감림하는 (바) 외에서 29필을 절도했다면 역시 도3년에 처하고(적35.2), 2필을 강도했다면 역시 도3년에 해당하며(적34.1b), 감림하는 바로부터 49필을 받았다면 역시 도3년에 해당한다(직50.1a). 이상 다섯 경우의 장죄는 각각 도3년에 해당하지만, "수소감림"한 (장물)에 누계하면 모두 100필이고,

[율문2c의 소] 그대로 절반하면 50필이 되므로 유2000리에 해당한다는(직50.1a) 것 따위이다.

[律文2c의 注1] 累, 謂止累見發之贓. 倍, 謂二尺爲一尺.

[律文2c의 注1의 疏] 議曰: 假有官人枉法, 受甲乙丙丁四人財物, 各有八疋之贓, 甲乙二人先發, 贓有一十六疋, 累而倍之, 止依八疋而斷, 依律科流, 除名已訖; 其丙丁二人贓物於後重發, 即更見發之贓, 別更科八疋之罪. 後發者與前旣等, 理從勿論, 不得累併前贓作一十六疋, 斷作死罪之類.

[율문2c의 주1] 누계한다[累]는 것은, 현재 발각된 장물만을 누계함을 말한다. 절반한다[倍]는 것은 2척을 1척으로 함을 말한다.

[율문2c의 주1의 소] 의하여 말한다: 가령 관인이 왕법해서 갑·을·병·정 4인으로부터 재물을 받았는데 각각 8필의 장물이고, 갑·을 2인의 (죄가) 먼저 발각되어 장물 16필을 누계하고 절반하여 단지

---

4) '累科'란 같은 종류의 장물, 즉 죄의 처벌법이 같은 경우의 장물을 합계하여 죄주는 것을 말하며, '併滿'이란 다른 종류의 장물, 즉 죄의 처벌법이 같지 않은 경우 무거운 죄의 장물을 가벼운 죄의 장물에 합계해서 죄주는 것을 말한다. '累併'이란 누과와 병만을 총칭하는 말이다.

8필로 단죄해서 율에 의거하여 유죄를 주고 제명했는데, 병·정 2
인의 장물이 뒤에 다시 발각되었다면 곧 현재 발각된 장물을 누계
하고 (절반하므로) 별도로 다시 장물 8필의 죄를 주어야 한다. (그
런데) 뒤에 발각된 것이 앞의 것과 이미 같으므로 법리상 논하지
않는 법5)에 따라 앞의 장물을 누계 병합해서 16필로 하여 사죄로
단죄해서는 안 된다는 것 따위이다.

[律文2c의 問1] 曰: 有人枉法受一十五疋, 七疋先發, 已斷流訖, 八疋後發,
若爲科斷?
[律文2c의 答1] 曰: 枉法之贓, 若一人邊而取, 前發者雖已斷訖, 後發者還須
累論, 倂取前贓, 更科全罪, 不同頻犯止累見發之贓. 通計十五疋, 斷從絞坐.
無祿之人, 自依減法.

[율문2c의 문1] 묻습니다: 어떤 사람이 왕법해서 15필을 받았다가 7
필이 먼저 발각되어 이미 유죄로 단죄되었는데, 8필이 뒤에 발각
되었다면 어떻게 처단합니까?
[율문2c의 답1] 답한다: 왕법에 의한 장물이 만약 한 사람에게서 받
은 것이라면 앞서 발각된 것이 이미 단죄되었더라도 뒤에 발각된
것을 다시 누계하여 논해야 하므로, 앞의 장물을 병합하여 다시 전
체의 죄를 과하니, 여러 번 범한 경우 현재 발견된 장물만을 누계
하고 (절반하는) 것과는 다르다. 합하면 15필이 되니 교죄로 단죄
하고 처벌한다. 녹이 없는 사람은 당연히 감하는 법6)에 의거한다.

---

5) 같은 종류의 두 가지 죄가 선후로 발각되었는데, 뒤에 발각된 죄가 더 가볍거
나 같은 경우 논하지 않는다는 규정(율문1b①)에 따르는 것을 말한다.
6) 受財枉法·受財不枉法을 범한 자가 녹봉이 없는 경우, 본래의 죄에서 각각 1
등을 감하는 규정(138, 직48.2a)을 말한다. 당대 중앙과 지방의 관인은 정1품
에서 종9품까지 받는 녹봉이 규정되어 있었는데, 중앙관[京官]의 경우 米 700

[律文2c의 問2] 曰: 脫有十人共行, 資財同在一所, 盜者一時將去, 得同頻犯以否?

[律文2c의 答2] 曰: 律注云:「監臨主司因事受財而同事共與, 若一事頻受及於監守內頻盜, 累而不倍.」 除此三事, 皆合倍論. 十人之財, 一時俱取, 雖復似非頻犯, 終是物主各別, 元非一人之物, 理與十處盜同, 坐同頻犯, 贓合倍折. 若物付一人專掌, 失卽專掌者陪, 理同一人之財, 不得將爲頻盜.

[율문2c의 문2] 묻습니다: 만약 10인이 함께 가다가 자재를 한 곳에 두었는데 도둑이 동시에 가져갔다면 여러 번 범한 것과 같다고 할 수 있습니까?

[율문2c의 답2] 답한다: 율주에 "감림하는 주사가 일로 인하여 재물을 받았는데 같은 일에 공동으로 주었거나, 또는 한 가지 일로 여러 번 재물을 받았거나, 관할 지역 내에서 여러 번 절도했다면 누계하되 절반하지 않는다."고 하였다. 이 세 가지 사안 외에는 모두 절반하여 논해야 한다. 10인의 재물을 일시에 모두 취했다면 비록 여러 번 범한 것이 아닌 것 같으나 결국은 재물의 주인이 각각 다르고 원래 한 사람의 재물이 아니기 때문에 법리로 보아 10곳에서 도둑질한 것과 같으므로, 여러 번 범한 것과 같이 처벌하고 장물은 합해서 절반하여야 한다. 만약 물건을 오로지 한 사람에게 맡겨 관리하게 했는데 잃었다면 곧 관리한 자가 배상하니,[7] 법리상 한 사람의 재물과 같으니 여러 번 절도한 것이라 할 수 없다.

石(정1품)에서 미 52석(종9품)까지 차등을 두어 지급하였다. 지방관의 경우 중앙관의 녹봉에서 관품에 따라 차등적으로 감액하여 지급하였다(『통전』권 19, 492쪽; 『당육전』권3, 83쪽; 『역주당육전』상, 359~360쪽). 녹이 없는 사람 이란 유외관 이하를 말한다.

7) 판본에 따라 '陪' 혹은 '倍'라고 하는데 이것은 배상의 의미로 보아야 할 것이다.

[律文2c의 注2] 不等, 謂以强盜,枉法等贓, 併從竊盜,受所監臨之類.

[律文2c의 注2의 疏] 議曰: 强盜,枉法, 計贓是重; 竊盜,受所監臨, 准贓乃
輕. 故名「不等」. 假如强盜併從竊盜者, 謂如有人諸處頻犯竊盜, 已得八十二
疋, 累贓倍論, 得四十一疋, 罪合流三千里; 復於諸處頻犯强盜, 得財一十八
疋, 累贓倍得九疋, 亦合流三千里. 今將强盜九疋, 併於竊盜四十一疋上, 滿
五十疋, 處加役流. 其枉法併從受所監臨者, 假如官人頻受所監臨財物, 倍得
二十一疋二丈, 合徒一年半; 復頻受枉法贓, 倍得二疋二丈, 亦合徒一年半.
今將枉法贓二疋二丈, 併於受所監臨財物二十一疋二丈, 總爲二十四疋, 科徒
二年. 其有强盜併入受所監臨, 枉法併從竊盜, 如此之類, 俱以重贓併從輕贓
者, 皆同「併滿」之法.

[율문2c의 주2] 같지 않다는 것은, 강도·왕법 등의 장물을 절도·수소
감림의 (장물에) 병합하는 따위를 말한다.

[율문2c의 주2의 소] 의하여 말한다: 강도·왕법은 장물을 계산하여
(죄주는 것이) 무겁고, 절도·수소감림은 장물의 (수에) 비추어 보
면 가볍다. 그러므로 (정)명하여 "같지 않다."고 한 것이다. 가령
강도를 절도에 병합한다는 것은, 만일 어떤 사람이 여러 곳에서 여
러 번 절도를 범하여 82필을 취했는데 장물을 누계하여 절반하면
41필이 되어 죄가 유3000리에 해당하고(적35.2), 다시 여러 곳에서
여러 번 강도를 범하여 재물 18필을 취했는데 장물을 누계하여 절
반하면 9필이 되어 역시 유3000리에 해당하는데(적34.1b), 지금 강
도의 9필을 절도의 41필에 병합하면 50필이 차므로 가역류에 처함
(적35.2)을 말한다. 만약 왕법을 수소감림에 병합하는 경우, 가령
관인이 감림하는 바에게서 여러 번 받은 재물을 (누계하고) 절반
하여 21필 2장이 되었다면 도1년반에 해당하고(직50.1a), 다시 왕법
으로 여러 번 받은 장물을 (누계하고) 절반하여 2필 2장이 되었다
면 역시 도1년반에 해당하는데(직48.1a), 지금 왕법의 장물 2필 2장

을 수소감림의 재물 21필 2장에 병합하면 총 24필이 되므로 도2년의 죄를 준다. 만약 강도를 수소감림에 병합하거나 왕법을 절도에 병합하는 것과 같은 따위는, 모두 무거운 장물을 가벼운 장물에 병합하는 것으로, 모두 "병만"의 법과 같게 한다.

[律文2c의 注3] 即監臨主司因事受財而同事共與, 若一事頻受及於監守頻盜者, 累而不倍.

[律文2c의 注3의 疏] 議曰: 假有十人同爲鑄錢, 官司於彼受物, 是爲「因事受財」, 十人共以錢物行求, 是爲「同事共與」; 或斷一人之事, 頻受其財, 是爲「一事頻受」; 若當庫人於所當庫內, 若縣令於其所部頻盜者: 此等三事, 各累而不倍. 若同事別與, 或別事同與, 各依前倍論, 不同此例.

[율문2c의 주3] 곧 감림하는 주사가 일로 인하여 재물을 받았는데 같은 일에 공동으로 주었거나, 또는 한 가지 일로 여러 번 재물을 받았거나, 관할 지역 내에서 여러 번 절도했다면 누계하되 절반하지 않는다.

[율문2c의 주3의 소] 의하여 말한다: 가령 10인이 공동으로 주전했는데 관사가 그들로부터 재물을 받았다면 이것이 "일로 인하여 재물을 받은 것"이 되고, 10인이 함께 전물로 청탁[行求]했다면 이것이 "같은 일에 공동으로 준 것"이다. 한 사람의 일을 판결함에 그 재물을 여러 번 받았다면 이것이 "한 가지 일로 여러 번 재물을 받은 것"이다. 만약 창고 관리인이 관할 창고 내에서, 또는 현령이 그 관할 지역 내에서 여러 번 절도한 것, 이들 세 가지 사안은 각각 누계하되 절반하지 않는다. 만약 같은 일에 별도로 주었거나 혹은 별도의 일에 공동으로 준 것은 각각 앞의 (율문에) 의거하여 절반으로 논죄하니 이 예와는 같지 않다.

[律文3a] 其一事分爲二罪, 罪法若等, 則累論;

[律文3a의 疏] 議曰: 一事分爲二罪者, 假將私馬直絹五疋, 博取官馬直絹十疋, 依律:「貿易官物, 計其等準盜論, 計所利以盜論.」須分官馬十疋出兩種罪名: 五疋等者準盜論, 合徒一年; 五疋利者以盜論, 亦合徒一年. 累爲十疋, 處徒一年半是也. 此爲庶人有兼丁作法. 若是官人、品子應贖及單丁之人, 用法各別. 假有品官貿易官物, 五疋是利, 卽合免官. 其八品、九品, 止有一官者, 免官訖仍徵銅十斤. 若六品以下監臨官司, 便同自盜. 若將以盜五疋, 累於準盜五疋上, 從準盜作法, 合徒一年半. 累併旣不加重, 止從一重論, 直取以盜五疋, 加凡盜二等, 處徒二年, 仍除名. 其品子應贖者, 直取五疋利, 徒一年眞役爲重.

[율문3a] 단 한 사건이 2죄로 나누어지는 경우, 만약 죄의 (처벌) 법이 같다면 누계하여 논하고,

[율문3a의 소] 의하여 말한다: 한 사건이 2죄로 나누어진다는 것은, 가령 견 5필의 가치가 있는 사마를 견 10필의 가치가 있는 관마로 교환했다면, 율에 의거하여 "관의 물건을 교환한 경우 그 등가만큼을 계산하여 절도에 준하여[準盜] 논하고, 이익만큼을 계산하여 절도로[以盜] 논한다."(적43) (그러므로) 반드시 관마의 (값) 10필을 나누어 두 종류의 죄명을 낸다. (그런데) 등가의 5필은 절도에 준하여[準盜] 논하면 도1년에 해당하고, 이익 본 5필은 절도로[以盜] 논하면 역시 도1년에 해당하는데, 누계하면 10필이 되니 도1년반에 처하게 된다는 것이다(적35.2). 이는 집에 겸정이 있는 서인을 위해 제정한 법이다. 만약 관인이나 품자로 속할 수 있거나 (서인이) 단정인 때에는 적용하는 법이 각각 다르다. 가령 관인이 관물을 교역하여 5필의 이익을 얻었다면 곧 면관에 해당한다.[8] 그런데 8품·

---

8) 함부로 官의 물건을 교환하여 얻은 이익은 절도로[以盜] 논하는데(290, 적43),

9품 1관만을 가지고 있다면 면관하고 또 동 10근을 추징해야 한다.9) 만약 6품 이하의 감림관사라면 곧 스스로 절도한 것(적36)과 같이 처단한다. (따라서) 만약 절도로[以盜] (논한) 5필을 절도에 준하여[準盜] (논한) 5필에 누계하고 절도에 준하여 (처벌하는) 법에 따르면 도1년반에 해당하지만, (그러나) 누계 병합해도 가중되지 않으면 다만 하나의 무거운 것에 따라 논하므로 곧바로 절도로[以盜] (논하는) 5필에 의거해서 일반 절도죄에 2등을 더하여 도2년에 처하고 그대로 제명한다.10) 단 관인의 아들로 속할 수 있는 자이면 곧바로 이익 본 5필에 의거한 도1년의 실역을 무거운 것으로 하여 (처단한다).11)

[律文3b] **罪法不等者, 則以重法倂滿輕法**. 罪法等者, 謂若貿易官物, 計其等準盜論, 計所利以盜論之類. 罪法不等者, 謂若請官器仗, 以亡失倂從毀傷, 以考校不實倂從失不實之類.

[律文3b의 疏] 議曰: 假有官司, 非法擅賦斂於一家, 得絹五十疋: 四十五疋入官, 坐贓論合徒二年半; 五疋入私, 以枉法論亦合徒二年半. 卽以入私五疋,

---

5필의 이익을 본 죄는 도1년에 해당한다(282, 적35.2). '以盜'는 진정절도와 같고(명53.4), 도죄로 도형 이상의 판결을 받으면 면관에 해당한다(명19).

9) 9품 이상 6품 이하의 관은 1관으로 私罪 도1년을 당할 수 있으므로(명17.1a ②), 以盜와 準盜의 각 5필을 누계한 10필의 죄 도1년반을 관당하면 도반년이 남게 된다. 따라서 이 반년에 대해서는 속동을 추징해야 하는데, 반년의 속동은 10근이다(명44.1b의 소).

10) 以盜로 논하는 5필은 감림·주수의 절도여서 일반 절도죄에 2등을 더하여(283, 적36) 도2년에 처하므로, 준도로 논하는 5필에 이도로 논하는 5필을 누계한 도1년반보다 무겁다. 따라서 더 무거운 감림주수도로 처벌하는 것이며, 이도는 진정절도와 같으므로 제명(명18.2) 처분도 부가된다.

11) 준도는 진정절도가 아니므로 속하는 것이 가능하나, 이도는 진정절도와 같고, 절도죄는 속할 수 없으므로(명11.3) 실형을 과한다. 따라서 더 무거운 이도 5필에 따라 도1년에 처한다.

累於入官者, 爲五十疋, 坐贓致罪, 處徒三年.

[율문3b] 죄의 (처벌)법이 같지 않은 때에는 무거운 죄를 가벼운 죄에 병만한다. 죄의 (처벌)법이 같다는 것은, 관물을 (사물과 불법으로) 교환했으면 계산하여 등가만큼은 절도에 준하여[準盜] 논하고 계산하여 이익 본 만큼은 절도로[以盜] 논하는 것 따위를 말한다. 죄의 (처벌)법이 같지 않다는 것은, 만약 관에 기물과 무기를 요청하여 (수령한 경우) 망실한 것을 훼손한 것에 병합하거나, (사람을 공거하는데) 고교를 부실하게 한 것을 과실로 부실하게 한 것에 병합하는 따위이다.

[율문3b의 소] 의하여 말한다: 가령 관사가 불법으로 세를 부과하여 1가에서 견 50필을 받았는데, (이 중) 45필은 관에 들였다면 좌장으로 논하여 도2년반에 해당하고, 5필은 착복했다면 왕법으로 논하여 역시 도2년반에 해당한다.[12] (이런 경우) 곧 착복한 5필을 관에 들인 것에 누계하면 50필이 되므로 좌장으로 죄를 주어 도3년에 처한다.

[律文3b의 注1] 罪法等者, 謂若貿易官物, 計其等準盜論, 計所利以盜論之類.

[律文3b의 注1의 疏] 議曰: 貿易官物, 已從上解. 或有判事枉法後受絹十疋, 五疋先許, 是眞枉法; 五疋先未許, 得枉法後, 然始總送. 更有如此等事, 竝合累論, 故云「之類」.

[율문3b의 주1] 죄의 (처벌)법이 같다는 것은, 관물을 (사물과 불법으로) 교환했으면 계산하여 등가만큼은 절도에 준하여 논하고 계산하여 이익 본 만큼은 절도로 논하는 것 따위를 말한다.

---

12) 부역을 차과하는데 규정대로 하지 않고 함부로 거둔 경우, 관에 들인 것은 좌장으로 논하고 관에 들이지 않은 것은 왕법으로[以枉法] 논한다(173, 호24.2).

[율문3b의 주1의 소] 의하여 말한다: 관물(과 사물)의 교환에 관해서는 이미 위에서 해석하였다. 혹 사건을 왕법으로 판결한 뒤에 견 10필을 받았는데, 5필은 사전에 (받는 것을) 허락했다면 이것은 진정왕법이 되고, 5필은 사전에 허락하지 않았는데 왕법한 뒤에 비로소 보낸 것을 모두 받았다면, 이와 같은 일들은 (처벌법이 같아) 모두 누계해서 논해야 하므로[13] "따위"라고 한 것이다.

[律文3b의 注2] 罪法不等者, 謂若請官器仗, 以亡失倂從毁傷,

　　[律文3b의 注2의 疏] 議曰: 謂軍防之所請官器仗, 假有一千事, 亡失二百事, 合杖八十; 毁傷四百事, 亦合杖八十. 故雜律云, 請官器仗, 以十分論, 亡失二分, 毁傷四分, 各杖八十; 亡失三分, 毁傷六分, 各杖一百. 今以亡失二百事, 累於毁傷四百事, 同毁傷六分之罪, 合杖一百.

[율문3b의 주2] 죄의 (처벌)법이 같지 않다는 것은, 만약 관에 기물과 무기를 요청하여 (수령한 경우) 망실한 것을 훼손한 것에 병합하거나,

　　[율문3b의 주2의 소] 의하여 말한다: 군대가 지키는 곳에서 관에 기물과 무기를 요청해서, 가령 1천 건을 (수령했는데 그 가운데) 200건을 망실했다면 장80에 해당하고, 400건을 훼손했다면 역시 장80에 해당한다. 그러므로 잡률(잡56.3a)에서 관에 청구하여 받은 기물과 무기는 10분으로 논하여 망실한 것이 2/10이거나 훼손한 것이 4/10이면 각각 장80하고, 망실한 것이 3/10이거나 훼손한 것이 6/10이면 각각 장100에 처한다고 한 것이다. 지금 망실한 200건의 일을 훼손한 400건의 일에 누계하면 6/10을 훼손한 죄와 같으므로

---

13) 먼저 뇌물을 주겠다는 합의 없이 枉法한 후에 비로소 그 사례로 뇌물을 주었다면 準枉法으로 논한다(139, 직49.1). 소에서 든 예에서는, 앞서 받은 5필이 진정왕법이고 뒤에 받은 5필이 준왕법으로 그 죄명과 형량이 같으므로 이를 누계하여 논하는 것이다.

장100에 해당한다.

[律文3b의 注3] 以考校不實, 併從失不實之類.

　[律文3b의 注3의 疏] 議曰: 職制律, 貢擧非其人, 一人徒一年, 二人加一等, 罪止徒三年. 若考校不實, 減一等. 失者, 各減三等. 假有考校九人, 二人故不實, 合科杖一百; 七人失不實, 亦合科杖一百. 須以故不實二人, 併從失不實七人之上, 爲九人失不實, 合徒一年. 又戶婚律, 脫口以免課役, 一口徒一年, 二口加一等, 罪止徒三年. 其漏無課役口, 四口爲一口. 假令脫有課役二口, 合徒一年; 漏無課役十口, 亦合徒一年. 須以有課役二口, 併於無課役十口之上, 爲無課役十二口, 處徒一年半之類.

[율문3b의 주3] (사람을 공거하는데) 고교를 부실하게 한 것을 과실로 부실하게 한 것에 병합하는 따위이다.

　[율문3b의 주3의 소] 의하여 말한다: 직제율(직2)에 "적합하지 않은 사람을 공거한 것은 1인이면 도1년하고, 2인마다 1등을 더하되 죄는 도3년에서 그친다. 만약 고교를 사실대로 하지 않은 때에는 1등을 감한다. 과실로 범한 때에는 각각 3등을 감한다."[14]고 하였다. 가령 9인을 고교하는데 2인을 고의로 사실대로 하지 않았다면 장100을 과해야 하고, 7인을 과실로 사실대로 하지 않았다면 역시 장100을 과해야 한다. (이 경우) 고의로 사실대로 하지 않은 2인을 과실로 사실대로 하지 않은 7인에 병합해야 하며, 9인을 과실로 사실대로 하지 않은 것은 도1년에 해당한다. 또 호혼율(호1)에 "탈구

---

14) '考校'는 내외의 문무 관인이 연말에 의무적으로 받는 공적과 과실의 심사를 말한다. 고과해야 하는 관리가 당해의 공로·과실과 품행·재능 등에 대해 기록하여 보고하면, 本司 및 本州의 장관은 이에 대해 우열을 논의하고 고과 등급을 정하고, 고공낭중과 고공원외랑 등은 고과 등급을 교정하고 최종 판정한다. '考校不實'이란 심사를 담당한 장관과 고공낭중·고공원외랑이 이러한 고교를 사실과 다르게 한 것을 말한다(92, 직2.2 및 소).

하여 과역을 면한 것은, 1구이면 도1년하고 2구마다 1등을 더하되 죄는 도3년에서 그친다. 단 과역이 없는 구를 누락시킨 것은 4구를 1구로 간주한다."고 하였다. 가령 과역이 있는 2구를 누락시키면 도1년에 해당하고, 과역이 없는 10구를 누락시키면 역시 도1년에 해당한다. (이 경우) 과역이 있는 2구를 과역이 없는 10구에 병합하여, 과역이 없는 12구로 도1년반에 처하는 것 따위이다.

[律文4] 累併不加重者, 止從重.

[律文4의 疏] 議曰: 假有以私物五疋, 貿易官物直九疋, 五疋準盜, 合徒一年; 計所利四疋, 合杖九十.「罪法等者則累論」, 以四疋累於五疋上, 總爲九疋, 不加一年徒坐, 止從準盜, 處徒一年. 併者, 如前器仗, 亡失一分, 毀傷二分, 俱合杖六十. 以亡失一分, 併毀傷二分之上, 止是三分, 未滿四分, 不合加罪, 止從亡失一分之類.

[율문4] 누계하거나 병합해도 가중되지 않을 때에는 경우 단지 (그 중) 무거운 것에 따른다.

[율문4의 소] 의하여 말한다: 가령 5필의 사물로 9필 값의 관물을 교환했다면 (등가의) 5필은 준도로 도1년에 해당하고, 이익 본 4필은 (이도로) 장90에 해당한다. (이 경우) "죄의 처벌법이 같다면 즉 누계하여 논한다."는 (규정에 따라 이도의) 4필을 (준도의) 5필에 누계하면 총 9필이 되어 도1년 이상으로 더해지지 않으므로 단지 준도로 도1년에 처한다.[15] 병합한다는 것은 앞의 기물과 무기(율문 3b의 주2)의 경우와 같이, 망실한 것이 1/10이고 훼손한 것이 2/10

---

15) 절도죄는 절도한 재물의 가치가 5필이면 도1년에 해당하며, 5필마다 1등을 더하여 10필이면 도1년반에 해당한다(282, 적35.2), 따라서 이익 본 4필을 등가만큼의 5필에 누계해도 10필이 되지 않아 도1년반으로 처벌할 수 없어 단지 본형이 무거운 5필의 준도죄로 처벌하여 도1년에 처하는 것이다.

이면 모두 장60에 해당하는데, 망실한 1/10을 훼손한 2/10에 병합하면 단지 3/10으로 4/10에 차지 않아 죄는 더해지지 않으므로, 다만 1/10을 망실한 것에 따르는 따위이다.16)

[律文5] **其應除、免、倍、沒、備償、罪止者，各盡本法.**

[律文5의 疏] 議曰：假有八品官，枉法受財五疋，徒二年半；不枉法受財十二疋，亦徒二年半；竊盜二十四疋，亦徒二年半；監臨受財三十九疋，亦徒二年半；又詐欺取財二十四疋，亦徒二年半；又坐贓四十九疋，亦徒二年半：倍得七十六疋二丈。又請稍十張，亡失一張，合杖六十。其贓總累爲坐贓五十疋，合徒三年，餘贓罪止不加。據枉法，合除名；不枉法，合免官；盜者，倍備；枉法、不枉法、受所監臨及坐贓等，竝沒官；亡失官稍，備償；坐贓，罪止徒三年之類。如有二罪以上俱發者，即先以重罪官當，仍依例除、免，不得將爲二罪唯從重論。

[율문5] 단 제명·면관·배장·몰관·배상·최고형은 각각 본법을 모두 적용한다.

[율문5의 소] 의하여 말한다: 가령 8품관이 왕법으로 재물 5필을 받았다면 도2년반하며(직48.1a), 불왕법으로 재물 12필을 받았다면 역시 도2년반하고(직48.1b), 24필을 절도했다면 또한 도2년반하며(적35.2), 관할 범위 내에서 재물 39필을 받았다면 또한 도2년반하고(직50.1a), 또 사기하여 재물 24필을 취했다면 또한 도2년반하며(사12.1), 좌장으로 (죄가 되는 것이) 49필이면 또한 도2년반하는데(잡1.1), (이

---

16) 망실분 1/10을 훼손분 2/10에 병합하여 3/10을 훼손했다고 간주하더라도 더 무거운 처벌 기준인 4/10를 훼손한 것에 미치지 못했기 때문에 망실죄로만 처벌하는 것이다. 반면에 2/10를 망실하고 동시에 4/10를 훼손한 경우 처벌은 각기 장80이지만, 망실분 2/10를 훼손분 4/10에 병합하면 6/10을 훼손한 것이 되어 장100에 처하게 된다(444, 잡56.3).

죄들의 장물을 모두 합하고) 절반하면 (좌장의 장물) 76필 2장이 된다. 또 창 10자루를 요청하여 (수령했다가) 한 자루를 망실했다면 장60에 해당한다(잡56.3a). 그 장물의 총계는 (76필 2장인데) 좌장 50필이면 (최고형인) 도3년에 해당하여 죄를 더하는 것을 그쳐야 하니 나머지 장물 (26필 2장)으로는 (죄를) 더할 수 없다. (그렇지만) 왕법한 것에 따라 제명해야 하고(명18), 불왕법한 것에 따라 면관해야 하며(명19), 절도한 것은 배로 배상케 한다. (또한) 왕법·불왕법·수소감림 및 좌장 등에 의한 재물은 모두 몰관하며 망실한 관의 창은 배상케 하고(잡56.3b의 소) 좌장한 것에 따라 죄는 (최고형인) 도3년에 그쳐야 한다는 것 따위이다. 만약 두 가지 이상의 죄가 함께 발각된 경우라도 먼저 중죄로 관당하고 그대로 예에 의거하여 제명·면관하며(명22), 두 가지 죄로 하여 오직 무거운 것에 따라 논할 수 없다.

제46조 명례 46. 친속을 숨겨준 죄의 면제(同居相爲隱)

[律文1a] 諸同居, 若大功以上親及外祖父母、外孫, 若孫之婦、夫之兄弟及兄弟妻, 有罪相爲隱,

　[律文1a의 疏] 議曰:「同居」, 謂同財共居, 不限籍之同異, 雖無服者, 竝是.「若大功以上親」, 各依本服.「外祖父母、外孫若孫之婦、夫之兄弟及兄弟妻」, 服雖輕, 論情重. 故有罪者竝相爲隱, 反報俱隱. 此等外祖不及曾、高, 外孫不及曾、玄也.

[율문1a] 무릇 동거 또는 대공 이상 친속 및 외조부모·외손, 또는 손부, 남편의 형제 및 형제의 처에게 죄가 있어 서로 숨겨주거나,

[율문1a의 소] 의하여 말한다: "동거"라 함은, 재산을 공유하고 같이 거주하는 것을 말하는데, 호적이 같고 다름을 구분하지 않고 비록 복이 없는 자라도 (함께 살고 있다면) 모두 동거이다. "또는 대공 이상 친속"은 각각 본복에 의거한다. "외조부모·외손, 또는 손부, 남편의 형제 및 형제의 처"는 복은 비록 가볍지만 정을 논하자면 무겁다.17) 그러므로 죄가 있을 때에는 서로 숨겨주는데, 존장·비유 양쪽 다(反報)18) 숨겨준다. 이 경우 외조는 증·고조에까지 미치지 않고, 외손은 증·현손까지 미치지 않는다.19)

[律文1b] 部曲、奴婢爲主隱: 皆勿論,

[律文1b의 疏] 議曰: 部曲、奴婢, 主不爲隱, 聽爲主隱. 非「謀叛」以上, 竝不坐.

[율문1b] 부곡·노비가 주인을 위하여 숨겨주어도 모두 논하지 않고,

[율문1b의 소] 의하여 말한다. 주인은 부곡·노비를 숨겨줄 수 없으나, (부곡·노비가) 주인을 위하여 숨겨주는 것은 허용한다. "모반" 이상이 아니면 모두 처벌하지 않는다.

[律文1c] 卽漏露其事及擿語消息亦不坐.

[律文1c의 疏] 議曰: 假有鑄錢及盜之類, 事須掩搏追收, 遂「漏露其事」,「及擿語消息」, 謂報罪人所掩搏之事, 令得隱避逃亡. 爲通相隱, 故亦不坐.

---

17) 외조부모·손부·남편의 형제 및 형제의 처는 소공친이며, 외손은 시마복이다. 손부에 대응하는 남편의 조부모는 대공존속이므로 여기에서 열거하지 않은 것이다.

18) 원문의 '反報'는 '어느 쪽에서도'라는 의미이다. 앞 구절의 '相爲隱'에 그 뜻이 모두 드러나 있기 때문에, 이 말은 약간 衍文의 느낌이 있다.

19) 조부모라 칭한 경우 증·고조도 같고, 손이라 칭한 경우 증·현손도 같지만(명 52.2), 외조·외손이라 칭한 경우 외증·고조, 외증·현손은 적용되지 않는다(일본역『唐律疏議』1, 291쪽, 주3).

[율문1c] 만약 그 일을 누설하거나 소식을 은밀히 전하더라도 역시 처벌하지 않는다.

[율문1c의 소] 의하여 말한다: 가령 주전(잡3) 및 절도 등은 반드시 불시에 체포[掩攝]하고 (증거물을) 압수[追收]해야 하는데, 이에 "그 일을 누설하거나 소식을 은밀히 전하였다."는 것은 죄인에게 불시에 체포하는 일을 알리어 숨거나 도망할 수 있도록 한 것을 말한다. 서로 숨겨주는 것과 (취지가) 통하기 때문에 역시 처벌하지 않는 것이다.

[律文2] 其小功以下相隱, 減凡人三等.

[律文2의 疏] 議曰: 小功·緦麻, 假有死罪隱藏, 據凡人唯減一等, 小功·緦麻又減凡人三等, 總減四等, 猶徒二年.

[율문2] 단 소공친 이하가 서로 숨겨주었다면 일반인이 (서로 숨겨준) 죄에서 3등을 감한다.

[율문2의 소] 의하여 말한다: 소공친·시마친이 가령 사죄가 있어 숨기고 감추어 주었다면, 일반인이 (숨기거나 감춘 경우) 오직 1등을 감하지만(표18.1), 소공친·시마친이 (숨긴 죄는) 또 일반인의 (죄에서) 3등을 감하여 모두 4등을 감하므로 도2년이 된다.

[律文3] 若犯謀叛以上者, 不用此律.

[律文3의 疏] 議曰: 謂謀反·謀大逆·謀叛, 此等三事, 竝不得相隱, 故不用相隱之律, 各從本條科斷.

[율문3] 만약 모반 이상의 (죄를) 범한 때에는 이 율을 적용하지 않는다.

[율문3의 소] 의하여 말한다: 모반·모대역·모반 이들 세 사안은 모

두 서로 숨겨주어서는 안 되므로, 서로 숨겨주는 율을 적용하지 않고 각각 본조(적1~4)에 따라 처단함을 말한다.

[律文3의 問] 曰:「小功以下相隱, 減凡人三等.」 若有漏露其事及擿語消息, 亦得減罪以否?

[律文3의 答] 曰: 漏露其事及擿語消息, 上文大功以上共相容隱義同, 其於小功以下理亦不別. 律恐煩文, 故擧相隱爲例, 亦減凡人三等.

[율문3의 문] 묻습니다: "소공친 이하가 서로 숨겨주었다면 일반인이 (서로 숨겨준) 죄에서 3등을 감한다."고 했는데, 만약 그 일을 누설하거나 소식을 은밀히 전했다면 역시 죄를 감할 수 있습니까?

[율문3의 답] 답한다: 그 일을 누설하거나 소식을 은밀히 전하는 것은 위 율문에서 대공친 이상이 서로 숨겨주는 것과 뜻이 같다고 (규정했는데), 소공친 이하도 이치로 보아 역시 다르지 않다. 율은 번잡한 율문을 꺼리므로 서로 숨겨주는 것을 들어 예를 정했으니, 이 또한 일반인이 (서로 숨겨준) 죄에서 3등을 감한다.

제47조 명례 47. 천인의 형법상의 지위와 대체형(官戶部曲官私奴婢有犯)

[律文1] 諸官戶、部曲、稱部曲者, 部曲妻及客女亦同. 官私奴婢有犯, 本條無正文者, 各準良人.

[律文1의 疏] 議曰: 官戶隷屬司農, 州、縣元無戶貫; 部曲, 謂私家所有; 其妻, 通娶良人; 客女, 放婢爲之, 部曲之女亦是: 犯罪皆與官戶、部曲同. 官私奴婢有犯, 本條有正文者, 謂犯主及毆良人之類, 各從正條. 其「本條無正文」,

謂闌入、越度及本色相犯，竝詛詈祖父母、父母、兄姊之類，各準良人之法．

[율문1] **무릇 관호·부곡과** 부곡이라 칭한 경우 부곡처 및 객녀도 역시 같다. **관사노비가 죄를 범했는데, 본조에 바로 해당하는 율문이 없는 경우 각각 양인에 준한다.**

[율문1의 소] 의하여 말한다: 관호는 사농시[20]에 예속되어 있어 주현에는 원래 호적이 없다. 부곡은 사가의 소유를 말한다. 단 처는 양인까지 취할 수 있고 객녀 또는 방면된 비도 될 수 있는데, 부곡의 녀를 (포함하여 모두) 역시 (부곡)이다. (이들이) 죄를 범하면 모두 관호·부곡과 같게 한다. 관사노비가 죄를 범했는데 본조에 바로 해당하는 율문이 있다는 것은, 주인을 범한 경우 및 양인을 구타한 경우 따위[21]를 말하며, 각각 바로 그 조항에 따른다. 그런데 "본조에 바로 해당하는 율문이 없다."는 것은, 난입·월도[22] 및 같은 신분 사이의 범죄와 아울러 조부모·부모·형·누나를 저주하고 욕을 한 따위를 말하며, 각각 양인의 법에 준한다.

[律文2] 若犯流、徒者，加杖，免居作．

[律文2의 疏] 議曰: 犯徒者，準無兼丁例加杖: 徒一年加杖一百二十，一等加

---

20) 司農은 사농시를 가리킨다. 사농시는 9시 중 하나로 경(종3품) 1인, 소경(종4품상) 2인, 승(종6품상) 6인, 주부(종7품상) 2인을 두었으며 국가의 곡물창고의 보존·관리에 관한 정령을 관장한다(『당육전』권18, 523쪽; 『역주당육전』중, 593~598쪽).

21) 본조에 부곡·노비가 범한 죄가 규정되어 있는 조항은 다음과 같다. 주인을 욕하거나 과실상상한 것(323, 투22), 주인 살해 모의(254, 적7), 옛 주인을 욕하거나 구타·상상·과실상상한 것(337, 투36), 옛 주인 살해 모의(255, 적8), 부곡·노비의 양인 구타·상해(320, 투19).

22) 난입에 대해서는 위금률 1~7; 11·12·15·20조에, 월도에 대해서는 위금률 25·26·31조에 구체적인 죄의 구성요건과 처벌이 규정되어 있는데, 부곡·노비가 이러한 죄를 범한 경우 양인에 준해서 처벌한다.

二十, 徒三年加杖二百. 準犯三流, 亦止杖二百. 決訖付官、主, 不居作.

[율문2] 만약 유죄·도죄를 범한 때에는 장형으로 대체하고 거작은 면제한다.

[율문2의 소] 의하여 말한다: 도죄를 범한 때에는 겸정이 없는 예(명 27)에 준하여 장형으로 대체한다. 도1년은 장120으로 대체하고, 1등마다 장20을 더하여 도3년은 장200으로 대체한다. 세 가지 유죄를 범한 경우도 역시 장200으로 그친다(명29.4b). 집행한 뒤에 소속 관사나 주인에게 돌려보내고 거작은 시키지 않는다.

[律文3a] 應徵正贓及贖無財者, 準銅二斤各加杖十, 決訖, 付官、主;

[律文3a의 疏] 議曰: 犯罪應徵正贓及贖, 無財可備者, 皆據其本犯及正贓, 準銅每二斤各加杖十, 決訖付官、主. 銅數雖多, 不得過二百. 今直言正贓, 不言倍贓者, 正贓無財, 猶許加杖放免; 倍贓無財, 理然不坐. 其有財堪備者, 自依常律.

[율문3a] 정장 및 속을 추징해야 하는데 재물이 없을 때에는 (속)동 2근당 장10으로 대체하여 집행한 뒤에 관이나 주인에게 보내고,

[율문3a의 소] 의하여 말한다: 죄를 범하여 정장 및 속을 추징해야 하는데 재물이 없어 낼 수 없을 때에는, 모두 그 본래 범한 죄 및 정장에 의거해서 (속)동 2근당 각각 장10으로 대체하고, 집행을 마치면 관이나 주인에게 보낸다. (속)동의 액수가 많더라도 장200을 초과할 수 없다. 지금 단지 정장이라고만 하고 배장을 말하지 않은 것은, 정장도 재물이 없으면 오히려 장형으로 대체하고 방면하는 것을 허용하므로, 배장의 경우 재물이 없으면 법리상 당연히 (더 이상) 처벌하지 않는다는 것이다. 단 재물이 있어 배상이 가능

한 때에는 당연히 일반적인 율에 의거한다.

[律文3b] 若老小及廢疾, 不合加杖, 無財者放免.

[律文3b의 疏] 議曰: 謂以上應徵贖之人, 若年七十以上·十五以下及廢疾, 依律不合加杖, 勘檢復無財者, 竝放免不徵. 其部曲·奴婢應徵贓贖者, 皆徵部曲及奴婢, 不合徵主.

[율문3b] 만약 노·소 및 폐질이라면 장형으로 대체해서는 안 되며, 재물이 없을 때에는 방면한다.

[율문3b의 소] 의하여 말한다: 이상의 정장·속을 추징당할 사람이 만약 70세 이상, 15세 이하 및 폐질이면 율(명30·31)에 의거해서 장형으로 대체해서는 안 되는데, 조사해서 다시 재물이 없을 때에는 모두 방면하고 추징하지 않음을 말한다. 단 부곡·노비가 정장·속을 추징당할 자이면 모두 부곡 및 노비에게 추징해야 하고 주인에게 추징해서는 안 된다.

[律文4] 卽同主奴婢自相殺, 主求免者, 聽減死一等. 親屬自相殺者, 依常律.

[律文4의 疏] 議曰: 奴婢賤人, 律比畜産, 相殺雖合償死, 主求免者, 聽減. 若部曲故殺同主賤人, 亦至死罪, 主求免死, 亦得同減法. 但奴殺奴是重, 主求免者尙聽; 部曲殺奴旣輕, 主求免者, 亦得免. 旣稱同主, 卽是私家. 若是官奴自犯, 不依此律.

[율문4] 만약 같은 주인의 노비가 서로 살해했는데 주인이 감면을 청구하는 경우 사죄에서 1등을 감하는 것을 허용한다. (노비의) 친속이 서로 살해한 때에는 일반적인 율에 의거한다.

[율문4의 소] 의하여 말한다: 노비는 천인으로 율은 축산에 비하며, 서로 살해하여 비록 죽음으로 죗값을 치러야 하더라도23) 주인이

감면을 청구하면 감형을 허용한다. 또한 부곡이 같은 주인의 천인을 고의로 살해했다면 역시 사죄에 이르지만,[24] 주인이 사죄의 감면을 청구하면 역시 감하는 법과 같이 할 수 있다. 노가 노를 살해한 것은 (죄가) 무겁지만 주인이 감면을 청구하면 오히려 허용하니, 부곡이 노를 살해한 것은 이보다 가벼우므로 주인이 감면을 청구하면 역시 감면할 수 있어야 한다. 원래 같은 주인이라 칭했으니 곧 사가의 경우이다. 만약 관노들이 스스로 범했다면 이 율에 의거하지 않는다.[25]

[律文4의 注] 親屬自相殺者, 依常律.

[律文4의 注의 疏] 議曰: 律云「各準良人」, 悉準良人爲法. 旣犯親屬, 不依求免減例.

[율문4의 주] (노비의) 친속이 서로 살해한 때에는 일반적인 율에 의거한다.

[율문4의 주의 소] 의하여 말한다: 율에 이르기를 "각각 양인에 준한다."고 한 것은, 모두 양인에 준하여 법을 집행한다는 것이다. 이미 친속을 범했다면 청구하더라도 감하는 예에 의거하지 않는다.

---

23) 노비가 노비를 살해한 것은 같은 신분끼리 범한 것[本色相犯]에 해당하며, 양인에 준하여 처벌하기 때문에 투살은 교형에, 고살은 참형에 처한다(306, 투5.1).

24) 이 구절에서 '賤人'은 양인에 대비되는 관호·부곡·노비 등 천인 제반을 가리키는 것이 아니고 노비만을 의미한다. 부곡이 노비를 살해한 경우, 그 죄는 양인이 부곡을 살해한 경우와 같다. 즉 투살은 일반인끼리의 죄에서 1등을 감하여 유3000리에 처하며, 고살인 때에는 교형에 처한다(320, 투19.3 및 소).

25) 관노들이 서로 살인을 범한 경우 양인의 예에 준해 사형에 처하고, 사노와 같이 소속된 관사에서 감면을 청할 수 없다는 의미이다.

제48조 명례 48. 외국인의 범행(化外人相犯)

[律文1] 諸化外人, 同類自相犯者, 各依本俗法;

[律文2] 異類相犯者, 以法律論.

[律文1의 疏] 議曰:「化外人」, 謂蕃夷之國, 別立君長者, 各有風俗, 制法不
同. 其有同類自相犯者, 須問本國之制, 依其俗法斷之.

[律文2의 疏] 異類相犯者, 若高麗之與百濟相犯之類, 皆以國家法律, 論定刑名.

[율문1] 무릇 외국인[化外人]이 같은 부류 사이에 서로 범한 때에는
각각 본국의 풍속과 법에 의거하고,

[율문2] 다른 부류 사이에 서로 범한 때에는 (국가의) 법률로 논
한다.

[율문1의 소] 의하여 말한다: "외국인[化外人]"이라 함은, 번이의 국가
로서 별도로 군장을 세운 것을 말하며, 각각 (고유의) 풍속이 있고
제도와 법이 다르다. 같은 부류가 서로 범한 때에는 반드시 본국
의 제도를 물어 그 풍속과 법에 의거하여 단죄해야 한다.

[율문2의 소] 다른 부류 사이에 서로 범했다는 것은 예컨대 고구려
인과 백제인이 서로 범한 것 따위로, 모두 국가[唐]의 법률로 논하
여 형의 등급을 정한다.

제49조 명례 49. 명례율의 적용범위(本條別有制)

[律文1] 諸本條別有制, 與例不同者, 依本條.

[律文1의 疏] 議曰: 例云「共犯罪, 以造意爲首, 隨從者減一等」; 鬪訟律「同謀共毆傷人, 各以下手重者爲重罪, 元謀減一等, 從者又減一等」. 又例云, 九品以上, 犯流以下聽贖; 又斷獄律「品官任流外及雜任, 於本司及監臨犯杖罪以下, 依決罰例」. 如此之類, 並是與例不同, 各依本條科斷.

[율문1] 무릇 본조에 따로 규정[制]이 있어 (명)례와 다른 때에는 본조에 의거한다.

[율문1의 소] 의하여 말한다: (명)례(명42.1)에 "공동으로 죄를 범하면 주모자를 수범으로 하고, 수종자는 1등을 감한다."고 했는데, 투송률(투7.1)에는 "같이 모의하여 함께 사람을 구타하여 상해한 때에는 각각 손을 댄 것이 무거운 자를 중죄로 하며, 주모자는 1등을 감하고, 수종자는 또 1등을 감한다."고 하였다. 또 명례율(명11.1)에 9품 이상의 (관이) 유죄 이하를 범했다면 속을 허용한다고 했는데, 또 단옥률(단30.2)에는 "품관이 유외(관) 및 잡임에 임용되어 본사 및 감림 (구역 내)에서 장죄 이하를 범한 경우 (장형을) 집행하는 예에 의거한다."고 하였다. 이와 같은 따위는 모두 (본조가) 명례율과 다른데, 각각 본조에 의거하여 처단한다.

[律文2] 卽當條雖有罪名, 所爲重者自從重.

[律文2의 疏] 議曰: 依詐僞律, 詐自復除, 徒二年. 若丁多以免課役, 卽從戶婚律脫口法, 一口徒一年, 二口加一等, 罪止徒三年. 又詐僞律, 詐增減功過年限, 因而得官者, 徒一年. 若因詐得賜, 贓重, 卽從詐欺官私以取財物, 准盜論, 罪止流三千里之類.

[율문2] 만약 해당 조항에 죄의 등급[罪名]이 정해져 있더라도 행한 바가 (더) 무거운 때에는 당연히 무거운 것에 따른다.

[율문2의 소] 의하여 말한다: 사위율(사19.1)에 의거하면 사기하여 자

신의 세·역을 면제받은26) 자는 도2년하는데, 만약 많은 정이 과역을 면했다면 곧 호혼율 탈구의 법(호1)에 따라서, 1구이면 도1년하고, 2구마다 1등씩 더하되 죄는 도3년에 그친다. 또 사위율(사9.3)에 거짓으로 공과·연한을 증감하여 관을 취득한 자는 도1년에 처한다고 했는데, 만약 거짓으로 사물을 받은 것을 (도죄의) 장물로 (계산하여 도1년보다) 무겁다면 곧 관·사(인)을 사기하여 재물을 취한 것(사12)에 따라 절도에 준하여[準盜] 논하되, 죄는 유3000리에 그치는 것 따위이다.

[律文3a] 其本應重而犯時不知者, 依凡論;
[律文3b] 本應輕者, 聽從本.

[律文3a의 疏] 議曰: 假有叔姪, 別處生長, 素末相識, 姪打叔傷, 官司推問始知, 聽依凡人鬪法. 又如別處行盜, 盜得大祀神御之物, 如此之類, 竝是「犯時不知」, 得依凡論, 悉同常盜斷.

[律文3b의 疏] 其「本應輕者」, 或有父不識子, 主不識奴, 毆打之後, 然始知悉, 須依打子及奴本法, 不可以凡鬪而論, 是名「本應輕者, 聽從本」.

[율문3a] 단 본래 무겁게 (처벌해야 할 죄지만) 범행할 때에 알지 못한 경우는 일반범에 의거하여 논하고,
[율문3b] 본래 가볍게 처벌해야 할 것이면 본(법)에 따르는 것을 허용한다.

[율문3a의 소] 의하여 말한다: 가령 숙부와 조카가 다른 곳에서 나고 자라서 본래 서로 알지 못하고 조카가 숙부를 구타하여 상해했으나, 관사가 추국 심문하는 과정에서 비로소 알게 되었다면 일반

---

26) 復除란 요역과 부세를 면제받는 것이다. 안사고는 復은 자신과 호 내의 요역과 부세를 모두 면제하는 것이라고 주석했다(『한서』권1하, 55쪽).

인을 싸우다 구타하여 상해한[鬪毆傷]한 법에 의거하는 것을 허용한다. 또 만약 다른 곳[27]에서 절도하다가 대사의 신이 쓰는 물품을 절도했다면, 이와 같은 따위는 모두 "범행할 때에 알지 못한" 것으로 일반범으로 논하여 모두 일반 절도와 같이 단죄할 수 있다.[28]

[율문3b의 소] 단 "본래 가볍게 처벌해야 할 것"이란, 혹은 아버지가 자식인지를 모르거나 주인이 자신의 노인지를 모르고 구타한 후에 비로소 알게 되었다면 모두 자식 및 노를 구타한 본법(투28·20)에 의거하며, 일반인 사이의 투구로 논죄해서는 안 된다. 이것이 (정) 명하여 "본래 가볍게 처벌해야 할 것이면 본(법)에 따르는 것을 허용한다."고 하는 것이다.

제50조 명례 50. 해당 조문이 없는 경우의 유추적용(斷罪無正條)

[律文1] 諸斷罪而無正條, 其應出罪者, 則擧重以明輕;

[律文1의 疏] 議曰: 斷罪無正條者, 一部律內, 犯無罪名. 「其應出罪者」, 依賊盜律, 夜無故入人家, 主人登時殺者, 勿論. 假有折傷, 灼然不坐. 又條, 盜緦麻以上財物, 節級減凡盜之罪. 若犯詐欺及坐贓之類, 在律雖無減文, 盜罪尙得減科, 餘犯明從減法. 此竝「擧重明輕」之類.

[율문1] 무릇 단죄하는데 바로 해당하는 조문[條]이 없으나 그것이

---

27) 대사의 신이 쓰는 물품이 있어야 할 장소, 즉 진설된 곳, 보관해야 하는 곳, 만드는 곳 이외의 장소를 지칭한다.

28) 대사의 신이 쓰는 물품을 절도하면 유2500리에 처하며(270, 적23.1), 장물을 계산하여 죄가 이보다 무거우면 일반절도죄에 1등을 더해 처벌한다(280, 적33).

죄를 덜어야[出罪] 할 것이면 곧 무거운 것(이 가볍게 처벌된 점)을 들어 (그보다 가벼우니 처벌이) 가볍다는 것을 밝히고,

[율문1의 소] 의하여 말한다: 단죄하는데 바로 해당하는 조문이 없다는 것은, 전체 율 안에 (어떤) 범행에 대해 죄와 형[名]을 (정한 조문이) 없다는 것이다. "그것이 죄를 덜어야 할 것"이라 함은, 적도율(적22.2a)에 의거하면 (어떤 사람이) 밤에 이유 없이 다른 사람의 집에 들어갔는데, 주인이 즉시 살해한 때에는 논하지 않는다고 했으니, 가령 골절상이라면 처벌하지 않음이 분명하다. 또 (다른) 조항(적40.1)에는 시마친 이상의 재물을 도둑질했다면 등급에 따라 일반 절도죄에서 감한다고 했으니, 만약 (시마 이상 친속에게) 사기(사12)나 좌장(잡1)을 범한 따위는 율에 비록 감한다는 조문이 없으나, 도죄인데도 감해서 죄를 주니 다른 범죄도 감하는 법에 따르는 것이 분명하다는 것이다. 이것이 모두 "무거운 것(이 가볍게 처벌된 점)을 들어 (그보다 가벼우니 처벌이) 가볍다는 것을 밝힌다."는 것 따위이다.

[律文2] 其應入罪者, 則擧輕以明重.

[律文2의 疏] 議曰: 案賊盜律, 謀殺期親尊長, 皆斬. 無已殺,已傷之文, 如有殺,傷者, 擧始謀是輕, 尙得死罪; 殺及謀而已傷是重, 明從皆斬之坐. 又例云, 毆告大功尊長,小功尊屬, 不得以蔭論. 若有毆告期親尊長, 擧大功是輕, 期親是重, 亦不得用蔭. 是「擧輕明重」之類.

[율문2] 그것이 죄를 더해야[入罪] 할 것이면 곧 가벼운 것(이 무겁게 처벌된 것)을 들어 (그보다 무거우니 처벌이) 무겁다는 것을 밝힌다.

[율문2의 소] 의하여 말한다: 적도율(적6.1)을 살펴보면, 기친존장을 살해하려고 모의했다면 모두 참형에 처한다. (그러나) 이미 살해

하거나 상해한 것에 대해서는 조문이 없는데, 만약 살상이 있을 때에는, 모의를 시작한 것이 가벼운데도 오히려 사죄를 받음을 들어 살해 및 살해를 모의하여 상해를 입힌 것은 (이보다) 무거우니 모두 참형의 처벌에 따른다는 것을 밝힌다. 또 (명)례(명15.5)에 대공존장이나 소공존속을 구타하거나 고한 경우 음으로 논할 수 없다고 했으니, 만약 기친존장을 구타하거나 고했다면, 대공에 (대한 죄는) 가볍고 기친에 (대한 죄는) 무거움을 들어보면 역시 음을 적용할 수 없다. 이것이 "가벼운 것을 들어 무겁다는 것을 밝힌다."는 것 따위이다.

제51조 명례 51. 용어의 정의①-
승여·거가·어·제·칙(稱乘輿車駕及制勅)

[律文1] 諸稱「乘輿」、「車駕」及「御」者，太皇太后、皇太后、皇后並同.

　[律文1의 疏] 議曰: 乘輿者, 案賊盜律, 盜乘輿服御物者, 流二千五百里. 若盜太皇太后、皇太后、皇后服御物者, 得罪並同. 車駕者, 依衛禁律:「車駕行, 衝隊者徒一年.」若衝三后隊, 亦徒一年. 又條, 闌入至御在所, 斬. 至三后所, 亦斬. 是名「並同」.

[율문1] 무릇 "승여"·"거가" 및 "어"라 칭한 것은 태황태후·황태후·황후도 모두 같다.

　[율문1의 소] 의하여 말한다: 승여[29]라 (칭한) 것은, 적도율(적24.2a)

---

29) 乘輿는 일반적으로 수레나 말 등 탈 것을 두루 이르는 말이지만, 율에서는 황제를 가리킨다. 군주는 수레를 타고 천하를 순행하며, 함부로 존호를 가리켜 말할 수 없으므로 승여를 빌어 황제를 가리키는 것이다(명6.6의 주①의 소).

을 살펴보면 황제[乘輿]가 입고 쓰는 물품을 절도한 자는 유2500리
에 처한다고 했으니, 만약 태황태후·황태후·황후가 입고 쓰는 물
품을 절도한 자도 얻는 죄가 모두 같다. 거가라 (칭한) 것은, 위금
률(위17.1a)에 의거하면 "황제[車駕]가 행차하는데 (호위 의장)대에
부딪힌 자는 도1년에 처한다."라고 했으니, 만약 삼후의 (의장)대
에 부딪힌 자도 역시 도1년에 처한다. 또 (다른) 조항(위2.2b)에서,
난입해서 어재소에 이른 자는 참형에 처한다고 했으니, 삼후가 있
는 곳에 이르렀어도 역시 참형에 처한다. 이것이 (정)명하여 "모두
같다."는 것이다.[30]

[律文2] 稱「制」「勅」者，太皇太后、皇太后、皇后、皇太子「令」減一等.

　[律文2의 疏] 議曰: 依公式令:「三后及皇太子行令.」職制律，制書有所施行
　而違者，徒二年. 若違三后及皇太子令，各減一等之類.

[율문2] "제"·"칙"이라 칭한 것은, 태황태후·황태후·황후·황태자
의 "영"이면 1등을 감한다.

　[율문2의 소] 의하여 말한다: 공식령(습유548쪽)에 의거하면 "삼후 및
　황태자는 영을 행한다."[31]고 했고, 직제율(직22.1)에 제서를 (받아)

────────────

　단, 황제가 입고 쓰는 물품을 말할 때는 승여라 하지만, 行幸 시에는 車駕라
　고 한다(『당육전』권4, 112쪽; 『역주당육전』상, 405~406쪽).

30) 황제에 대한 죄는 태황태후·황태후·황후에 대해 범한 경우도 처벌이 같다, 그
　러나 이 원칙에도 예외가 있다. 예컨대 황제의 어보를 절도하면 교형에 처하
　고, 태황태후·황태후·황후의 어보를 절도해도 역시 교형에 처한다. 그러나 어
　보를 위조한 자는 참형에 처하지만, 삼후의 어보를 위조한 자는 황태자의 인
　장을 위조한 자와 마찬가지로 교형에 처한다. 이처럼 처벌이 다른 까닭은 삼
　후의 어보는 황제의 어보와 달리 실제로는 사용되지 않고(271, 적24.1의 소)
　황제의 어보는 황제의 권위의 상징이자 문서의 날인을 통해 국정을 운영을 위
　한 권력행사의 신표이기 때문일 것이다.

31) 태황태후·황태후·황후·황태자가 내리는 문서를 슈이라 하고, 친왕·공주가 내

시행할 바가 있는데 위반한 자는 도2년에 처한다고 했으니, 만약
삼후 및 황태자의 영을 위반했다면 (제서 위반죄에서) 각각 1등을
감한다는 것 따위이다.

[律文3] **若於東宮犯、失及宮衛有違, 應坐者亦同減例.** 本應十惡者, 雖得減
罪, 仍從本法.

　　[律文3의 疏] 議曰: 於東宮犯者, 謂指斥東宮及對捍皇太子令使, 車馬之屬不
調習, 駕馭之具不完牢, 竝闌入東宮宮殿門, 宮臣宿衛冒名相代, 兵仗遠身, 輒
離職掌、別處宿之類, 謂之爲「犯」. 失者, 謂合和皇太子藥誤不如本方及封題
誤, 竝守衛不覺闌入東宮宮殿門, 如此之類, 謂之爲「失」. 犯之與失, 得罪竝
減上臺一等科斷.

[율문3] **만약 동궁에 대하여 범하거나 과실이 있을 때 및 궁위에
위반이 있어 처벌해야 할 때에 감하는 예도 역시 같다.** 본래 십
악에 해당하는 것은 비록 죄를 감할 수 있더라도 역시 본법에 따른다.
　　[율문3의 소] 의하여 말한다: 동궁에 대하여 범했다는 것은, 동궁을
비판하거나[指斥] 황태자의 명을 받든 사인[令使]을 가로막거나, 수
레를 끄는 말 따위가 조련되지 않거나, (수레·말을) 모는 도구가
견고하지 않거나, 동궁의 궁·전 문에 난입하거나, 궁신이나 숙위
가 이름을 사칭하여 서로 대신하거나, 병장기를 몸에서 멀리 떼어
놓거나, 함부로 숙위 위치[職掌]에서 이탈하거나, 다른 곳에서 유숙
한 것, 이러한 따위를 일컬어 "범하였다."고 한다. 과실이 있다는

<hr />

리는 것을 教라 한다(『당육전』권1, 137쪽; 『역주당육전』상, 137~138쪽). 태황
태후·황태후·황후의 경우 이 소의 인용문 외에 영서를 행한다고 규정한 사료
는 없으나, 당령에서는 반드시 봉인해야 하는 영서의 경우 태황태후와 황태후
는 宮官의 印을 쓰고 황후는 內侍省의 印을 쓴다고 규정하고 있다(『당육전』권
12, 351쪽; 『역주당육전』중, 254~258쪽).

것은, 황태자의 약을 조제함에 착오로 본방과 같지 않게 하거나 봉제를 착오한 것, 수위하다가 동궁의 궁·전 문에 난입하는 것을 발각하지 못한 것, 이러한 것 따위를 일컬어 "과실이 있다."고 한다. 범하거나 과실이 있어 얻는 죄는 모두 황제[上臺]에 대한 죄에서 1등을 감해서 처단한다.[32]

[律文3의 注] 本應十惡者, 雖得減罪, 仍從本法.

[律文3의 注의 疏] 議曰: 謂於東宮犯、失, 準上臺法罪當十惡者, 今雖減科, 仍從十惡本法.

[율문3의 주] 본래 십악에 해당하는 것은 비록 죄를 감할 수 있더라도 역시 본법에 따른다.

[율문3의 주의 소] 의하여 말한다: 동궁에 대하여 범하거나 과실이 있는데 황제에 대한 법에 준해서 죄가 십악에 해당하는 것은, 지금 비록 감하여 죄를 주더라도 그대로 십악의 본법에 따름을 말한다.[33]

---

32) 황태자에 대해 범한 죄는 과실이건 고의이건 모두 황제에 대해 범한 죄에서 1등을 감하여 처벌한다. 예를 들어 황태자의 약을 조제함에 醫官이 잘못하여 본래의 처방대로 하지 않았거나 봉제를 잘못한 때에는 황제에 대한 죄인 교형에서(102, 직12.1) 1등을 감하여 유3000리에 처한다. 또 담당관이 황태자의 수레를 모는 말을 조련하지 않은 때에는 황제에 대한 죄인 도2년에서(105, 직15.1) 1등을 감하여 도1년반에 처한다.

33) 십악 가운데 황제를 범한 죄를 황태자에게 범하면 비록 1등을 감하여 처벌하더라도 여전히 그 죄는 십악으로 간주한다는 의미이다. 따라서 예감의 특전(명8~10)이 적용되지 않고, 제명해야 할 경우 역시 그대로 제명되며(명18) 사면령이 내려도 죄를 사면받을 수 없다. 그리고 율문3의 소와 주에서는 동궁에 대해 범한 경우만 설명하고 있지만 이는 삼후에 대해서도 같다고 해석해야 할 것이다(戴炎輝, 『唐律通論』, 447쪽).

제52조 명례 52. 용어의 정의②-친속(稱期親祖父母)

[律文1] 諸稱「期親」及稱「祖父母」者, 曾、高同.

[律文1의 疏] 議曰: 稱期親者, 戶婚律:「居期喪而嫁娶者杖一百.」卽居曾、高喪, 並與期同. 「及稱祖父母者」, 戶婚律云, 祖父母、父母在, 別籍、異財, 徒三年. 卽曾、高在, 別籍、異財罪亦同. 故云「稱期親及稱祖父母者, 曾、高同」.

[율문1] 무릇 "기친"이라고 칭하거나 "조부모"라고 칭한 것은 증조·고조도 같다.

[율문1의 소] 의하여 말한다: 기친이라고 칭한 것은, 호혼율(호30.3a)에 "기친 상중에 시집·장가든 자는 장100에 처한다."라고 (규정)했으니, 증조·고조의 상도 아울러 기친(의 상)과 같다는 것이다.[34] 조부모라고 칭한 것은, 호혼율(호6.1)에 조부모·부모가 생존해 있는데 (자·손이) 호적을 따로 하고 재산을 달리 한 때에는 도3년에 처한다는 (규정에서), 증조·고조가 생존해 있는데 호적을 따로 하고 재산을 달리 한 죄 또한 같게 한다는 것이다. 그러므로 "기친이라고 칭하거나 조부모라고 칭한 것은 증조·고조도 같다."고 한 것이다.

[律文2] 稱「孫」者, 曾、玄同.

[律文2의 疏] 議曰: 鬪訟律, 子孫違犯敎令, 徒二年. 卽曾、玄違犯敎令, 亦徒

---

34) 조부모를 위한 복은 자최부장기이며, 증조부모·고조부모를 위한 복은 자최5월 및 자최3월로 부모를 위한 복보다 등급이 낮다(『신당서』권20, 443~444쪽). 그러나 당률에서 조부모와 증·고조부모는 원칙적으로 부모와 동일하며 복제에 따르지 않는다. 일반적으로 율에서 '부모'만을 칭한 예는 매우 드물고 소에서 예로 든 호혼율의 경우처럼 '조부모·부모'라고 연칭하는 경우가 대부분이며, 이런 경우 증·고조부모 역시 같다는 규정이 적용된다.

二年. 是爲「稱孫者, 曾.玄同」.

[율문2] "손"이라고 칭한 것은 증손·현손도 같다.

[율문2의 소] 의하여 말한다: 투송률(투47)에 자·손이 (부모·조부모)의 가르침이나 명령을 위반하면 도2년에 처한다고 했으니, 곧 증손·현손이 (증조·고조의) 가르침이나 명령을 위반하면 역시 도2년에 처한다. 이것이 "손이라고 칭한 것은 증손·현손도 같다."는 것이 된다.35)

[律文3] **嫡孫承祖, 與父母同.** 緣坐者, 各從祖孫本法.

[律文3의 疏] 議曰: 依禮及令, 無嫡子, 立嫡孫, 卽是「嫡孫承祖」. 若聞此祖喪, 匿不擧哀, 流二千里. 故云「與父母同」.

[율문3] 적손이 조를 승계하면 (조는) 부모와 같다. 연좌할 때에는 각각 조·손의 본법에 따른다.

[율문3의 소] 의하여 말한다: 예 및 영(봉작령, 습유305~306쪽)에 의거하여 적자가 없어 적손을 세우면 곧 이것이 "적손이 조를 승계한 것"36)이다. 만약 이 조의 상을 듣고도 숨기고 거애하지 않았으면 유2000리에 처한다. 그러므로 "부모와 같다."37)는 것이다.

---

35) 당률에서 손부라고 하면 일반적으로 증손부·현손부를 포함한다(413, 잡25.1의 소). 다만 청장의 범위를 규정한 율문(명9.1 및 소)에서는 손부만을 포함하고 증손부·현손부는 제외한다.

36) 적자인 아버지가 조부의 생존 중에 사망하여 적장손이 조부의 후사를 이은 것을 종사의 重任을 계승한다는 의미로 承重이라고 한다. 이 경우 적손, 혹은 적현손·적증손은 조·고조·증조를 위해 부에 대해서와 마찬가지로 3년의 참최복을 입는다(『대당개원례』권132, 五服制度).

37) 본래 조부의 상을 듣고도 거애하지 않은 경우 도1년에 처하지만, 승중한 손의 경우 조는 부모와 같으므로 부모상을 듣고도 거애하지 않은 것과 같이 유2000리에 처하는 것이다(120, 직30.1a의 소). 그러나 아래 율주의 소에서 해석한

[律文3의 注] 緣坐者, 各從祖孫本法.

　[律文3의 注의 疏] 議曰: 依賊盜律, 反逆者, 父子年十六以上皆絞, 祖孫沒官. 若嫡孫承祖, 沒而不死. 故云「各從祖孫本法」.

[율문3의 주] 연좌할 때에는 각각 조·손의 본법에 따른다.

　[율문3의 주의 소] 의하여 말한다: 적도율(적1.1)에 의거하면, 반역자의 부와 16세 이상의 자는 모두 교형에 처하고, 조·손은 몰관한다. (그러나) 만약 적손이 조를 승계한 경우 몰관하고 사형에 처하지 않는다. 그러므로 "각각 조·손의 본법에 따른다."고 한 것이다.

[律文4] **其嫡、繼、慈母, 若養者, 與親同.**

　[律文4의 疏] 議曰: 嫡謂嫡母, 左傳注云: 「元妃, 始嫡夫人.」庶子於之稱嫡. 繼母者, 謂嫡母或亡或出, 父再娶者爲繼母. 慈母者, 依禮, 妾之無子者, 妾子之無母者, 父命爲母子, 是名慈母. 非父命者, 依禮服小功, 不同親母. 「若養者」, 謂無兒, 養同宗之子者. 慈母以上, 但論母; 若養者, 卽竝通父. 故加「若」字以別之, 竝與親同.

[율문4] **만약 적모·계모·자모이거나 또는 수양한 (부모)이면 친(부모)와 같다.**

　[율문4의 소] 의하여 말한다: 적이라 함은 적모를 말하니, 『좌전』(권2, 38쪽)의 주에 이르기를 "원비는 처음의 적부인이다."라고 하였다. 서자가 그에 대해 적(모)라고 부른다. 계모라 함은, 적모가 사망하거나 출처되어 부가 재취한 자가 계모가 된다. 자모라 함은, 예에 의거하면 첩 가운데 자식이 없는 자와 첩의 자식 가운데 모가 없는 자가 부의 명으로 모자가 되면 이를 (정)명하여 자모라 한다(『의례』권30, 654쪽). 아버지의 명이 아닌 때에는 예에 의거하면 소공복

_____

것처럼 연좌할 때에는 본래의 조·손 관계에 따른다.

을 입으므로(『통전』권134, 3445쪽) 친모와 다르다. "또는 수양한 (부모)"라 함은, 아이가 없어 동종의 자를 수양한 (부모를) 말한다. 자모 이상은 다만 모만 말하고, 또한 수양한 (부모)는 곧 부도 포함하므로 "또는[若]"자를 추가하여 구별한 것이며, 모두 친(부모와) 같다.38)

[律文5] 稱「子」者, 男女同. 緣坐者, 女不同.

　　[律文5의 疏] 議曰: 稱子者, 鬪訟律, 子孫違犯教令, 徒二年. 此是「男女同」. 緣坐者, 謂殺一家三人之類, 緣坐及妻子者, 女竝得免, 故云「女不同」. 其犯反逆·造畜蠱毒, 本條緣坐及女者, 從本法.

[율문5] "자"라고 칭한 것은 남녀가 같다. 연좌할 때에는 여자는 같지 않다.

　　[율문5의 소] 의하여 말한다: 자라고 칭한 것은, 투송률(투47)에 자·손이 (부모나 조부모의) 가르침이나 명령을 위반하면 도2년에 처한다고 했는데, 이것이 "남녀가 같다."는 것이다. 연좌할 때란 1가의 3인을 살해한(적12) 것 따위를 말하는데, (이 때) 연좌는 처·자까지 미치지만 여식은 모두 면제되므로, "여자는 같지 않다."고 한 것이다.39) 단 모반·대역을 범하거나(적1) 고독을 조합하거나 소지하여

────────────

38) 단 적모·계모·자모 또는 양부모가 자손을 살해한 때에는 친부모가 살해한 것에서 1등을 더하여 처벌한다(329, 투28.2c). 또한 조부모·부모를 고하는 것은 모반·대역·모반 외에는 교형으로 처벌되는 중죄이지만, 적모·계모·자모가 자의 아버지를 살해하고, 양부모가 친부모를 살해한 때에는 모두 고를 허용한다(346, 투44.1~2). 적모·계모·자모·양모가 부가 사망해서 개가하면 자에게는 기친존장이 되며, 부에게 쫓겨나면[被出] 일반인과 같게 된다(345, 투44.2의 문답2; 331, 투30.2의 문답). 그러나 친모는 개가했든 쫓겨났든 항상 자에게 친모이다(120, 직30.1b의 소).

39) 주에 규정한 연좌의 경우 외에 양자가 양부모를 버린 경우(157, 호8.1a)나 처

(적15) 본조에서 연좌가 여자까지 미치는 때에는 본법에 따른다.

[律文6] 稱「祖免以上親」者, 各依本服論, 不以尊壓及出降. 義服同正服.

　[律文6의 疏] 議曰: 皇帝蔭及祖免以上親, 戶婚律:「嘗爲祖免親之妻而嫁娶者, 杖一百.」假令皇家絶服旁期及婦人出嫁, 若男子外繼, 皆降本服一等, 若有犯及取蔭, 各依本服, 不得以尊壓及出降卽依輕服之法. 義服者, 妻妾爲夫, 妾爲夫之長子及婦爲舅姑之類, 相犯者竝與正服同.

[율문6] "단문 이상의 친"이라 칭한 것은, 각각 본복에 의거하여 논하고 존압 및 출강으로 하지 않으며, 의복은 정복과 같다.

　[율문6의 소] 의하여 말한다: 황제의 음은 단문 이상 친속40)까지 미친다(명7.1). 호혼율(호34.1)에 "전에 단문친의 처였던 자와 혼인한 때에는 장100에 처한다."라고 하였다. 가령 황가의 절복한 방계 기친 및 출가한 부인 또는 밖으로 입양된[繼] 남자는 모두 본복에서 1등을 내리지만, 만약 죄를 범하거나 음을 받는 것은 각각 본복에 의거하고 존압41) 및 출강42)으로 인한 경복의 법에 의거해서는 안

───────────

를 쫓아낼 7가지 사유[七出] 중 하나인 '無子'(189, 호40.1의 소)의 경우 역시 여식은 '자'에 포함되지 않는다.
40) 단문은 오복 이외의 복으로, 袒은 상의 왼쪽 소매를 벗어 어깨를 드러내는 것, 免은 관을 벗고 머리를 묶는 것을 의미한다.
41) '尊壓'이라는 표현은 『당률소의』이외에 당대 사료에서는 볼 수 없다. 그러나 이는 『儀禮』에서 규정한 尊降·厭降(壓降)과 기본적으로 같은 의미이며, 존강·염강이라는 표현은 당대의 사료에서도 빈번히 나타난다. 『의례주소』(권30, 664~665쪽)에 적시된 존강·염강의 원칙은 대개 다음과 같다. ①천자·제후는 本宗 직계존속·정처(후/부인)·장자·장자의 처(장자가 먼저 사망한 때에는 적손·적손부)를 위해서는 원칙대로 상복을 입지만 그 외의 친속을 위해서는 일체 복이 없다[絶服]. ②대부는 천자·제후라면 절복하는 바의 서자나 방계친속을 위해서 1등을 감한 복을 입는다. 다만 서자나 방계친속 본인이 대부이거나 대부에게 시집간 때에는 복을 감하지 않는다. ③천자·제후·대부의 자는 자기

된다. 의복이라는 것은 처·첩이 남편을 위해, 첩이 남편의 장자를 위해, 또는 며느리가 시부모를 위해 (입는 것) 따위[43]로, 서로 범한 때에는 모두 정복과 같다.

제53조 명례 53. 용어의 정의③-
반좌·죄지·좌지·여동죄·이·준(稱反坐罪之)

[律文1] 諸稱「反坐」及「罪之」、「坐之」、「與同罪」者, 止坐其罪; 死者, 止絞而已.

　　[律文1의 疏] 議曰: 稱反坐者, 鬪訟律云:「誣告人者, 各反坐.」 及罪之者,

　　부의 在世中에는 부가 복을 입는 친속에는 자기도 복을 입고, 부가 절복한 친속에는 자기도 절복하며, 부가 감한 곳에 자기도 1등을 감한다. ④천자·제후의 사망 후 그 서자, 즉 新君의 형제는 부가 절복한 곳에 1등을 감한 복을 입는다. 대부의 자는 대부 사망 후에는 어떠한 제약도 없다. 위와 같은 원칙 중 ①과 ②는 자신이 고위라는 이유로 복을 수정한 것이므로 이것을 존강이라 하고, ③과 ④는 아버지가 고위라는 이유로 복을 수정한 것이므로 이것을 염강이라 한다. 이렇게 보면 간단히 말해 존강은 본인이 높은 신분이기 때문에 친속을 위한 복을 수정하는 것이고, 압강은 가장 높은 지위의 친속으로 인해 다른 친속에 대한 복을 수정하는 것이라고 할 수 있을 것이다. 그러나 후세의 일군만민의 체제에서 존·압은 다만 황제와 그 자제에 대한 문제에 불과하다 (일본역『唐律疏議』1, 310쪽 주7).

42) 출강은 출가하거나 출계한 경우에 복이 감해지는 것을 말한다. 예컨대 출가하지 않은 아들·딸은 아버지를 위해 참최3년의 복을 입지만, 출가한 부인이나 남의 양자가 된 남자는 자기 아버지[親父]를 위해서 자최부장기의 복을 입게 되는데(『대당개원례』권132, 五服制度), 소에서 '출가한 부인 또는 밖으로 입양된 남자는 모두 본복에서 1등을 내린다'고 해석한 것이 바로 이러한 경우이다.

43) 정복은 자연 혈친에 대한 복이고, 의복은 양자·혼인 등 법률상 혹은 예제상의 친속 관계로 인한 복이다.

依例云:「自首不實、不盡, 以不實、不盡之罪罪之.」 坐之者, 依例, 餘贓應坐, 悔過還主, 減罪三等坐之. 與同罪者, 詐僞律, 譯人詐僞, 致罪有出入者, 與同罪. 止坐其罪者, 謂從「反坐」以下, 竝止坐其罪, 不同眞犯. 故「死者止絞而已」. (假若甲告乙謀殺周親尊長者, 若實, 乙合斬刑, 如虛, 甲止得絞罪, 故云, 死者止絞而已.)

[율문1] 무릇 "반좌한다." 및 "죄준다[罪之]."·"처벌한다[坐之]."·"같은 죄를 준다[與同罪]."라고 칭한 것은 그 죄를 처벌하는데 그치며, 사형인 경우는 교형에 그친다.

[율문1의 소] 의하여 말한다: "반좌한다."라고 칭한 것은, 투송률(투41.1a)에 이르기를 "타인을 무고한 자는 각각 반좌한다."(고 한 것이 그 예이다). "죄준다[罪之]."라는 것은, 명례율(명37.4)에 의거하면 "자수가 부실·부진한 때에는 부실·부진한 (만큼의) 죄로 죄준다[罪之]."(고 한 것이 그 예이다). "처벌한다[坐之]."라는 것은, (명)례(명39.2)에 의거하면 (도·사기 외의) 다른 장죄로 처벌해야 하는데 잘못을 뉘우치고 주인에게 돌려주었다면 죄를 3등 감하여 처벌한다[坐之](고 한 것이 그 예이다). "같은 죄를 준다[與同罪]."라는 것은, 사위율(사26)에 통역인이 거짓으로 (통역하여) 죄에 덜고 더함이 있게 한 때에는 (덜고 더한 것과) 같은 죄를 준다[與同罪](고 한 것이 그 예이다). 그 죄를 처벌하는데 그친다는 것은, "반좌" 이하는 모두 진범과 다르게 그 죄를 처벌하는데 그친다는 것이다. 그러므로 사형의 경우는 교형에 그치는 것이다. (가령 주친[44] 존장 살해를 모의했다고 갑이 을을 고했는데, 사실이라면 을은 참형에 해당하고, 만약 허위라면 갑은 교죄를 받는데 그친다. 그러므로 사형인

---

44) 周親은 곧 기친이다. 개원 연간에 현종 李隆基를 피휘하여 기친을 주친이라고 했다가 송 천성 연간에 다시 기친으로 복구하였다.

경우는 교형에 그친다고 한 것이다.)[45]

[律文2] 稱「準枉法論」、「準盜論」之類, 罪止流三千里, 但準其罪:

　　[律文2의 疏] 議曰: 稱準枉法論者, 職制律云:「先不許財, 事過之後而受財者, 事若枉, 準枉法論.」 又條, 監臨內强市, 有剩利, 準枉法論. 又, 稱準盜論之類者, 詐僞律云:「詐欺官私以取財物, 準盜論.」 雜律云:「棄毀符、節、印及門鑰者, 準盜論.」 如此等罪名, 是「準枉法」、「準盜論」之類, 竝罪止流三千里. 但準其罪者, 皆止準其罪, 亦不同眞犯.

[율문2] "왕법에 준하여[準枉法] 논한다.", "절도에 준하여[準盜] 논한다."고 칭한 것 따위의 죄는 유3000리에 그치되, 다만 그 죄에 준하고,

　　[율문2의 소] 의하여 말한다: "왕법에 준하여[準枉法] 논한다."고 칭한 것은, 직제율(직49.1)에 이르기를 "먼저 재물(을 받는 것)을 허락하지 않고 일이 끝난 뒤에 재물을 받은 자는 사건을 만약 왕법하여 (판결했다면) 왕법에 준하여[準枉法] 논한다."(고 한 것이 예이다). 또 (다른) 조항(직52.2b)에, 감림 범위 내에서 강제로 매매하여 이익을 남긴 때에는 왕법에 준하여[準枉法] 논한다(고 한 예가 있다). 또 "절도에 준하여[準盜] 논한다."고 칭한 것 따위는, 사위율(사12.1)에 이르기를 "관이나 사(인)을 사기하여 재물을 취한 경우에는 절도에 준하여[準盜] 논한다."(고 한 것), 잡률(잡49.1)에 이르기를 "부·절·인

---

45) 괄호 안의 '가령 주친 존장' 이하의 부분은 소에는 없는 내용으로 『송형통』에 의해 보충한 것이다. 기친 존장의 살해를 모의한 자는 참형에 처하는데(253, 적6.1), 다른 사람을 무고했다면 무고된 죄에 준하여 죄를 주지만 사형인 경우 교형에 그친다는 이 조항의 율주에 따라 갑을 교형에 처하는 것이다. 다만 무고의 본조(342, 투41.1b)에 의하면 사죄로 무고당한 사람의 판결이 끝났지만 형이 집행되지 않은 때에는 반좌될 사람의 죄를 1등 감하여 처벌하므로, 을의 형이 집행되지 않았다면 갑은 유3000리에 처하게 된다.

및 문의 열쇠[門鑰]를 버리거나 훼손한 자는 절도에 준하여[準盜] 논한다."(고 한 것이 예이다). 이와 같은 죄명이 "왕법에 준하여[準枉法] (논한다.)"·"절도에 준하여[準盜] 논한다."는 것 따위로 모두 죄는 유3000리에 그친다. "다만 그 죄에 준한다."는 것은 모두 그 죄에 준하는 것에 그치므로 역시 진범과는 다르다는 것이다.

[律文3] 竝不在除、免、倍贓、監主加罪、加役流之例.

[律文3의 疏] 議曰: 謂從「反坐」以下, 竝不在除名、免官、免所居官, 亦無倍贓, 又不在監主加罪及加役流之例. 其本法雖不合減, 亦同雜犯之法減科.

[율문3] 모두 제명·면관·배장·감주가죄·가역류의 예를 적용하지 않는다.

[율문3의 소] 의하여 말한다: "반좌" 이하는 모두 제명·면관·면소거관 처분하지 않고, 또한 배장이 없으며, 또한 감주가죄[46] 및 가역류의 예를 적용하지 않는다는 것을 말한다.[47] 그 본법에 비록 감할 수 없다고 (규정되어) 있더라도 역시 잡범의 법과 같이 감하여 죄준다.[48]

---

46) 원문의 '監主加罪'란 감림·주수하는 관인이 관할 범위 내에서 도나 간을 범했을 때 일반인이 범한 죄에 가중하여 처벌하는 것을 말한다. 예컨대 감림·주수가 관할 하의 물품이나 관할 구역 내의 재물을 절도한 경우 일반 절도죄에 2등을 더하고 30필이면 교형에 처하며(283, 적36), 감림·주수가 관할 구역 내에서 간하면 일반인의 간죄에서 1등을 더하여 처벌한다(416, 잡28.1).

47) 이 율문은 첫머리의 反坐 이하 모두에 관련이 있는데, 여기에 가역류가 열거되어 있는 것은 쉽게 납득되지 않는다. 왜냐하면 反坐·罪之·坐之·與同罪는 '사형인 경우는 교형에 그친다.'라고 주하여 사형에까지 이르는 것이 명확하기 때문이다. 사형을 과할 수 있는데, 어떤 이유로 가역류만은 과할 수 없도록 규정되어 있는가가 의문이다. 그런데 反坐와 성질이 서로 비슷한 故出入罪의 경우 가역류를 고의로 무죄로 한 관인은 全罪, 즉 가역류를 과해야 한다는 규정(487, 단19.7의 문답)을 통해 보면, 반좌에 대해서도 같았을 것으로 생각된다(일본역『唐律疏議』1, 314~316쪽, 주3).

[律文4] 稱「以枉法論」及「以盜論」之類, 皆與眞犯同.

[律文4의 疏] 議曰: 以枉法論者, 戶婚律云, 里正及官司, 妄脫漏增減以出入課役, 贓重入己者, 以枉法論. 又條, 非法擅賦斂入私者, 以枉法論. 稱以盜論之類者, 賊盜律云, 貿易官物, 計所利以盜論. 廐庫律云:「監臨主守, 以官物私自貸, 若貸人及貸之者, 無文記, 以盜論.」所犯竝與眞枉法·眞盜同, 其除·免·倍贓悉依正犯. 其以故殺傷·以鬪殺傷及以姦論等, 亦與眞犯同, 故云「之類」.

[율문4] "왕법으로[以枉法] 논한다." 및 "절도로[以盜] 논한다."고 칭한 것 따위는 모두 진범과 같다.

[율문4의 소] 의하여 말한다: "왕법으로[以枉法] 논한다."는 것은, 호혼율(호4)에 이르기를, 이정49) 및 관사가 망령되이 탈루·증감하여 과역을 덜거나 더해서 자신이 착복한 장(죄)가 (탈루·증감의 죄보다) 무거운 때에는 왕법으로[以枉法] 논한다(고 한 것이 예이다). 또 다른 조항(호24.2)에는 불법으로 함부로 세역을 징수하여 사(인)에게 들인 때에는 왕법으로[以枉法] 논한다(고 한 예도 있다). "절도로[以盜] 논한다."고 칭한 것 따위란, 적도율(적43)에 이르기를, 관물을 교환한 경우 이익만큼을 계산하여 절도로[以盜] 논한다(고 한 것이 그 예이다). (又) 구고율(구17.1a)에 이르기를, "감림·주수가 관의 물품을 사사로이 빌리거나, 또는 타인에게 빌려주거나, 그것을 빌

---

48) 감림·주수가 관할하는 구역 내에서 간·도·약인·수재왕법을 범한 경우 예감의 특전을 받을 수 없는데(명9.2), 그 죄로 반좌·죄지·좌지·여동죄하거나 준왕법·준도인 경우에는 다른 죄에 마찬가지로 감경 처분을 받을 수 있다는 의미이다. 이 경우 최고형[罪止]은 본조에 따라 교형 혹은 유3000리이다(戴炎輝, 『唐律通論』, 464쪽).

49) 당에서는 100호를 1리로 하였는데, 이정은 현관이 그 리 내에서 공정하고 유능한 1인을 지명하여 충원하였다. 이정은 리 내 호구의 파악과 과역의 징수 및 경찰 등의 임무를 맡았고, 대신 과역이 면제되었다(『통전』권3, 63~64쪽).

린 자는 기록한 문서로 남기지 않았다면 절도로[以盜] 논한다."[50]
(고 한 예도 있다). (이상의 경우) 범한 바가 모두 진정왕법, 진정
절도와 같으므로 그 제명·면관·배장은 모두 정범에 의거한다. 이
밖에 "고살상으로 논한다."·"투살상으로 논한다." 및 "간으로 논한
다."는 것 등도 역시 진범과 같으므로 "따위[之類]"라고 한 것이다.

제54조 명례 54. 용어의 정의④-감림·주수(稱監臨主守)

[律文1] 諸稱「監臨」者, 統攝案驗爲監臨. 謂州、縣、鎭、戍、折衝府等, 判官以
上, 各於所部之內, 總爲監臨. 自餘, 唯據臨統本司及有所案驗者. 卽臨統其身而
不管家口者, 姦及取財亦同監臨之例.

   [律文1의 疏] 議曰: 統攝者, 謂內外諸司長官統攝所部者. 案驗, 謂諸司判官
   判斷其事者是也.

[율문1] 무릇 "감림"이라고 칭한 것은, 통섭·안험하는 것을 감림
으로 삼는다. 주·현·진·수·절충부 등의 판관 이상은 모두 각각 관할
하는 바의 안에서 감림이 된다. 이 밖(의 관사에서는) 오직 감림·통섭
하는 본사 및 안험하는 바가 있는 것에 의거한다. 만약 그 본인만을
감림·통섭하고 그 가구는 관할하지 않을 때에도 간하거나 재물을 취

---

50) 원문의 '貸'는 '借'와 의미를 구별해야 한다. '借'는 노비·축산·수레·배·물레방
   아 등을 빌려 사용하고 반환하는 것으로 현대적 의미의 임대차 혹은 사용대차
   에 가까운 개념이다(208, 구13 참조). 이에 비해 '貸'는 재물·곡식·물품 등을
   빌려 팔거나 소비하고 이후 동종·동질·동량의 물건을 반환하는 것으로 현대
   적 의미의 소비대차에 가깝다. 만약 '貸'라고 했는데 기록[文記] 없이 창곡을
   지출해서 소비해 버렸다면 사실상 盜와 구별하기 곤란하다. 따라서 "절도로
   [以盜] 논한다."는 것은 이치에 맞는다(일본역『唐律疏議』1, 316쪽, 주5).

했다면 역시 감림의 예와 같다.

[율문1의 소] 의하여 말한다: 통섭이라 함은, 내외 모든 관사의 장관이 관할하는 바를 통섭하는 것을 말한다. 안험이라 함은, 모든 관사의 판관이 그 일을 판단하는 것을 말한다.[51)

[律文1의 注1] 謂州、縣、鎭、戍、折衝府等, 判官以上, 各於所部之內, 總爲監臨.
　[律文1의 注1의 疏] 議曰: 此謂州、縣、鎭、戍、折衝府等判官以上, 雖有曹務職掌不同, 但於部內總爲監臨之例. 鎭、戍、折衝府, 唯統攝身, 不管家口.

[율문1의 주1] 주·현·진·수·절충부 등의 판관 이상은 모두 각각 관할하는 바의 안에서 감림이 된다.
　[율문1의 주1의 소] 의하여 말한다: 이것은 주·현·진·수[52)·절충부[53) 등의 판관 이상[54)을 말하며, 비록 관할 업무[曹務]와 직장이

---

51) 統攝이란 전반적인 지배통제 행위, 案驗이란 특정 사안에 대한 재량판단 행위를 의미한다. 다만 이 두 단어가 종종 대비적으로 사용되고 있는 것에 주의할 필요가 있다. 첫째는 관사의 내부 기구를 염두에 두고 말할 때, 장관(통판관을 포함)과 판관의 기능이 모두 통섭과 안험으로 대비된다. 둘째는 감림 하에 있는 사람의 측면에서 말할 때, 어떤 지역에 거주한다는 사실, 위사에 징발되어 어떤 절충부에 배속되어진 사실, 어떤 관사의 하급직으로서 근무하는 사실 등에 따라 사람은 주현·절충부, 또는 그 밖의 관사의 전면적 지배·통제 하에 놓이게 되기 때문에 이 관계를 통섭[臨統]이라는 말로 표현한다. 이 때 통섭의 주체는 장관에 한정되지 않고 판관도 당연히 포함되며, 절충부 내의 대정·대부 이상 절충도위 이하의 각급 지휘관[主師](301, 적54.4 및 소)까지 통섭이란 말이 사용될 수 있다. 안험은 특정 사안에 대해서 지금 어떤 관사의 재정을 요청하고 있는 자에 대한 관사의 입장을 말한다. 사안이 수중에 있다고 하는 것(146, 직56.3의 소)이 안험 개념의 핵심을 이룬다. 통섭이든 안험이든 어느 쪽인가 관계가 있을 때, 감림에 해당한다(일본역『唐律疏議』1, 321쪽, 주1).
52) 진과 수는 당대 군사 거점에 설치된 특별한 지방 행정 단위이다. 큰 것을 진, 작은 것을 수라고 하며, 각각 상·중·하의 세 등급으로 나누었다(『당육전』권30, 755~756쪽;『역주당육전』하, 477~482쪽). 당대에는 전국에 245개의 진과 332개의 수가 설치되어 있었다(『당육전』권5, 162쪽;『역주당육전』상, 531쪽).

다르더라도 관할 범위 안에서는 모두 감림의 예로 한다. 진·수·절
충부는 (소속 인원) 본인만 통섭하고 가구는 관할하지 않는다.

[律文1의 注2] 自餘, 唯據臨統本司及有所案驗者. 卽臨統其身而不管家口者,
姦及取財亦同監臨之例.

　[律文1의 注2의 疏] 議曰:「自餘」, 爲除州·縣·鎭·戌·折衝府以外, 百司總是.
若省·臺·寺·監及諸衛等, 各於臨統本司之內, 名掛本司者, 竝爲「監臨」. 若
是來參事者, 是爲「案驗」. 尙書省雖管州·府, 文案若無關涉, 不得常爲監臨.
內外諸司皆準此.「卽臨統其身而不管家口者, 姦及取財亦同監臨之例」, 假若
諸衛管府史身, 官司姦府史家口及於府史家內取財; 或折衝府官人唯管衛士,
若姦衛士家口及於衛士家內取財: 皆同監臨之法. 內外不管家口之司, 姦及取
財皆準此.

[율문1의 주2] 이 밖(의 관사에서는) 오직 감림·통섭하는 본사 및 안

---

53) 절충부는 병력 공급과 지방 치안을 위해 설치한 군부이다. 그 총수는 사료에
　　따라 차이가 있으나 대략 600개이며, 대부분이 장안·낙양의 주위와 변경에 가
　　까운 지역에 집중되었다. 절충부는 소재하는 주의 정남 가운데에서 병력을 징
　　발해서 겨울에 훈련해서 중앙의 제위에 번상케 하였으며 또한 변경의 진·수
　　에 방인으로 파견하였다. 각 절충부는 장관인 절충도위 아래 좌·우과의도위·
　　별장·장사(통판관), 병조참군사(판관), 녹사(검구관), 부·사(주전)를 두었으며,
　　병력에 따라 상부(1200명)·중부(1000명)·하부(800명)의 세 등급이 있었다. 절
　　충부의 병력 편제는 5團으로 구성되었으며, 1단은 2旅, 1여는 2隊로 구성되었
　　다. 단은 교위(종7품하), 여는 여수(종8품상), 대는 대정(정9품하)·대부(종9품
　　하)가 지휘했으며 이들은 4등관 체계에 포함되지 않는 소위 위관이다(『당회요』
　　권72, 1537쪽;『당육전』권25, 644~645쪽;『역주당육전』하, 239~245쪽).
54) 주의 판관 이상 관은 자사(장관), 별가·장사·사마(통판관), 사공·사창·사호·사
　　병·사법·사사참군(판관)이며, 현의 판관 이상 관은 현령(장관), 현승·주부(통
　　판관), 현위(판관)이다. 진의 판관 이상 관은 진장(장관), 진부(통판관), 창조·
　　병조참군사(판관)이며, 수의 판관 이상 관은 수주(장관), 수부(통판관)이다. 절
　　충부의 판관 이상 관은 절충도위(장관), 좌·우과의도위·별장·장사(통판관), 병
　　조참군사(판관)이다(劉俊文,『唐律疏議箋解』, 510~511쪽, 箋釋1).

험하는 바가 있는 것에 의거한다. 만약 그 본인만을 감림·통섭하고 그 가구는 관할하지 않을 때에도 간하거나 재물을 취했다면 역시 감림의 예와 같다.

[율문1의 주2의 소] 의하여 말한다: "이 밖(의 관사에서는)"이라는 것은 주·현·진·수·절충부를 제외한 모든 관사를 가리킨다. 예컨대 성·대·시·감 및 제위[55] 등과 같이 각각 본사 안을 감림·통섭하는 경우 이름이 본사에 등록된[帳] 자는 모두 "감림(관)"이 되며, (임시로) 이 (관사에) 와서 일에 참여하는 자는 "안험(관)"이 된다. 상서성은 비록 주·부를 관장하지만 문안이 관련이 없다면 통상적으로 (주·부에 대해서) 감림이 될 수 없다. 내외의 모든 관사도 모두 이에 준한다. "만약 그 본인만을 감림·통섭하고 그 가구는 관할하지 않을 때에도 간하거나 재물을 취했다면 역시 감림의 예와 같다."는 것은, 가령 제위는 부·사 본인만을 관할하지만 관사가 부·사의 가구를 간음하거나 부·사의 집에서 재물을 취했거나, 혹은 절충부의 관인은 오직 위사만을 관할하지만 만약 위사의 가구를 간음하거나 위사의 집에서 재물을 취했다면, 모두 감림의 법과 같다. 가구를 관할하지 않는 내외의 관사가 간음하거나 재물을 취한 것은 모두 이에 준한다.

[律文1의 問] 曰: 假有主帥, 於所部衛士家盜物, 得同於監臨內取財以否?

[律文1의 答] 曰: 主帥於所部衛士, 統攝一身, 旣非取受之財, 盜乃律文不攝, 止同常盜, 不是監臨.

[율문1의 문] 묻습니다: 가령 주수[56]가 관할하는 바의 위사의 집에서

---

55) 제위는 중앙의 좌우위·좌우효위·좌우무위·좌우위위·좌우령군위·좌우금오위·좌우감문위·좌우천우위·좌우우림군을 말한다.
56) 주수란 부대의 지휘관이다. 위의 지휘관에는 대장군·장군·중랑장·낭장·교위·

재물을 절도했다면 감림 범위 내에서 재물을 취한 것과 같습니까? **[율문1의 답]** 답한다: 주수는 관할하는 바의 위사 일신만을 통섭하고, (그 행위가) 재물을 취해 받은 것이 아니라 절도한 것인데, 율문에는 (이에 대해서) 언급되어 있지 않으므로 단지 일반 절도와 같게 해야 하니, 감림관의 (죄로 처벌할 것은) 아니다.

[律文2] 稱「主守」者, 躬親保典爲主守. 雖職非統典, 臨時監主亦是.

　[律文2의 疏] 議曰:「主守」, 謂行案典吏, 專主掌其事及守當倉庫,獄囚,雜物之類. 其職非統典者, 謂非管攝之司, 臨時被遣監主者, 亦是.

[율문2] "주수"라고 칭한 것은, 몸소 책임지고 담당하는[57] 것을 주수로 삼는다. 비록 그 직책이 통섭·보전하는 것이 아니고 임시로 감림·주수가 되었더라도 역시 감림·주수이다.

　[율문2의 소] 의하여 말한다: "주수"라 함은, 문서의 시행과 관리를 담당하는 이속으로 오로지 그 문서[事][58]를 관장하거나 창고·옥수·잡물 등을 지키고 담당하는 따위를 말한다. 그 직책이 통섭·보전하는 것이 아니라는 것은, 관할 통섭하는 관사가 아니고 임시로 파견되어 감림·주수가 된 경우를 말하며, 역시 (감림·주수)이다.[59]

　여수·대정·부대정(대부)이 있으며, 절충부의 지휘관에는 절충도위·과의도위·교위·여수·대정·부대정(대부)이 있다(76, 위19.2의 소 및 각주).

57) 원문의 '保典'이라는 표현은 당률(이 조항 및 명36 주4의 소) 외에는 당대의 사료에서 보이지 않는다. 保는 지키는 것이고 典은 담당하여 관리하는 것으로, 보전이란 공문의 시행·담당·유지 보관의 책임을 진다는 의미이다.

58) 남북조와 수당 시기의 사료에서 '事'는 문서를 의미하는 경우가 매우 많은데 (周一良, 『魏晉南北朝史札記』, 456~460쪽) 본문의 '事' 역시 관문서를 가리키는 것으로 보인다.

59) 검교관·섭판관 등이 이에 해당하는데, 이들은 검교하거나 섭판하는 부서에서 감림이 되며(명16의 문답2) 그 법적 지위와 처벌 역시 감림·주수와 같다. 예

제55조 명례 55. 용어의 정의⑤-일·년·중·모(稱日年及衆謀)

[律文1] 諸稱「日」者, 以百刻. 計功庸者, 從朝至暮. 役庸多者, 雖不滿日, 皆倂時率之.

　[律文1의 疏] 議曰: 職制律, 官人無故不上, 一日笞二十. 須通晝夜百刻爲坐. 計功庸者, 職制律, 監臨之官, 私役使所監臨者, 各計庸以受所監臨財物論. 從朝至暮, 卽是一日, 不須準百刻計之.

[율문1] 무릇 "일"이라고 칭한 것은 100각으로 한다. 인력[功]과 노임[庸]을 계산하는 것은 아침부터 저녁까지로 한다. 사역한 (인원의) 노임이 많은 경우는 비록 하루[日]가 차지 않더라도 모두 시간을 합해서 (날 수를) 셈한다.

　[율문1의 소] 의하여 말한다: 직제율(직5)에 (의거하면), 관인이 이유 없이 출근하지 않은 것이 1일이면 태20에 처하는데, (이 때는) 반드시 주야를 통틀어 100각이어야 처벌한다.[60] 인력[功]과 노임[庸]을 계산하는 것이란, (예컨대) 직제율(직53.1)에 (의거하면), 감림관이 감림 대상을 사사로이 사역한 때에는 각각 노임을 계산하여 수소감림재물로 논하는데, (이 때는) 아침부터 저녁까지가 곧 1일이

　　컨대 감림이 관할하는 사람의 딸을 첩으로 삼으면 장100으로 처벌하는데, 본래 통섭하는 직책이 아니지만 임시로 감림·주수가 된 자가 이러한 죄를 범한 경우의 처벌도 동일하게 장100이다(186, 호37.1d의 소).

60) 당대에는 주야 100각을 1일로 계산했다(『당육전』권10, 305쪽; 『역주당육전』 중, 180~181쪽). 다만 노동량의 단위로서 일을 지칭할 때에는 아침부터 저녁까지를 1일이라고 하였다. 이는 대개 6진, 즉 12시간이지만 계절에 따라 일조시간이 다르므로 노동시간 역시 계절에 따라 길어지거나[長功] 짧아지게[短功] 된다. 이와 관련해 송대 영문에는 여름철의 폭염을 피해 휴식을 주도록 하는 규정도 있었다(『천성령역주』, 129쪽; 503쪽).

니 반드시 100각에 준하여 계산할 필요는 없다.

[律文1의 注] 役庸多者, 雖不滿日, 皆併時率之.

　[律文1의 注의 疏] 議曰: 計庸多者, 假若役二人, 從朝至午, 爲一日功; 或役六人, 經一辰, 亦爲一日功. 縱使一時役多人, 或亦一人經多日, 皆須併時率之.

[율문1의 주] 사역한 (인원의) 노임이 많은 경우는 비록 하루[日]가 차지 않더라도 모두 시간을 합해서 (날 수를) 셈한다.

　[율문1의 주의 소] 의하여 말한다: 계산할 노임이 많은 경우는, 가령 2인을 아침부터 정오까지 사역했다면 1일의 인력[功]으로 하고, 혹은 6인을 사역하여 1진이 지났다면 역시 1일의 인력으로 한다. 설령 일시에 많은 사람을 사역하거나 또는 1인을 여러 날 사역하더라도 모두 반드시 시간을 합해서 (날 수를) 셈한다.

[律文2] 稱「年」者, 以三百六十日.

　[律文2의 疏] 議曰: 在律稱年, 多據徒役. 此旣計日, 不以十二月稱年.

[율문2] "년"이라 칭한 것은 360일로 한다.

　[율문2의 소] 의하여 말한다: 율에서 년이라 칭하는 것은 도형의 노역이 대부분이다. 이것은 원래 (360)일로 계산하고, 12개월을 1년으로 삼지 않는다.

[律文3] 稱「人年」者, 以籍爲定.

　[律文3의 疏] 議曰: 稱人年處, 卽須依籍爲定. 假使貌高年小, 或貌小年高, 悉依籍書, 不合準貌. 籍旣三年一造, 非造籍之歲, 通舊籍計之.

[율문3] "사람의 나이"라고 칭한 것은 호적으로 정한다.

[율문3의 소] 의하여 말한다: (율에서) "사람의 나이"라고 칭하는 곳 [處]에서는 곧 반드시 호적에 의거하여 정한다. 가령 용모는 크나 나이는 적고 혹은 용모는 작으나 나이는 많더라도 모두 호적에 의거하고 용모에 준해서는 안 된다. 호적은 원래 3년에 한번 작성하므로, 호적을 만드는 해가 아니면 구 호적을 통해 나이를 계산한다.

[律文3의 問] 曰: 依戶令:「疑有姦欺, 隨狀貌定.」 若犯罪者年貌懸異, 得依令貌定科罪以否?

[律文3의 答] 曰: 令爲課役生文, 律以定刑立制. 惟刑是恤, 貌卽姦生. 課役稍輕, 故得臨時貌定; 刑名事重, 止可依據籍書. 律ㆍ令義殊, 不可破律從令. 或有狀貌成人而作死罪, 籍年七歲, 不得卽科; 或籍年十六以上而犯死刑, 驗其形貌, 不過七歲: 如此事類, 貌狀共籍年懸隔者, 犯流罪以上及除ㆍ免ㆍ官當者, 申尙書省量定. 須奏者, 臨時奏聞.

[율문3의 문] 묻습니다: 호령(습유242~243쪽)에 의거하면 "속임이 있다고 의심되면 용모에 따라 (나이를) 정한다."고 했습니다. 만약 죄를 범한 자의 나이와 용모가 현격히 다르다면 호령에 의거해서 용모로 (나이를) 정해서 죄를 줄 수 있습니까?

[율문3의 답] 답한다: 영은 과역을 위해 만든 조문이며 율은 형을 정하기 위해 세운 제도이다. 형은 오직 긍휼해야 하는데(『상서』권3, 78쪽) 용모는 곧 속임수[姦僞]가 생길 수 있다. 과역은 약간 가벼우므로 때에 따라 용모로 (나이를) 정할 수 있으나, 형벌[刑名]은 사안이 중대하므로 다만 호적의 기록에 의거해야 한다. 율과 영은 뜻이 다르니 율을 무시하고 영에 따라서는 안 된다. 용모가 성인인 자가 사죄를 범했는데 호적의 나이가 7세라면 죄줄 수 없다(명 30.3a). 혹 호적의 나이가 16세 이상이고 사형(에 해당하는 죄를) 범했는데 그 용모를 살펴보니 7세에 불과한 것 등 용모와 호적의

나이가 현격히 다른 자가 유죄 이상 및 제명·면관·관당에 해당하는 죄를 범한 경우에는 상서성에 보고하여 헤아려 (죄를) 정하며, 반드시 상주해야 할 것이면 때에 이르러 주문한다.61)

[律文4] 稱「衆」者, 三人以上.

[律文5] 稱「謀」者, 二人以上. 謀狀彰明, 雖一人同二人之法.

[律文4의 疏] 議曰: 稱衆者, 斷獄律云, 七品以上, 犯罪不拷, 皆據衆證定刑. 必須三人以上始成衆. 但稱衆者, 皆準此文.

[律文5의 疏] 稱謀者, 賊盜律云:「謀殺人者, 徒三年.」皆須二人以上. 餘條稱謀者, 各準此例.

[율문4] "중"이라 칭한 것은 3인 이상이다.

[율문5] "모"라 칭한 것은 2인 이상이다. 모의의 정상이 명백히 드러났다면 비록 1인이더라도 2인이 (모의한) 법과 같다.

[율문4의 소] 의하여 말한다: 중이라 칭한 것은, (예컨대) 단옥률(단 6.1a)에 7품 이상 (관인이) 죄를 범했다면 고신하지 않고 모두 중증에 의거하여 형을 정하는데, 반드시 3인 이상이라야 비로소 중이 성립된다는 것이다. 다만 중이라고 칭한 것은 모두 이 율문에 준한다.

[율문5의 소] 모라 칭한 것은, (예컨대) 적도율(적9.1)에 이르기를 "사람을 살해하려고 모의한 자는 도3년에 처한다."라고 했는데, 모두 반드시 2인 이상이어야 한다는 것이다. 다른 조항에서 모라 칭한 것은 각각 이 예에 준한다.62)

---

61) 방희제본에는 원문의 "臨時奏聞." 뒤에 "議籍年十五或貌年八歲竝依籍定"이라는 14자가 있으나, 지정본·문화본·대본 및 투르판 출토 명례율 잔권(唐長孺 主編, 『吐魯番出土文書』(肆), 366~367쪽, 73TAM532:1)과 비교하면 이는 후세에 가필된 내용으로 보인다.

62) 방희제본에는 원문의 "各準此例." 뒤에 "議奴婢諸條雖不同良人應充支證亦同

[律文5의 注] 謀狀彰明, 雖一人同二人之法.

　[律文5의 注의 疏] 議曰: 假有人持刀仗入他家, 勘有仇嫌, 來欲相殺, 雖止一人, 亦同謀法. 故云「雖一人同二人之法」.

[율문5의 주] 모의의 정상이 명백히 드러났다면 비록 1인이더라도 2인이 (모의한) 법과 같다.

　[율문5의 주의 소] 의하여 말한다: 가령 어떤 사람이 칼이나 무기를 가지고 남의 집에 들어갔는데, 원한이 있는 자를 찾아서 살해하려 한 것이 확인되었다면, 비록 1인뿐일지라도 역시 모의에 대한 법과 같다. 그러므로 "비록 1인이더라도 2인이 (모의한) 법과 같다."고 한 것이다.

제56조 명례 56. 용어의 정의⑥-가·감(稱加減)

[律文1] 諸稱「加」者, 就重次;
[律文2a] 稱「減」者, 就輕次.

　[律文1의 疏] 議曰: 假有人犯杖一百, 合加一等, 處徒一年, 或應徒一年, 合加一等, 處徒一年半之類, 是名「就重次」.

　[律文2a의 疏] 又有犯徒一年, 應減一等, 處杖一百, 或犯杖一百, 應減一等, 決杖九十, 是名「就輕次」.

[율문1] 무릇 "더한다."고 칭한 것은 무거운 등급 쪽으로 향한다.
[율문2a] "감한다."고 칭한 것은 가벼운 등급 쪽으로 향하지만,

良人例"라는 19자가 있으나, 지정본·문화본·대본과 비교하면 역시 후세의 增文으로 보인다.

[율문1의 소] 의하여 말한다: 가령 어떤 사람이 장100의 (죄를) 범했는데 1등을 더해야 한다면 도1년에 처하며, 혹 도1년해야 하는데 1등을 더해야 한다면 도1년반에 처하는 것 따위로, 이것이 (정)명하여 "무거운 등급 쪽으로 향한다."는 것이다.

[율문2a의 소] 또 도1년의 (죄를) 범했는데 1등을 감해야 한다면 장100에 처하고, 혹 장100의 (죄를) 범했는데 1등을 감해야 한다면 장90을 치는데, 이것이 (정)명하여 "가벼운 등급 쪽으로 향한다."는 것이다.

[律文2b] 惟二死、三流, 各同爲一減.

[律文2b의 疏] 議曰: 假有犯罪合斬, 從者減一等, 卽至流三千里. 或有犯流三千里, 合例減一等, 卽處徒三年. 故云「二死、三流, 各同爲一減」. 其加役流應減者, 亦同三流之法.

[율문2b] 오직 (교·참형) 두 가지 사죄와 (2000·2500·3000리) 세 가지 유죄만은 각각 같이 하나로 해서 감한다.

[율문2b의 소] 의하여 말한다: 가령 죄를 범하여 참형에 해당하면 종범은 1등을 감하므로 곧 유3000리에 이른다. 혹은 유3000리의 (죄를) 범했는데 예에 따라 1등을 감해야 하면(명10) 곧 도3년에 처한다. 그러므로 "두 가지 사죄와 세 가지 유죄는 각각 같이 하나로 해서 감한다."고 한 것이다. 단 가역류에서 감할 경우도 역시 세 가지 유죄의 법과 같다.

[律文3] 加者, 數滿乃坐, 又不得加至於死; 本條加入死者, 依本條. 加入絞者, 不加至斬.

[律文3의 疏] 議曰: 加者數滿乃坐者, 假令凡盜, 少一寸不滿十疋. 依賊盜

律, 竊盜五疋徒一年, 五疋加一等. 爲少一寸, 止徒一年. 又不得加至於死者,
依捕亡律:「宿衛人在直而亡者, 一日杖一百, 二日加一等.」 雖無罪止之文,
唯合加至流三千里, 不得加至於死. 「本條加入死者依本條」, 依鬪訟律, 毆人
折二支, 流三千里. 又條云, 部曲毆傷良人者, 加凡人一等. 加者, 加入於死.
此是「本條加入死者依本條」.

[율문3] 더하는 것은 (죄의) 수가 차야만 처벌하고, 또한 (죄를)
더해서는 사죄에 이를 수 없는데, 본조에 "더하여 사죄에 이른
다."라고 되어 있을 때에는 본조에 의거한다. 더하여 교형에 이르
는 경우에도 더하여 참형에 이르지는 않는다.

[율문3의 소] 의하여 말한다: 더하는 것은 (죄의) 수가 차야만 처벌
한다는 것은, 가령 일반 도죄를 (범했는데) 1촌이 부족하여 10필에
차지 않았다면, 적도율(적35.2)에 의거하면 5필을 절도한 경우 도1
년이고 5필마다 1등을 더한다고 했으니, 1촌 부족으로 도1년에 그
친다. 또 더해서는 사죄에 이를 수 없다는 것은, (예컨대) 포망률
(포10.1)에 의거하면 "숙위인이 당직하다가 도망한 때에는 1일이면
장100에 처하고, 2일마다 1등씩 더한다."고 했는데, 비록 죄의 최
고형에 관한 율문이 없더라도 오직 (죄를) 더해서는 유3000리에
이르고 더해서 사죄에 이를 수는 없다는 것이다. 본조에 "더하여
사죄에 이른다."라고 되어 있을 때에는 본조에 의거한다는 것은,
(예컨대) 투송률(투4.2)에 의거하면 사람을 구타하여 팔다리 둘을
부러뜨렸다면 유3000리에 처하는데, 또 다른 조항(투19.1)에서 "부
곡이 양인을 구타·상해한 때에는 일반인 (사이에 범한 죄)에 1등
을 더한다. 더하는 것은 더하여 사죄에 이른다."라고 하였다. 이것
이 본조에 "더하여 사죄에 이른다."라고 되어 있을 때에는 본조에
의거한다는 것이다.

[律文3의 注] 加入絞者, 不加至斬.

  [律文3의 注의 疏] 議曰: 部曲毆良人, 折二支, 已合絞坐; 若故毆折, 又合加
一等. 今旣加入於絞, 不合更加至斬.

[율문3의 주] 더하여 교형에 이르는 경우에도 더하여 참형에 이르지
는 않는다.

  [율문3의 주의 소] 의하여 말한다: 부곡이 양인을 구타하여 팔다리 둘
을 부러뜨렸다면 이미 교형에 해당하는데(투4·19), 만약 고의로 구타
하여 부러뜨렸다면 또 1등을 더해야 하지만(투5.2), 지금 이미 더하여
교형에 이르렀으므로 다시 더해서 참형에 이르게 해서는 안 된다.

[律文4] 其罪止有半年徒, 若應加杖者, 杖一百; 應減者, 以杖九十爲次.

  [律文4의 疏] 議曰: 假有縣典, 故增囚狀, 加徒半年, 縣尉知而判入, 卽以典爲
首, 合徒半年. 典若單丁, 決杖一百. 縣尉應減一等, 處杖九十, 徵銅九斤之類.

[율문4] 단 죄가 단지 반년의 도죄인데 만약 장형으로 대체해야 하
는 경우 장100에 처하며, 감해야 하는 경우 장90을 등급으로 한다.

  [율문4의 소] 의하여 말한다: 가령 현의 주전이 고의로 죄수의 죄상
을 증가시켜 도죄 반년을 더했고 현위가 이를 알면서도 그대로
(죄를) 더해 판결했다면, 곧 현의 주전은 수범이 되어 도형 반년에
해당한다. 주전이 만약 단정이라면 장100으로 집행하고(명27), 현
위는 1등을 감해야 하므로63) 장90에 처하되 속동 9근을 징수하는
따위이다.

---

63) 사람의 죄를 고의로 더한 것[故入] 역시 사사로움과 왕곡이 있으면 사죄가 된
다(명40.1a의 소). 따라서 현위의 죄를 1등 감하는 것은 공죄로 인한 동직연좌
가 아니라 공동으로 죄를 범한 경우 조의자를 수범으로 하고 수종자는 수범의
죄에서 1등을 감하는 공동범죄의 일반 규정(명42.1)에 의한 것이다.

제57조 명례 57. 용어의 정의⑦-도사·여관(稱道士女官)

[律文1] 諸稱「道士」、「女官」者, 僧、尼同.

　[律文1의 疏] 議曰: 依雜律云, 道士·女官姦者, 加凡人二等. 但餘條唯稱道
　士·女官者, 卽僧·尼竝同. 諸道士·女官時犯姦, 還俗後事發, 亦依犯時加罪,
　仍同白丁配徒, 不得以告牒當之.

[율문1] 무릇 "도사"·"여관"이라고 칭한 것은 승·니도 같다.

　[율문1의 소] 의하여 말한다: 잡률(잡28.2)에 의거하면 도사·여관이
　간한 때에는 일반인의 (간죄에) 2등을 더한다고 하였다. (이처럼
　다른 조항에서도) 단지 도사·여관이라고만 칭하고 있는데, (이 같
　은 경우) 곧 승·니도 모두 같다. 무릇 도사·여관일 때 간죄를 범하
　고 환속 후에 사건이 발각되었다면 역시 범한 때에 의거하여 죄를
　더하여 그대로 백정과 같이 도형에 처하며, 고첩으로 그것을 당할
　수 없다.[64]

[律文2a] 若於其師, 與伯叔父母同.

　[律文2a의 疏] 議曰: 師, 謂於觀寺之內, 親承經教, 合爲師主者. 若有所犯,
　同伯叔父母之罪. 依鬪訟律, 詈伯叔父母者, 徒一年. 若詈師主, 亦徒一年.
　餘條犯師主, 悉同伯叔父母.

[율문2a] 만약 그 사에 대해서라면 백숙부모와 같다.

---

64) 비록 율에 명문은 없으나, 이 소의 해석에 따르면 고첩이 있는 도사·여관·승·
　니는 고첩으로 도죄를 당할 수 있음을 알 수 있다. 이와 관련하여 일본 양로
　령의 승니령에는 고첩으로 도1년을 당할 수 있다는 규정이 있는데(『영집해』
　권8, 240쪽), 당대에도 이와 유사한 내용이 영 혹은 격에 규정되어 있었을 것
　으로 짐작된다.

[율문2a의 소] 의하여 말한다: 사는 관·사 안에서 몸소 경전의 가르침을 받아 마땅히 스승[師主]이 되는 자를 말한다. 만약 (그를) 범했다면 백숙부모에 대한 죄와 같다. 투송률(투27.2)에 의거하면 백숙부모를 욕한 자는 도1년에 처하므로, 만약 스승을 욕했다면 역시 도1년에 처한다. 다른 조항에서 스승을 범한 것은 모두 백숙부모와 같다.

[律文2b] 其於弟子, 與兄弟之子同.

[律文2b의 疏] 議曰: 謂上文所解師主, 於其弟子有犯, 同俗人兄弟之子法. 依鬪訟律, 毆殺兄弟之子, 徒三年. 賊盜律云:「有所親求而故殺期以下卑幼者, 絞」. 兄弟之子是期親卑幼, 若師主因嗔競毆殺弟子, 徒三年; 如有規求故殺者, 合當絞坐.

[율문2b] 단 제자에 대해서라면 형제의 자식과 같다.

[율문2b의 소] 의하여 말한다: 위의 율문에서 해석한 바의 스승이 그 제자에 대해 범함이 있다면 속인이 형제의 자식을 (범한) 법과 같음을 말한다. 투송률(투27.4)에 의거하면 형제의 자식을 구타하여 살해했다면 도3년에 처하는데, 적도율(적40.2)에 이르기를 "도모하는 바가 있어 기친 이하 비유를 고의로 살해한 자는 교한다."고 했다. (여기서) 형제의 자식은 기친 비유이다. (따라서) 만약 스승이 노하여 다투다가 제자를 구타하여 살해했다면 도3년, 만약 노리는 바가 있어 고의로 살해했다면 마땅히 교형에 해당한다.

[律文3a] 觀寺部曲、奴婢於三綱, 與主之期親同;

[律文3a의 疏] 議曰: 觀有上坐、觀主、監齋, 寺有上座、寺主、都維那, 是爲「三綱」. 其當觀寺部曲、奴婢, 於三綱有犯, 與俗人期親部曲、奴婢同. 依鬪訟律, 主毆殺部曲, 徒一年. 又條, 奴婢有犯, 其主不請官司而殺者, 杖一百. 注云,

期親殺者, 與主同. 下條部曲準此. 又條, 部曲·奴婢毆主之期親者絞, 詈者徒
二年. 若三綱毆殺觀寺部曲, 合徒一年; 奴婢有罪, 不請官司而殺者, 杖一百.
其部曲·奴婢毆三綱者絞, 詈者徒二年.

[율문3a] 관·사의 부곡·노비의 삼강에 대한 것은 주인의 기친에 대한 것과 같고,

[율문3a의 소] 의하여 말한다: 도관에는 상좌·관주·감재가 있고, 불사에는 상좌·사주·도유나가 있는데 이것이 "삼강"이다.[65] 만약 당해 관·사의 부곡·노비가 삼강에 대해서 범했다면 속인의 기친의 부곡·노비가 (범한 경우와) 같다. 투송률(투21.1)에 의거하면 주인이 부곡을 구타하여 살해한 때에는 도1년에 처한다. 또 다른 조항(투20.1)에는 노비가 범함이 있는데 그 주인이 관사에 (처벌을) 요청하지 않고 살해한 때에는 장100에 처한다고 했고, 그 주에 이르기를 (주인의) 기친이 살해한 때에는 주인과 같으며, 아래 조항의 부곡도 이에 준한다고 하였다. 또 다른 조항(투22.2)에는 부곡·노비가 주인의 기친을 구타한 때에는 교형에 처하고 욕한 때에는 도2년에 처한다고 하였다. (따라서) 만약 삼강이 관·사의 부곡을 때려 살해했다면 도1년에 해당하고, 노비가 죄가 있는데 관사에 (처벌을) 요청하지 않고 살해한 때에는 장100에 처한다. 만약 부곡·노비가 삼강을 구타한 때에는 교형에 처하며, 욕한 때에는 도2년에 처한다.

[律文3b] 餘道士, 與主之緦麻同. 犯姦·盜者, 同凡人.

---

65) 당대 도관은 관주 1인, 상좌 1인, 감재 1인을 두었으며, 불사는 상좌 1인, 사주 1인, 도유나 1인을 두었다. 상좌는 장로격이며, 관주·사주는 사무책임자이며, 감재·도유나는 기율 유지 책임자이다. 이들을 합쳐서 삼강이라고 하며 관·사의 지도자에 해당한다(『당육전』권4, 125쪽; 『역주당육전』상, 446·449쪽).

[律文3b의 疏] 議曰: 鬪訟律:「部曲, 奴婢毆主之緦麻親, 徒一年. 傷重者, 各加凡人一等.」 又條, 毆緦麻部曲, 奴婢, 折傷以上, 各減殺傷凡人部曲, 奴婢二等. 又條:「毆傷殺他人部曲, 減凡人一等; 奴婢, 又減一等.」 卽是觀寺部曲, 毆當觀寺餘道士、女官、僧、尼等, 各合徒一年; 傷重, 各加凡人一等. 若毆道士等折一齒, 卽徒二年. 奴婢毆, 又加一等, 徒二年半. 是名「於餘道士, 與主之緦麻同」.

[율문3b] 나머지 도사에 (대한 것은) 주인의 시마친에 (대한 것과) 같다. 간·절도를 범한 때에는 일반인과 같다.

[율문3b의 소] 의하여 말한다: 투송률(투22.3a)에 "부곡·노비가 주인의 시마친을 구타하였다면 도1년에 처하고, 상해가 무거운 때에는 각각 일반인을 (범한 죄)에 1등을 더한다."고 하였다. 또 다른 조항(투23.1)에서 시마친의 부곡·노비를 구타하여 골절상 이상을 입혔다면 각각 일반인의 부곡·노비를 살상(한 죄)에서 2등을 감한다고 하였다. 또 다른 조항(투19.2)에 "타인의 부곡을 구타·상해하거나 살해한 때에는 일반인(을 범한 죄)에서 1등을 감하고, 노비(를 범했다)면 또 1등을 감한다."고 하였다. 곧 관·사의 부곡이 당해 관·사의 나머지 도사·여관·승·니 등을 구타했다면 각각 도1년에 해당하며, 상해가 무거운 때에는 각각 일반인 (사이에 범한 죄)에 1등을 더한다. 만약 도사 등을 구타하여 치아 하나를 부러뜨렸다면 곧 도2년에 처한다.[66] 노비가 구타했다면 또 1등을 더하여 도2년반에 처한다. 이것이 (정)명하여 "나머지 도사에 (대한 것은) 주인의 시마친에 (대한 것과) 같다."는 것이다.

---

66) 일반인끼리 구타하여 치아 하나를 부러뜨렸다면 도1년에 처하는데(303, 투2.1), 부곡이 양인에 대해서 범한 죄는 1등을 더하므로(320, 투19.1a) 도1년반이 되고, 해당 관의 도사는 주인의 시마친과 같아 다시 1등을 더하므로(323, 투22.3a) 도2년이 된다.

[律文3b의 注] 犯姦、盜者, 同凡人.

　[律文3b의 注의 疏] 議曰: 道士、女官、僧、尼犯姦盜, 於法最重, 故雖犯當觀
寺部曲、奴婢, 姦、盜即同凡人. 謂三綱以下犯姦、盜, 得罪無別. 其奴婢姦、盜,
一準凡人得罪. 弟子若盜師主物及師主盜弟子物等, 亦同凡盜之法. 其有同
財, 弟子私取用者, 即同「同居卑幼私輒用財者, 十疋笞十, 十疋加一等, 罪止
杖一百.」 若不滿十疋者, 不坐.

[율문3b의 주] 간·절도를 범한 때에는 일반인과 같다.

　[율문3b의 주의 소] 의하여 말한다: 도사·여관·승·니가 간·절도를
범한 것은 법에서 가장 무겁기 때문에 당해 관·사의 부곡·노비를
범했더라도 간·절도는 곧 일반인을 (범한 것과) 같다.67) (이는) 삼
강 이하가 (부곡·노비에 대해) 간·절도를 범했다면 죄를 받는데
구별이 없고, 그 노비가 (삼강에 대해) 간·절도를 범했다면 하나같
이 일반인에 준해서 죄를 받음을 말한다. 제자가 만약 스승의 물
건을 절도하거나 스승이 제자의 물건을 절도한 경우 등도 일반 절
도의 법과 같다. 단 공동 재물을 제자가 사사로이 취하여 사용한
경우 곧 "동거하는 비유가 사사로이 함부로 재물을 사용한 때에는,
10필이면 태10에 처하고 10필마다 1등씩 더하되 죄는 장100에 그
친다."(호13.1)고 한 것과 같다. 만약 10필이 차지 않은 때에는 처벌
하지 않는다.

---

67) 예컨대 본래 간죄는 도1년반에 처하지만(410, 잡22.1), 도사·여관이 간한 경우
　1등을 더하므로(416, 잡28.2) 도2년에 처한다. 당해 관·사의 부곡·노비를 간한
　경우도 마찬가지이다.

『율소』를 바치는 표[進律疏表]의 석문

번역 김택민

[表文] 臣無忌等言:

[釋文] 秦以前, 君臣通稱朕. 『尙書』虞書, 帝曰, 來, 禹, 汝亦昌言. 禹曰, 帝, 予何言, 予思日孜孜. 則是臣於君前尙稱予也. 秦制, 天子稱朕, 臣下稱臣. 漢以後因之. 唐儀制令, 皇太子以下, 率土之內, 於皇帝皆稱臣. 唐本傳, 長孫無忌字輔機, 性通悟, 博涉書史. 始, 高祖兵渡河, 進謁長春宮, 授渭北道行軍典籤. 乃太宗文德順聖皇后長孫氏之兄也. 因輔政, 與李勣等一十九人撰成律疏, 上表以進.

[표문역] 신 무기 등은 말씀드립니다.

[석문역] 진 이전에는 군과 신이 공통으로 짐이라 칭하였다. 『상서』 (권5, 134쪽) 「우서」에 "제 순이 말씀하시기를 '오너라 우여! 너도 또한 유익한 말을 해 보아라[昌言]'라고 하니, 우가 말하기를 '제여! 내가[予] 무슨 말을 하겠습니까? 내[予]는 날마다 열심히 하는 것을 생각할 따름입니다.'라고 하였다."라고 되어 있으니, 신하가 군주 앞에서 역시 내[予]라고 칭했던 것이다. 진의 제도에서 천자는 짐이라 칭하고 신하는 신이라 칭하였는데, 한 이후 이를 답습하였다. 당의 「의제령」(습유471쪽)에는 "황태자 이하 천하의 모든 인민은 황제에 대하여 신이라 칭한다."고 규정되어 있다. 『신당서』(권105, 4017쪽) 「장손무기열전」에 의하면, 장손무기는 자가 보기이며, 성품이 총명[通悟]하고 경서와 사서를 널리 섭렵하였다. 처음 고조가 군대를 이끌고 황하를 건넜을 때 (장손무기가) 장춘궁으로 나아가 뵙자 위북도행군전첨의 직을 수여하였다. 태종의 문덕순성황후 장손씨의 오빠이다. 보정의 직을 맡아 이적 등 19인과 더불어 『율소』를 지어 완성하고, 표를 올려 바쳤다.

[表文] 臣聞三才既分, 法星著於玄象;

[釋文] 『易』說卦, 立天之道曰陰與陽, 立地之道曰柔與剛, 立人之道曰仁與

義, 兼三才而兩之. 『晉(書)』天文志, 太微帝座, 南蕃中二星(間)曰端門, 東曰左執法, 廷尉之象也; 西曰右執法, 御史大夫之象也. 又, 貫索九星, 賤人之牢也. 牢口一星爲門, 欲其開. 九星皆明, 天下獄煩. 七星見, 小赦. 六星, 五星見, 大赦. 動則斧鑕用, 中空則更元. 又, 亢四星, 天子內朝, 總攝天下奏事, 理獄錄功也. 又, 參伐十星, 主斬刈, 又爲天獄. 此言自天, 地, 人旣分之後, 則刑法之星, 上著於天文也.

[표문역] 신은 들었습니다. 삼재가 이미 나누어지니 법성이 천체의 형상[玄象]에 드러나고,

[석문역] 『주역』(권9, 383쪽) 「설괘」에 "성인이 역을 만들 때 천의 도를 세워서 음과 양이라 하고, 지의 도를 세워서 유와 강이라 하며, 인의 도를 세워서 인과 의이라 하니, 삼재 모두 둘이다."라고 하였다. 『진서』(권11, 291~292쪽) 「천문지」에, "태미는 제의 별자리인데 … 남쪽 울타리의 두 별 사이를 단문이라 한다. 동쪽의 것을 좌집법이라 하니 정위의 상징이요, 서쪽의 것은 우집법이라 하니 어사대부의 상징이다."라고 하였다. 또 같은 책, 294쪽에 "관삭 아홉 개 별은 천인의 감옥이다. … 감옥 입구의 한 개 별은 문인데 그것이 열리려고 한다. 별 아홉 개가 모두 빛나면 천하의 옥이 번다해진다. 일곱 개 별이 보이면 소사가 있고, 여섯 개나 다섯 개 별이 보이면 대사가 있다. 이 별자리가 움직이면 형구가 사용되고, 가운데가 비면 개원하여 은사가 있다." 또 같은 책, 299쪽에 "항좌의 네개 별은 천자가 내조에서 천하에서 상주한 일을 모두 관장해서 옥을 처리하고 공을 기록함을 상징한다." 또 같은 책, 302쪽에 "참좌의 열 개 별은 참벌이라고도 하는데, … 사형을 주관한다. 또 하늘의 감옥으로 죽이고 정벌하는 것을 주관함을 상징한다." 이 말은 천·지·인을 나누어 놓고 보니 곧 형법의 별이 천문에 드러나 있었음을 의미한다.

[表文] 六位斯列, 智坎彰於『易經』.

[釋文] 『易』, 八卦三畫, 每卦之上, 各重八卦, 爲六十四卦, 則每卦六畫, 初二三四五上爲六位. 易說卦, 六位而成章. 智坎卦體坎上, 坎下爲重智也. 坎, 陰也, 陷也. 上六係于徽纆, 寘于叢棘. 重坎至于上六, 陰之極, 陷之深, 故有刑獄之象, 如係之徽纆, 而寘于叢棘之中也. 又, 爾雅釋言, 坎, 律銓也. 郭璞注, 坎卦主法, 法、律皆所以銓量輕重也.

[표문역] 육위가 여기에 배열되니 습감이 『역경』에 환히 드러났습니다.

[석문역] 『역』에 이르기를, 팔괘는 3획이고, 매 괘 위에 각각 팔괘가 겹쳐있으니 64괘가 된다. 따라서 매 괘는 6획이며, 초, 이, 삼, 사, 오, 상이 육위를 이룬다. 『주역』(권9, 384쪽) 「설괘」에 "육위로 문장을 이룬다."라고 하였다. 습감의 괘체는 위도 감이고 아래도 감으로 (감이) 겹쳐있다. 감은 음이요 함陷이다. 상륙은 오랏줄로 묶어 감옥에 가두는 것이다. 감괘가 겹친 습감의 상륙에 이르면 음이 극에 달하고 함이 깊어지므로 형옥의 상징이니, 오랏줄에 묶어 감옥 중에 넣는 것과 같다. 또 『이아』(권3, 78쪽) 「석언」에 "감은 율이요 전이다."라고 하였는데, 곽박의 주에 "감괘는 법을 주관한다. 법과 율은 모두 죄의 경중을 따져 헤아리기 위한 것이다."라고 하였다.

[表文] 故知出震乘時, 開物成務,

[釋文] 『易』說卦, 帝出乎震. 乾卦, 時乘六龍以御天. 繫辭曰, 開物成務. 王弼注, 易通天下之志, 成天下之務.

[표문역] 그러므로 제가 출현하여 천하를 통어하고 뜻을 통달하여 천하의 임무를 이룸에,

[석문역] 『주역』(권9, 385쪽) 「설괘」에 "제는 동방[震, 봄]에서 나온다."
고 하였고, 같은 책 「건괘」에 "때를 탄 육룡이 천하를 통어한다."
(권1, 8쪽)고 하였다. 같은 책 「계사」에 "개물하고 성무한다(권7, 337
쪽)."고 하였는데, 왕필의 주에 "역점하여 천하의 뜻에 통달하고 천
하의 임무를 이룬다."고 하였다.

[表文] 莫不作訓以臨函夏, 垂敎以牧黎元.

[釋文] 訓, 亦敎也. 函, 方也. 方夏, 中國也. 文選七命曰, 函夏謐靜. 書序
曰, 足以垂世立敎. 牧, 養也. 左傳曰, 天生民而樹之君, 使司牧之. 黎元, 民
也. 黎, 黑. 猶秦言黔首也. 漢文紀, 元元之民. 師古注, 元元, 善意也. 光武
紀, 黎元所歸. 黎, 庶也. 元元, 猶言喁喁, 可矜之辭.

[표문역] 교훈을 지어 중국[函夏]에 임하고 가르침을 지어 민[黎元]을
기르지 않음이 없었음을 알 수 있습니다.

[석문역] 훈은 역시 교의 뜻이다. 함은 방의 뜻이다. 방하는 중국이
다. 『문선』(권35, 497쪽) 「칠명」에 "함하가 편안하다[謐靜]."라고 하
였다. 『상서』(권1, 11쪽) 「서」에 "족히 대대로 전해 가르침으로 세
울 만하다"라고 하였다. 목은 기른다는 뜻이다. 『좌전』(권32, 1063
쪽)에 "하늘이 민을 낳으면서, 그들에게 군주를 세우게 하고, 관리
로 하여금 그들을 기르게 하였다"고 하였다. 여원(黎元)은 민이다.
여(黎)는 흑이니, 진에서 검수라고 한 것과 같다. 『한서』(권4, 129쪽)
「문제기」의 '원원의 민'에 대하여 안사고가 주하기를, "원원은 선하
다는 뜻이다"라고 하였다. 『후한서』(권1상, 22쪽) 「광무제기」에 "여
원이 돌아갈 바"라고 하였는데, 여는 서이며, 원원(元元)은 물고기
가 입을 뻐끔거림[喁喁]을 비유한 것으로 불쌍히 여김의 표현이다.

[表文] 昔周后登極, 呂侯闡其茂範;

　[釋文] 周穆王享國百年, 命呂侯爲司寇, 作書訓夏贖刑, 以誥四方, 名呂刑. 闡, 開. 茂, 大. 範, 法也.

[표문역] 옛날 주후가 등극하자 여후가 그 큰 법[茂範]을 펼쳤고,

　[석문역] 주 목왕은 나라가 선 지 백 년이 됨에, 여후를 사구로 삼아 서를 지어 하의 속형을 설명해서 사방을 경고하게 하고, 여형이라 이름 지었다(『상서』권19, 627쪽). 천은 연다는 뜻이고, 무는 크다는 뜻이며, 범은 법이다.

[表文] 虞帝納麓, 皐陶創彛章.

　[釋文] 舜典, 納于大麓. 孔安國注, 麓, 錄也. 堯使帝舜大錄萬機之政. 大禹謨曰, 皐陶, 惟茲臣庶, 罔或干予正, 汝作士, 明于五刑. 創, 始制也. 彛, 常. 章, 典也.

[표문역] 순이 섭정이 되자 고요는 그 변치 않는 법을 창제하였습니다.

　[석문역] 『상서』(권3, 61쪽) 「순전」에 "대록에 들어갔다."라고 하였는데, 공안국이 주하기를 "녹(麓)은 검속한다[錄]는 뜻이다. 요가 제순을 시켜 만기의 정치를 모두 검속하게[大錄] 하였다."고 하였다. 『상서』(권4, 109쪽) 「대우모」에 "고요여! 이 신민이 나의 바른 법을 범하는 자가 없게 된 것은 너를 사로 임명하여 오형을 밝혔기 때문이다."라고 하였다. 창은 처음 만들었다[始制]는 뜻이다. 이는 변하지 않는다[常]는 뜻이고, 장은 법[典]이다.

[表文] 大夫之述三言, 金篆騰其高軌;

　[釋文] 左傳, 昭公十四年, 晉邢侯與雍子爭鄐田, 久而無成. 士景伯如楚, 叔

魚攝理. 韓宣子命斷舊獄, 罪在雍子, 雍子納其女於叔魚, 叔魚罪邢侯, (邢侯)怒殺叔魚與雍子於朝. 宣子問其罪於叔向, 叔向曰, 三人同罪, 施生戮死可也. 雍子賂以買直, 鮒也鬻獄, 邢侯專殺, 其罪一也. 己惡而掠美爲昏, 貪以敗官爲墨, 殺人不忌爲賊, 夏書曰, 昏、墨、賊殺, 皐陶之刑也. 從之. 乃施邢侯, 而尸雍子與叔魚於市. 仲尼曰, 叔向, 古之遺直也. 治國制刑, 不隱於親, 三數叔魚之惡, 不爲末減, 曰義也夫, 可謂直矣. 平丘之會, 數其賄也, 以寬衛國, 晉不爲暴; 歸魯季孫, 稱其詐也, 以寬魯國, 晉不爲虐; 邢侯之獄, 言其貪也, 以正刑書, 晉不爲頗. 三言而除三惡, 加三利, 殺親益榮, 猶義也夫! 金篆者, 秦以前未有隷、楷, 故字皆用篆, 言篆字而以金鑄之鍾鼎, 而紀其功也. 軌, 車轍已行之迹. 騰, 表異之也. 言大夫議刑之三言, 可以著之金篆, 而表其已行之迹也.

[표문역] 대부가 세 가지 말을 진술한 것은 그 높은 행적을 청동기에 뚜렷하게 새길 만하고,

[석문역] 『좌전』(권47, 1541~1543쪽) 소공14년(B.C.528)에, 진의 형후가 옹자와 축의 땅을 두고 다투었으나 오랫동안 해결되지 않았다. 사경백이 초에 가자 숙어가 이관을 겸했다. 한선자가 명하여 이 오래된 사건을 판결하게 함에, 죄는 옹자에게 있었으나, 옹자가 그 딸을 숙어에게 바치니 숙어는 죄를 형후에게 덮어 씌웠고, 형후가 분노하여 숙어와 옹자를 조당에서 죽였다. 선자가 그 죄에 대해 숙향에게 묻자 숙향이 말하기를, "3인은 죄가 같으니, 산 자는 형에 처하고 죽은 자는 육시해야 합니다. 옹자는 뇌물로서 승소하였고, 숙어는 뇌물을 받고 판결하였으며, 형후는 함부로 살인하였으니 그 죄는 같습니다. 스스로 악하고서 남의 좋은 점을 짓밟음을 혼이라 하고, 탐욕을 부려 관직을 더럽힘을 묵이라 하며, 사람 죽이기를 꺼려하지 않음을 적이라 합니다. 『하서』(없어진 책임)에 혼·묵·적은 죽인다고 하였으니, 고요의 형벌입니다. 청컨대 이에 따

르십시오."라고 하였다. 이에 형후를 형에 처하고, 옹자와 숙어를 저자에서 육시했다. 공자가 말하기를, "숙향은 고대의 유풍을 간직한 곧은 사람이다. 나라를 다스리고 형벌을 집행함에 있어 지친을 감싸지 않고 아우인 숙어의 잘못을 세 차례나 지적하고 경감하지 않았으니, 의롭다 할 수 있도다! 곧다고도 할 수 있을 것이다. 평구의 회맹 때 그의 수뢰를 꾸짖어 위국과의 관계를 원만하게 하여, 진이 난폭을 행하지 않게 하였다. 노로 계손을 귀환시킬 때 그의 거짓됨을 말하여 노국과의 관계를 원만하게 하여 진이 포학을 행하지 않게 하였다. 형후의 사건에서 그의 탐욕을 말하여 형서를 바르게 집행하여 진은 치우침을 행하지 않게 하였다. 세 가지를 말하여 세 가지 악을 제거하고 세 가지 이익을 증가시켰고, 지친을 죽여 영예를 더하였으니, 오히려 의롭다고 할 수 있도다!"라고 하였다. 금전(金篆)이란, 진 이전에는 예자·해자가 없었으므로 글자는 모두 전자를 사용하였으니, 청동으로 주조한 종정에 전자로 그 공로를 기록한 것을 말한다. 궤는 수레바퀴가 지나간 자취이고, 등은 두드러지게 한 것이다. 대부가 형벌을 의론한 세 가지 말은 금전으로 새겨서 그의 지난 행적을 표창할 만하다는 것을 말한 것이다.

[表文] **安衆之陳九法, 玉牒播其弘規.**

[釋文] 魏文侯師於里悝, 集諸國刑典, 造法經六篇: 一、盜法; 二、賊法; 三、囚法; 四、捕法; 五、雜法; 六、具法. 又, 漢相蕭何, 更加悝所造戶、興、廐三篇, 謂九章之律, 是爲九法. 玉牒者, 文選廣絶交論, 書玉牒而刻鍾鼎. 又魏都賦, 極棟宇之宏規. 規者, 所以爲圓, 法度之器也. 言蕭何安衆之陳九法, 可以書之玉牒, 而播揚其宏大之規也.

[표문역] 대중을 안정시키는 구법을 편 것은, 옥첩에 써서 그 큰 법을 펼칠 만한 것이었습니다.

[석문역] 위 문후가 이회[里悝]에게 사사하여 여러 나라의 형전을 모아 법경 육편을 만드니, 1은 도법, 2는 적법, 3은 수법, 4는 포법, 5는 잡법, 6은 구법이다. 또한 한의 승상 소하가 이회가 제정한 것에 다시 호, 흥, 구 3편을 추가하여 구장율이라고 부르니, 이것이 구법이다. 옥첩이란 『문선』(권55, 755쪽) 「광절교론」에 "옥첩에 쓰고, 종정에 새긴다."라고 하였고, 또 같은 책 「위도부」에 "궁전의 굉대한 규모를 다함이여!"(권6, 98쪽)라고 하였다. 규란 원을 긋기 위한 기구이니, 법도의 기구이다. 소하가 대중을 안정시키는 구법을 편 것은, 그 원대하고 큰 법이 옥첩에 써서 펼칠 만하다는 것을 말한 것이다.

[表文] **前哲比之以隄防, 往賢譬之以銜勒.**

[釋文] 前漢刑法志, 制禮以止刑, 猶隄防溢水也. 後漢虞詡曰, 刑罰者, 人之銜勒也.

[표문역] **예전의 철인은 이를 제방에 비유하고, 선현은 이를 재갈과 굴레에 비유하였습니다.**

[석문역] 『한서』(권23, 1109쪽) 「형법지」에 "예를 제정하여 형벌을 그치게 하는 것은, 제방으로 넘치는 물을 막는 것과 같다."라고 하였다. 후한의 우후는 "형벌이란 사람의 재갈과 굴레이다."(『후한서』권58, 1870쪽)라고 하였다.

[表文] **輕重失序, 則繫之以存亡;**

[釋文] 白氏六帖刑法門, 議論輕重之序, 愼測淺深之量. 言用刑輕重失其序, 則繫民命之存亡.

[표문역] 경법·중법이 순서를 잃으면 민의 존망이 걸리고,

[석문역] 『백씨육첩』(권45) 「형법문」에 "경법·중법의 시행 순서를 의논하고, 가볍고 무거운 형벌의 양을 신중하게 헤아린다."(『예기』 권13, 481쪽)고 했다. 형벌을 시행하는데 경법·중법이 순서를 잃으면 민의 생명이 존망에 걸리게 된다는 것을 말한 것이다.

[表文] 寬猛乖方, 則階之以得喪.

[釋文] 左傳, 昭公二十年, 鄭子産有疾, 謂子太叔曰, 我死, 子必爲政. 唯有德者能以寬服民, 其次莫如猛. 夫火烈, 民望而畏之, 故鮮死焉; 水懦弱, 民狎而翫之, 則多死焉, 故寬難. 疾數月而卒. 太叔爲政, 不忍猛而寬, 鄭國多盜, 取人於萑蒲之澤. 太叔悔之曰, 吾早從夫子, 不及此. 興徒兵以攻萑蒲之盜, 盡殺之, 盜少止. 仲尼曰, 善哉! 政寬則民慢, 慢則糾之以猛; 猛則民殘, 殘則施之以寬. 寬以濟猛, 猛以濟寬, 政是以和. 及子産卒, 仲尼聞之出涕曰, 古之遺愛也. 階, 所由之梯階. 言寬猛乖其方術, 則由之而有得失也.

[표문역] 너그러움과 엄함이 마땅함을 잃으면 정치의 득실이 있게 되는 것입니다.

[석문역] 『좌전』(권49, 1620~1622쪽)(에 의하면) 소공20년(B.C.522), 정 자산이 병이 나자 자태숙에게, "내가 죽으면 틀림없이 당신이 정치를 맡게 될 것입니다. 오직 덕이 있는 자라야 능히 너그러움으로 민들을 복종시킬 수 있습니다. 그 다음은 엄한 것만 같지 못합니다. 불은 맹렬하기 때문에 민들이 바라보고 두려워하므로 타죽는 사람이 적습니다. 그러나 물은 약하므로 민들이 가볍게 여기고 장난치다가 많이 죽습니다. 그러므로 너그러움으로 다스리기가 어렵다고 하는 것입니다."라고 하고서, 앓은 지 몇 달 만에 죽었다. 자태숙이 정치를 맡았는데, 차마 엄하게 할 수 없어 너그럽게 하였으므로 정에는 도둑이 많아져 사람들을 추포의 늪에 끌어들였다. 이

에 자태숙이 후회하며 "내가 일찍이 그 어른의 말을 들었더라면 여기에 이르지 않았을 것이다."라고 하고서, 군대를 동원하여 추포의 도둑들을 공격하여 모두 죽이니 도둑이 다소 그쳤다. 공자가 "좋구나! 정치가 너그러우면 백성이 태만해진다. 태만하면 엄하게 규찰한다. 엄하면 백성이 피폐해진다. 피폐해지면 너그럽게 시행한다. 너그러움으로 엄함을 구제하고 엄함으로 너그러움을 구제하며, 정치는 이로써 조화를 이루는 것이다."라고 하였다. 자산이 죽자 공자가 듣고 눈물을 흘리며 "고대의 유풍을 간직한 자애로운 사람이다."고 하였다. 계는 이끄는 바의 사다리이다. 너그러움과 엄함이 마땅한 술책에서 어긋나면, 그로 말미암아 득실이 있게 됨을 말한 것이다.

[表文] 泣辜愼罰, 文命所以會昌;

[釋文] 劉向說苑, 禹出見辜人, 問而泣之. 史記, 夏禹名文命. 文選蜀都賦, 天帝運期而會昌.

[표문역] 죄인을 불쌍히 여겨 눈물을 흘리며 형벌을 신중히 한 것은 우[文命]가 성세를 이룩한 까닭이고,

[석문역] 유향의 『설원』(권1)에 "우가 외출하다가 죄인을 보고 형을 받은 까닭을 묻고 울었다."라고 하였고, 『사기』(권2, 49쪽) 「하본기」에 "하의 우의 이름은 문명이다."라고 하였다. 『문선』(권4, 81쪽) 「촉도부」에 "천제가 내린 시운을 만나 성세를 이루었다."라고 하였다.

[表文] 斬脛剖心, 獨夫於是盪覆.

[釋文] 書泰誓, 今商王受斬朝涉之脛, 剖賢人之心. 冬月見朝涉水者, 謂其脛耐寒, 斬而視之. 比干忠諫, 紂曰, 吾聞賢人之心有七孔, 剖而觀之. 又曰, 獨夫受. 孟子曰, 殘賊之人, 謂之獨夫. 盪, 覆也. 言紂爲周武王所滅也.

[표문역] 정강이를 베고 가슴을 가르니 주[獨夫]는 이에 멸망하였습니다.

[석문역] 『상서』(권11, 331쪽)「태서」하에, "지금 상의 왕 수受는 아침에 물을 건넌 사람의 정강이를 베고 현인의 가슴을 갈랐다."라고 하였다. 겨울 아침에 물을 건너는 자를 보고서, 그 정강이가 추위를 견디는데 베어서 보자고 하였다. 비간이 충간하자 주는 "나는 현인의 심장에는 구멍이 일곱 개 있다고 들었다."고 하고서, 갈라서 보았다. 또 (같은 책)에 "독부 수는 …"(권11, 332쪽)이라고 하였다. 『맹자』(권2하, 64쪽)「양혜왕」하에 "인을 해치고 의를 해친 사람을 독부라 한다."라고 하였다. 탕은 넘어진다는 뜻이다. 주紂가 주周 무왕에게 멸망된 것을 말한 것이다.

[表文] 三族之刑設, 禍起於望夷;

[釋文] 周罪人不孥, 謂罪止其身, 不及其家之人. 秦始作夷三族法, 謂父族、妻族、母族也. 望夷, 宮名, 趙高令婿閻樂弑秦二世之地. 謂秦因設三族之刑, 而身弑國亡也.

[표문역] 삼족을 멸하는 형벌을 제정하니 화가 망이궁에서 일어났고,

[석문역] "주는 죄인의 처자까지 연좌시키지 않았다."는 것은, 죄가 당사자에 그치고 그 가인에게 미치지 않았음을 말하는 것이다. 진이 처음으로 삼족을 죽이는 법을 제정하였으니, 삼족은 부족, 처족, 모족을 말한다. 망이는 궁의 이름으로, 조고가 사위 염락을 시켜 진 이세황제를 시해한 곳이다(『사기』권6, 274쪽). 진은 삼족을 멸하는 형벌을 제정했기 때문에 황제 자신이 시해되고 나라가 망했음을 말한 것이다.

[表文] **五虐之制興, 師亡於涿鹿.**

[釋文] 史記, 軒轅乃習用干戈, 以征不享, 諸侯咸賓從, 而蚩尤最爲暴虐, 莫能伐. 應劭曰, 軒轅黃帝時, 蚩尤作亂, 不用帝命, 遂作五虐之刑, 大刑用甲兵, 其次用斧鉞; 中刑用刀鋸, 其次用鑽笮; 薄刑用鞭扑. 軒轅乃徵師諸侯, 與蚩尤戰于涿鹿之野. 服虔曰, 涿鹿, 山名, 在涿鹿郡. 遂擒殺蚩尤, 身首異處.

[표문역] 오학의 (형벌) 제도를 제정하니 군대는 탁록에서 망하였습니다.

[석문역] 『사기』(권1, 3쪽) 「오제본기」에 "황제가 군대를 훈련하여 불복하는 자를 정벌하니 제후가 모두 복종하였으나 치우가 가장 포학해서 정벌할 수 없었다."라고 하였다. 이에 대해서 응소가 주하기를 "헌원 황제 때 치우가 난을 일으켜 제명을 받들지 않고 마침내 오학의 형벌을 제정하니, 대형에는 무장한 군대를 사용하고, 그 다음에는 도끼를 사용하며, 중형에는 칼과 톱을 사용하고, 그 다음은 끌[鑽; 臏刑에 씀]과 대나무 끌[笮; 黥刑에 씀]을 사용하며, 가벼운 형벌에는 채찍과 매를 사용하였다."고 하였다. 또 같은 책에 "이에 황제가 제후의 군대를 동원하여 치우와 탁록의 들에서 싸웠다."고 하였다. 이에 대해서 복건이 주하기를 "탁록은 산 이름으로 탁록군에 있다. 마침내 치우를 사로잡아 죽여서, 몸뚱이와 머리를 각각 다른 곳에 묻었다."라고 하였다.

[表文] **齊景網峻, 時英有踊貴之談;**

[釋文] 時英指晏子而言. 晏嬰, 字平仲, 事齊景公. 左氏傳, 景公欲更晏子之宅, 晏子辭, 景公曰, 子居近市, 識貴賤乎? 於是景公繁於刑, 有鬻踊者, 故對曰, 踊貴屨賤. 旣已告於君, 故與叔向語而稱之, 景公爲是省於刑. 君子曰, 仁人之言, 其利溥哉! 晏子一言而齊侯省刑. 踊, 刖者之屨也. 言受刑者多, 故踊爲之貴也.

[표문역] 제 경공의 법망이 준엄하니 그 때의 빼어난 사람은 의족이 비싸다는 말을 하였고,

[석문역] 그 때의 빼어난 사람은 안자를 가리키는 말이다. 안영의 자는 평중으로서, 제 경공을 섬겼다. 『좌전』(권42, 1363~1364쪽)의 기사는 다음과 같다. 경공이 안자의 집을 바꾸어 주려 하자 안자가 사양하였다. 경공이 말하기를 "선생은 사는 집이 시장에 가까우니 물가의 높고 낮음을 아시겠군요?"라고 말하였다. 이 때 경공이 형벌을 번다하게 시행하니 의족을 만들어 파는 자가 있었다. 그러므로 대답하여 "의족은 비싸고 신발은 쌉니다."라고 한 것이다. 이미 군주에게 고하였으므로 숙향과 대화할 때도 이를 언급한 것이다. 경공은 이로써 형벌을 간략하게 하였다. 군자가 말하기를 "어진 사람의 말은 그 이익이 크구나! 안자가 한마디 말을 하자 제齊의 후가 형벌을 간략하게 하였다."라고 말하였다. 용은 발목을 자르는 형을 받은 자가 신는 신이다. 이 형을 받은 자가 많았으므로 그 때문에 의족이 비싸진 것을 말한 것이다.

[表文] 周幽獄繁, 詩人致菀柳之刺.

[釋文] 毛詩小雅菀柳, 刺幽王也, 暴虐無親而刑罰不中也.

[표문역] 주(의 유왕)이 형옥을 번다하게 하자, 시인은 울류의 시로 풍자하기에 이르렀습니다.

[석문역] 『모시』(권15, 1065쪽) 「소아 울류」는 유왕의 포학함이 친속까지 미치고 형벌이 적절하지 못함을 풍자한 것이다.

[表文] 所以當塗撫運, 樂平除慘酷之刑;

[釋文] 魏闕當塗高, 乃漢末曹氏代漢讖語. 當塗撫運, 言魏應運而爲君也. 魏

司徒王朗, 字景興, 封樂平侯. 時鍾繇上疏, 欲復肉刑, 詔令公卿共議. 朗議
以爲繇欲輕減大辟之條, 以增益肌刑之數. 夫五刑之屬, 著在律科, 自有減死
一等之法, 不死卽爲減, 施行已久, 不待遠假斧鑿於彼肉刑, 然後有罪次也.
前世仁者不忍肉刑之慘酷, 是以廢而不用. 不用以來, 歷年數百. 今復以之,
恐所減之文未彰於萬民之目, 而肉刑之問已宣於寇讎之耳, 非所以來遠人也.
議者百餘人, 與朗同者多. 帝以吳, 蜀未平, 寢.

[표문역] 그러므로 조비가 고라는 참위에 응하여[當塗] 위를 세우자
왕랑[樂平]이 참혹한 형을 삭제하였고,

[석문역] '위궐당도고'란 말은 곧 한말에 조씨가 한을 대신한다는 참
어이니, '당도무운'은 위가 시운에 부응해서 임금이 되었다는 말이
다. 위의 사도 왕랑의 자는 경흥이며, 낙평후에 봉해졌다. 이 때
종요가 상소하여 육형을 부활하고자 하자 황제가 조를 내려 공경
들이 함께 의논하도록 명하였다. 왕랑은 의하기를, "종요는 대벽
조항의 형을 경감해서 월형의 조항 수를 더하려 하는데, 대저 오형
의 적용은 율의 조문에 규정되어 있어 당연히 사형에서 1등을 감
하는 법이 있으며, 사형에 처하지 않으면 곧 감하는 것이 된다. 이
는 시행한 지 이미 오래되었으니 굳이 멀리 도끼와 끌로 육형을
가하던 제도를 빌려서 죄에 차이를 둘 필요는 없다. 전대의 인자
는 육형의 참혹함을 차마 시행하지 못하였으므로 폐지하여 시행하
지 않은 지 수백 년이 지났다. 지금 다시 시행한다면 아마도 사형
을 감하는 조문은 만민의 눈에 드러나지 아니하는데 육형으로 죄
를 묻는 것은 적의 귀에 알려질 것이니, 먼데 사람을 가까이 오게
하는 방법이 아니다."(『삼국지』권13, 397~398쪽)라고 하였다. 논의하
던 백여 인 가운데 왕랑에 동조하는 자가 많았다. 황제는 오와 촉
이 아직 평정되지 않았으므로 종요의 상소를 받아들이지 않았다.

[表文] 金行提象, 鎭南削繁苛之法.

[釋文] 晉以金德王天下, 故曰金行提象, 言取數於金也. 杜預字元凱, 爲鎭南大將軍, 與車騎將軍賈充等定律令. 旣成, 預爲注解, 乃奏之曰, 法者, 蓋繩墨之斷例, 非窮理盡性之書也. 故文約而例直, 名省而禁簡. 例直易見, 禁簡難犯; 易見則人知所避, 難犯則幾於刑措. 古之刑書, 銘之鍾鼎, 鑄之金石, 所以遠塞異端, 使無淫巧也. 今所注皆網羅法意, 格之以名分, 使用之者執名例以審趣舍, 伸繩墨之直, 去析薪之理也. 詔頒行於天下.

[표문역] 사마염이 금행으로 제위에 오르니 두예가 번다하고 가혹한 법을 삭제하였습니다.

[석문역] 진나라는 금덕으로 천하의 왕이 되었으므로 금행으로 제위에 올랐다고 한 것이다. 천수天授를 금에서 취한 것을 말한 것이다. 두예의 자는 원개이며, 진남대장군이 되었다. 거기장군 가충 등과 율령을 제정하였다. 율령이 완성되자 두예는 이에 주해를 쓰고 아뢰기를, "법이란 판결의 준거가 되는 법례일 뿐이요, 이치를 궁구하고 본성을 곡진하게 한 글은 아닙니다. 그러므로 문장은 간략하고 법례는 명료하여야 하며, 죄명은 적고 금령은 간단해야 합니다. 법례가 명료하면 보기 쉽고, 금령이 간단하면 범하기 어렵습니다. 보기 쉬우면 사람들은 피할 바를 알게 되고 범하기가 어려우면 형벌은 거의 시행하지 않게 됩니다. 옛날 형서를 종정에 새기고 금석으로 주조함은 이단을 멀리 막아 방종과 교활함이 없게 하려는 것입니다. 지금의 주한 바는 모두 법의를 망라하고 명분에 맞추었으니, 그것을 사용하는 자로 하여금 명례를 들어 형벌을 주고 안주는 것을 심리하게 하면, 먹줄과 같은 바른 도리가 펼쳐질 것이며 장작을 패는 것과 같은 다스림은 제거될 것입니다."(『진서』 권34, 1026쪽)라고 하였다. 조를 내려 천하에 반포하여 시행하도록 하였다.

[表文] 而體國經野, 御辨登樞,

> **[釋文]** 周禮, 惟王建國, 辨方正位, 體國經野. 體國者, 營其國之宮城門涂,
> 如身之有四體. 經野者, 治其野之丘甸溝洫, 如機之有經緯. 登樞者, 北極爲
> 天樞, 居其所而衆星拱之, 人君之象, 故人君卽位曰登極, 亦曰登樞.

[표문역] 성 안을 구분하고 성 밖을 구획하며, 방위를 변별해서
군신의 지위를 바로 하여[御辨] 군주의 지위에 오르면[登樞],

> **[석문역]** 『주례』(권9, 263쪽)「지관 사도」에 "왕이 나라를 세움은 방
> 위를 변별하여 군신의 위치를 바로 하며, 성 안을 구분하고 성 밖
> 을 구획하는 것이다."라고 하였다. 체국이란 나라의 궁성과 문과
> 도로를 영조하는 것을 몸에 팔다리[四體]가 있는 것처럼 한다는 말
> 이요, 경야란 들에 밭두둑이나 수로를 내되 베틀에 날줄과 씨줄이
> 있는 것처럼 하는 것이다. 등추(登樞)란 북극성이 하늘의 지도리가
> 되어 그곳에 자리하는데, 여러 별들이 떠받들므로 임금의 상이다.
> 그러므로 임금의 즉위를 등극이라 하고, 또한 등추라고도 한다.

[表文] 莫不崇寬簡以弘風, 樹仁惠以裁化.

> **[釋文]** 書大禹謨, 臨下以簡, 御衆以寬. 詩序, 風, 風也, 上以風化, 樹立也.
> 易繫辭, 化而裁之.

[표문역] 너그러움과 간략함을 숭상하여 좋은 풍속을 넓히고, 어
짊과 은혜를 세워 단속하되 교화로 하지 않음이 없었습니다.

> **[석문역]** 『상서』(권4, 109쪽)「대우모」에 "아랫사람에 임함에 간략함
> 으로 하고 대중을 이끎은 너그러움으로 한다."라고 하였다. 『시경』
> (권1, 5쪽)「서」에 "풍은 바람이다. 위에서 좋은 바람으로 아랫사람
> 을 교화한다."라고 하였다. 수는 세우는 것이다. 『주역』(권7, 344,
> 345쪽)「계사」에 "교화하여 그를 단속한다."라고 하였다.

[表文] **景胄以之碩茂, 寶祚於是克崇;**

　[釋文] 尙書, 命汝典樂, 教胄子. 胄子, 長子也, 適子也. 景, 大也. 碩, 亦大也. 易繫辭, 聖人之大寶曰位. 祚, 國祚也. 崇, 高也. 言國家崇寬簡, 樹仁惠, 則本支繁茂, 國祚延長也.

[표문역] 훌륭한 장자[胄]는 그로써 크고 무성하게 되고, 보위와 조명은 이에 매우 높아질 것이며,

　[석문역] 『상서』(권3, 93~94쪽)에 "너에게 명하여 악을 맡기니, 주자를 가르치라."라고 하였다. 주자는 장자요 적자이다. 경은 크다는 뜻이며, 석도 크다는 뜻이다. 『주역』(권8, 350쪽) 「계사」에 "성인의 대보를 위라고 한다."라고 하였다. 조는 국가의 조명이고, 숭은 높다는 뜻이다. 국가가 너그러움과 간략함을 숭상하고 어짊과 은혜를 세우면, 본손이나 지손이 번성하여 국가의 조명이 길이 뻗어나간다는 것을 말한 것이다.

[表文] **徽猷列於緗圖, 鴻名勒於靑史.**

　[釋文] 徽, 美也. 猷, 道也. 文選贈劉琨詩, 加其忠直, 宣其徽猷. 緗, 桑初生之色, 卽淺黃色也. 文選序, 飛文染翰, 則卷盈乎緗帙. 言人君美道, 具列於圖書. 鴻名, 大名也. 前漢司馬相如封禪書, 前聖之所以永保鴻名. 靑史者, 古無紙, 凡書辭者, 殺竹汗爲簡書之. 文選江淹書, 並圖靑史. 言人君之大名, 必勒書於靑史.

[표문역] 아름다운 정치는 담황색 책에 열거되고, 큰 이름은 청사에 새겨질 것입니다.

　[석문역] 휘는 아름답다는 뜻이고, 유는 정치[道]이다. 『문선』(권25) 「증류곤시」에 "그 충직을 더하여 그 아름다운 정치를 펴라."라고 하였다. 상은 뽕잎이 처음 피어날 때의 색깔이니 곧 옅은 황색이

다. 『문선』「서」에 "먹 묻힌 붓을 휘둘러 쓴 글들[飛文染翰]이 엷은 황색 간책에 가득하다."라고 하였으니, 임금의 아름다운 정치가 도서에 가득함을 말한 것이다. 홍명은 대명의 뜻이다. 전한의 사마상여가 쓴 「봉선서」에 "옛 성인이 홍명을 영구히 보전할 수 있었던 까닭이다."라고 하였다. 청사란, 옛날에는 종이가 없었으므로 글을 쓰는 사람은 대나무를 쪼개 말려 죽간을 만들어 글을 썼다. 『문선』(권29) 「강엄서」에 "모두 청사에 그린다."라고 하였다. 임금의 큰 이름은 반드시 청사에 새김을 말한 것이다.

[表文] 暨炎靈委御, 人物道銷,

> **[釋文]** 暨者, 及也. 炎者, 漢也. 漢以火德王天下, 故曰炎. 靈者, 漢靈帝也. 委御者, 文選魏都賦, 劉宗委馭. 漢至唐, 歷代已多, 此借漢以喻隋末之亂, 君失其馭, 而一時人物之道銷喪也.

[표문역] 한의 영제가 통치권을 위임함에 이르러 사람과 문물의 도가 사라졌으며,

> **[석문역]** 기는 이르다는 뜻이다. 염은 한이다. 한이 화덕으로 천하의 왕이 되었으므로 염이라 한 것이다. 영은 한 영제이고, 위어는 『문선』(권6) 「위도부」에 "유씨 종실이 통치권[馭]을 위임하자."라고 하였다. 한에서 당까지 대대로 이러한 일이 이미 많았다. 이는 한을 빌려 수말의 난을 비유한 것으로서, 임금이 통치권을 잃자 일시에 사람과 문물의 도가 사라졌음을 말한 것이다.

[表文] 霧翳三光, 塵驚九服.

> **[釋文]** 翳者, 蔽也. 三光者, 纂要曰, 日、月、星謂之三光. 以喻人君之明. 言群邪如霧, 以蔽君之明也. 周書, 辨九服之國, 方千里, 乃其外曰侯服、甸服、男服、采服、衛服、蠻服、夷服、鎮服、蕃服, 是名九服. 言煙塵徧驚於九服之內也.

[표문역] 안개가 삼광을 가리고 병란의 먼지가 천하를 놀라게 하였습니다.

[석문역] 예는 가린다는 뜻이다. 삼광은 『찬요(纂要)』에 "일, 월, 성을 삼광이라 한다."라고 하였는데, 임금의 총명을 비유한 것이다. 간사한 무리들이 안개와 같이 임금의 밝음을 가림을 말한 것이다. 『주례』(권33, 1030쪽)에 "구복의 국을 구분하니, 사방 천리의 왕기 밖을 오백리마다 후복, 전복, 남복, 채복, 위복, 만복, 이복, 진복, 번복이라 하는데, 이를 구복이라 한다."라고 하였다. 병란의 연기와 먼지가 구복 안을 모두 놀라게 함을 말한 것이다.

[表文] 秋卿司於邦典, 高下在心,

[釋文] 周禮六典, 五曰刑典, 以詰邦國. 又秋官司寇, 帥其屬, 以佐王, 刑邦國. 劉馮事始, 舜以皐陶作士, 乃理獄之官. 周禮爲士師. 秦以李斯爲廷尉. 漢因之, 景帝嘗改爲大理. 梁爲秋卿. 唐爲司刑. 左傳曰, 高下在心. 謂不遵法度, 而用心不公也.

[표문역] 추경은 나라의 법을 관장하면서 형벌을 마음대로 높이고 낮추고,

[석문역] 『주례』의 육전 가운데 다섯째를 형전이라 하며, 그것으로 나라의 범법을 금하였다(『주례』권2, 28쪽). 또 같은 책 「추관 사구」에 "그 속료를 거느리고 왕을 보좌하며, 나라의 형벌을 맡았다."(권34, 1042쪽)라고 하였다. 『유풍사시(劉馮事始)』(宋 劉存·馮鑑 撰)에 "순이 고요를 사로 삼으니 곧 형옥을 다스리는 관인이다."라고 하였는데, 『주례』(권35, 1079쪽)에서는 사사라고 하였다. 진은 이사를 정위로 임명하였고, 한은 그 제도를 이어받았다. 경제 때 대리로 고쳤다. 양은 추경이라 하였고, 당은 사형이라 하였다. 『좌전』(권24, 767쪽)

에 "마음대로 높이고 낮추었다."라고 하였는데, 법도를 준수하지
않고 마음 씀이 공정치 않음을 말한 것이다.

[表文] **獄吏傳於爰書, 出沒由己.**

[釋文] 史記張湯傳, 湯父爲長安丞, 出, 湯爲兒守舍. 還, 爲鼠盜肉, 怒笞湯.
湯掘窟得盜鼠及餘肉, 劾鼠掠治, 傳爰書, 試鞫論報, 取鼠與肉磔堂下. 其父
見之, 視其文辭如老獄吏, 大驚, 遂使書獄. 蘇林曰, 傳, 謂傳囚也. 爰, 易也,
以此書易其辭處. 鞫, 窮也. 張晏曰, 傳, 考證驗也. 爰書, 自證不知此言, 反
受其罪, 訊考三日, 復問之, 知與前辭同也. 鞫, 一吏爲讀狀, 論其報行也. 此
言獄吏傳爰書, 出入罪人, 皆由己也.

[표문역] 옥리는 원서를 전하면서 빼고 더하는 것을 마음대로 하였습니다.

[석문역] 『사기』(권122, 3137쪽) 「장탕전」에 "장탕의 아버지는 장안승
이었다. 외출하고 어린 장탕이 집을 지켰는데, 돌아와 보니 쥐가
고기를 도둑질해 갔으므로 화가 나서 장탕을 매로 때렸다. 장탕은
쥐구멍을 파서 고기를 훔친 쥐와 먹다 남은 고기를 확보해서 쥐를
고소하여 고문한 뒤 작성한 원서를 전하고, 국문하여 판결한 것을
보고한 다음, 쥐와 고기를 갖추어 당하에서 책형에 처했다. 그 아
버지가 그것을 보고 그 글을 살펴보니 노련한 옥리와 같아서, 크게
놀라 마침내 그에게 형옥의 문서를 쓰게 하였다."고 하였다. 소림
은 "전은 죄수를 호출하는 것이다. 원은 바꾼다는 것이다. 이 문서
를 가지고 공술하는 곳을 바꾼다. 국은 철저하게 심문하는 것이
다."라고 하였다. 장안은 "전은 신문하여 검증하는 것이다. 원서는
죄수 스스로 조서의 내용을 알지 못한다고 증언하면 옥관이 거꾸
로 그 죄를 받게 되므로, 삼일 뒤에 다시 재심문하여 앞의 심문 내
용과 같은지 확인하는 것이다. 국은 하나의 옥리가 소장을 읽고

보고된 범행을 따지는 것이다."라고 하였다. 이는 원서를 전하면서 죄인의 죄를 덜고 더하는 것을 제멋대로 함을 말한 것이다.

[表文] **內史溺灰然而被辱,**

[釋文] 史記, 御史大夫韓安國, 字長孺, 梁城安人也. 其後安國坐法抵罪, 縣獄吏田甲辱安國, 安國曰, 死灰獨不然乎? 甲曰, 然, 卽溺之. 居無何, 梁內史闕, 漢遣使拜安國爲梁內史, 起徒中爲二千石. 甲亟走, 安國曰, 甲不就官, 我滅而宗! 甲因肉袒謝, 安國笑曰, 可溺矣, 公等足爲治乎. 卒善遇之.

[표문역] 내사는 재가 다시 피어나면 오줌을 누어 끄겠다는 욕을 당하였고,

[석문역] 『사기』(권108, 2859쪽)의 기사는 다음과 같다. 어사대부 한안국의 자는 장유이며, 양의 성안 사람이다. … 그 후 한안국이 법에 저촉되어 죄를 받게 되었는데, 몽현의 옥리 전갑이 한안국을 욕보였다. 한안국이 "불 꺼진 재라하여 다시 불붙지 않겠는가?"라고 하니, 전갑은 "불이 붙으면 오줌을 싸겠다."라고 하였다. 얼마 안되어 양의 내사가 비게 되었다. 한 조정에서는 사신을 보내어 한안국을 내사로 임명하니, 죄수로 있다가 2천 석의 관직에 기용된 것이다. 전갑이 급히 도망치자, 한안국은 "전갑이 관으로 돌아오지 않으면 나는 그 종족까지 주멸할 것이다."라고 하였다. 전갑이 할 수 없이 맨몸으로 사죄하니, 한안국은 웃으면서 "오줌을 쌌다고 해도 그대들을 처벌할 수 있겠는가?"라고 하고, 마침내 잘 대우하였다.

[表文] **丞相見牘背而行賕.**

[釋文] 史記, 漢絳侯周勃免相就國, 歲餘, 每河東守行縣至絳, 周勃自畏恐誅, 常披甲, 令家人持兵以見之. 其後有人告勃欲反, 文帝四年, 下廷尉. 廷尉下其事長安, 逮捕勃治之. 勃恐, 不知置辭, 吏稍侵辱之. 勃以千金與獄吏, 獄

吏乃書牘(背), 視之曰, 以公主爲證. 牘, 木簡也. 公主者, 孝文帝女也, 勃太子勝尙之, 故獄吏敎引爲證. 勃之益封受賜, 盡以與薄昭, 及繫急, 昭爲言薄太后, 太后亦以無反事. 文帝朝, 太后以帽絮提文帝. 帽絮, 巾也. 太后曰, 絳侯綰皇帝璽, 將兵于北軍, 不以此時反, 今居一小縣, 顧反邪? 文帝旣見絳侯獄辭, 乃謝曰, 吏事方驗而出之. 於是使使持節赦絳侯, 復爵邑. 絳侯旣出, 曰, 吾嘗將百萬, 然安知獄吏之貴乎! 賕者, 以財相謝也.

[표문역] 승상도 독의 뒷면을 보고 뇌물을 주었습니다.

[석문역] 『사기』(권57, 2072쪽)의 기사는 다음과 같다. 한 강후 주발이 승상에서 면직되어 봉지로 갔다. 1년 남짓이 지나 하동군수가 관할 현을 순찰하면서 주발의 봉지인 강현에 이를 때마다 주발이 스스로 두려워하며 주멸될까 걱정하여, 늘 갑옷을 입고 가인들로 하여금 무기를 들고 살피도록 하였다. 그 후 주발이 반란을 꾀한다고 고발하는 자가 있었다. 문제 4년(B.C.176) 정위에게 조사하라 명하니, 정위는 그 사건을 장안에 이첩하여 주발을 체포하여 조사하게 하였다. 주발은 두려워하여 공술을 제대로 못하였고, 옥리는 점점 심하게 모욕했다. 주발이 천금을 옥리에게 주니, 옥리는 독牘의 뒷면에 "공주로 하여금 증언하도록 하시오."라고 써서 보여 주었다. 공주는 효문제의 딸이다. 주발의 봉국의 상속인인 태자 승이 그녀를 아내로 맞이하였으므로, 옥리가 그녀를 끌어들여 증언하도록 가르친 것이다. 주발은 추가된 봉지와 하사받은 것을 모두 박소에게 주었다. 사건이 긴박해지자 박소는 박태후에게 주발을 위하여 말하였고, 태후도 반란을 꾀한 사실이 없음을 인정하였다. 문제가 문안을 오자 태후는 모서를 문제에게 던졌다. 모서는 두건[巾]이다. 태후가 말하기를, "강후가 황제의 새를 관장하며 북군을 거느렸는데, 그 때에 반란을 꾀하지 아니하고 지금 한 자그마한 고을에 있으면서 반란을 꾀하겠는가?"라고 하였다. 문제는 이미 강

후의 사건기록을 보았으므로, 사과하여 말하기를 "이吏가 막 무죄
를 검증하였으니, 그를 석방하려 합니다."라고 하고, 사자에게 절
을 가지고 가서 강후를 석방하고 작읍을 회복케 하였다. 강후는
풀려난 후 "내 일찍이 백만 대군을 거느렸지만 옥리의 높음을 어
찌 알았겠는가?"라고 하였다. 구란 재물로 사례하는 것이다.

[表文] **戮逮棄灰, 誅及偶語,**

[釋文] 逮者, 及也. 史記衛鞅傳, 步過六尺者有罰, 棄灰於道者被刑. 又史記,
秦始皇三十四年, 丞相李斯上疏, 乃請史官非秦記皆燒之, 有敢偶語詩書者棄
市. 注云, 禁民聚語, 畏其謗也.

[표문역] 육시하는 형벌이 재를 버린 자에까지 미치고, 주멸하는
형벌이 만나서 이야기하는 자에까지 이르렀으며,

[석문역] 체는 '미치다'의 뜻이다. 『사기』(권68, 2238쪽) 「위앙전」 집
해에 "밭 한 이랑[步]이 6척을 초과한 경우에는 벌을 주고, 길에 재
를 뿌린 자는 형을 받았다."라고 하였다. 또 『사기』(권6, 255쪽)에
"진시황 34년 승상 이사가 상소하여 '사관은 진의 기록이 아닌 것
은 모두 소각하고, 감히 만나서 시·서를 서로 말하는 자가 있으면
기시하십시오.'라고 청하였다."라고 하였다. 그 주에 "백성이 모여
말하는 것을 금지시킨 것은 비방을 두려워하기 때문이다."라고 하
였다.

[表文] **長平痛積冤之氣,**

[釋文] 史記, 秦將白起與趙將趙括戰於長平, 秦軍射殺括, 括軍敗, 卒四十萬
降. 武安君計前秦已至上黨, 上黨民不樂爲秦而歸趙, 趙卒反覆, 非盡殺之,
恐爲亂, 乃挾詐而盡坑殺之. 言無罪四十萬人盡誅, 所以痛積冤之氣也.

[표문역] 장평에서는 쌓인 원기를 애통해 하였고,

[석문역] 『사기』(권73, 2335쪽)의 기사는 다음과 같다. 진나라 장수
백기가 조나라 장수 조괄과 장평에서 싸웠다. 진군이 조괄을 사살
하자 조군은 패하고 병졸 40만이 투항하였다. 무안군 백기는 헤아
리기를 "전에 진군이 상당에 이르렀을 때 상당의 민들이 진의 백
성이 되는 것을 좋아하지 아니하여 조나라로 돌아갔다. 조나라 병
졸들은 배반할 것이니 모두 죽이지 않으면 아마도 난을 일으킬 것
이다."라고 하고, 거짓으로 꾀어 모두 구덩이에 묻어 죽였다. 죄
없는 40만 인을 모두 죽였으므로 쌓인 원기를 애통해 한 것을 말
한 것이다.

[表文] 司敗切瘐死之魂.

[釋文] 司敗者, 獄官也. 論語, 陳司敗問昭公知禮乎. 漢宣帝詔, 繫者或以掠
笞若飢寒, 瘐死獄中, 朕甚痛之, 其令郡國歲上繫囚以掠若瘐死者, 所坐·名·
縣·爵·里, 召御史課殿最以聞. 囚徒飢寒病死, 曰瘐死.

[표문역] 사패는 옥중에서 병들어 죽은 혼을 절통해 했습니다.

[석문역] 사패는 옥관이다. 『논어』(권7, 106쪽)에 "진의 사패가 공자
에게 '소공은 예를 알았습니까?'하고 물었다."고 하였다. 한 선제가
조를 내려 "갇혀 있는 자가 혹은 매를 맞아서 또는 굶주림과 추위
로 인하여 옥중에서 병들어 죽는 것을 짐은 매우 마음 아프게 여긴
다. 군국에 영을 내려, 매년 갇힌 죄수가 매를 맞거나 또는 병들어
죽은 자[瘐死者]의 저촉된 죄, 이름·현·작·리를 보고하도록 하고, 어
사는 잘잘못을 평가하여 아뢰라."라고 하였다(『한서』권8, 252~253쪽).
죄수가 굶주림과 추위에 병들어 죽는 것을 유사라고 한다.

[表文] 遂使五樓之群, 爭廻地軸, 十角之旅, 競入天田,

[釋文] 後漢諸賊: 銅馬, 大槍, 尤來, 上江, 靑犢, (五)校, 檀(鄕), 五幡, 五樓, 富平, 獲索, 皆賊名號也. 春秋括地象云, 地有三千六百六軸. 十角者, 此皆形容隋將亡, 唐未興之時, 天下大亂也. 周禮: 五百人爲旅. 前漢天文志, 龍星左角爲天田, 農祥也, 晨(辰)見則祭之. 然此天田特借用其字, 謂兵亂於天子之境土也.

[표문역] 마침내 오루의 무리로 하여금 지축을 다투어 돌게 하고, 십각의 군사들이 다투어 천자의 지경에 들어가게 되니,

[석문역] 후한의 여러 도적, 즉 동마, 대창, 우래, 상강, 청독, 오교, 단향, 오번, 오루, 부평, 획색은 모두 도둑의 명칭이다. 『춘추괄지상』에 "땅에는 3606개의 축이 있다."고 하였다. 십각이란 수나라가 멸망하고 당나라가 아직 일어나기 전, 천하가 크게 어지러워진 것을 형용한 것이다. 『주례』(권28, 873쪽) 「하관 사마」에 "5백인을 여라한다."라고 하였다. 『한서』(권25상, 1212쪽) 「교사지」상(「천문지」는 오기) 영성사(靈星祠)에 대한 장안의 주에 "용의 왼쪽 뿔을 천전이라하는데, 농사에 상서로운 것이다. 새벽에 보이면 제를 지낸다."고하였다. 그러나 이 천전은 특히 그 글자를 빌어서 천자의 지경에서 병란이 일어남을 말한 것이다.

[表文] 國步於是艱難, 刑政於焉弛紊.

[釋文] 詩桑柔, 國步蔑資. 朱子云, 步猶運也. 刑政者, 論語, 道之以政, 齊之以刑. 文選辨亡論, 皇綱弛紊.

[표문역] 나라의 정치[步]가 이에 어려워지고, 형법이 어느덧 해이하고 문란해졌습니다.

[석문역] 『시경』(권18, 1386쪽) 「(대아) 상유」에, "나라의 정치가 이와같이 백성의 재물을 가벼이 여겼다."고 하였다. 주자는 "보는 운과

같다."라고 하였다. 형정이란『논어』(권2, 16쪽)에 "법[政]으로 이끌고 형벌로 가지런히 한다."라고 하였다.『문선』(권53)「변망론」에 "조정의 기강이 해이하고 문란해졌다."라고 하였다.

[表文] **殷憂俟來蘇之后, 多難佇撥亂之君.**

　[釋文] 書仲虺之誥, 攸徂之民, 室家相慶, 俟予后, 后來其蘇! 注, 湯所往之, 民皆喜曰, 待我君來, 其可蘇息. 多難者, 詩訪落曰, 未堪家多難. 漢高祖紀, 群臣曰, 帝起微細, 撥亂反正. 佇者, 候也.

[표문역] 깊은 근심이 있어 오셔서 소생시켜줄 임금을 기다렸고, 어려움이 많아 난을 평정할 임금을 기다렸습니다.

　[석문역]『상서』(권8, 235쪽)「중훼지고」에, "가는 곳의 민들이 집집마다 서로 경축하며, 우리 임금을 기다렸는데 우리 임금이 오셨으니 살게 되었다."라고 하였다. 그 주에, "탕이 간 곳의 백성들은 모두 기뻐하며 말하기를, '우리 임금이 오시기를 기다렸는데, 이제 살 수 있게 되었다.'라고 하였다."고 하였다. 다난이란『시경』(권19, 1582쪽)「주송 방락」에 "집집마다 다난을 감당할 수 없다."라고 하였다.『한서』(권1하, 80쪽)「고조본기」하에, "여러 신하들이 '제는 미세한 곳에서 몸을 일으켜 난을 평정하고 정상을 회복시켰습니다.'라고 하였다."고 하였다. 저는 기다리는 것이다.

[表文] **大唐握乾符以應期, 得天統而御歷,**

　[釋文] 文選東都賦, 握乾符, 闡坤珍. 又魏都賦, 應期運而光赫. 言大唐之君, 執握天受命之符, 以應期運也. 前漢高祖贊曰, 旗幟尙赤, 恊於火德, 自然之應, 得天統矣. 御, 治也. 歷, 數也.

[표문역] 대당은 하늘의 부서를 쥐고 기운에 응답해서 하늘의 정

통을 얻어 운수를 다스리고[御],

[석문역] 『문선』(권1) 「동도부」에 "하늘의 부서를 쥐고 땅의 부서를
열었다."라고 하였고, 또 『문선』(권6) 「위도부」에 "기운에 응답하니
빛이 찬란했다."라고 하였다. 이는 대당의 임금이 하늘이 내려준
부서를 쥐고 기운에 응답했음을 말한 것이다. 『한서』(권2, 82쪽) 「고
조기」하의 찬에 "기치를 붉게 하여 화덕에 협화하니 자연의 응답으
로 하늘의 정통을 얻었다."라고 하였다. 어는 다스린다는 뜻이고,
역(歷)은 운수[數]의 뜻이다.

[表文] 誅阪泉之巨猾, 勦丹浦之凶渠,

[釋文] 史記, 黃帝教熊羆貔貅貙虎, 以與炎帝戰於阪泉之野, 三戰然後得其
志. 文選應劭詩, 丹浦非樂戰. 劉良曰, 唐虞時, 丹浦國不服, 帝征而克之.

[표문역] 판천의 힘세고 교활한 자를 주멸하고, 단포의 흉악한 거
수를 죽였으며,

[석문역] 『사기』(권1, 3쪽)에 "황제가 웅비・비휴・추호를 앞세워 염제
와 판천의 광야에서 싸우니, 세 번 싸운 뒤에야 뜻을 이룰 수 있었
다."라고 하였다. 『문선』(권20) 「응조시」에 "단포는 쉬운 싸움이 아
니었다."라고 하였다. 이에 대해 유량은 "당우 때 단포국이 불복하
므로 제가 정벌하여 승리하였다."라고 하였다.

[表文] 掃旬始而靜天綱, 廓妖氛而淸地氣.

[釋文] 文選東京賦, 攙搶旬始, 群凶靡餘. 旬始, 祅星也. 晉紀總論曰, 天綱
解紐. 又, 還舊園詩曰, 大明盪祅氛. 又, 地理志, 山河分兩戒, 有南紀・北紀.

[표문역] 하늘의 요성을 일소하여 하늘의 기강을 안정시키고 요사
스런 기운을 제거하여 지기를 맑게 하였습니다.

[석문역] 『문선』(권3) 「동경부」에 "참창·순시와 같은 군흉이 남아있지 못하였다."라고 하였다. 순시는 요성이다. 『문선』(권49) 「진기총론」에 "하늘의 그물[天網]이 묶은 끈을 풀었다."라고 하였고, 또 『문선』(권25) 「환구원시」에 "대명이 요사스러운 기운[妖氛]을 씻었다."라고 하였고, 『지리지』에 "산하는 두 개의 경계를 나누니, 남쪽의 기강과 북쪽의 기강이 있다."라고 하였다.

[表文] **朱旗乃擧, 東城高滅楚之功,**

[釋文] 朱旗者, 文選述高紀贊, 神母告符, 朱旗乃擧. 又, 漢五年, 圍項羽垓下, 夜聞漢軍皆楚歌, 知盡得楚地, 羽與數騎走, 是以兵大敗, 灌嬰追斬東城. 言唐之勳德, 亦高於此也.

[표문역] 붉은 기를 내거니 동성에서 초를 멸한 공이 높고,

[석문역] 붉은 기란 『문선』(권50) 「술고기찬」에 "신모가 징험을 말하자 붉은 기를 걸었다."라고 하였다. 또 한 5년(B.C.202)에 항우가 해하에서 포위되었을 때, 밤에 한군이 모두 초가를 부르는 것을 듣고 초나라 땅을 모두 점령한 것으로 알고 항우는 몇 기병과 더불어 달아났는데, 이로써 항우의 군대는 크게 패하였고 관영이 추격하여 동성에서 그의 목을 베었다. 이는 당나라의 공훈과 덕이 이보다도 높음을 말한 것이다.

[表文] **黃鉞裁麾西土, 建翦商之業,**

[釋文] 書牧誓, 武王與紂戰于牧野. 甲子昧爽, 王朝至于商郊, 王佐仗黃鉞, 右秉白旄, 以麾曰: 逖矣! 西土之人. 詩公劉篇, 實始翦商. 翦, 滅也. 言唐之功業, 亦若此.

[표문역] 황월을 짚고 서토의 (사람들을) 지휘하여 상을 멸한 업

적을 세웠으며,

[석문역] 『상서』(권11, 334~335쪽) 「목서」에 "무왕이 주와 목야에서 싸웠다. 갑자일 이른 새벽에 왕이 상읍의 교외에 나아갔다. 왕은 왼쪽에 황월을 짚고 오른쪽에 백모를 잡고 지휘하며, '멀리 왔구나, 서토의 사람들이여!'라고 하였다."고 하였다. 『시경』(권17, 1302쪽) 「대아 생민지습 공류」편은 실상 상을 멸하기 시작한 것을 노래한 것이다. 전은 멸한다는 뜻이다. 당의 공업도 역시 이와 같음을 말한 것이다.

[表文] 總六合而光宅, 包四大以凝旒.

[釋文] 六合者, 四方上下也. 書堯典, 光宅天下. 言堯有光明之德, 覆天下如屋宅. 四大者, 老子云, 道大、天大、地大、王大, 域中有四大, 王居其一焉. 禮記玉藻曰, 天子玉藻, 十有二旒.

[표문역] 육합을 아우르는 빛난 덕으로 덮고 사대를 포괄하여 면류관을 똑바로 썼습니다.

[석문역] 육합이란 사방과 상하를 말한다. 『상서』(권2, 26쪽) 「요전」에 "천하를 광택하였다."라고 하였는데, 요에게 광명한 덕이 있어 옥택과 같이 천하를 덮었다는 것을 말한 것이다. 사대란 『노자』에 "도가 크고, 하늘이 크고, 땅이 크고, 왕도 커서 우주에는 사대가 있는데, 왕이 하나를 차지한다."라고 하였다. 『예기』(권29, 1016쪽) 「옥조」에 "천자의 옥조는 12류이다."라고 하였다.

[表文] 異域於是來廷, 殊方所以受職,

[釋文] 文選李陵書, 死爲異域之鬼. 詩常武篇, 殊方來庭. 又, 文選東都賦, 殊方別區. 又, 與陳元伯之書曰, 解辯請職.

[표문역] 이에 외국에서 조정에 찾아오고, 먼 나라들이 관직을 받고,

[석문역] 『문선』(권4) 「이능서」에 "죽으면 외국의 귀신이 될 것이다."라고 하였고, 『시경』(권18, 1476쪽) 「대아 상무」편에 "먼 나라에서 조정에 왔다."라고 하였다. 또 『문선』(권1) 「동도부」에 "먼 나라와 다른 지역"이라고 하였다. 또 『문선』(권43) 「여진원백지서」에 "변발을 풀고 관직을 청하였다."라고 하였다.

[表文] 航小海以朝絳闕, 梯昆山以謁紫宸,

[釋文] 大舟曰航, 揚雄夏州箴曰, 航海三萬, 東牽其竿. 山海經, 無皐之南望幼海. 郭璞云, 幼卽小也. 文選與孫皓書, 稽顙絳闕. 山海經, 崑崙山廣萬里, 高一千里. 荊州星占, 北辰一名天關, 一名北極. 北極者, 紫宮天主也. 天子所居曰宸, 故曰紫宸.

[표문역] 큰 배를 타고 소해를 건너와 진홍빛 대궐에 조공하고, 곤산을 타고 넘어와 천자의 궁궐에 배알하였으며,

[석문역] 큰 배를 항이라 한다. 양웅의 「하주잠」(『옥해』 권154에는 교주잠으로 되어 있음)에 "큰 배를 타고 바다를 3만 리 건너와 동쪽에서 임금의 수레를 끄는 무소를 끌었다."라고 하였다. 『산해경』(권4, 「동산경」)에 "무고산의 남쪽으로 유해(幼海)가 바라보인다."라고 하였는데, 곽박은 "유는 곧 소이다."라고 하였다. 『문선』(권43) 「여손호서」에 "진홍빛 대궐에 머리를 조아렸다."라고 하였다. 『산해경』에 "곤륜산은 넓이가 만 리이고, 높이는 1천 리이다."라고 하였다. 『형주성점』에 "북신은 일명 천관이라고 하고, 일명 북극이라고도 한다."라고 하였다. 북극이란 자궁이라는 별자리이며, 천제가 거처하는 곳이다. 천자의 거소를 신이라 한다. 그러므로 자신이라 한 것이다.

[表文] 椎髻之酋, 加之以文冕, 窮髮之長, 寵之以徽章,

　[釋文] 唐書儒學傳, 貞觀中, 高麗與百濟·新羅·高昌·土蕃等諸國酋長, 遣子弟請入國學, 鼓篋而升講筵者八十餘人. 文選石闕銘, 椎髻之長, 南越之俗也. 又, 絶交書, 強越人以文冕. 又, 遊赤石詩, 況乃令窮髮. 窮髮, 無毛之地, 在北海之北也. 又, 貴妃誄, 崇徽章出寰甸. 徽, 旌旗也. 章, 旒也. 言南而椎髻, 北而窮髮, 皆來朝也.

[표문역] 상투 트는 추장에게 예관을 씌우고, 북방 불모지의 추장을 총애하여 휘장을 주었으니,

　[석문역] 『구당서』(권189, 4941쪽) 「유학전」상에 "정관 연간에 고구려와 백제·신라·고창·토번 등 여러 나라 추장이 자제를 보내어 국학에 입학하기를 요청했고, 북을 치면 대나무상자를 열어 책을 꺼내서 강학하는 자리에 오르는 자가 80여인이었다."라고 하였다. 『문선』(권56) 「석궐명」에 "크게 상투 트는 것은 남월의 풍속이다."라고 하였고, 또 『문선』(권43) 「절교서」에 "월인에게 억지로 예관[文冕]을 씌웠다."라고 하였다. 또 『문선』(권23) 「유적석시」에 "하물며 북방 불모지까지 넘어서랴!"라고 하였다. 궁발(窮髮)은 불모지[無毛地]로 북해의 북쪽에 있다. 또 (『문선』(권57)) 「귀비뢰」에 "휘장을 받들고 천자의 땅[寰甸]에서 나간다."라고 하였다. 휘는 정기요 장은 유(旒)이다. 상투 트는 남쪽에서부터 불모지의 북쪽에 이르기까지 모두 와서 조공하였음을 말한 것이다.

[表文] 王會之所不書, 塗山之所莫紀.

　[釋文] 唐初, 東謝蠻入朝, 冠烏熊皮, 以金銀絡頸, 身披毛帔, 韋皮行縢而著履. 顏師古因奏言, 周武王時, 遠國歸款, 周史集其事爲王會篇. 乃命閣立本圖之. 禹會諸侯於塗山, 執玉帛者萬國.

[표문역] 「왕회」에 실리지 않는 바이며, 도산에 기록되지 않은 바입니다.

[석문역] 당나라 초기 동사만이 조회하러 들어왔을 때, 검은 곰 가죽 관을 쓰고, 금은으로 목을 두르고, 몸에는 모피를 입었으며, 가죽 각반을 매고 신을 신었다. 안사고가 이로 인해 아뢰기를 "주 무왕 때 먼 곳의 나라들이 찾아와서 머물렀으므로, 주나라의 사관이 그 기사들을 모아 「왕회편」을 지었습니다."라고 하니, 염입본에게 명하여 그림으로 그리게 하였다. 우왕이 도산에서 제후를 소집하니 만국이 옥백을 바쳤다.

[表文] 歌九功以協金奏, 運七政以齊玉衡,

[釋文] 書大禹謨, 水火金木土穀惟修, 正德利用厚生惟和, 九功惟敍, 九敍惟歌. 周禮鍾師, 掌金奏. 書舜典, 在璇璣玉衡, 以齊七政. 以璇爲璣, 以象天體之運轉; 以玉爲衡管, 橫而設之, 以窺璣, 以齊日月五星七政之運行, 猶今之渾天儀也.

[표문역] 구공을 노래함에 금속악기로 협주하고, (일, 월, 오성의) 칠정의 운행에 따라 옥형을 갖추었으며,

[석문역] 『상서』(권4, 106쪽) 「대우모」에 "수, 화, 금, 목, 토, 곡이 갖추어지고, 덕이 바름과 일용의 유리함과 삶의 도타움이 조화를 이루어야 구공이 차례로 이루어지는 것이며, 구공이 차례로 이루어져야 선정을 노래할 수 있습니다."라고 하였다. 『주례』(권24, 734쪽) 「춘관 종사」에 "종사는 금속악기 협주를 맡는다."라고 하였고, 『상서』(권3, 64쪽) 「순전」에 "선기·옥형과 같은 천문기구를 살펴서 칠정을 갖추었다."라고 하였다. 아름다운 옥[璇]으로 기를 만들되 천체의 운행을 본뜨고, 옥으로 형관을 만들어 가로로 설치하여 기를

들여다보고, 일, 월, 오성의 칠정의 운행을 살폈으니, 지금의 혼천
의와 같다.

[表文] **律增甲乙之科, 以正澆俗, 禮崇昇降之制, 以拯頹風,**

　　[釋文] 前漢, 宣帝曰, 令甲: 死者不可復生, 刑者不可復息. 息, 生長也. 甲
　　令, 第一; 乙令, 第二也. 文選策秀才文曰, 民俗澆弛, 法令滋章. 禮記樂記
　　曰, 升降上下, 周還裼襲, 禮之文也. 拯, 救也. 頹, 毁也.

[표문역] 율은 갑·을의 법령[科]을 더하여 경박한 풍속을 바로잡고,
예는 의식에서 오르고 내리는 제도를 숭상하여 퇴폐풍조를 구
제하시니,

　　[석문역] 전한의 선제는 "갑령에, 사형을 당한 자는 다시 살아날 수
　　없고, 형을 받은 자의 육신은 다시 자라날 수 없다."라고 하였다.
　　식은 생장의 뜻이다. 갑령은 제일이고, 을령은 제이이다. 『문선』
　　(권36)「책수재문」에 "민의 풍속이 경박하고 해이해지자 법령의 조
　　문이 늘어났다."라고 하였다. 『예기』(권37, 1269쪽)「악기」에 "위 아
　　래로 오르고 내리는 것이나 빙글빙글 돌고 웃옷을 벗거나 겹쳐 입
　　는 것은 예의 표현형식이다."라고 하였다. 증은 구제하는 것이고,
　　퇴는 무너지는 것이다.

[表文] **蕩蕩巍巍, 信無得而稱也. 伏惟,**

　　[釋文] 論語, 蕩蕩乎, 民無能名焉; 巍巍乎, 其有成功也. 又曰: 泰伯其可謂
　　至德也已矣, 三以天下讓, 民無得而稱焉!

[표문역] 넓고 크며 높고 높아서 참으로 칭찬할 수도 없습니다.
엎드려 생각하건대,

　　[석문역] 『논어』(권8, 118쪽)「태백」에 "넓고 넓구나! 백성들이 그 이

름을 알 수도 없었으니. 높고 높구나! 그 이룬 공이."라고 하였고,
또 같은 책에 "태백은 참으로 지덕이라 할 수 있구나! 세 번이나
천하를 양보하였으나, 백성들은 칭찬할 수도 없었다."(권8, 111쪽)라
고 하였다.

[表文] **皇帝陛下,**

　[釋文] 唐儀制令, 皇帝, 天子, 夷夏通稱之. 陛下, 對敭咫尺, 上表通稱之. 應
　劭曰, 王者有執兵陳於階陛之側, 臣於至尊不敢指斥, 故呼陛下以告之, 因卑
　以達尊之意也.

[표문역] **皇帝陛下께서는**

　[석문역] 당「의제령」에, "황제와 천자는 외국[夷]과 중국[夏]에서 다
　같이 칭한다. 폐하는 지척에서 대면하여 부르거나 상표를 올릴 때
　통칭한다."고 규정되어 있다. 응소는 "왕된 사람은 계단[陛階]의 측
　면에 병기를 든 병사가 진열해 있으니, 신하는 지존에 대하여 감히
　가리키며 말할 수 없으므로 폐하라 부르며 고한다. 낮은 곳을 통
　해서 높은 곳으로 전달한다는 뜻이다."라고 하였다(『문선』권20, 「상
　책궁응조시표」의 주).

[表文] **體元纂業, 則天臨人,**

　[釋文] 杜預左氏傳注, 凡人君卽位, 欲其體元以居正. 文選東京賦, 況纂帝業
　而輕天位. 纂, 繼也. 論語, 惟天爲大, 惟堯則之. 言天之大, 以臨兆民也.

[표문역] **선을 대본으로 하시어 제업을 이으시고, 하늘을 본떠 인
민에 임하시며,**

　[석문역] 두예의 『좌전』(권2, 은공원년 정월, 43쪽) 주에 "무릇 임금이
　즉위하면, 선[元]을 대본[體]으로 하려 하므로 바름[正]에 거한다."라

고 하였다. 『문선』(권3) 「동경부」에 "더구나 제업을 잇고[纂], 천위를 가벼이 하랴!"라고 하였다. 찬은 계의 뜻이다. 『논어』(권8, 118쪽) 「태백」에 "오직 하늘만이 위대하니, 요가 이를 본받았다."라고 하였으니, 하늘의 위대함을 본받아 모든 사람에 임함을 말한 것이다.

[表文] 覆載竝於乾坤, 照臨運於日月,

　[釋文] 易乾卦, 夫大人者, 與天地合其德, 與日月合其明. 與天地合其德者, 謂覆載也. 與日月合其明者, 謂照臨也.

[표문역] 하늘이 덮고 땅이 싣는 것처럼 하시고, 해와 달이 빛을 비추는 것처럼 하시며,

　[석문역] 『주역』(권1, 27쪽) 「건괘」에 "대인은 그 덕이 천지와 합치하고, 그 밝음이 일월과 합치한다."라고 하였다. "그 덕이 천지와 합치한다."함은 덮고 싣는 것[覆載]을 말하는 것이고, "그 밝음이 일월과 합치한다."함은 빛을 비추는 것[照臨]을 말하는 것이다.

[表文] 坐青蒲而化光四表, 負丹扆而德被九圍.

　[釋文] 漢書, 史丹伏青蒲奏事. 青蒲, 席也. 尙書曰, 光被四表. 禮記明堂曰, 天子負斧扆, 南鄉而立. 斧扆, 爲斧屛風, 於戶牖之間. 詩長發篇曰, 帝命式于九圍. (九圍), 九州也.

[표문역] 청포에 앉으셨어도 교화는 사방에 빛나고, 붉은 병풍을 뒤로 하고 (앉으셨어도) 덕은 천하를 덮었습니다.

　[석문역] 『한서』(권82, 3377쪽)에 "사단이 청포에 엎드려 일을 아뢰었다."라고 하였으니, 청포는 자리이다. 『상서』(권2, 29쪽) 「요전」에 "덕화의 빛이 사방을 덮었다."라고 하였고, 『예기』(권31, 1086쪽) 「명당위」에 "천자는 부의를 뒤로 하고 남쪽을 향하여 선다."라고 하였

는데, 부의는 도끼를 그린 병풍으로 문에 쳐 바람을 막는 것이다. 『시경』(권20, 1712쪽) 「상송 장발편」에 "상제는 구위에 법을 펴도록 명하셨다."라고 하셨다. 구위는 구주이다.

[表文] 日旰忘餐, 心存於哀矜, 宵分不寐, 志在於明威,

[釋文] 旰, 晚也. 蜀志, 諸葛亮上疏曰, 陛下劬勞上業, 旰食思政, 廢寢憂人. 書呂刑曰, 皇帝哀矜庶戮之無辜. 言唐帝日晚忘食, 哀矜無辜. 唐李百藥曰, 太宗纔及日昃, 必命才學之士, 賜以淸問, 一夜忘疲, 中宵不寐. 書湯誥曰, 將天命明威, 不敢赦. 言唐帝中夜不寢, 其志在於明天之威, 愼用刑也.

[표문역] 해가 지도록[日旰] 식사를 잊으심은 마음에 불쌍히 여기심[哀矜]이 있으시기 때문이고, 밤이 깊도록 잠자지 않으심은 뜻이 위엄을 밝히시려는 데에 있으시며,

[석문역] 간은 만이다. 『촉지』에, "제갈량이 상소하여 '폐하께서 나라의 일[帝業]에 수고하시어 해가 질 때서야 식사를 들며 정사를 생각하시고 잠자지 않으시고 사람들을 걱정하십니다.'라고 하였다." 『상서』(권19, 631쪽) 「여형」에, "황제께서 많은 죄 없는 자의 죽음을 불쌍히 여기셨다."라고 하였다. 이는 당의 황제가 매일 늦게까지 식사를 잊고 무고한 사람을 불쌍히 여기는 것을 말한 것이다. 당의 이백약이 말하기를 "태종께서는 해가 기울면 곧 반드시 재주와 학식 있는 선비에게 명하여 같이 한가한 시간을 가지시면서, 밤새 피로를 잊고 밤중까지 취침하지 않으셨다."(『정관정요』권3)라고 하였다. 『상서』(권8, 238쪽) 「탕고」에 "천명을 받들어 위엄을 밝히고 감히 용서하지 않았다."라고 하였다. 당의 황제가 밤늦게까지 잠자지 않음은 그 뜻이 하늘의 위엄을 밝혀 형의 집행을 신중히 하려는 데에 있음을 말한 것이다.

[表文] 一夫向隅而責躬, 萬方有犯而罪己.

  [釋文] 漢書刑法志曰, 滿堂而飮酒, 有一人向隅而悲泣, 則一堂皆爲之不樂. 王者之於天下也, 譬猶一堂之上也. 書湯誥, 萬方有罪, 在予一人. 又, 左傳, 莊公十一年曰, 禹, 湯罪己, 其興也勃焉.

[표문역] 한 사내가 구석을 향하면 자신을 책망하시었고, 만방이 법을 범하면 자신에게 죄가 있는 것으로 하셨습니다.

  [석문역] 『한서』(권23, 1108~1109쪽) 「형법지」에, "많은 사람이 당에 가득 모여 술을 마시는데 한 사람이 구석을 향하여 슬피 울면, 당 안 사람 모두가 그로 인해 즐거워하지 않는다. 왕된 자에게는 비유하면 천하도 하나의 당 안과 같은 것이다."라고 하였다. 『상서』(권8, 240쪽) 「탕고」에, "만방에 죄가 있음은 나 한 사람에게 책임이 있다."라고 하였다. 또 『좌전』(권9, 280쪽) 장공11년(B.C.683)에, "우와 탕이 죄를 자신에게 돌리니 부쩍 흥성하였다."라고 하였다.

[表文] 仍慮三辟攸斁, 八刑尙密,

  [釋文] 左傳, 昭公六年, 鄭人鑄刑書於鼎, 以爲常法, 叔向使貽子産書曰: 夏有亂政, 作禹刑; 商有亂政, 而作湯刑; 周有亂政, 而作九刑. 三辟之興, 皆叔世也. 辟, 刑也. 尙書洪範曰, 彝倫攸斁. 斁, 敗也. 八刑者, 周禮大司徒, 以刑糾萬民, 一曰不孝, 二曰不義, 三曰不婣, 四曰不弟, 五曰不任, 六曰不恤, 七曰造言, 八曰亂民.

[표문역] 나아가 세 가지 형법으로 윤상이 무너질 것과, 여덟 가지 형법조문이 너무 조밀해질 것과,

  [석문역] 『좌전』(권43, 1411쪽) 소공6년(B.C.536)에, "정나라 사람이 형서를 청동솥에 주조하여 상법(常法)으로 삼자 숙향이 자산에게 글을 보내어, '하는 정치가 혼란스러워지자 우형을 제정하고, 상은 정치가

혼란스러워지자 탕형을 제정하였으며, 주는 정치가 혼란스러워지자 구형을 제정하였으니, 이 삼벽(三辟)의 제정은 모두 말세의 일입니다.'라고 하였다." 벽은 형이다. 『상서』(권12, 353쪽) 「홍범」에, "윤상이 무너졌다."라고 하였다. 두는 패이다. 여덟 가지 형법 조문이란 『주례』(권10, 316쪽) 「대사도」에, "형으로 만민의 잘못을 규찰하였으니, 첫째 불효, 둘째 불목, 셋째 불인, 넷째 부제, 다섯째 불임, 여섯째 불휼, 일곱째 조언, 여덟째 난민이다."라고 하였다.

[表文] 平反之吏, 從寬而失情, 次骨之人, 舞智而陷網,

[釋文] 前漢, 雋不疑爲京兆尹, 每行縣錄囚徒, 有所平反, 母卽喜. 史記, 杜周, 南陽人, 爲廷尉史. 周少言重遲, 外寬, 內深次骨. 李奇曰, 其用罪深刻至骨. 又, 張湯, 杜人也. 湯爲人多詐, 舞智以御人. 言陷人於憲網.

[표문역] 억울함을 펴주려 하는 관리는 관대함에 따르다가 죄의 실정을 잃을 것과, 각박한 관리는 재주를 부려 법망에 빠뜨릴 것을 염려하시면서,

[석문역] 전한의 준불의가 경조윤이 되어 매양 관할 현을 순시하여 죄수를 점검하는데, 억울함을 펴준 사실이 있게 되면 그 어머니가 기뻐하였다(『한서』 권71, 3036쪽). 『사기』(권122, 3153쪽)에, "두주는 남양 사람으로 정위사가 되었다. 두주는 말이 적고 더듬거렸으며, 겉으로는 관대한 듯하나 속으로는 각박함이 골수에 미쳤다."라고 하였다. 이에 대해 이기는 "그의 죄를 적용하는 것이 심각하여 골수에 미쳤다."라고 주하였다. 또 같은 책에 "장탕은 두 사람이다. 장탕은 사람됨이 거짓이 많고 간계를 부려 사람을 다스렸다."(권122, 3137~ 3138쪽)라고 하였다. 사람을 법망에 빠뜨리는 것을 말한 것이다.

[表文] 刑靡定法, 律無正條, 徽纆妄施, 手足安置!

　[釋文] 靡, 無也. 易坎卦, 係用徽纆, 寘于叢棘. 釋音, 劉子玄云, 三股曰徽, 兩股曰纆, 皆索名, 所以禁囚. 今言妄施者, 刑罰不中也. 論語曰, 刑罰不中, 則民無所措手足. 自「仍慮」以下至此, 皆言唐興之初, 慮恐用刑無一定之律, 吏無所遵守, 以致刑罰不中, 所以命群臣定律也.

[표문역] 형에 일정한 법이 없고 율에 해당하는 조문이 없는데 함부로 죄주어 잡아 가두면 민들이 수족을 어디에 두겠는가 하시고,

　[석문역] 미는 무의 뜻이다. 『주역』(권3, 157쪽) 「감괘」에 "밧줄로 묶어 감옥에 가둔다."라고 하였다. 「석음」에서 유자현은 "세 겹의 밧줄을 휘라 하고, 두 겹의 밧줄을 묵이라 한다."라고 주하였으니, 모두 밧줄 이름이며, 죄수를 묶는 것이다. 지금 함부로 시행한다 함은 형벌이 적중하지 않음을 말한 것이다. 『논어』(권13, 193쪽) 「자로」에 "형벌이 (죄에) 적중하지 않으면 민은 수족을 둘 곳이 없다."라고 하였다. 위의 '잉려삼벽유두(仍慮三辟攸數)'에서 여기까지는 모두, 당이 건국 초기라서 형벌을 적용함에 일정한 율이 없고 관리들이 준수할 바가 없으므로 형벌이 적중하지 않음에 이르게 될 것을 염려하여, 신하들에게 율을 제정하도록 명한 것을 말한 것이다.

[표문] 乃制太尉 揚州都督 監修國史 上柱國 趙國公 無忌, 司空 上柱國 英國公 勣,

　[釋文] 李勣, 字懋功, 曹州離孤人. 本姓徐, 武德二年從李密歸朝, 唐高祖喜曰, 勣, 純臣. 詔授黎州總管, 封英國公, 賜姓, 附宗正屬籍.

[표문역] 마침내 태위 양주도독 감수국사 상주국 조국공 무기, 사공 상주국 영국공 적,

　[석문역] 이적의 자는 무공이니 조주 이고(양당서에는 이호(離狐)) 사

람이요, 본래 성은 서이다. 무덕2년(618)에 이밀을 따라 당조에 귀
의하였다. 당 고조는 기뻐하여 말하기를 "적은 순신(純臣)이다."라
고 하였다. 조칙을 내려 여주총관으로 삼고, 영국공에 봉하고 국성
을 하사하여 종정시의 적에 올렸다.

[表文] 尙書左僕射 兼 太子少師 監修國史 上柱國 燕國公 志寧,

[釋文] 于志寧, 字仲謐, 京兆高陵人. 太宗曰, 今太子幼, 卿當輔以正道. 太
子承乾數有過惡, 志寧欲救止之, 上諫苑以諷. 帝見大悅, 賜金十斤,絹三百
疋. 凡格、式、律、令、禮典, 皆與論譔, 賞賜鉅萬.

[표문역] 상서좌복야 겸 태자소사 감수국사 상주국 연국공 지녕,

[석문역] 우지녕의 자는 중밀이며, 경조 고릉 사람이다. 태종이 "지
금 태자가 어리니 경은 마땅히 정도로 보좌하라."라고 말했다. 태
자 승건이 수차 잘못과 악행을 저지르므로, 우지녕은 말리면서 못
하게 하려고 『간원』을 지어 올려 풍간하니, 황제가 보고 크게 기
뻐하여 금 10근 견 300필을 내렸다. 격·식·율·령·예전의 논선에
모두 참여하여 상으로 내린 것이 거만이었다.

[表文] 尙書右僕射 監修國史 上柱國 開國公 遂良,

[釋文] 褚遂良, 字登善, 通直散騎常侍褚亮之子. 博涉文史, 工隸楷.

[표문역] 상서우복야 감수국사 상주국 개국공 수량,

[석문역] 저수량의 자는 등선이며, 통직산기상시 저량의 아들이다.
문장과 사서를 널리 섭렵하였고, 예서와 해서에 뛰어났다.

[表文] 銀靑光祿大夫 守中書令 監修國史 上騎都尉 柳奭,

[釋文] 柳奭, 字子邵, 蒲州人. 以父隋時使高麗卒焉, 奭往迎喪, 號踊盡喪

(按: 當作哀), 爲夷人所慕.

[표문역] 은청광록대부 수중서령 감수국사 상기도위 유석,

[석문역] 유석의 자는 자소이며, 포주 사람이다. 아버지가 수나라 때 고구려에 사신으로 갔다가 죽자 유석은 그곳으로 가서 시신을 모셔왔는데, 울부짖으며 슬픔을 곡진하게 하니 외국인들이 사모하는 바가 되었다.

[表文] 銀靑光祿大夫 守刑部尙書 上輕車都尉 唐臨,

[釋文] 唐臨, 字本德, 京兆長安人. 遷侍御史, 俄持節按獄交州, 出冤繫三千人, 累遷大理卿. 高宗常錄囚, 臨軒對無不盡, 帝喜曰, 爲國之要在用法, 刻則民殘, 寬則失其有罪, 惟是折中, 以稱朕意. 永徽元年, 拜御史大夫. 蕭齡之常任廣州都督, 受賕當死, 詔群臣議, 請論如法, 詔戮於朝堂. 臨建言, 群臣不知天子所以議之之意. 在律八議, 王族戮於隱, 議親也; 刑不上大夫, 議貴也. 今齡之貪贓狼扈, 死有餘咎. 陛下以異於他囚, 故議之, 有司又令入死, 非帝舜所以用刑者, 不可爲後世法. 帝然之. 齡之, 齊高帝五世孫, 由是免死.

[표문역] 은청광록대부 수형부상서 상경거도위 당림,

[석문역] 당림의 자는 본덕이며, 경조 장안 사람이다. 시어사로 옮겼다가 곧 절을 가지고 교주의 죄수들을 재심리하여 억울하게 갇혔던 3,000명을 풀어주었으며, 여러 번 승진하여 대리경이 되었다. 고종이 죄수에 대해 점검할 때마다 당림이 나아가 응대하였는데 미진함이 없었으므로 황제가 기뻐하여 말하기를, "나라를 다스리는 요체는 법의 운용에 있다. 각박하게 하면 사람이 피폐해지고 관대하게 하면 죄인을 놓치게 된다. 오직 절충하여 짐의 뜻에 맞게 하라."라고 하였다. 영휘원년(650)에 어사대부에 임명되었다. 소령지가 광주도독으로 임명되어 뇌물을 받아 죄가 사형에 해당하였

다. 신하들에게 의(議)할 것을 명하니 법대로 논죄할 것을 청하므로, 조칙을 내려 조당에서 주륙하도록 명하였다. 당림이 건의하여 말하기를 "여러 신하들은 천자께서 왜 의하라 하였는지 그 뜻을 모르고 있습니다. 율의 팔의에 따르면, 왕족을 은밀하게 처형하는 것은 의친(議親)이기 때문이며, 형은 대부에게 미치지 않는 것은 의귀(議貴)이기 때문입니다. 지금 소령지가 낭자하게 많은 뇌물을 탐한 행위는 죽음으로도 죄가 남습니다. 그러나 폐하께서 다른 죄수와는 다르므로 의하라 하셨는데 또 관인들이 사형에 처해야 한다고 하니, 이것은 순 임금이 법을 운용한 바와는 달라서 후세의 본보기가 되지 못합니다."라고 하였다. 황제가 옳게 여겼다. 소령지는 남조 제 고제의 5세손이니, 이로 말미암아 죽음을 면했다.

[表文] 太中大夫 守大理卿 輕車都尉 段寶玄, 太中大夫 守黃門侍郎 護軍 穎川縣開國公 韓瑗,

> [釋文] 韓瑗, 字伯玉, 京兆三原人. 父仲良, 武德初, 與定律令, 建言: 周律其屬三千, 秦、漢後約爲五百. 依古則繁, 請崇寬簡, 以示惟新. 於是採開皇律宜於時者定之. 終刑部尙書. 瑗少負節行, 博學曉吏事.

[표문역] 태중대부 수대리경 경거도위 단보현, 태중대부 수황문시랑 호군 영천현개국공 한원,

> [석문역] 한원의 자는 백옥이며, 경조 삼원 사람이다. 아버지 중량은 무덕초 율령 제정에 참여하여 건의하기를 "주의 율은 그 조항이 3,000이었으나, 진한 이후 500으로 축약되었습니다. 옛것에 따르자면 번거로우니, 관대하고 간편함을 숭상하여 새로움을 보이도록 하십시오."라고 하였다. 이에 개황률 가운데 시의적절한 조문을 채택하여 제정하였다. 형부상서로 세상을 마쳤다. 한원은 젊어서부터 절행이 있었고, 학문을 널리 섭렵하였으며 행정에 밝았다.

[表文] 太中大夫 守中書侍郎 驍騎尉 來濟,

[釋文] 來濟, 揚州江都人. 篤志爲文章, 善議論, 曉暢時務, 後至公輔.

[표문역] 태중대부 수중서시랑 효기위 래제,

[석문역] 래제는 양주 강도 사람이다. 독실한 뜻으로 문장을 지었고,
의와 논을 잘하였으며, 시무에 밝아서 뒤에 삼공·사보에 이르렀다.

[表文] 朝議大夫 守中書侍郎 辛茂將, 朝議大夫 守尙書右丞 輕騎都尉 劉
燕客, 朝請大夫 使持節穎州諸軍事 守穎州刺史 輕車都尉 裴弘獻, 朝議
大夫 守御使中丞 上柱國 賈敏行, 朝議郎 守刑部郎中 輕車都尉 王懷恪,
前雍州盩厔縣令 雲騎尉 董雄, 朝議郎 行大理丞 護軍 路立, 承奉郎 守
雍州始平縣令 驍騎尉 石士達, 大理評事 雲騎尉 曹惠果, 儒林郎 守律學
博士 飛騎尉 司馬銳 等,

[釋文] 以上十人無傳. 律學博士, 魏書曰, 衛覬奏, 刑法國家所重, 而私議所
輕; 獄者人命所懸, 而選用者所卑. 請置律學博士, 相敎授. 遂施行. 律學博
士自此始也.

[표문역] 조의대부 수중서시랑 신무장, 조의대부 수상서우승 경기
도위 유연객, 조청대부 사지절영주제군사 수영주자사 경거도위
배홍헌, 조의대부 수어사중승 상주국 가민행, 조의랑 수형부낭
중 경거도위 왕회각, 전 옹주주질현령 운기위 동웅, 조의랑 행
대리승 호군 로립, 승봉랑 수옹주시평현승 효기위 석사규, 대리
평사 운기위 조혜과, 유림랑 수율학박사 비기위 사마예 등에게
명하여,

[석문역] 이상 10인은 열전이 없다. 율학박사는 『위서』(『삼국지』「위
서」권21, 611쪽), 「위기전」에, "위기가 상주하기를 '형법은 국가의 중

요한 것인데 사사로이 논의하며 경시하는 바가 되었고, 옥사는 인명이 걸려 있음에도 선발하여 임용되는 자는 지위가 낮습니다. 청컨대 율학박사를 두어 서로 교수하도록 하십시오.'라고 하였다. 마침내 시행하였다."고 하였다. 율학박사의 제도는 이로부터 시작되었다.

[表文] 摭金匱之故事, 採擇石室之逸書,

[釋文] 書金縢, 納冊於金匱之匱中. 環濟要略, 御史中丞有石室, 以藏祕書. 文選魏都賦, 金匱石室, 藏祕書之所, 帝王圖籍於此藏. 史記, 太史公抽金匱石室之書. 書序曰, 採摭群言, 以立訓傳.

[표문역] 금궤의 고사를 모으고 석실의 일서를 채택해서,

[석문역] 『상서』(권13, 397쪽) 「금등」에 "금으로 봉한 궤에 책을 넣었다."라고 하였고, 『환제요략』에 "어사중승이 석실에 귀중도서[祕書]를 두었다."라고 하였다. 『문선』(권6) 「위도부」의 주에 "금궤와 석실은 귀중도서를 두는 곳으로, 제왕의 도서와 전적은 여기에 둔다."라고 하였다. 『사기』(권130, 「태사공자서」)에 "태사공이 금궤와 석실의 책을 모았다."라고 하였고, 『상서』(권1, 19쪽) 「서」에 "여러 말씀을 뽑아 취해서 주해[訓傳]를 정했다."라고 하였다.

[表文] 捐彼凝脂, 敦茲簡要,

[釋文] 捐, 棄也. 文選, 秦法繁於秋荼, 網密於凝脂. 敦, 篤也. 茲, 此也. 簡, 略也. 言國家捐棄其繁密之刑, 而敦此簡略之法也.

[표문역] 저 엉긴 기름덩어리[凝脂]와 같은 조밀한 법은 버리고 이 간략하고 요체가 되는 법은 돈독히 하며,

[석문역] 연은 기의 뜻이다. 『문선』(권36, 「永明九年策秀才文」의 秋荼의

注)에 "진의 법은 가을 찻잎처럼[秋茶] 번잡하고, 법망은 엉긴 기름 덩어리보다 조밀하였다."라고 하였다. 돈은 독의 뜻이고, 자는 차의 뜻이며, 간은 약의 뜻이다. 국가가 번거롭고 조밀한 형벌을 폐기하고 간략한 법을 돈독히 하였음을 말한 것이다.

[表文] 網羅訓誥, 研覈丘墳,

[釋文] 書序, 垂世立教, 典謨訓誥誓命之文. 研, 究. 覈, 考也. 又曰, 研精覃思, 博考經籍. 伏犧、神農、黃帝之書謂之三墳, 言大道也; 少昊、顓頊、高辛、唐、虞之書謂之五典, 言常道也; 八卦之說謂之八索, 求其義也; 九州之志謂之九丘, 言九州所有土地所生, 風氣所宜, 皆聚此書也. 春秋左氏傳曰, 楚左史倚相能讀三墳、五典、八索、九丘, 卽謂上世帝王遺書也. 言此律疏亦網羅研覈上世帝王之遺書也.

[표문역] 훈과 고를 망라하고, 구와 분을 구고하여[研覈],

[석문역] 『상서』(권1, 11쪽) 「서」에 "후세에 전하여 교훈으로 세울 만한 것은 전·모·훈·고·서·명의 문이다."라고 하였다. 연은 구의 뜻이고, 핵은 고의 뜻이다. 또 같은 책에 "정치하게 연구하고 깊이 생각하여 경적을 널리 고찰한다."(권1, 19쪽)라고 하였다. 또 같은 책에 "복희·신농·황제의 글을 삼분이라 하는데, 대도를 말한 것이다. 소호·전욱·고신·당·우의 글을 오전이라고 하는데, 상도를 말한 것이다."(권1, 4쪽)라고 하였다. 또 같은 책에 "팔괘의 해설을 팔색이라 하는데, 그 옳음을 구한 것이다. 구주의 지를 구구라고 하는데, 구주의 모든 토지에서 생산되는 것과 풍속과 기후에 마땅한 것을 모두 이 책에 수록하였다."(권1, 8쪽)고 하였다. 『좌전』(권45, 1504쪽) 소공12년(B.C.530)에 "초의 좌사 의상이 능히 삼분·오전·팔색·구구를 읽었다."라고 하였으니, 이것들은 곧 상세 제왕이 남긴 책을 말한 것이다. 이는 『율소』도 상세 제왕의 유서를 망라하여

연구 고찰하였음을 말한 것이다.

[表文] 撰律疏三十卷, 筆削已了,

　　[釋文] 春秋傳曰, 孔子作春秋, 筆則筆, 削則削. 筆, 存之於牘. 削, 去而不書也. 漢書曰, 今有司請定法, 削卽削, 筆卽筆. 服虔曰, 言隨君意.

[표문역]『율소』30권을 편찬하여 가필·삭제하시니,

　　[석문역]『춘추전』(宋 胡安國 撰)에 "공자가『춘추』를 저술하여 가필할 것은 가필하고 삭제할 것은 삭제하였다."고 하였다. 필은 독에 쓰는 것이고, 삭은 삭제하고 쓰지 않는 것이다.『한서』(권22, 1034쪽)「예악지」에 "지금은 담당 관리[有司]가 법의 제정을 청하여, 삭제할 것은 삭제하고 가필할 것은 가필한다."라고 하였다. 이에 대해 복건은 "임금의 뜻을 따름을 말한 것이다."라고 주하였다.

[表文] 實三典之隱括,

　　[釋文] 周禮, 建三典以刑邦國, 詰四方: 一曰, 刑新邦用輕典; 二曰, 刑平邦用中典; 三曰, 刑亂邦用重典. 荀子法行篇曰, 良醫之門多病人, 隱括之側多枉木. 隱括者, 正曲木之器. 言此律書信乃三典之隱括.

[표문역] 진실로 세 가지 형법의 준칙이자,

　　[석문역]『주례』(권34, 1059~1061쪽)에 "세 가지 형법[三典]을 제정해서 모든 나라의 형을 시행하고 사방을 다스리니, 첫째, 신방의 형은 경전을 적용하고, 둘째, 평방의 형은 중전(中典)을 적용하며, 셋째, 난방의 형은 중전(重典)을 적용한다."라고 하였다.『순자』(권30)「법행편」에 "양의의 문에는 병든 사람이 많고, 은괄의 곁에는 굽은 나무가 많다."라고 하였다. 은괄이란 굽은 나무를 바로잡는 기구이다. 이 율서가 틀림없이 세 가지 형법의 준칙이 될 것임을 말한 것이다.

[表文] **信百代之準繩.**

    [釋文] 準繩者, 孟子曰, 聖人旣竭目力焉, 繼之以規矩準繩, 以爲方圓平直, 不可勝用也. 準, 取其平; 繩, 取其直. 言此律書信能百代之後, 取其平直也.

[표문역] 진실로 백대의 표준이 될 것입니다.

    [석문역] 준승이란, 맹자가 말하기를 "성인은 원래 눈의 힘을 다하고서 또 규구·준승으로 방원·평직을 구하니, 법도를 활용함에는 끝이 없다."(『맹자』권7상, 220쪽)라고 하였다. 준으로는 그 평을 취하고, 승으로는 그 직을 취한다. 이 율서는 틀림없이 능히 백대 이후에도 그 평과 직을 취할 수 있다는 것을 말한 것이다.

[表文] **銘之景鍾, 將二儀而竝久,**

    [釋文] 文選楊修答臨淄侯牋曰, 銘功景鍾. 易繫辭曰, 易有太極, 是生兩儀. 言此律書可以銘刻於國家重器之上, 與天地同其久遠矣.

[표문역] 큰 종에 새기시면 천지와 함께 영원무궁할 것이고,

    [석문역] 『문선』(권40) 「양수답임치후전」에 "공을 큰 종에 새긴다."라고 하였고, 『주역』(권7, 340쪽) 「계사」에는 "역에 태극이 있고 이것이 천지를 낳았다."라고 하였다. 이는 이 율서가 나라의 보배로운 기물 위에 새겨져 천지와 같이 오래 갈 만할 것임을 말한 것이다.

[表文] **布之象魏, 與七曜而長懸,**

    [釋文] 象魏者, 周禮秋官, 正月之吉, 懸刑象之法於象魏, 使人觀之. 象魏, 雉門兩觀也. 纂要云, 日·月·五星, 謂之七曜. 易繫辭, 懸象著明, 莫大於日月. 言此律者, 布之於宮門雙闕, 如日·月·五星長懸於天也.

[표문역] 상위에 내걸면 칠요와 더불어 길이 걸릴 것이며,

[석문역] 상위란 『주례』(권34, 1066쪽) 「추관」에 "정월의 길일에 형의 상을 그린 법을 상위에 걸어 사람들로 하여금 보게 한다."라고 하였다. 상위는 궁문의 양쪽에 있는 누각이다. 『찬요』에 "일·월·오성을 칠요라 한다."라고 하였다. 『주역』(권7, 340쪽) 「계사」에 "걸려 있는 상으로 뚜렷하게 밝은 것은 일·월보다 더한 것이 없다."라고 하였다. 이 율을 궁문의 쌍궐에 내걸면, 일·월·오성이 하늘에 오랫동안 걸려 있는 것처럼 될 것을 말한 것이다.

[表文] 庶一面之祝, 遠超於殷簡,

[釋文] 庶者, 庶幾也. 史記, 殷湯出野, 見張網四面, 祝曰: 天下四方, 皆入吾網. 湯曰: 嘻, 盡之矣. 乃去其三面, 祝曰: 欲左, 左; 欲右, 右. 不用命, 乃入吾網. 諸侯聞之曰: 湯德至矣. 超, 過也. 簡, 冊也. 言唐帝撰此律書, 好生之德過於殷家之簡冊也.

[표문역] 거의 한 면을 축원하는 덕과 같아 은의 간책에 기록된 덕을 훨씬 초과해서,

[석문역] 서는 거의 같다는 뜻이다. 『사기』(권3, 95쪽)에 "은의 탕이 들에 나가서, 어떤 사람이 사면에 그물을 치고 축원하기를 '천하 사방의 짐승이여 모두 내 그물로 들어오라.'라고 하는 것을 보았다. 탕은 '아! 짐승의 씨가 다 마르겠구나.'라고 하고, 그 삼면을 걷고 축원하기를, '왼쪽으로 가려거든 왼쪽으로 가고 오른쪽으로 가려거든 오른쪽으로 갈 것이며, 명에 따르지 않을 자는 내 그물로 들어오라.'고 하니, 제후가 듣고 '탕의 덕이 지극하다.'라고 하였다." 초는 초과요 간은 책이다. 당의 황제가 이 율서를 제정하니, 호생하는 덕이 은의 간책에 기록된 덕을 초과함을 말한 것이다.

[表文] 十失之歎, 永弭於漢圖.

[釋文] 漢路溫舒曰, 秦有十失, 其一尙存, 治獄之吏是也. 今治獄者, 上下相
繼, 以刻爲明, 深者獲功名, 平者多後患. 弭, 止也. 言有此律, 則永無漢人十
失之嘆也.

[표문역] 열 가지 실정으로 인한 탄식을 한의 판도에서 영원히 사라지게 할 것입니다.

[석문역] 한의 노온서가 말하기를 "진의 열 가지 실정[十失] 가운데
그 하나가 아직도 남아 있으니, 형옥을 다스리는 관리가 곧 그것이
다. 지금 형옥을 다스리는 자는 위아래가 서로 이어 각박함을 밝
음이라 하고, 가혹한 자는 공명을 얻고 공평한 자는 후환이 많다."
(『漢書』권51, 2369쪽)라고 하였다. 이는 지의 뜻이다. 이 율서가 있게
되면 한인에게 열 가지 실정으로 인한 탄식이 없게 될 것임을 말
한 것이다.

[表文] 謹詣朝堂, 奉表以聞. 臣無忌等, 誠惶誠恐, 頓首頓首. 永徽四年十
一月十九日.

[釋文] 永徽, 唐高宗年號也.

[표문역] 삼가 조당에 나아가 표를 받들어 아룁니다. 신 무기 등
은 참으로 황공하여 머리를 조아리고 조아립니다. 영휘4년(654)
11월 19일.

[석문역] 영휘는 당 고종의 연호이다.

명례율 편목의 소의 석문

번역 김택민

[疏文] 夫三才肇位, 萬象斯分,

　[釋文] 三才, 解見前. 肇, 始也. 萬象, 萬物也. 左傳, 物生而後有象, 有象而
　後有滋, 有滋然後有數.

[소문역] 대저 삼재가 처음 위치하니 만상이 이로부터 나누어졌고,

　[석문역] 삼재는 주해가 앞에 나온다. 조는 처음이고 만상은 만물이
　다. 『좌전』(권14, 439쪽)에, "만물이 생긴 뒤에 상이 있고, 상이 생긴
　뒤에 번다해지고, 번다해진 뒤에 운수가 있다."라고 하였다.

[疏文] 稟氣含靈, 人爲稱首.

　[釋文] 天以二氣、五行化生萬物, 氣以成形, 惟人也得其秀而最靈. 書太誓曰,
　惟天地萬物父母, 惟人萬物之靈. 謂禀受天地之氣而含虛靈者, 萬物之中, 惟
　人爲先.

[소문역] 기를 받아 영을 머금은 것은 사람이 우두머리라 칭하니,

　[석문역] 하늘이 이기와 오행으로 만물을 낳고 기르며 기로 형상을
　이루는데, 오직 사람만이 그 빼어남을 얻어 가장 신령스러울 수 있
　다. 『상서』(권11, 321쪽) 「태서」에, "오직 천지만이 만물의 부모요,
　오직 사람만이 만물의 영장이다."라고 하였으니, 천지의 이기를 받
　아서 심령을 머금은 것은 만물 가운데 오직 사람뿐이므로 맨 앞으
　로 한 것이다.

[疏文] 莫不憑黎元而樹司宰, 因政敎而施刑法.

　[釋文] 黎元, 釋見前. 樹, 立也. 周禮六官, 冢宰掌邦治, 司徒掌邦敎, 宗伯
　掌邦禮, 司馬掌邦政, 司寇掌邦刑, 司空掌邦土, 而冢宰兼總六官. 司宰, 謂
　冢宰也. 前漢志曰, 劉向上疏曰: 敎化所恃以爲治也, 刑法所以助治. 故律疏
　云:「德禮爲政敎之本, 刑罰爲政敎之用.」

[소문역] 인민들의 뜻에 따라 사재를 세우고, 정치와 교화를 먼저 한 뒤에 형법을 시행하지 않음이 없다.

[석문역] 여원은 주석이 앞에 나온다. 수는 입의 뜻이다. 『주례』육 관의 총재는 나라의 치를 관장하고, 사도는 나라의 교화를 관장하며, 종백은 나라의 예를 관장하고, 사마는 나라의 정을 관장하며, 사구는 나라의 형을 관장하고, 사공은 나라의 토지를 관장한다. 그리고 총재는 육관을 총괄한다. 사재는 총재를 말한다. 『한서』(권22, 1034쪽) 「예악지」에 따르면, 유향이 상소하여, "교화에 의지함으로써만 치를 이룰 수 있습니다. 형벌은 치를 이루기 위한 보조수단입니다."라고 하였다. 그러므로 『율소』에 "덕과 예는 정치와 교화의 근본이요, 형벌은 정치와 교화를 위한 수단입니다."라고 한 것이다.

[疏文] 其有情恣庸愚, 識沈愆戾,

[釋文] 仁、義、禮、智, 根於道心, 性也; 喜、怒、哀、樂、愛、惡、欲, 發於人心, 情也. 聖賢存心養性, 故其情發而中節, 是爲上智. 中人以下, 不能率性, 而蹤恣其情, 情之所發, 皆是人慾, 故爲下愚. 庸者, 庸常無能之人也. 沈, 下沈也. 氣之輕清者, 上浮而爲天; 重濁者, 下沈而爲地. 人禀氣之清者, 則見識高明. 禀氣之濁者, 見識沈滯, 不加澄汰之功, 則其識愈下, 所爲必陷于罪戾矣.

[소문역] 다만 그 중에는 정이 방자하여 무능하고 어리석으며, 견식이 낮아 죄악에 빠지는 자도 있는데,

[석문역] 인·의·예·지는 도심에 뿌리를 두니 성이요, 희·노·애·락·애·오·욕은 인심으로부터 나오니 정이다. 성현은 본심을 보존하고 본성을 기르므로 그 정의 발함이 절도에 맞으며, 이로써 상지가 된 것이다. 평범한 사람 이하는 본성을 따를 수 없으므로 그 정을 마음 내키는 대로 놓아두어 정의 발하는 바가 모두 인욕이므로 하우

가 된다. 용이란 어리석고 평범하며 무능한 사람을 말한다. 침은
아래로 가라앉는 것이다. 기의 가볍고 맑은 것은 위로 떠서 하늘이
되고, 무겁고 탁한 것은 아래로 가라앉아 땅이 된다. 사람이 기의
맑은 것을 받은 자는 견식이 고명하고, 기의 탁한 것을 받은 자는
견식이 침체되는데, 깨끗이 씻어내는 공력을 들이지 않으면 그 견
식은 더욱 낮아져 행하는 바가 반드시 죄악에 빠지게 되는 것이다.

[疏文] **大則亂其區宇, 小則暌其品式,**

[釋文] 文選石闕銘, 區宇乂安. 區宇, 天下也. 漢宣紀贊, 樞機周密, 品式俱
備. 品式, 猶言法度也. 此言犯法之人, 大則爲逆亂, 小則違法制也.

[소문역] 크면 그 천하를 어지럽게 하고, 작으면 그 법도를 어기
게 되므로,

[석문역] 『문선』(권56) 「석궐명」에, "구우가 잘 다스려져 편안하게 되
었다."고 하였으니, 구우는 천하이다. 『한서』(권8, 248쪽) 「선제기」에,
"국가의 기구가 주밀하고, 품식이 구비되었다."라고 하였다. 품식
은 법도와 같은 말이다. 이는 법을 범한 사람이 크게는 역란을 일
으키고, 작게는 법제를 위반한다는 것을 말한 것이다.

[疏文] **不立制度, 則未之前聞.**

[釋文] 言前此未聞有不立制度, 而可止亂息姦也.

[소문역] 제도를 세우지 아니하였다는 것은 전에 듣지 못하였다.

[석문역] 이전에 제도를 세우지 아니하고서 난을 저지하고 범법을
멈추게 할 수 있었다는 것을 듣지 못하였음을 말한 것이다.

[疏文] **故曰, "以刑止刑, 以殺止殺."**

[釋文] 書大禹謨曰, 刑期於無刑, 民協於中, 時乃功. 懋哉! 注云, 雖或行刑, 以殺止殺, 終無犯者.

[소문역] 그러므로 "형벌로 형벌을 그치게 하고, 사형으로 사형을 그치게 한다."고 한 것이다.

[석문역] 『상서』(권4, 109쪽) 「대우모」에 "형은 형이 없어지기를 기대하면서 시행하여 백성이 모두 대중(大中)의 도에 부합하게 되었으니, 이것은 너의 공이다. 힘쓸지어다."라고 하였고, 그 주에 "비록 형을 시행하였지만, 사형으로 사형을 방지하여 마침내 죄를 범하는 자가 없게 되었다."라고 하였다.

[疏文] 刑罰不可弛於國, 笞捶不得廢於家,

[釋文] 弛, 廢也. 此譬喻治國之不可廢刑罰, 猶治家之不可無笞捶.

[소문역] 형벌은 국가에서 폐지할 수 없고, 회초리는 가정에서 없앨 수 없는데,

[석문역] 이는 폐의 뜻이다. 이는 나라를 다스리는 데 형벌을 폐지할 수 없는 것이, 가정을 다스리는 데 회초리가 없을 수 없는 것과 같음을 비유한 것이다.

[疏文] 時遇澆淳, 用有衆寡.

[釋文] 澆, 薄也. 淳, 厚也. 謂遇時俗之淳, 則用刑少; 遭時俗之薄, 則用刑煩也.

[소문역] 때의 풍속은 경박하기도 하고 순후하기도 하며, 형의 사용은 많을 수도 적을 수도 있다.

[석문역] 요는 박의 뜻이요, 순은 후의 뜻이다. 시속이 순후한 때를

만나면 형벌을 사용함이 적고, 시속이 경박한 때를 맞이하면 형벌
을 사용함이 번다해짐을 말한 것이다.

[疏文] **於是結繩啓路, 盈坎疏源,**

　[釋文] 書序, 伏犧氏王天下, 造書契以代結繩之政. 注云, 伏犧以前, 未有文
　字, 大事結大繩, 小事結小繩. 易, 坎水流而不盈, 行險而不失其信. 爾雅,
　坎, 律銓也. 此言盈坎疏源者, 言律之在天下, 如坎水之流行而可信也.

[소문역] 이에 새끼를 묶어 계도하기도 하고, 율법을 정하여 사회
를 정돈하기도 하였으며,

　[석문역] 『상서』(권1, 2쪽) 「서」에 "복희씨가 천하를 다스릴 때 상형
　문자를 만들어 새끼를 묶어서 정치를 하던 것을 대체하였다."라고
　하였고, 주에 "복희 이전에는 문자가 없었으므로 큰일은 큰 끈을
　맺고, 작은 일은 작은 끈을 맺었다."라고 하였다. 『주역』(권3, 153쪽)
　「감괘」에 "물은 흐르되 차고 넘치지 않고, 험난한 곳을 지나도 그
　신실함을 잃지 않는다."라고 하였다. 『이아』(권3, 78쪽) 「석언」에
　"감은 율이요 전이다."라고 하였다. "영감盈坎하여 소원疏源한다."
　라고 함은, 법률이 천하에 존재하게 되자 마치 골짜기의 물이 흐르
　는 것과 같이 믿을 수 있게 되었다는 것을 말한 것이다.

[疏文] **輕刑明威, 大禮崇敬.**

　[釋文] 書湯誥曰, 肆台小子, 將天命明威, 不敢赦. 言國家所以輕刑罰, 以明
　其威也. 禮記樂記曰, 大禮與天地同節. 律疏云:「禮者敬之本, 敬者禮之輿.」

[소문역] 가벼운 형벌로 위엄을 밝히고, 대례로 공경을 높이게 하
기도 하였다.

　[석문역] 『상서』(권8, 238쪽) 「탕고」에 "이에 소자는 천명의 밝은 위

엄을 받들어 감히 용서하지 않겠다."라고 하였는데, 이는 국가가
가벼운 형으로 벌하는 것은 그 위엄을 밝히려는 것임을 말한 것이
다. 『예기』(권37, 1067쪽)「악기」에 "대례는 천지와 더불어 절도를
같이 한다."라고 하였다. 『율소』에 "예는 경의 근본이요, 경은 예
의 타는 것[輿]이다."라고 하였다.

[疏文] 易曰, 天垂象, 聖人則之, 觀雷電而制威刑, 覩秋霜而有肅殺,

　[釋文] 易繫辭曰, 天垂象, 見吉凶, 聖人象之; 河出圖, 洛出書, 聖人則之. 易
　象曰, 雷電噬嗑, 先王以明罰勅法. 蓋震爲雷則威, 離爲電則明. 明而威, 用
　刑之象也. 春秋符曰, 霜者, 刑罰之表也. 季秋霜始降, 鷹隼擊, 王者順天行
　誅, 成肅殺之威.

[소문역]『주역』에, "하늘이 상을 드리우니 성인이 그것을 본받았
다."라고 하였으니, 우레와 번개를 보고 위엄 있는 형벌을 제정
하고, 가을 서리를 보고 엄숙하게 처형하였지만,

　[석문역]『주역』(권7, 341쪽)「계사」에, "하늘이 상을 드리워 길흉을
　보이니 성인이 그것을 본떴으며, 황하에서 도가 나오고 낙수에서
　서가 나오자 성인이 이를 본받았다."라고 하였다. 『주역』(권3, 120
　쪽)「서합」상에, "우레가 치고 번개가 번쩍이는 (상으로) 선왕은
　형벌을 밝히고 법을 신칙하였다."하였다. 대개 진괘는 우레[雷]를
　상으로 삼으니 위엄이고, 이괘에서 번개[電]의 상은 밝음이다. 밝고
　위엄이 있는 것은 형을 집행하는 상이다. 『춘추부』에 "서리는 형
　벌의 상징이다. 늦가을에 서리가 비로소 내리듯이, 매가 새를 낚아
　채듯이, 왕이 된 자는 하늘에 순응하여 주멸을 행하여 엄숙한 처형
　의 위엄을 보인다."라고 하였다.

[疏文] **懲其未犯而防其未然, 平其徽纆而存乎博愛,**

[釋文] 懲, 誡也. 文選君子行詩曰, 君子防未然. 徽纆, 釋見表文. 言國家制
刑, 懲一而誡百, 使之畏於未犯之先, 不幸而麗於法, 則寬平其徽纆, 而心則
主於博愛之仁也.

[소문역] (죄를) 범하기 전에 징계하여 그렇게 되기 전에 방지하
며, 죄를 다스리는 것을 공정히 하고 박애하는 마음을 가지니,

[석문역] 징은 계의 뜻이다. 『문선』(권28) 「군자행」시에, "군자는 그
렇게 되기 전을 방지한다."라고 하였다. 휘묵은 주석이 진표문에
나온다. 국가가 형벌을 제정하여 하나를 징계함으로써 백을 경계
하여, 그로 하여금 범하기 전에 두려워하도록 한다. 불행히 법에
부치게 되면, 그 형벌을 관대하고 공평하게 하며 마음은 곧 널리
사랑하는 어짊에 두어야 한다는 것을 말한 것이다.

[疏文] **蓋聖王不獲而用之.**

[釋文] 晉刑法志曰, 論其本意, 蓋有不得已而用之者焉.

[소문역] 대개 성왕은 부득이 해서 그것을 사용한 것이다.

[석문역] 『진서』(권30, 915쪽) 「형법지」에 "그 본의를 논하면, 대체로
부득이해서 그것을 사용한 것이다."라고 하였다.

[疏文] **古者, 大刑用甲兵, 其次用斧鉞, 中刑用刀鋸, 其次用鑽笮, 薄刑用
鞭扑, 其所由來亦尚矣.**

[釋文] 應劭曰, 蚩尤作亂, 不用帝命, 遂作五虐之刑.

[소문역] 옛날, 대형에는 무장한 군대를 사용하고, 그 다음은 도끼
를 사용하며, 중형에는 칼과 톱을 사용하고, 그 다음은 끌[鑽]이

나 대나무 끝[笞]을 사용하며, 가벼운 형벌에는 채찍과 매를 사
용하였으니, 그 유래가 오래되었다.

　[석문역] 응소는 "치우가 난을 일으키며 황제(黃帝)의 명에 따르지
않으므로, 오학의 형을 제정하였다."라고 하였다.

[疏文] 昔白龍白雲, 則伏羲軒轅之代,

　[釋文] 左傳昭公十七年, 郯子曰, 昔者, 太皥氏, 卽伏犧氏也, 以龍紀, 故爲
龍師而龍名; 黃帝氏以雲紀, 故爲雲師而雲名. 又, 史記曰, 黃帝, 少典之子,
姓公孫, 名軒轅, 官名雲師. 注云, 應劭曰, 黃帝受命有雲瑞, 故以雲紀事也.
春官爲靑雲, 夏官爲紅雲, 秋官爲白雲, 冬官爲黑雲, 中官爲黃雲. 今白龍、白
雲者, 掌刑之官也.

[소문역] 옛 백룡과 백운은 복희와 황제(黃帝) 시대의 형관들이고,

　[석문역] 『좌전』(권48, 1567쪽) 소공17년(B.C.525)조에 따르면, "담자가
말하기를 '옛 태호씨는 곧 복희씨인데, 용으로 관을 표시하였다.
그러므로 용사라고 하여 용으로 관명을 지었다. 황제씨는 구름으
로 관을 표시하였다[紀]. 그러므로 운사라고 하여 구름으로 관명을
지었다.'고 하였다." 또 『사기』(권1, 1쪽)에, "황제는 소전의 아들로
성은 공손이요, 이름은 헌원이며," "관명은 운사다(권1, 1쪽)."라고
하였고 그 주에, 응소는 "황제가 천명을 받자 구름에 서기가 있으
므로 구름으로 일을 표시하니, 춘관을 청운이라 하고, 하관을 진운
이라 하였으며, 추관를 백운이라 하고, 동관을 흑운이라고 하였으
며, 중관을 황운이라 하였다."고 설명하였다." 여기서 백룡·백운이
라 한 것은 형벌을 관장하는 관인을 가리키는 것이다.

[疏文] 西火西水, 則炎帝共工之年.

[釋文] 左傳昭公十七年, 郯子曰, 炎帝氏, 卽神農也, 以火紀, 故爲火師而火名. 共工氏以水紀, 故爲水師而水名. 西, 亦刑官.

[소문역] 서화와 서수는 염제와 공공 시대의 (刑官이다).

[석문역] 『좌전』(권48, 1567쪽) 소공17년(B.C.525)조에, 담자가 "염제씨는 곧 신농씨이다. 불[火]로 표시하였으므로 화사라고 하여 불로 관명을 지었다. 공공씨는 물[水]로 표시하였으므로 수사라고, 하여 물로 관명을 지었다."라고 하였다. 서도 역시 형관이다.

[疏文] 鵰鳩筮賓於少皥,

[釋文] 左傳昭公十七年, 郯子曰, 我高祖少皥摯之立也, 鳳鳥適至, 故紀於鳥, 爲鳥師而鳥名. 下文: 鵰鳩氏, 司寇也. 注云, 鷹也鷙, 故爲司寇, 主盜賊. 言筮賓, 所以出師, 以筮賓旅.

[소문역] 상구는 소호에게 빈을 점쳤고,

[석문역] 『좌전』(권48, 1568쪽) 소공17년(B.C.525)조에, 담자가 말하기를 "우리 고조 소호지가 왕이 되었을 때 봉조가 날아왔으므로, 새로 표시하여 조사라고 하여 새를 가지고 관명을 지었다."라고 하였다. 그 아래 문장에는 "상구씨는 사구이다."라고 하였고 그 주에, "응은 지이다. 그러므로 사구로 삼아 도적을 관장하게 하였다."고 설명하였다. 빈을 점친 것은 소호가 출사하기 때문에 그의 빈객과 행려를 점쳤음을 말한다.

[疏文] 金政策名於顓頊,

[釋文] 家語五帝德篇曰, 孔子曰, 顓頊, 黃帝之孫也, 昌意之子, 曰高陽. 金政者, 金屬西方, 亦司刑之官.

[소문역] 금정은 전욱의 신하로 이름을 올렸고,

[석문역] 『공자가어』「오제덕」편에 따르면, 공자가 말하기를 "전욱은 황제의 손자요 창의의 아들 고양이다."라고 하였다. 금정의 금은 서방에 속하니 역시 형벌을 관장하는 관인이다.

[疏文] 咸有天秩, 典司刑憲.

[釋文] 咸者, 皆也. 天秩者, 書皐陶謨曰, 天秩有禮, 自我五禮有庸哉. 卽君之祿也. 典者, 主也. 司者, 管也. 憲者, 法也. 言自白龍至金政之官, 皆食君祿而主刑法也.

[소문역] 모두 천자의 녹[天秩]을 먹으며 형법을 주관하였다.

[석문역] 함이란 모두의 뜻이다. 천의 질이란 『상서』(권4, 129쪽)「고요모」에 "하늘의 질에 예가 있어 당연히 우리에게도 오례가 있게 된 것이니 사용하십시오."라고 하였으니 곧 군주의 녹이다. 전이란 주관의 뜻이다. 사란 관리의 뜻이다. 헌이란 법의 뜻이다. 백룡으로부터 금정의 관직에 이르기까지 모두 군주의 녹을 먹으며 형벌을 주관하게 됨을 말한 것이다.

[疏文] 大道之化, 擊壤無違,

[釋文] 尙書序, 伏犠.神農.黃帝之書, 謂之三墳, 言大道也. 周處風土記曰, 擊壤者, 以木作之, 前廣後銳, 長四尺三寸, 其形如履, 將戱, 先側一壤於地, 遙於三四十步, 以手中壤擊之, 中者爲上部. 論衡曰, 帝時, 百姓無事, 有五十之民擊壤於塗, 觀者曰, 大哉! 堯德也! 擊壤者曰, 吾日出而作, 日入而息, 鑿井而飮, 耕田而食, 帝何力於我哉! 言大道之時施敎化, 使民擊壤謳歌, 尙不違古以去刑法也.

[소문역] 대도에 의해 교화되면 격양 놀이를 하며 법을 위반함이

없게 되니,

[석문역] 『상서』(권1, 4쪽) 「서」에 "복희·신농·황제의 글을 삼분이라고 하는데, 모두 대도를 말한 것이다."라고 하였다. (『문선』권26「初去郡詩」의 이선의 주에 인용된) 주처의 『풍토기』에 따르면, "격양이란 나무로 만드는데, 앞은 넓고 뒤는 뾰족하며, 길이는 4척 3촌이고, 그 모양은 신발과 같다. 놀이할 때 먼저 하나의 양壤을 땅에 놓고, 30~40보 떨어진 곳에서 손에 든 다른 양으로 때리어 맞히는 것을 승점으로 삼는 것이다."라고 하였다. 『논형』(권5) 「감허」에, 제요 시대에 백성들은 무사했으므로 50세 된 민이 길에서 격양 놀이를 하였다. 구경하던 사람이 말하기를 "위대하다. 요의 덕이여!"라고 하니, 놀이를 하던 사람이 말하기를 "나는 해가 뜨면 일하고 해가 지면 잠을 자며, 우물 파서 물 마시고 밭 갈아 먹고 사는데, 임금[帝]이 나에게 무슨 도움이 되는가?"라고 하였다. 이는 대도가 시행된 시대에는 교화가 이루어져 백성들로 하여금 격양 놀이를 하며 노래하게 하였으나 법을 위반함이 없었으므로, 형법을 시행하지 않았다는 것을 말한 것이다.

[疏文] **逮乎唐虞, 化行事簡,**

[釋文] 逮, 及也. 唐, 堯. 虞, 舜. 簡, 要也, 少也. 易繫辭曰, 堯舜垂衣裳而天下治. 論語曰, 無爲而治者, 其舜也歟. 荀子解蔽篇曰, 昔者, 舜之治天下也, 不以事詔而萬物成. 言唐虞之時, 敎化通行, 其事簡少.

[소문역] 당·우 때에 이르러서는 교화가 행해지고 일이 간소해져,

[석문역] 체는 미치다[及]의 뜻이다. 당은 요이고, 우는 순이다. 간은 간략함[要]이요, 적음[少]의 뜻이다. 『주역』(권8, 353쪽) 「계사」에, "요·순이 옷을 늘어뜨려 입고 있었을 뿐이었으나 천하는 잘 다스려졌다."라고 하였다. 『논어』(권15, 236쪽)에, "무위로써 태평성세를 이룬

임금은 바로 순이구나!"라고 하였다. 『순자』(권15) 「해폐」편에, "옛날 순이 천하를 다스림에 있어 일을 지시하지 않았음에도 모든 것이 잘 이루어졌다."라고 하였다. 이는 당·우 시대에는 교화가 두루 행해져서, 그 일이 간소하였음을 말한 것이다.

[疏文] 議刑以定其罪, 畫象以媿其心,

[釋文] 周禮, 以八辟麗邦法, 附刑罰, 議親, 議故, 議賢, 議能, 議功, 議貴, 議勤, 議賓. 晉刑法志曰, 五帝畫象而民知禁. 舜典, 象以典刑. 吳氏曰, 圖所用刑之象以示, 使智愚皆知. 王氏曰, 若周典垂刑象於象魏是也.

[소문역] 형을 의하여 그 죄를 정하고 (형의) 상을 그려 그 마음을 부끄럽게 하였으며,

[석문역] 『주례』(권35, 1073~1075쪽)에, "팔벽을 나라를 다스리는 법[邦法]으로 시행하고 형벌에 부치니, 의친, 의고, 의현, 의능, 의공, 의귀, 의근, 의빈이다."라고 하였다. 『진서』(권30, 917쪽) 「형법지」에 "오제는 형벌의 상을 그림으로 그려서 민이 금법을 알게 하였다."라고 하였다. 『상서』(권3, 77쪽) 「순전」에는 "그림으로 만든 법으로 형을 관장하였다."라고 하였다. 오씨는 "형을 집행하는 상을 그림으로 그려 보여줌으로써 지혜로운 자나 어리석은 자나 모두 알게 하였다."라고 하였다. 왕씨는 "주의 전적에 형벌의 상을 궁문에 드리운다고 한 것이 바로 이것이다."라고 하였다.

[疏文] 所有條貫, 良多簡略, 年代浸遠, 不可得而詳焉.

[釋文] 言唐虞之時, 其法甚多簡略, 但年代漸遠, 不可得而備知之也.

[소문역] 모든 조항은 대부분 간략하였는데, 연대가 점차 멀어져 자세히 알 수 없게 되었다.

[석문역] 당·우 시대에 그 법은 매우 간략하였으며, 단지 연대가 점점 멀어지자 구체적으로 알 수 없게 되었음을 말한 것이다.

[疏文] 堯舜時, 理官則謂之爲士, 而皐陶爲之, 其法略存, 而往往槪見.

　[釋文] 理官者, 齊職儀曰, 大理, 古官也. 唐虞以陶作士, 理官也. 劉馮事始曰, 舜以皐陶作士, 乃理獄之官也. 書舜典曰, 帝曰皐陶, 蠻夷猾夏, 寇賊姦宄, 汝作士, 五刑有服, 五服三就, 五流有宅, 五宅三居, 惟明克允. 故其法僅存, 而往往見其大槪也.

[소문역] 요순 시대에는 이관을 사라 하였고 고요가 이를 맡았는데, 그 법이 약간 남아 있어 이따금 그 대략을 볼 수 있다.

　[석문역] 이관이란 『제직의』에 "대리는 옛 관직으로서 당·우가 고요를 사로 삼으니 이관이다."라고 하였다. 『유풍사시』에 "순이 고요를 사로 임명하니 곧 형옥을 다스리는 관직이다."라고 하였다. 『상서』(권3, 89~90쪽) 「순전」에 말하기를, "제순이 말하기를, 고요여! 만이가 중원을 어지럽히고 무리지어 공략 살인하며 내외로 노략질하고 있다. 너는 사가 되어 오형을 행하여 승복하게 하고, 오형에 승복한 자는 세 곳에 보내 처형하고, 다섯 가지 유형에 처할 자에게 살 곳[宅]을 주며, 다섯 가지 유형의 살 곳은 세 등급으로 나누어 거주케 하라. 오직 명철하고 공평하게 하라."라고 하였다. 그러므로 그 법이 약간 남아 있어 이따금 그 대강을 볼 수 있는 것이다.

[疏文] 則風俗通所云, 皐陶讓虞造律, 是也.

　[釋文] 虞書, 皐陶矢厥讓. 讓, 謀也.

[소문역] 즉 『風俗通』에서 "고요가 우에게 계책[讓]을 내서 율을 제정하였다."라고 한 것이 바로 이것이다.

[석문역] 『상서』(권4, 102쪽) 「우서 대우모 서」에 "고요가 그 계책을 폈다."라고 하였다. 모는 꾀하다[謀]의 뜻이다.

[疏文] **律者, 訓銓訓法也.**

[釋文] 律之與法, 文雖有殊, 其義一也. 爾雅釋言曰, 坎, 律銓也. 郭璞注云, 易坎卦主法, 法·律皆所以銓量輕重也.

[소문역] **율이란 저울로 풀이되고 법으로 풀이된다.**

[석문역] 율과 법은 글자는 비록 다르나 그 뜻은 하나이다. "『이아』 (권3, 78쪽) 「석언」에 감은 율이요 전이다."라고 하였다. 곽박은 주에 "『주역』의 「감괘」는 법에 관한 것이다. 법과 율은 모두 죄의 경중을 헤아리는 것이다."라고 하였다.

[疏文] **易曰, 理財正辭, 禁人爲非, 曰義.**

[釋文] 此周易下繫之辭也. 孔穎達疏曰, 言聖人治理其財, 用之有節; 正定號令之辭, 出之以理; 禁約其民爲非僻之事, 勿使行惡事, 謂之義. 義, 宜也. 言以此行之, 得其宜也.

[소문역] **『주역』에 "재물을 절도 있게 관리하고 호령의 말[辭]을 바르게 하며, 사람이 그릇된 행위를 하지 못하게 금하는 것이 의이다."라고 하였다.**

[석문역] 이는 『주역』(권8, 350쪽) 「계사하」의 말이다. 공영달의 소에 "성인이 재물을 다룸에 있어 사용에 절도가 있고, 호령의 말을 바르게 정하여 조리 있게 발하고, 백성이 그릇되고 편벽된 일을 하지 못하도록 금하고 제약하며, 악한 일을 하지 못하도록 하는 것을 의라 한다는 것을 말한 것이다."라고 하였다. 의는 마땅함의 뜻이다. 이와 같이 실행하면 마땅함을 얻는다는 것을 말한 것이다.

[疏文] 故銓量輕重, 依義制律.

[釋文] 銓者, 平也. 書呂刑曰, 上刑適輕, 下服; 下刑適重, 上服. 輕重諸罰有權, 刑罰世輕世重.

[소문역] 그러므로 그 당시 풍속의 경중을 고루 헤아려 마땅함[義]에 따라 율을 제정한다.

[석문역] 전이란 공평하다[平]의 뜻이다. 『상서』(권19, 647쪽) 「여형」에 "무거운 죄를 지었더라도 형을 경감하여 가볍게 처벌하고, 한 사람이 두 가지 죄를 범한 경우 가벼운 죄를 무거운 죄에 병합하여 무거운 죄만으로 처벌한다. 이처럼 모든 형벌을 가볍게 하거나 무겁게 하는 것은 때에 따른 마땅함이 있는 것이므로, 형벌은 시대에 따라 가벼워지기도 무거워지기도 하는 것이다."라고 하였다.

[疏文] 尚書大傳曰, 丕天之大律, 注云, 奉天之大法, 法亦律也, 故謂之爲律.

[釋文] 該說律意.

[소문역] 『상서대전』(권2, 「周傳」)에 "하늘의 대율大律을 받든다."라고 하였고, 그 주에 "하늘의 대법을 받든다."라고 하였으니, 법도 역시 율이다. 그러므로 율이라 한 것이다.

[석문역] 이는 율의 뜻을 설명한 것이다.

[疏文] 昔者, 聖人制作, 謂之爲經, 傳師所說, 則謂之爲傳, 此則丘明子夏於春秋禮經作傳是也. 近代以來, 兼經注而明之, 則謂之爲義疏. 疏之爲字, 本以疏闊、疏遠立名. 又廣雅云, 疏者識也. 案疏訓識, 則書疏記識之道存焉.

[釋文] 左傳序曰, 春秋者, 魯史記之名. 又曰, 懲惡而勸善, 非聖人孰能修之?

經者, 夫子之文章; 傳者, 丘明之善志. 蓋丘明受夫子之經, 所謂傳師所說. 又, 子夏爲禮經之傳. 禮記經解曰, 疏通知遠而不誣, 則深於書者也. 疏者, 識也. 謂疏識於經, 顯彰其理而易通曉也.

[소문역] 옛날 성인이 만든 것을 경이라 하고, 스승이 말씀한 바를 전하는 것을 전이라 한다. 이는 곧 좌구명과 자하가 『춘추』와 『예경』에 전을 지은 것과 같은 것이다. 근대 이래 경과 주의 뜻을 밝힌 것을 의소義疏라 한다. 소라는 글자를 쓴 것은 본디 넓고 깊게 풀이했다는 것으로 이름을 정했다는 것이다. 또 『광아』에 "소疏는 식識의 뜻이다."라고 하였다. 소가 식의 뜻임을 생각하면, 소를 쓰는 것은 식을 기록하는 도리가 있다는 것이다.

[석문역] 『좌전』(권1, 3쪽) 「서」에 "『춘추』란 노의 사기의 이름이다." 라고 하였다. 또 같은 책에 "악을 징계하고 선을 권장하는 것은 성인이 아니면 누가 저술하겠는가?"(권1, 14쪽)라고 하였다. 경은 공자의 문장이요, 전은 좌구명의 훌륭한 주석이다. 대개 좌구명이 공자의 경을 받아서 이른바 스승이 말씀한 것을 전한 것이다. 또 자하가 『예경』의 전을 지었다. 『예기』 「경해」에 "소통하고 멀리 알면서 속이지 않으면 『상서』에 대해 깊이 아는 자이다."라고 하였다. "소는 식의 뜻이다."라 함은, 경에 소하고 식하면 그 문리가 잘 드러나서 쉽게 통효하게 된다는 말이다.

[疏文] 史記云, 前主所是著爲律, 後主所是疏爲令,

[釋文] 史記杜周傳, 周爲廷尉, 其治大倣張湯, 而(善)候伺, 上所欲擠者, 因而陷之; 上所欲釋者, 久繫待問而微見其寃狀. 客有讓周曰, 君爲天子決平, 不循三尺法, 專以人主意指爲獄, 獄者固如是乎? 周曰, 三尺安在哉? 前主所是著爲律, 後主所是疏爲令, 當時爲是, 何古之法乎!

[소문역] 『사기』에 "전주가 옳다고 한 것을 드러내어 율로 삼고, 후주가 옳다고 한 것을 새겨서 영으로 삼았다"라고 하였고,

[석문역] 『사기』(권122, 3153쪽) 「두주전」에, 두주가 정위가 되자 그 다스림은 대부분 장탕을 모방하였으나, 군주의 뜻을 잘 살펴서 황제가 죄주고자 하는 자는 죄에 빠뜨리고, 위에서 풀어주려는 자는 오래 가두어두고 하문을 기다리면서 은근히 그 억울함을 드러내었다. 객이 두주를 책망하면서 "당신이 천자를 위하여 판결을 함에 삼척법을 따르지 아니하고 전적으로 인주의 의사에 따라 판결하니 형옥을 정녕 이렇게 하여도 된단 말인가?"라고 하니, 두주는 "삼척법이 어디에서 나왔는가? 전주가 옳다고 하는 것을 기록하여 율로 삼고, 후주가 옳다고 하는 것을 새겨서 영으로 삼는다. 시대에 맞는 것을 옳은 것으로 하는 것이니, 어찌 옛 법만이겠는가?"라고 하였다.

[疏文] 『漢書』云, 削牘爲疏, 故云疏也.

[釋文] 該說疏意.

[소문역] 『한서』(권92, 3716쪽)에 "독(牘)을 깎아 소를 만들었다. 그러므로 소라 한다."라고 하였다.

[석문역] 이는 소의 뜻을 설명한 것이다.

[疏文] 昔者, 三王始用肉刑,

[釋文] 三王, 夏禹、殷湯、周文武. 肉刑, 墨、劓、剕、宮、大辟.

[소문역] 옛날에 삼왕이 육형을 시행하기 시작했으나,

[석문역] 삼왕은 하의 우, 은의 탕, 주의 문·무이다. 육형은 묵·의·비·궁·대벽이다.

[疏文] **赭衣亂嗣, 皇風更遠,**

　[釋文] 前漢書載刑法志曰:「秦始皇專任刑罰, 躬操文墨, 赫衣塞路, 囹圄成市.」嗣, 繼也. 言; 秦之暴虐, 難繼三王之仁德, 去三王之風化, 愈更懸遠也.

[소문역] 자의[赭衣]로는 뒤를 잇기 어려워 황제의 교화[皇風]가 더욱 멀어졌으며,

　[석문역]『한서』(권23, 1096쪽)에 게재된「형법지」에는, "진시황이 전적으로 형벌에 의지하여 친히 형사안건을 관장하니, 자의를 입은 죄인이 길을 메웠고 영어된 자가 저자를 이루었다."라고 하였다. 사는 잇다[繼]의 뜻으로 진의 포학함이 삼왕의 인덕을 잇기 어렵게 되고, 삼왕의 풍속과 교화[風化]와는 더욱 현격히 멀어졌음을 말한 것이다.

[疏文] **樸散淳離, 傷肌犯骨.**

　[釋文] 前漢武帝制曰, 殷人執五刑以督姦, 傷肌膚以懲惡. 言去古浸遠, 淳土質朴之風離散, 人多犯法爲奸惡, 故用刑傷肌犯骨以懲治之也.

[소문역] **質朴淳厚한 풍속이 離散하였고 살과 뼈가 상했다.**

　[석문역] 전한 무제가 제하여 이르기를 "은인이 오형을 집행하여 죄를 단속하고, 신체를 훼손하는 것으로 악을 응징하였다."라고 하였다. 옛날이 점점 멀어지니 순후하고 질박한 풍속이 이산하여 사람들이 많이 법을 범하여 간악한 짓을 하므로, 형벌로 살과 뼈를 상하게 하여 응징하였음을 말한 것이다.

[疏文] **尙書大傳曰, 夏刑三千條, 周禮司刑掌五刑, 其屬二千五百.**

　[釋文] 周禮秋官司刑, 掌五刑之法, 墨罪五百, 劓罪五百, 宮罪五百, 刖罪五百, 大辟罪五百.

[소문역] 『상서대전』(권3)에 "하의 형법은 3,000조이다."라고 하였고, 『주례』에 "사형(司刑)이 오형을 관장하니 그 적용할 조항이 2,500이다."라고 하였다.

[석문역] 『주례』(권36, 1107쪽) 「추관」에 "사형은 오형의 법을 관장하니, 묵죄 500, 의죄 500, 궁죄 500, 비죄 500, 대벽죄가 500이다."라고 하였다.

[疏文] **穆王度時制法, 五刑之屬三千.**

[釋文] 書呂刑曰, 呂命穆王訓夏贖刑, 作呂刑: 墨罰之屬千, 劓罰之屬千, 剕罰之屬五百, 宮罰之屬三百, 大辟之罰其屬二百, 五刑之屬三千.

[소문역] 주 목왕은 시대를 참작하여 법을 제정하니, 오형을 적용할 조항이 3,000이었다.

[석문역] 『상서』(권19, 627·643쪽) 「여형」에 "여후[呂后]가 사구[司寇]의 명을 받자, 목왕이 하의 속형하는 법을 주석하라 하여, 여형을 지었다. 묵벌을 적용할 조항이 1,000, 의벌을 적용할 조항이 1,000, 비벌을 적용할 조항이 500, 궁벌을 적용할 조항이 300, 대벽의 벌을 적용할 조항이 200으로, 오형을 적용할 조항이 모두 3,000이다."라고 하였다.

[疏文] **周衰刑重, 戰國異制,**

[釋文] 前漢, 嚴安上書曰, 臣聞周有天下, 其治二百餘歲, 成, 康其隆也, 刑措四十餘年而不用. 及其衰也, 亦三百餘年. 故五伯更起, 五伯常佐天子興利除害, 誅暴禁邪, 匡國內以尊天子. 五百伯既沒, 聖賢莫續, 天子孤弱, 號令不行, 諸侯恣行, 強淩弱, 衆暴寡, 田常篡齊, 六卿分晉, 並爲戰國, 此民之始苦也. 言周衰之時, 刑法嚴重; 戰國用刑, 各殊制度也.

[소문역] 주가 쇠약해지자 형벌이 무거워졌으며, 전국시대 각국은 제도가 달랐다.

[석문역] 전한의 엄안이 상서하여, "신이 들으니, 주가 천하를 소유하여 다스리기 300여 년, 성왕과 강왕 시대가 가장 융성하여 형구를 놓아두고 40여 년 동안 사용하지 않았습니다. 그 쇠퇴함에 이르러서도 300여 년 동안 계속되었으므로 다섯 제후가 바꾸어 일어났고, 제후들은 항상 천자를 도와 이를 일으키고 해를 제거하였으며, 횡포한 자를 벌주고 간사함을 금하여 해내를 광정함으로써 천자를 존중하였습니다. 그러나 다섯 제후가 몰락하자 성현이 이어지지 못하고, 천자는 미약하여 호령은 시행되지 않았습니다. 제후들은 멋대로 행동하여 강한 자는 약한 자를 능멸하고 무리가 많은 자는 무리가 적은 자에게 횡포를 부렸으며, 전상이 제나라를 찬탈하고 육경[六卿]이 진을 분할하면서 전국이 이루어지니, 이는 백성들의 고통의 시작이었습니다."(『한서』권64, 2811쪽)라고 하였다. 이는 주가 쇠퇴할 때는 형법이 엄중하였고, 전국시대 각국이 쓰는 형벌제도가 각각 달랐음을 말한 것이다.

[疏文] 魏文侯師於李悝, 集諸國刑典, 造法經六篇, 一盜法, 二賊法, 三囚法, 四捕法, 五雜法, 六具法,

[釋文] 史記, 魏文侯名都, 師里悝, 集諸國刑典, 造法經六篇: 一、盜法, 今賊盜律是也; 二、賊法, 今詐僞律是也; 三、囚法, 今斷獄律是也; 四、捕法, 今捕亡律是也; 五、雜法, 今雜律是也; 六、具法, 今名例律是也.

[소문역] 위 문후가 이회에 사사하여, 여러 나라의 형전을 모아 법경 육편[法經六篇]을 지으니, 1 도법, 2 적법, 3 수법, 4 포법, 5 잡법, 6 구법이었으며,

[석문역] 『사기』(권44, 1838쪽)에 "위 문후의 이름은 도이다."라고 하였다. (위 문후가) 이회에게 사사하여 여러 나라의 형전을 모아 법경 육편을 지으니, 1은 도법으로 곧 지금의 적도율이며, 2는 적법으로 곧 지금의 사위율이요, 3은 수법으로 곧 지금의 단옥률이며, 4는 포법으로 곧 지금의 포망율이요, 5는 잡법으로 곧 지금의 잡률이며, 6은 구법으로 곧 지금의 명례율이다.

[疏文] 商鞅傳授, 改法爲律.

[釋文] 史記, 商君者, 衛之庶孽公子, 名鞅, 姓公孫氏. 鞅少好刑名之學, 西入秦, 事孝公, 爲相, 封之商於十五邑, 號爲商君. 欲變法令, 旣具未布, 乃立三丈木於市南門, 募人有徙置北門者與十金. 人怪莫敢徙. 復令曰, 能徙者與五十金. 一人徙之, 輒與五十金, 以明不欺. 其言改法爲律者, 謂盜律、賊律、囚律、捕律、雜律、具律也.

[소문역] 상앙이 전해 받아 법을 율이라 개칭하였다.

[석문역] 『사기』(권68, 2227~2233쪽)에, "상군은 위[衛]의 서얼 공자이다. 이름은 앙, 성은 공손씨이다. 앙은 젊어서부터 형명에 관한 학문을 좋아하였으며 서쪽의 진[秦]으로 들어가 효공을 섬겨 상[相]이 되었는데, 그를 상[商] 지역 15읍에 봉했으므로 상군이라 불렀다. 법령을 바꾸려고 준비해 놓고, 공포하기 전에 3장[丈]의 나무를 시[市]의 남문에 세워놓고 사람들을 모아서 '북문으로 옮기는 자가 있으면 10금[金]을 주겠다.'고 하였으나 사람들이 괴이하게 여겨 감히 옮기는 자가 없었다. 다시 명하여 '옮기는 자가 있으면 50금을 주겠다.'고 하니 한 사람이 나서서 옮기자 곧 50금을 주어 그 말이 거짓이 아님을 밝혔다."라고 하였다. "법을 율이라 개칭하였다."는 것은, 도율·적률·수율·포율·잡률·구율을 말하는 것이다.

[疏文] 漢相蕭何更加悝所造戶興廏三篇, 謂九章之律.

　　[釋文] 戶者, 戶婚律. 興者, 擅興律. 廏者, 廏庫律. 漢相蕭何又撰戶·興·廏
　　三篇, 與前六篇共爲九章之律.

[소문역] 한의 승상 소하는 이회가 지은 것에 다시 호·흥·구 3편
을 추가하니, 이른바 구장율이다.

　　[석문역] 호는 호혼율이요, 흥은 천흥률이요, 구는 구고율이다. 한
　　의 승상 소하가 또 호·흥·구 3편을 지으니 앞의 6편과 합하여 모
　　두 9장의 율이 된다.

[疏文] 魏因漢律爲十八篇, 改漢具律爲刑名第一.

　　[釋文] 魏志, 劉劭字孔才, 廣平邯鄲人也. 魏明帝卽位, 徵拜騎都尉, 與議郎
　　庾嶷·荀詵等定科令, 作新律十八篇.

[소문역] 위는 한의 율을 바탕으로 하여 18편을 제정하였는데, 한
의 구율을 형명이라 고치고 제일로 하였다.

　　[석문역] 『삼국지 위서』(권21, 617~618쪽)에 "유소의 자는 공재이며
　　광평 한단 사람이다. 위 명제가 즉위하자 불러 기도위로 삼아 의
　　랑 유역·순선 등과 함께 법령[科令]을 제정하도록 하여, 신율 18편
　　을 만들었다."라고 하였다.

[疏文] 晉命賈充等, 增損漢魏律爲二十篇, 於魏刑名律中分爲法例律.

　　[釋文] 晉書, 賈充字公閭, 晉帝有詔改定律令, 令賈充定法律, 令與太傅鄭冲
　　等十四人典其事, 就漢九章增十二篇, 仍其族類, 正其體號, 改具律爲刑名·法
　　例, 辨囚律爲告劾·繫訊·斷獄, 分盜律爲請賕·詐僞·水火·毆亡, 因事類爲宮
　　衞·違制律, 周官爲諸侯律, 合二十八篇, 六百二十條, 二萬七千六百五十七
　　言. 蠲其苛穢, 存其淸約, 事從中典, 歸於益時.

[소문역] 진은 가충 등에게 명하여 한과 위의 율을 가감하여 20편을 제정하고, 위의 형명률 중에서 일부를 나누어 법례율로 하였다.

[석문역] 『진서』(권40, 1165쪽)에 "가충의 자는 공려이다."라고 하였다. 같은 책에 "진의 황제가 조를 내려 '율령을 개정하라.' 하면서, 가충에게 명하여 법률을 정하게 하고, 태부 정충 등 14인과 같이 그 사업을 맡게 하였다. 그들은 한의 구장율을 12편으로 증편하고 이를 분류하여 체례와 명칭을 바르게 하였으니, 구율을 고쳐 형명률·법례율로 하고, 수율을 나누어 고핵률·계신율·단옥률으로 하고, 도율을 나누어 청구율·사위율·수화율·훼망률으로 하였으며, 일의 종류에 따라 궁위율·위제율로 하고, 주관을 제후율로 하니, 모두 28편 620조에 27,657言이었다. 가혹하고 비루한 것은 삭제하고 맑고 간약한 것은 살리며, 사항은 중전中典에 따르도록 하여 때에 이익이 되는 쪽으로 귀결시켰다."(권30, 927쪽)라고 하였다.

[疏文] 宋齊梁及後魏, 因而不改, 爰至北齊, 倂刑名法例爲名例. 後周復爲刑名, 隋因北齊更爲名例, 唐因於隋, 相承不改.

[釋文] 宋高祖劉裕, 字德輿. 齊太祖蕭道成, 字紹伯. 梁高祖蕭衍, 字叔達. 陳高祖陳霸先, 字興國. 後魏聖武帝, 諱詰汾. 北齊高歡, 字賀六渾, 渤海蓚人也. 後周太祖文皇帝宇文泰, 字黑闥, 代郡武川人. 隋高祖文皇帝楊堅, 弘農華陰人也. 唐高祖神堯皇帝李淵, 其先隴西狄道人也.

[소문역] 송·제·양 및 북위는 이를 그대로 이어 개정하지 않았으나, 북제에 이르러 형명과 법례를 합하여 명례라 하였고, 북주에서는 다시 형명이라 하였다. 수는 북제의 제도에 따라 다시 명례라 하였고, 당은 수의 제도를 그대로 이어 고치지 않았다.

[석문역] 송 고조 유유의 자는 덕여이다. 제 태조 소도성의 자는 소

백이다. 양 고조 소연의 자는 숙달이다. 진 고조 진패선의 자는 흥
국이다. 북위 성무제의 휘는 힐분이다. 북제 고환의 자는 하륙혼
으로 발해 수 사람이다. 북주 태조 문황제 우문태의 자는 흑달로
대군 무천 사람이다. 수 고조 문황제 양견은 홍농 화음 사람이다.
당 고조 신요황제 이연의 조상은 농서 적도 사람이다.

[疏文] 名者, 五刑之罪名, 例者, 五刑之體例. 名訓爲命, 例訓爲比, 命諸篇
之刑名, 比諸篇之法例. 但名因罪立, 事由犯生. 命名卽刑應, 比例卽事表.
故以名例爲首篇. 第者, 訓居訓次, 則次第之義, 可得言矣. 一者, 太極之氣,
函三爲一, 黃鍾之一, 數所生焉. 名例冠十二篇之首, 故云名例第一.

　[釋文] 律音義曰, 主物之謂名, 統凡之爲例. 法例之名旣衆, 要須例以表之,
　故曰名例. 漢作九章, 散而未統. 魏朝始集罪例, 號爲刑名. 晉賈充增律二十
　篇, 以刑名․法例揭爲篇冠. 至北齊趙郡王叡等奏上齊律十二篇, 倂曰名例, 後
　循而不改.

[소문역] 명이란 형벌의 종류와 등급이요, 예란 모든 범죄에 적용할
통례이다. 명의 훈은 부여한다는 것이고 예의 훈은 견준다는 것이
니, 명은 모든 편에 부여할 형의 종류와 등급이며, 예는 모든 편의
형법에 견줄 통례이다. 다만 형의 등급은 죄에 따라 성립하고, 사건
은 범행으로 발생한다. 형의 등급을 부여하면 곧 형이 따르고, 예를
견주면 사안이 드러나게 된다. 그러므로 명례를 맨 앞 편으로 삼은
것이다. 제란 거居라 훈하고 차次라 훈하므로, 차례의 뜻이라고 할
수 있다. 일은 태극의 기이니 셋을 포용하여 일이 되며, 황종의
일은 수가 생기는 바이다. 명례를 12편의 처음에 놓았기 때문에
명례 제일이라 한 것이다.

　[석문역] 『율음의』에 "사물을 주관하는 것을 일러 명이라 하고, 일

반을 통괄하는 것을 예로 삼는다. 법례의 명은 원래 많으니 예를
가지고 드러내는 것이 필요하다. 그러므로 명례라 한 것이다. 한
에서 구장을 제정하였으나, 산만하여 통일되지 못하였다. 위조에
서 처음으로 죄에 대한 법례를 모아 형명이라 하였고, 진 가충이
율 20편을 추가하여 형명과 법례를 편의 처음에 두었으나, 북제 시
대에 와서 조군왕 예 등이 제율 12편을 바치면서 이를 명례라 하
였다. 그 뒤에는 준행하여 고치지 않았다."라고 하였다.

[疏文] 大唐皇帝以上聖凝圖, 英聲嗣武,

[釋文] 皇帝, 高宗也. 凝, 固也. 圖, 基業也. 文選答臨淄侯牋曰, 流千載之
英聲. 嗣, 繼也. 武, 蹤也. 言高宗皇帝以上聖之資固其基業, 以英雄之聲譽
繼蹤先祖.

[소문역] **대당 황제는 성왕[上聖]으로 국기를 굳히시고 영웅의 명성
을 계속 이으시어,**

[석문역] 황제는 고종이다. 응은 고의 뜻이요, 도는 기업이다. 『문
선』(권40) 「답임치후전」에 "천년[千載]에 흐를 영웅의 명성이다."라
고 하였다. 사는 계의 뜻이요, 무는 종의 뜻이다. 고종황제는 성왕
[上聖]의 자질로 그 기업을 굳히니 영웅의 성예로 선조를 계속 이을
것임을 말한 것이다.

[疏文] 潤春雲於品物, 緩秋官於黎庶.

[釋文] 春雲, 以喩聖澤也. 文選褚淵碑文曰, 春雲等潤. 品物, 萬物也. 易乾
卦曰, 雲行雨施, 品物流形. 緩, 寬也. 周易中孚卦曰, 君子以議獄緩死. 秋
官, 掌刑之官也. 周禮秋官大司寇曰, 乃立秋官, 而掌邦禁. 黎庶, 百姓也. 文
選西都賦曰, 膏澤洽于黎庶. 言霑聖澤於萬物, 寬刑官於百姓.

[소문역] 만물을 윤택하게 하는 봄 구름[春雲]처럼, 백성에게 형법 시행을 관대하게 하였다.

[석문역] 봄 구름은 황제의 은택에 비유한 말이다. 『문선』(권58) 「저연비문」에 "봄 구름은 고루 윤택하게 한다."라고 하였다. 품물은 만물이다. 『주역』(권1, 8쪽) 「건괘」에 "구름이 일고 비가 내려 만물이 두루 형체를 이룬다."라고 하였다. 완은 관의 뜻이다. 『주역』(권6, 285쪽) 「중부괘」에 "군자는 옥안을 의하여 사형을 완화한다."라고 하였다. 추관은 형벌을 맡은 관원이다. 『주례』(권34, 1042쪽) 「추관 대사구」에 "이에 추관을 세워서 국법을 관장하게 하였다"라고 하였다. 여서는 백성이다. 『문선』(권1) 「서도부」에 "은택이 여서에게 두루 미쳤다."라고 하였다. 군주의 은택이 만물에 두루 미치고, 백성에게 형법의 시행[刑官]을 관대하게 함을 말한 것이다.

[疏文] 今之典憲, 前聖規模, 章程靡失, 鴻纖備擧,

[釋文] 文選奏彈曰, 肅明典憲. 漢書曰, 規模宏遠. 漢高祖命張蒼定章程. 詩傳曰, 大曰鴻, 小曰雁. 鴻訓爲大. 纖者, 細微也. 謂律內大小之刑, 無不備擧.

[소문역] 지금의 법은 옛날 훌륭한 군주의 규모와 같아서 규정이 빠진 것이 없이 크고 작은 것이 잘 갖추어져 있으나,

[석문역] 『문선』(권40) 「주탄」에 "전헌을 엄숙히 밝힌다."라고 하였고, 『한서』(권1하, 81쪽)에 "규모가 원대하다."라고 하였다. 한 고조는 장창에게 명하여 장정을 제정하도록 하였다(『한서』권1하, 81쪽). 『시전』(『毛詩正義』권11, 773쪽, 小雅 鴻雁之의 傳)에 "큰 것을 홍鴻이라 하고 작은 것을 안雁이라 한다."라고 하였다. 홍의 훈은 대이고, 섬은 세미의 뜻이다. 이는 율 안에 대소의 형벌이 모두 갖추어져 있음을 말한 것이다.

[疏文] 而刑憲之司執行殊異, 大理當其死坐, 刑部處以流刑, 一州斷以徒年, 一縣將爲杖罰. 不有解釋, 觸塗睽誤. 皇帝彝憲在懷, 納隍興軫.

[釋文] 唐官有省,部,寺,監, 刑部,大理寺俱掌刑. 縣統于州. 流罪: 自二千里至三千里; 徒罪: 自一年,一年半至三年; 杖: 自一百至六十. 徒罪斷於州, 杖罪斷於縣. 謂律雖有定, 而掌法之者各有所司, 故所行或異. 若律文不以疏解釋明白, 則所觸之塗則有乖睽差誤也. 彝, 常. 憲, 法也. 隍, 城之溝也. 文選, 人若不得其所, 若己納之於隍. 興, 念也.

[소문역] 사법 담당자마다 집행이 서로 달라서, 대리시는 사형에 처해야 한다고 하는데 형부에서는 유형에 처하고, 어떤 주에서는 도형에 처단하는데 어떤 현에서는 장벌에 처하기도 한다. 그러므로 해석이 없으면 법 적용에 잘못을 범하거나 착오하게 된다. 황제께서는 항상된 법을 염두에 두시고, 법 적용이 한결같지 않으면 인민이 구렁텅이에 빠지게 될 것을 걱정하시었다.

[석문역] 당의 관부에 성·부·시·감이 있는데, 형부와 대리시는 모두 형벌을 관장하였으며, 현은 주의 통제를 받았다. 유죄는 2000리부터 3000리까지이고, 도죄는 1년·1년 반에서 3년까지이며, 장은 100에서 60까지이다. 도죄는 주에서 단죄하고, 장죄는 현에서 단죄한다. 율은 비록 일정한 것이 있으나, 법을 관장하는 사람이 각각 맡은 바가 있으므로 시행하는 바가 혹 다를 수도 있다. 만약 율을 소로 명백히 해석하지 않는다면 법적용에 있어 어긋나거나 착오를 범할 수도 있다. 이는 상의 뜻이요, 헌은 법의 뜻이요, 황은 성의 도랑이다. 『문선』(권3) 「동경부」에 "사람이 만약 마땅한 판결[所]을 받지 못한다면, 마치 구렁텅이에 빠지는 것과 같다."라고 하였다. 진은 염의 뜻이다.

[疏文] 德禮爲政教之根本, 刑罰爲政教之用, 猶昏曉陽秋相須而成者也.

[釋文] 論語, 道之以德, 齊之以禮. 德禮猶曉與陽, 刑罰猶昏與秋, 言德禮與刑罰猶昏曉相須而成一晝夜, 春陽與秋陰相須而成一歲也.

[소문역] 덕과 예는 정치와 교화의 근본이요, 형과 벌은 정치와 교화의 수단이니, 황혼과 새벽, 봄과 가을이 서로 번갈아서 와야만 [1년을] 이루는 것과 같다.

[석문역] 『논어』(권2, 16쪽)에 "덕으로 계도하고 예로 정돈한다."라고 하였다. 덕과 예는 새벽과 봄과 같고, 형과 벌은 어둠과 가을과 같다. 덕례와 형벌은 어둠과 새벽이 번갈아듦으로써 하루를 이루고, 봄의 양기와 가을의 음기가 번갈아듦으로써 1년을 이룸과 같음을 말한 것이다.

[疏文] 是以降綸言於台鉉, 揮折簡於髦彦,

[釋文] 禮記緇衣篇曰, 王言如絲, 其出如綸; 王言如綸, 其出如綍. 以諭君之詔也. 春秋漢合挈曰, 三公在天, 法三台也. 易鼎卦曰, 鼎, 黃耳金鉉. 鄭玄云, 金鉉, 諭明道能擧君之官職也, 以諭台相. 文選石闕銘曰, 折簡而禽廬九. 張銑注曰, 折簡, 謂策書. 詩曰, 髦士攸宜. 爾雅曰, 美士爲彦. 言天子降詔詞於台相, 揮折簡在於髦彦之士也.

[소문역] 이에 황제의 명령을 재상에게 내리고 책서를 뛰어난 인재들에게 주어,

[석문역] 『예기』(권55, 1755쪽) 「치의」편에 "왕언이 실과 같더라도 그 것을 냄에 있어서는 벼리와 같이하고, 왕언이 벼리와 같더라도 그 것을 냄에 있어서는 동아줄과 같이 한다."라고 하여 임금의 명령을 비유하였다. 『춘추한함자』에 "삼공은 하늘의 삼태성을 본뜬 것이

다."라고 하였다. 『주역』(권5, 244쪽) 「정괘」에 "정에 황동의 귀와 쇠붙이로 된 귀고리가 달려 있다."라고 하였는데, 이에 대해 정현은 "쇠붙이로 된 솥의 귀고리는 밝은 도로 능히 군주의 덕을 끌어 올릴 수 있는 관직을 비유한 것이다."라고 주석하였으니, 태현은 재상을 비유한 것이다. 『문선』(권56) 「석궐명」에 "절간하여 여강과 구강을 사로잡았다."라고 하였는데, 장선이 주하기를 "절간은 책서를 말한다."라고 하였다. 『시경』(권16, 1170쪽, 大雅 棫樸)에 "빼어난 선비[髦士]에게 잘 어울린다."라고 하였고, 『이아』(권4, 124쪽) 「석훈」에는 "뛰어난 선비를 언이라 한다."라고 하였다. 천자가 조사를 재상에게 내리고 책서를 걸출한 선비에게 내린 것을 말한 것이다.

[疏文] 爰造律疏, 大明典式, 遠則皇王妙旨, 近則蕭賈遺.

[釋文] 詩我將篇曰, 儀式刑文王之典, 日靖四方. 蕭·賈遺文, 謂漢蕭何, 晉賈充等所制篇章也.

[소문역] 이에 율소를 지어 법식을 크게 밝히니, 멀리는 옛 성왕[皇王]의 오묘한 뜻이요, 가까이는 소와 가의 유문이다.

[석문역] 『시경』(권19, 1529쪽, 周頌 淸廟之什) 「아장」편에, "의례와 법식은 문왕의 법을 잘 본뜨니, 날마다 사방이 편안하다".라고 하였다. 소와 가의 유문이란 한의 소하와 진의 가충 등이 제정한 율의 편장을 말한 것이다.

[疏文] 沿波討源, 自枝窮葉,

[釋文] 文選陸士衡文賦曰, 或以枝而振葉, 或沿波而討源. 言律疏無不盡義.

[소문역] 물결을 거슬러 근원을 찾고, 가지로부터 시작하여 잎까지 추구하여,

[석문역] 『문선』(권17) 육사형의 「문부」에, "혹은 가지로 인하여 잎을 흔들기도 하고, 혹은 물결을 거슬러 근원을 찾기도 한다."라고 하였다. 율소에서 모든 뜻을 풀이하였음을 말한 것이다.

[疏文] **甄表寬大, 裁成簡久.**

[釋文] 甄, 明也. 表, 顯也. 裁, 制也. 書大禹謨曰, 臨下以簡, 御衆以寬. 言明顯寬大之恩, 制成簡久之法.

[소문역] 관대함을 밝게 드러내서 간략하고 영구한 법을 재단하여 완성하였다.

[석문역] 견은 밝음[明]의 뜻이요, 표는 드러내다[顯]의 뜻이요, 재는 재단하다[制]의 뜻이다. 『상서』(권4, 109쪽) 「대우모」에 "아랫사람을 대함에 간편하게 하고, 대중을 거느리되 관대하게 한다."라고 하였다. 관대한 은혜를 밝게 드러내고, 간편하고 항상적인 법을 제정하여 완성하였음을 말한 것이다.

[疏文] **譬權衡之知輕重, 若規矩之得方圓也,**

[釋文] 荀子禮論篇曰, 禮之於正國也, 猶權衡之於輕重也, 繩墨之於曲直也, 規矩之於方圓也. 故權衡誠懸, 則不可欺以輕重; 繩墨誠陳, 則不可欺以曲直; 規矩誠設, 則不可欺以方圓; 君子審禮, 不可欺以詐僞.

[소문역] 비유하면 저울로 경중을 알 수 있는 것과 같고, 그림쇠로 방(方)과 원을 그을 수 있는 것과 같으니,

[석문역] 『순자』(권19) 「대략」편에, "예로써 나라를 바로잡음은 저울로 경중을 헤아리고, 먹줄로 곡직을 헤아리며, 그림쇠로 방형과 원형[方圓]을 긋는 것과 같으니, 저울을 똑바로 걸면 무겁고 가벼운 것을 속일 수 없고, 먹줄을 똑바로 띄우면 구부러지고 바른 것을

속일 수 없으며, 그림쇠를 똑바로 드리우면 각지고 둥근 것을 속일 수 없으니, 군자가 예를 잘 살피면 거짓으로 속일 수 없다."라고 하였다.

[疏文] **邁彼三章, 同符畫一者矣.**

[釋文] 史記, 高祖入關, 與父老約法三章: 殺人者死, 傷人及盜抵罪. 前漢, 蕭何爲相, 死, 曹參代之, 百姓歌曰, 蕭何爲法, 講若畫一; 曹參代之, 守而勿失. 載其淸淨, 人以寧一.

[소문역] **저 삼장을 넘어 일자를 그은 것에 부합하는 것이다.**

[석문역] 『사기』(권8, 362쪽)에 따르면, 고조는 관중에 들어와 부로들에게 법 삼장을 약속하기를 "살인자는 사형에 처하고, 사람을 상해한 자 및 도둑질한 자는 죄를 준다."고 하였다. 전한의 소하가 승상이 되었다가 죽자 조참이 대신하여 승상이 되었다. 백성들은 노래하기를 "소하가 법을 제정하니 간명하기가 일자一字를 그은 듯하더니, 조참이 대신하게 되자 이를 지켜 고치지 않고 청정으로 일관하니 사람들은 모두 한가지로 편안하다."라고 하였다(『史記』권54, 2031쪽).

명례 사항 찾아보기

당률소의역주 I

초판 인쇄 | 2021년 11월 29일
초판 발행 | 2021년 12월 10일

지 은 이   김택민 이완석 이준형 임정운 정재균
발 행 인   한정희
발 행 처   경인문화사
편   집   박지현 김지선 유지혜 한주연 이다빈 김윤진
마 케 팅   전병관 하재일 유인순
출판번호   406-1973-000003호
주   소   경기도 파주시 회동길 445-1 경인빌딩 B동 4층
전   화   031-955-9300   팩   스   031-955-9310
홈페이지   www.kyunginp.co.kr
이 메 일   kyungin@kyunginp.co.kr

ISBN 978-89-499-6604-5   94360
ISBN 978-89-499-6603-8   (세트)

값 36,000원